Lehr- und Handbücher zu Sprachen und Kulturen

Herausgegeben von José Vera Morales und Martin M. Weigert

Bisher erschienene Werke:

Arabisch
Waldmann, Wirtschaftswörterbuch Arabisch-Deutsch · Deutsch-Arabisch

Chinesisch
Kuhn · Ning · Hongxia Shi, Markt China. Grundwissen zur erfolgreichen Marktöffnung
Liu · Siebenhandl, Einführung in die chinesische Wirtschaftssprache

Englisch
Ehnes · Labriola, Politisches Wörterbuch zum Regierungssystem der USA · Englisch-Deutsch, Deutsch-Englisch, 3. Auflage
Fink, Wirtschaftssprache Englisch – Zweisprachiges Übersetzer-Kompendium
Fink, EconoTerms A Glossary of Economic Terms, 6. Auflage
Fink, EconoTexts I, 3. Auflage
Fink, EconoTexts II, 2. Auflage
Guess, Professional English, 4. Auflage
Königs, Übersetzen Englisch – Deutsch
O'Neal, Banking and Financial English, 2. Auflage
Schäfer · Galster · Rupp, Wirtschaftsenglisch, 11. Auflage
Wheaton · Schrott, Total Quality Management
Zürl, English Training: Confidence in Dealing with Conferences, Discussions, and Speeches

Französisch
Jöckel, Training Wirtschaftsfranzösisch, 2. Auflage
Lavric · Pichler, Wirtschaftsfranzösisch fehlerfrei – le français économique sans fautes, 2. Auflage

Italienisch
Haring, Wirtschaftsitalienisch
Macedonia, Italienisch für Alle
Macedonia, Wirtschaftsitalienisch 2. Auflage

Polnisch
Milińska, Übersetzungskurs Polnisch-Deutsch und Deutsch-Polnisch

Russisch
Baumgart · Jänecke, Rußlandknigge, 2. Auflage
Fijas · Tjulnina, Wirtschaftsrussisch – Wörterbuch Band I: Deutsch-Russisch
Fijas · Tjulnina, Wirtschaftsrussisch – Wörterbuch Band II: Russisch-Deutsch
Rathmayr · Dobrušina, Texte schreiben und präsentieren auf Russisch

Spanisch
Jöckel, Wirtschaftsspanisch – Einführung
Padilla Gálvez, Wirtschaftsspanisch-Wörterbuch Spanisch-Deutsch · Deutsch-Spanisch
Padilla Gálvez · Figueroa de Wachter, Wirtschaftsspanisch: Textproduktion
Padilla Gálvez, Wirtschaftsspanisch: Marketing
Schnitzer · Martí, Wirtschaftsspanisch – Terminologisches Handbuch, 3. Auflage
Schnitzer u. a., Übungsbuch zu Wirtschaftsspanisch, 2. Auflage
Vera-Morales, Spanische Grammatik, 3. Auflage

Tschechisch
Schmidt, Deutsch-tschechisches Wörterbuch der Betriebswirtschaftslehre

Wirtschaftssprache Englisch

Zweisprachiges Übersetzer-Kompendium

Von

Dr. phil. Hermann Fink

Universitätsprofessor für Anglistik, insbesondere Englisch
für Wirtschaftswissenschaften, Universität Paderborn und
Technische Universität Bergakademie Freiberg
M. A., Dipl.-Übersetzer, Staatlich geprüfter Übersetzer
und Dolmetscher

und

Markus Steck

Diplom-Kaufmann (Universität Paderborn)
Master of International Management
(University of St. Thomas, St. Paul, Minnesota, USA)
Staatlich geprüfter Übersetzer

R. Oldenbourg Verlag München Wien

Die Deutsche Bibliothek - CIP-Einheitsaufnahme

Fink, Hermann:
Wirtschaftssprache Englisch : zweisprachiges Übersetzerkompendium /
von Hermann Fink und Markus Steck. – München ; Wien : Oldenbourg, 2001
   (Lehr- und Handbücher zu Sprachen und Kulturen)
   ISBN 3-486-23943-0

© 2001 Oldenbourg Wissenschaftsverlag GmbH
Rosenheimer Straße 145, D-81671 München
Telefon: (089) 45051-0
www.oldenbourg-verlag.de

Das Werk einschließlich aller Abbildungen ist urheberrechtlich geschützt. Jede Verwertung außerhalb der Grenzen des Urheberrechtsgesetzes ist ohne Zustimmung des Verlages unzulässig und strafbar. Das gilt insbesondere für Vervielfältigungen, Übersetzungen, Mikroverfilmungen und die Einspeicherung und Bearbeitung in elektronischen Systemen.

Gedruckt auf säure- und chlorfreiem Papier
Gesamtherstellung: Druckhaus „Thomas Müntzer" GmbH, Bad Langensalza

ISBN 3-486-23943-0

Inhaltsverzeichnis

Inhaltsverzeichnis I
Vorwort VII
Abkürzungsverzeichnis XIII
OT: 1   The Question of Allocation D: 1 1
ÜT: 1   Die Frage der Allokation 4
OT: 2   Economic Power D: 1 6
ÜT: 2   Ökonomische Macht 9
OT: 3   Capitalism D: 2 10
ÜT: 3   Kapitalismus 13
OT: 4   The Gains from Trade D: 2 14
ÜT: 4   Gewinne aus dem Handel 18
OT: 5   Protectionism D: 2 20
ÜT: 5   Protektionismus 23
OT: 6   Commercial Policy D: 2 25
ÜT: 6   Handelspolitik 28
OT: 7   Tariffs and Pressure-Group Politics D: 2 30
ÜT: 7   Die Politik der Zölle und Interessengruppen 34
OT: 8   Problem Solving and Decision Making D: 1 36
ÜT: 8   Problemlösung und Entscheidungsfindung 39
OT: 9   Management Science D: 1 41
ÜT: 9   Management Wissenschaft 46
OT: 10 Factors of Production D: 1 48
ÜT: 10 Produktionsfaktoren 51
OT: 11 Return to sender D: 3 54
ÜT: 11 Zurück an Absender 59
OT: 12 Milliarden-Schaden durch Angestellten D: 3 61

ÜT:	12	Billions in Damage Caused by Employee	64
OT:	13	IW: USA schaffen mehr Stellen durch Wachstum D: 2	66
ÜT:	13	IW: USA Create More Jobs by Growth	68
OT:	14	ILO prangert weltweite Kinderarbeit an D: 3	69
ÜT:	14	ILO Criticizes Worldwide Child Labor	73
OT:	15	US-Autoindustrie - Tarifrunde mit vertrauten Tönen D: 3	75
ÜT:	15	US Auto Industry-Bargaining Round with Familiar Tones	82
OT:	16	Human Resources D: 2	84
ÜT:	16	Menschliche Ressourcen	90
OT:	17	Staffing and the Personnel Function D: 3	93
ÜT:	17	Stellenbesetzung und die Personalfunktion	100
OT:	18	Management by Objectives D: 2	104
ÜT:	18	Management by Objectives	109
OT:	19	Work Motivation D: 1	112
ÜT:	19	Arbeitsmotivation	115
OT:	20	The Immediate Work Environment D: 1	116
ÜT:	20	Das unmittelbare Arbeitsumfeld	118
OT:	21	Exchange Rates D: 1	119
ÜT:	21	Wechselkurse	120
OT:	22	National Debt and the International Capital Market D: 1	121
ÜT:	22	Staatsverschuldung und der internationale Kapitalmarkt	123
OT:	23	International Trade Agreements D: 1	124
ÜT:	23	Internationale Handelsabkommen	127
OT:	24	Foreign-Exchange Rates and Markets D: 1	129
ÜT:	24	Wechselkurse und Devisenmärkte	132
OT:	25	Foreign Exchange Futures and Options D: 2	134
ÜT:	25	Devisen-Termingeschäfte und Optionen	136
OT:	26	Money, Interest Rates, and Exchange Rates D: 2	138

ÜT:	26	Geld, Zinssätze und Wechselkurse	140
OT:	27	Flying in formation D: 3	141
ÜT:	27	Formationsflug	144
OT:	28	Ladenschluß: Bundesrat kann Beschluß kippen D: 1	147
ÜT:	28	Closing Hours: Bundesrat May Overturn Decision	150
OT:	29	Autolatina: Scheidung mit Problemen D: 2	151
ÜT:	29	Autolatina: Problematic Divorce	155
OT:	30	Gewaltige Papierberge D: 3	157
ÜT:	30	Gigantic Paper Mountains	160
OT:	31	Kredit aus dem Automaten D: 2	162
ÜT:	31	Credit from the Machine	164
OT:	32	Ein unmoralisches Angebot in den USA? D: 2	165
ÜT:	32	An Immoral Proposal in the USA	167
OT:	33	Die Haushalte in Kauflaune D: 3	168
ÜT:	33	Households in Buying Mood	171
OT:	34	Survey Says Women Better Business Managers Than Men D: 2	172
ÜT:	34	Studie erklärt, Frauen sind bessere Manager als Männer	175
OT:	35	Lufthansa Cargo wird vom Frachtflieger zum Logistik-Dienstleister D: 3	177
ÜT:	35	Lufthansa Cargo: Air Freighter Turns into Logistics Service Enterprise	182
OT:	36	„Jetzt mischen wir mit" D: 2	184
ÜT:	36	"Now we are going to get involved"	190
OT:	37	Bayerisches Bier in Bombay D: 2	193
ÜT:	37	Bavarian Beer in Bombay	196
OT:	38	Auf nach Chalon-sur-Saône D: 3	198
ÜT:	38	Let's go to Chalon-sur-Saône	205
OT:	39	Besonders dubios D: 3	208

ÜT:	39	Highly Dubious	214
OT:	40	Klare blaue See D3	217
ÜT:	40	Clear Blue Seas	224
OT:	41	Gebremster Eifer D: 3	227
ÜT:	41	Slowed-down Zeal	230
OT:	42	Düstere Aussichten für das Handwerk D: 2	232
ÜT:	42	Gloomy Prospects for the Crafts	235
OT:	43	Japan: Bankenkrise spitzt sich zu D: 3	236
ÜT:	43	Japan: Banking Crisis Intensifies	240
OT:	44	Dämpfer für Polens Wachstums-Hoffnungen D: 3	242
ÜT:	44	Setback for Poland's Growth Expectations	246
OT:	45	Siemens Nixdorf kämpft gegen den Preisverfall D: 3	248
ÜT:	45	Siemens Nixdorf Fights Price Decline	252
OT:	46	Hoffnung auf Asien D: 3	254
ÜT:	46	Hopes on Asia	258
OT:	47	Gras unter Asphalt D: 3	260
ÜT:	47	Grass Under the Asphalt	265
OT:	48	All eyes on China D: 3	267
ÜT:	48	Alle Augen richten sich auf China	272
OT:	49	Hungary to Shop, American Style D: 2	275
ÜT:	49	Einkaufen in Ungarn, amerikanischer Stil	280
OT:	50	Business D: 1	283
ÜT:	50	Wirtschaft	286
OT:	51	Labour Unions D: 1	288
ÜT:	51	Gewerkschaften	291
OT:	52	Production and Consumption D: 1	293
ÜT:	52	Produktion und Konsum	296
OT:	53	Marketing D: 1	298

ÜT:	53	Marketing	301
ÜT:	54	Advertising D: 1	304
ÜT:	54	Werbung	307
OT:	55	Banking D: 1	309
ÜT:	55	Bankwesen	313
OT:	56	Problems in World Trade D: 1	316
ÜT:	56	Schwierigkeiten im Welthandel	319
OT:	57	Economic Instability D: 1	321
ÜT:	57	Wirtschaftliche Unsicherheit	324
OT:	58	Big Business D: 1	327
ÜT:	58	Big Business	330
OT:	59	Computerized Business D: 1	332
ÜT:	59	Computerisierte Wirtschaft	336
PT:	1	Prüfungstext D/E, Fremdsprachenkorrespondenten	339
PT:	1	Lösungsvorschlag D/E-Übersetzung	341
PT:	2	Übersetzung E/D, Fremdsprachenkorrespondenten	342
PT:	2	Lösungsvorschlag E/D-Übersetzung	344
PT:	3	Übersetzung D/E, Fremdsprachenkorrespondenten	345
PT:	3	Lösungsvorschlag D/E-Übersetzung	347
PT:	4	Übersetzung E/D, Fremdsprachenkorrespondenten	348
PT:	4	Lösungsvorschlag E/D-Übersetzung	350
PT:	5	Übersetzung E/D, Dolmetscher und Übersetzer	351
PT:	5	Lösungsvorschlag E/D-Übersetzung	353
PT:	6	Prüfungstext D/E, Fremdsprachenkorrespondenten	354
PT:	6	Lösungsvorschlag D/E-Übersetzung	356
PT:	7	Übersetzung E/D, Fremdsprachenkorrespondenten	357
PT:	7	Lösungsvorschlag E/D-Übersetzung	359
PT:	8	Übersetzung E/D, Fremdsprachenkorrespondenten	360

PT:	8	Lösungsvorschlag E/D-Übersetzung	362
PT:	9	Übersetzung D/E, Fremdsprachenkorrespondenten	363
PT:	9	Lösungsvorschlag D/E-Übersetzung	365
PT:	10	Übersetzung D/E, Dolmetscher und Übersetzer	366
PT:	10	Lösungsvorschlag D/E-Übersetzung	369
PT:	11	Übersetzung D/E, Fremdsprachenkaufleute	370
PT:	11	Lösungsvorschlag D/E-Übersetzung	372
PT:	12	Übersetzung E/D, Fremdsprachenkaufleute (Engl.)	373
PT:	12	Lösungsvorschlag E/D-Übersetzung	375
PT:	13	Übersetzung E/D, Fremdsprachenkorrespondenten	376
PT:	13	Lösungsvorschlag E/D-Übersetzung	378
PT:	14	Übersetzung D/E, Fremdsprachenkorrespondenten	380
PT:	14	Lösungsvorschlag D/E-Übersetzung	382
PT	15	Übersetzung E/D, Fremdsprachenkorrespondenten	383
PT:	15	Lösungsvorschlag E/D-Übersetzung	385
PT:	16	Übersetzung D/E, Fremdsprachenkorrespondenten	386
PT:	16	Lösungsvorschlag D/E-Übersetzung	388

Quellenangaben 389

Literaturliste (Wörterbücher, etc.) 390

Anhang 401

Index 409

Vorwort

Mit zunehmender *Globalisierung* der Wirtschaftsbeziehungen und Tätigkeiten, die in der Wirtschaft verrichtet werden, mit der *Internationalisierung der Kommunikation* in allen Lebensbereichen, vor allem aber in Wirtschaft, Kultur und Politik, ist der Bedarf an Fremdsprachenkundigen in den letzten drei Jahrzehnten stetig angestiegen. Dabei ist Englisch, und fast ausnahmslos seine US-amerikanische Variante, inzwischen zur *lingua franca* geworden. Sie beherrscht die Kommunikation in der nationalen und internationalen Wirtschaft. Indessen reicht es heute aber nicht mehr aus, die fremde Sprache „zu können", unsere modernen Gesellschaften, vor allem die Volkswirtschaften, fordern auch im 21. Jahrhundert umfassendes allgemeines Sprachwissen, besonders aber *fundierte Kenntnisse der angloamerikanischen Wirtschaftsfachsprache*.

Um dem Bedarf an fachkundigem sprachlichem Personal gerecht zu werden, bieten die *Industrie- und Handelskammern* und auch *staatliche Stellen*, seit vielen Jahren Fremdsprachenprüfungen, z.B. zum *Übersetzer, Fremdsprachenkorrespondenten* und *Fremdsprachenkaufmann* an, um in etwa eine entsprechende Qualität der für diese Berufe erforderlichen Fremdsprachenbeherrschung zu gewährleisten. Dies ist um so mehr der Fall, als die Ausbildung und die Prüfungen vor der IHK oder den entsprechenden staatlichen Einrichtungen als Übersetzer, Fremdsprachenkorrespondent und Fremdsprachenkaufleute staatlich anerkannte Berufsabschlüsse darstellen.

Die meisten Prüfungen und dazugehörigen Prüfungszeugnisse und Diplome beziehen sich seit Jahrzehnten vornehmlich auf die englische Sprache. Neben anderen Anforderungen ist in diesen Prüfungen die Übersetzung von allgemein- und wirtschaftsprachlichen Texten der Bestandteil mit dem größten Gewicht.

Die Vorbereitung auf diese Prüfungen erfolgt fast ausnahmslos durch private, kommerzielle Sprachschulen. Eine autodidaktische Vorbereitung auf sie ist — trotz häufig vorhandener guter und entsprechender Grundlagen im Englischen — selten. Diesem Mangel sucht der vorliegende Band zu begegnen. Er bietet für die selbständige oder auch innerhalb von Lehrveranstaltungen stattfindende Vorbereitung auf die erwähnten Prüfungen *geeignete Wirtschaftstexte* zur Übersetzung/Übertragung aus dem Englischen in die deutsche Sprache und umgekehrt. Neben 58 aus britischen, US-amerikanischen und deutschen Wirtschaftszeitschriften, -

berichten und -büchern entnommenen Originaltexten sowie selbsterstelltem Textmaterial bietet der Band 16 *Prüfungstexteinheiten aus von den Industrie- und Handelskammern bereits durchgeführten Prüfungen*. Musterexemplare der Prüfungsordnungen für (staatlich anerkannte) Prüfungen als Fremdsprachenkorrespondenten, Übersetzer und Dolmetscher bzw. Übersetzer bei der Industrie- und Handelskammer zu Düsseldorf befinden sich im Anhang.

Der Band richtet sich an alle, die sich mit der Übersetzung von Wirtschaftstexten aus der deutschen in die englische und aus der englischen in die deutsche Sprache befassen, vornehmlich aber auch an diejenigen, die sich auf die genannten Fremdsprachenprüfungen der Industrie- und Handelskammern sowie der staatlichen und privaten Prüfungseinrichtungen, auf schulische und/oder wissenschaftliche Prüfungen in der englischen Wirtschafts- und Wirtschaftsfachsprache (z.B. an Handelsschulen, Wirtschaftsgymnasien, Fachhochschulen und Universitäten) vorbereiten möchten, oder ganz einfach Freude an der Sprache und/oder am Übersetzen von wirtschaftlich ausgerichtetem Textmaterial haben. Ihnen allen wollen wir mit dem Kompendium eine Hilfe zur Selbstarbeit, den Lehrenden eine Handreichung und Grundlage zu ihrer Arbeit bieten.

Um eine möglichst breite und ausdauernde Übersetzungskompetenz zu erreichen, sind die Übungstexte von unterschiedlicher Herkunft, sowohl hinsichtlich ihrer Art und Thematik, als auch ihrer Quellen, von unterschiedlicher Länge sowie *unterschiedlichem Schwierigkeitsgrad*. Die Beurteilung dieses Schwierigkeitsgrades kann selbstverständlich nur subjektiv sein und sich an den jeweiligen Vorkenntnissen des Lernenden messen. Als solche Schwierigkeitsgrade wurden angesehen: D1 = moderately difficult (22 Texte), D2 = difficult (18 Texte) und D3 = very difficult (19 Texte). Die 16 Prüfungstexte wurden nicht nach Schwierigkeitsgrad klassifiziert. Der Lernende kann sich das jeweilige Arbeitspensum nach seinen persönlichen Gegebenheiten und Umständen einrichten.

Das insgesamt 75 Lerneinheiten enthaltende Kompendium ist so aufgebaut, daß zuerst der zu übersetzende/übertragende *Originaltext* geboten wird. Es folgt die Auflistung der hauptsächlichen, für die Übersetzung brauchbaren *Terminologie* und ein *Übersetzungsvorschlag*. Dabei ist ganz besonders zu beachten, daß es keine „perfekte" Übersetzung für den Ausgangstext geben kann, sondern daß, da die Sprache lebt und keine eins-zu-eins Wortäquivalenz unter den Sprachen besteht, stets mehrere Möglichkeiten der Übersetzung/Übertragung existieren, und das Übersetzen kein mechanischer Vorgang, sondern eine regelrechte „Kunst" ist.

Eine brauchbare ordentliche Übersetzung erfordert nicht nur entsprechende Kenntnisse der eigenen und der fremden Sprache, sondern das Verstehen von Zusammenhängen und des Kontextes. Das erklärt auch, warum Computerübersetzungsprogramme bis heute nur so dürftige Leistungen erbringen, wie sie *Computer Bild*, Ausgabe 1/99, in einer Qualitätsuntersuchung von elektronischen Übersetzern unter der Überschrift „Übelsetzel" karikiert hat. Aus diesem Grunde können wir uns auch die Kommentierung und Anführung von elektronischen Maschinen-Übersetzungsprogrammen hier ersparen.

Hinweise zum Gebrauch

Wie bereits aus den abschließenden Bemerkungen zum Vorwort hervorgeht, können die in diesem Kompendium vorgelegten *Übersetzungen nur Lösungsvorschläge,* neben anderen, darstellen. Dabei sind die Texteinheiten so angelegt, daß in den ersten Einheiten relativ viel Vokabular geboten, ge- und erklärt wird, und mit zunehmender Einarbeitung in das Buch die Zahl der erläuterten Wörter abnimmt, damit die Arbeit mit dem Wörterbuch (man vergleiche die Literaturliste) beginnen kann und fortschreitet.[1] So weisen manche Übersetzungseinheiten viel, andere dagegen nur verhältnismäßig wenig übersetztes Wortgut auf. Dies sagt nichts über die Schwierigkeit des zu übertragenden/übersetzenden Textes aus (vgl. auch die Klassifizierung der Texte nach Schwierigkeitsgrad), sondern eher über den Inhalt und die Reichhaltigkeit der Terminologie im jeweiligen Übersetzungstext.

Die Originaltexte werden durch ein „OT" im Titel des Textes (Beispiel: „OT: 1" ...), die Übersetzungen dagegen durch „ÜT" (Beispiel: „ÜT: 1...") markiert, bei Prüfungstexten wurde analog ein „PT" verwendet.

In den einzelnen Übersetzungseinheiten wird zwischen dem zu übersetzenden *Originaltext* und dem *Übersetzungsvorschlag* das in der Übertragung/Übersetzung verwendbare *Vokabular* aufgeführt. Dabei war es natürlich schwierig, zwischen möglicherweise relevanten und weniger bedeutsamen Wörtern bzw. schon bekannter und noch unbekannter Terminologie zu unterscheiden. Diese Unterscheidung richtet sich im Grunde nach den bereits vorhandenen Kenntnissen des Englischen oder Deutschen des/der das Buch Verwendenden und deren bereits bestehender oder noch fehlender Erfahrung im Übersetzen. Es wurde daher so verfah-

---

[1] In den IHK-Fremdsprachenprüfungen wird in der Regel die Verwendung eines allgemeinsprachlichen, zweisprachigen Wörterbuchs erlaubt.

ren, daß, unter höchstmöglicher Wahrung der Idiomatik, viele Termini geboten wurden, selbst wenn sie in den vorangehenden oder nachfolgenden Texten bereits aufgetreten sind oder noch vorkommen werden. Eine solche, mögliche Verdoppelung von Wörtern ist aus Gründen der Geschlossenheit der Texteinheit, der schnelleren Verfügbarkeit, zur Verdeutlichung der unterschiedlichen Wortbedeutungen, die ein Wort in unterschiedlichen Texten und Situationen annehmen kann und der Einprägung durch häufigere Konfrontation damit durchaus gewollt. Allerdings können sich dadurch recht umfangreiche neben sehr knappen Vokabellisten ergeben. Zur Kontrolle und zur schnellen Orientierung befindet sich das gesamte, in den Texten als relevant erachtete und übersetzte/übertragene Vokabular mit Angabe der Seitenzahl im abschließenden *Index*, der, in seiner Gesamtheit, somit quasi ein recht umfangreiches deutsch-englisches/englisch-deutsches vornehmlich wirtschaftlich ausgerichtetes Fachwörterbuch darstellt.

In der Auflistung der zum jeweiligen Übersetzungstext gebotenen Erklärungen des Wortgutes, der dazugehörigen Anmerkungen zum Text etc. wurde stets alphabetisch verfahren. Die Reihenfolge der Notierung ist: Terminus, grammatische Klassifizierung, Übersetzung, Synonyme (teilweise auch im weitesten Sinn) sowie gegebenenfalls Bemerkungen zum Gebrauch.

Die Übersetzung, Definition bzw. Erläuterung oder Erklärung des englischen und/oder deutschen Wortgutes gehen nur soweit, als eine unseren Vorstellungen entsprechende und semantisch „richtige", idiomatische annehmbare Übersetzung/Übertragung geboten wird. Der von uns für am brauchbarsten erachtete Terminus ist in den Worterklärungen **FETT**-gedruckt.

Die deutsche Wirtschaftssprache ist sehr stark mit Anglizismen (Wörter englischer oder amerikanischer Herkunft) durchsetzt. Da der Übersetzer natürlich dazu neigt, einen englischsprachigen Text in das „Deutsche" zu übersetzen, mag eine gewisse Scheu vor der Verwendung des ins Deutsche integrierten Lehngutes bestehen. Wo immer möglich und angebracht, ist auf das in die deutsche Sprache, besonders in deren Wirtschaftsvokabular aufgenommene englische Wortgut hingewiesen.

In vielen Fällen erscheinen die für die Übersetzung angegebenen *Wortbedeutungen* als nicht naheliegend. So verwendet z.B. das Deutsche das Verb „liegen" („Der Preis liegt bei...") in Zusammenhängen, bei denen im Englischen idiomatisch das Verb „lie" nicht paßt. Daher wurde in derartigen Fällen das zunächst abwegig erscheinende englische „Äquivalent" (in diesem Fall z.B. „be" — „The price is...") aufgeführt.

Zum Zeitpunkt der Erstellung des Bandes war die deutsche *Rechtschreibreform* noch nicht allgemeingültig in Kraft getreten. Um Unsicherheiten und Verwirrung zu vermeiden, wurde generell die bis dato gültige Duden-Rechtschreibung auch im vorliegenden Textmaterial und im Vokabularteil beibehalten.

Für die englischsprachigen Texte (mit Ausnahme der englischsprachigen Originaltexte) gelten die Rechtschreibung und Silbentrennung, wie in *Random House Webster's Unabridged Electronic Dictionary*, 1996, verzeichnet.

Anmerkungen bzw. besondere *Hinweise* oder *Vorsichtsankündigungen* wurden nicht in den jeweiligen übersetzten Text aufgenommen — da ja auf das Wortgut bezogen —, sondern dem Vokabularteil zugeordnet. Sie sind in der Regel in deutscher Sprache verfaßt, da angenommen werden kann, daß auch ein Deutsch nicht als Muttersprache Sprechender, der mit dem Buch arbeitet, soviel Deutsch beherrscht, daß ihm die Anmerkungen verständlich sind. Da die meisten der Vokabeln englisch sind, wurden für die grammatikalische Einordnung englischsprachige *Abkürzungen* verwendet.

Der Band soll nicht einzelne Beispiele z.B. zu den Techniken des Übersetzens bieten, sondern der *Übung der praktischen Übersetzerfähigkeiten und -fertigkeiten* dienen. Daher unterbleibt auch die Anführung oder Auflistung von Kategorien von Beispielen der englisch-deutschen bzw. deutsch-englischen Übersetzung, welche sogenannte Übersetzungsprinzipien veranschaulichen könnten.

Texte aus dem *britisch-englischen* Sprachraum wurden in ihrer sprachlichen BE-Form belassen. Alle anderen englischsprachigen Texte machen Gebrauch von der *AE-Variante* der englischen Sprache. Gleichermaßen wurden stilistische, in den Texten enthaltene Besonderheiten, Eigenheiten und möglicherweise Unebenheiten qualitativ nicht aufgebessert.

Die *Textlängen* bewegen sich zwischen einer Viertelseite und 1½ DIN A4-Seiten, so daß dem Lernenden bzw. dem mit dem Kompendium Lehrenden die Möglichkeit gegeben ist, zur Auflockerung auch kurze, für die Bearbeitung weniger Zeit in Anspruch nehmende, in sich aber thematisch geschlossene Texte zu übersetzen.

In den übersetzten Texten in runden Klammern eingefügte Wörter sind Ergänzungen aus stilistischen Gründen, wie sie im Deutschen häufig als

Flickwörter benutzt werden, im Englischen dagegen aber meist weggelassen werden bzw. überhaupt nicht auftreten.

Thematisch sind die Texte allgemein volkswirtschaftlicher und betriebswirtschaftlicher Ausrichtung und bewußt nicht auf spezielle Gebiete bezogen. Sie entstammen Zeitungen, Wirtschaftszeitschriften und Lehrbüchern und berühren aktuelle, aber dennoch universale, politische, soziale und soziologische, psychologische und philosophische Aspekte enthaltende Bereiche der Wirtschaft.

Zu besonderem Dank verpflichtet sind wir Frau Marlene Fink für ihre unermüdliche Korrektur des Textes und für viele Verbesserungsvorschläge zum Manuskript sowie Herrn Dr. jur. James. E. Schaefer, MIM, University of St. Thomas, St. Paul, Minnesota für die Durchsicht und Korrektur des selbsterstellten Textmaterials und sprachlichen Anregungen.

Fehler und Irrtümer in dem vorliegenden Band gehen einzig und allein zu unseren Lasten. Für Kritik, ganz besonders aber für Anregungen zur Verbesserung des Buches, sind wir dankbar.

Paderborn, im Dezember 2000

H. F. und M. S.

Abkürzungsverzeichnis

~		Wiederholung des Worts bzw. Worteintrages
acr.	acronym	Akronym, Initialwort
adj.	adjective	Adjektiv, Eigenschaftswort
adv.	adverb	Adverb, Umstandswort
AE	American English	amerikanisches Englisch
BE	British English	britisches Englisch
BWL		Betriebswirtschaftslehre
conj.	conjunction	Konjunktion, Bindewort
Dt.		Deutsch(e/n)
im D.		im Deutschen
ind.pron.	indefinite pronoun	Indefinitivpronomen, unbestimmtes Fürwort
interj.	interjection	Interjektion, Ausrufe- und Empfindungswort
KoRe		Kostenrechnung
n.	noun	Nomen, Substantiv, Hauptwort
n.pl.	noun plural	Nomen (Mehrzahl)
phr.	phrase	Phrase
pl.	plural	Plural, Mehrzahl
prep.	preposition	Präposition, Verhältniswort
PW		Personalwesen
ReWe		Rechnungswesen
RHD		Random House Dictionary
s.b.	somebody	jemand
s.o.	someone	jemand
s.th.	something	etwas

syn.	synonym	Synonym
sing.	singular	Singular, Einzahl
v.	verb	Verb, Tätigkeitswort
vgl.		vergleiche
VWL		Volkswirtschaftslehre

OT: 1   The Question of Allocation   D: 1

Because all resources are scarce and, thus, limited, societies and economies have to develop economic systems to distribute or allocate these resources among the many uses competing for them. This allocation problem consists of three basic questions:

(1) What goods and services will a given society produce? To answer this question, each society must devise a method to determine which goods and services are needed, wanted, and/or desired. These commodities may be capital goods or consumer goods, they may be durable or soft goods, or they may be services; in any case, the society must allocate productive resources in such a way as to create a proper balance between these commodities, thereby satisfying as many needs and wants of its members as possible.

(2) How will these goods and services be produced? Each society must take care not to waste resources. To this end, the most efficient production process and/or combination of resources has to be utilized. Society must, therefore, decide how much of natural resources, how much capital, and how much labor is required to produce the desired quantity and quality of each output.

(3) Who will receive the goods and services produced with the use of these scarce resources and who will receive the income thus generated? Economic societies have to find ways to distribute the goods and services produced as well as the monetary rewards to those who have provided the necessary resources. These rewards include the wages and salaries for labor, rents and royalties for the use of natural resources, and profits for the entrepreneurs and investors.

Different societies may develop different ways to address these questions, but all have to find effective and efficient answers to provide for their continued existence.

Adapted from Fink: Econotexts I

address (a question), v.→ **eine Frage angehen**; anschneiden; behandeln; ansprechen; sich einer Frage zuwenden

allocation, n.→ **Allokation** *(VWL)*; in BWL: distribution = Zuteilung; Zuweisung *(ReWe, im Sinne von Gewinne an Reserven)*; Transferzahlungen *(z.B. Zuweisung von Sozialleistungen; Überweisungen ins Ausland ohne Gegenleistung)*; Zurechnung, Umlage (apportionment, assignment)

balance, n.→ **Ausgeglichenheit**; Balance; Gleichgewicht; Äquilibrium; Harmonie *(**Vorsicht**: auch Terminus des ReWe, z.B. Bilanz, Saldo und verbundene Begriffe.)*

capital goods, n.pl.→ **Investitionsgüter**; Kapitalgüter; Anlagegüter (≠ Konsumgüter)

capital, n.→ **Kapital**; finanzielle Mittel; Sachmittel; Eigenkapital *(ReWe)*; Produktionsvermögen *(volkswirtschaftliche Gesamtrechnung)*

commodities, n.pl.→ **Rohstoffe**; Massengüter; Wirtschaftsgüter; Waren *(vgl. auch „goods", im Gegensatz dazu hier Güter spezifischer Art)*

compete, v.→ **im Wettbewerb stehen mit** (~ with); konkurrieren mit; im Wettkampf stehen um (~ for); sich bewerben; bemühen um *(nicht für Stellen o. ä.; sondern z.B. um Marktanteile)*

consumer goods, n.pl.→ **Konsumgüter** (≠ Kapitalgüter)

determine, v.→ **feststellen**; bestimmen; festlegen

devise, v.→ **entwickeln**; erstellen; einrichten; schaffen; bereitstellen; vorbereiten; erarbeiten; schmieden (Pläne); sich ausdenken

distribute, v.→ (vgl. allocation)

durable goods, n.pl.→ **langlebige Güter**; Gebrauchsgüter *(VWL)*

economy, n.→ **Wirtschaft** *(eines Landes, VWL)*; Wirtschaftlichkeit; Verbrauch (fuel economy); Wirtschaftssystem *(z.B. „free market economy")*

effective, adj.→ **effektiv**; wirkungsvoll; wirksam; erfolgreich; effektvoll; rechtskräftig *(Rechtswesen)*; tatsächlich (effective rate of interest) *(**Vorsicht**: effective ≠ efficient)*

efficient, adj.→ **effizient**; wirksam; rationell; leistungsfähig; wirtschaftlich; gut funktionierend *(**Vorsicht**: efficient ≠ effective)*

entrepreneur, n.→ **Unternehmer**; Arbeitgeber *(**Vorsicht**: „entrepreneur" ist das richtige englische Wort für Unternehmer; „undertaker" (ein sog. false friend) ist der „Leichenbestatter.")*

- **generate**, v.→ **erzeugen**; schaffen; kreieren; generieren (EDV, Elektrizität); erwirtschaften (generate income)
- **goods**, n.pl.→ **Güter** *(VWL)*; Waren; Artikel; Dinge; Sachen; Gegenstände
- **in such a way as to**, phr.→ **so... daß...**; dergestalt; in einer solchen Form wie; in einer solchen Weise wie
- **income**, n.→ **Einkommen**; Ertrag; Gewinn; Einnahmen (Einzelhandel)
- **investor**, n.→ **Investor** (= englische Entlehnung); Kapitalgeber, (Kapital-) Anleger
- **labor**, n.→ **Arbeitskraft**; Arbeit *(als Produktionsfaktor, VWL)*; Arbeitskräfte *(PW)*; Arbeitnehmerseite (labor vs. management)
- **monetary rewards**, n.→ **Entlohnung**; Entgelt; Vergütung
- **output**, n.→ **Produktion**; Ausstoß, (Produktions-)ergebnis; Leistung; Arbeitsleistung *(PW)*; Ertrag; Ausbringung; Produktionsmenge; Ausgabe *(z.B. Computerausdruck, häufig wird auch die gleichlautende englische Entlehnung „Output" im Deutschen verwendet.)*
- **productive resources**, n.pl.→ **produktive Ressourcen** *(vgl. auch „resources")*; Produktionsfaktoren *(wirtschaftswissenschaftlicher Terminus)*

profits, n.pl.→ **Gewinne**; Erfolg (Unternehmenserfolg); Reingewinn; Nutzen; Vorteil; Überschuß; Profite *(Vorsicht: „Profit" wird im Deutschen häufig als abwertend gesehen)*

provide for, v.→ **sichern**; sorgen für; vorsehen (Vorkehrungen treffen)

rent, n.→ **Miete**, Pacht; Leihgebühr (rental fees, rental charges). *(Vorsicht: Verwechselung mit „Rente"; im Englischen „pension" oder „retirement pay")*

resources, n.pl.→ **Ressourcen** *(Vorsicht: man beachte die Verdoppelung des „s" in der deutschen Schreibweise)*

royalties, n.pl.→ **Nutzungsgebühr**; Förderabgabe; Lizenzgebühr *(Patentrecht)* *(Vorsicht: kein Bezug zum Adel)*

salaries, n.pl.→ **Gehälter**

satisfy, v.→ **befriedigen** (Bedürfnisse); stillen (Verlangen); erfüllen (Wünsche); nachkommen; entsprechen (Erfordernisse, Wünsche)

services, n.pl.→ **Dienstleistungen** *(VWL)*, Dienste; Leistungen; Service; *(Vorsicht: Das englische Lehnwort „Service" läßt sich in einigen Fällen, aber nur in diesen, direkt ins D. übersetzen bzw. übertragen.)* Wartung;

Unterhaltung (maintenance); Kundenservice (customer service); Verkehrsangebot (z.B. bus service, rail service).

society, n.→ ***Gesellschaft** (soziologisch, z.B. die deutsche Gesellschaft)*; Gesellschaft als Wirtschaftsunternehmen; Interessengemeinschaft; „bessere" Gesellschaft (high society)

soft goods, n.pl.→ **kurzlebige Güter**, Verbrauchsgüter *(VWL)*

take care not to, v.→ **darauf achten, nicht zu...**; dafür sorgen, daß nicht...; darum besorgt sein, daß nicht...

to this end, adv.→ **zu diesem Zweck**, dafür; hierfür; mit dem Ziel

uses, n.pl.→ **Verwendung**; Gebrauch; Einsatz; *in anderem Zusammenhang auch:* Anwendung; Benutzung; Abnutzung; Nutzung

utilize, v.→ **verwenden**; nutzen; einsetzen; Gebrauch machen von

wages, n.pl.→ **Löhne**

ÜT: 1   Die Frage der Allokation

Da alle Ressourcen rar sind, und somit begrenzt, müssen Gesellschaften und Volkswirtschaften ökonomische Systeme entwickeln, um diese Ressourcen unter den vielen Verwendungen, die im Wettbewerb um sie stehen, zu verteilen und zuzuweisen. Dieses Allokationsproblem besteht aus drei grundsätzlichen Fragen:

1. Welche Güter und Dienstleistungen soll eine Gesellschaft herstellen? Um diese Frage zu beantworten, muß jede Gesellschaft Methoden entwickeln, um festzustellen, welche Güter und Dienstleistungen benötigt werden, erforderlich sind und/oder erwünscht sind. Diese Erzeugnisse können Investitionsgüter oder Konsumgüter, langlebige oder kurzlebige Güter, oder sie können Dienstleistungen sein. In jedem Fall muß die Gesellschaft ihre produktiven Ressourcen so zuteilen, daß zwischen diesen Gütern eine sachgerechte Ausgeglichenheit entsteht, um auf diese Art möglichst viele Bedürfnisse und Erfordernisse ihrer Mitglieder zu befriedigen.

2. Wie sollen diese Güter und Dienstleistungen hergestellt werden? Alle Gesellschaften müssen darauf achten, Ressourcen nicht zu verschwenden. Zu diesem Zweck muß das effizienteste Produktionsverfahren und/oder die effizienteste Kombination von Ressourcen angewendet werden. Infolgedessen muß die Gesellschaft entscheiden, wieviel von den Ressourcen, wieviel Kapital und wieviel Arbeitskraft benötigt wird, um die gewünschte Quantität und Qualität dieser Produktion herzustellen.

3. Wer soll die Güter und Dienstleistungen erhalten, die unter Verwendung dieser knappen Ressourcen hergestellt werden und an wen geht das Einkommen, das damit erzeugt wird. Diese Entlohnungen sind die Löhne und Gehälter für die Arbeitskräfte, Mieten und Gebühren für die Verwendung der natürlichen Ressourcen sowie die Gewinne für die Unternehmer und Investoren.

Um diese Fragen anzugehen, können unterschiedliche Gesellschaften unter Umständen unterschiedliche Wege entwickeln, alle Gesellschaften müssen jedoch effektive und effiziente Antworten finden, damit ihr Fortbestehen gesichert ist.

OT: 2   Economic Power   D: 1

In business, economic power develops with the growth of corporations, power which—in its extreme form—may constitute a monopolistic market structure, i.e. one supplier controls the entire market. A similar such power structure, albeit not quite so extreme, is the oligopoly, in which a relatively small number of companies dominates a specific market.

As long as the members of a society benefit from the consequences of economic power, such power is not necessarily harmful. However, the extent of the economic power may be such as to jeopardize or otherwise interfere with the political system established and supported by the people. Sarcastic critics have claimed that nations are no longer governed by elected political leaders but by corporate business. To avoid such criticism, and out of a sense of social responsibility, power-wielding corporations should conduct themselves within the socially established parameters of their environment.

Out of a sense of self-preservation, corporations are interested in laws, regulations, and political decisions which will positively affect their progress and bottom line. Unfavorable tax rates and restrictive regulations, for instance, may increase costs and cut profits. Companies and trade associations, therefore, often finance pressure groups to lobby heavily in support of policies which are in the companies' favor. They may also threaten to relocate substantial portions of their business and many jobs if politicians refuse to yield to their demands. Big business can thus promote the defeat or enactment of proposed bills and hence exercise its power to determine the rules by which societies live.

Adapted from Fink: Econotexts I

affect, v.→ **beeinflussen**; einwirken auf; beeinträchtigen; berühren; betreffen

benefit, v.→ **Nutzen ziehen aus**; nützlich sein; zugutekommen; von Nutzen sein

bill, n.→ **Gesetz**; Gesetzesvorlage; Gesetzesvorschlag; Gesetzentwurf

bottom line, n.→ **Einkommen** *(eines Unternehmens, = Einnahmen minus Ausgaben)*; Ertrag; Gewinn oder Verlust

business, n.→ **Geschäftsleben**; Wirtschaft; Wirtschaftsleben

conduct oneself, v.→ **sich bewegen in**; sich verhalten; sich benehmen; sich führen; agieren; handeln; tätig sein

corporate business, n.→ **große Unternehmen**; Großunternehmen; Konzerne

corporation, n.→ **Kapitalgesellschaft**; Aktiengesellschaft

defeat, v.→ **besiegen** *(Die englische Satzkonstruktion — Ablehnung oder Inkrafttretung fördern! — läßt sich im Deutschen aus stilistischen und semantischen — Ablehnung fördern? — Gründen nicht wörtlich wiedergeben. Vorschlag: ... können Großkonzerne die Inkraftsetzung ... fördern oder verhindern ...)*; überwältigen; überwinden; schlagen

economic power, n.→ **ökonomische Macht**; wirtschaftliche Macht; Wirtschaftsmacht

enactment, n.→ **Inkraftsetzung**; Inkrafttreten; Durchsetzung; Verabschiedung

environment, n.→ **Umfeld**; Umwelt; Umgebung; Rahmen; Bedingungen; Rahmenbedingungen

establish, v.→ **einrichten**; gründen; errichten; entwickeln; hervorbringen

established parameters, n.→ **etablierte Parameter** *(„Parameter" bietet sich als Lösung erster Wahl an; da häufig auch in deutschen Wirtschaftstexten anzutreffen)*; festgelegte Grundsätze; Rahmen; festgelegter Rahmen; bestehende Rahmenbedingungen; vorgegebene Rahmenbedingungen

exercise power, v.→ **Macht verwenden**; Macht nutzen; Macht ausnutzen; Macht ausüben

favor, n.→ **Nutzen**; Gefallen; Gefälligkeit

harmful, adj.→ **von Schaden sein**; schädlich; abträglich; schadend

interfere with, v.→ **beeinträchtigen**; in die Quere kommen; beeinflußen; behindern; hindern

jeopardize, v.→ **gefährden**; in Gefahr bringen

live by rules, v.→ **nach den Regeln leben**; nach Vorschriften, nach Gesetzen leben

lobby, n.→ vgl. **pressure group**

market structure, n.→ **Marktstruktur**; Marktorganisation; Marktordnung

monopolistic, adj.→ **monopolistisch**; marktbeherrschend

oligopoly, n.→ **Oligopol** *(VWL: eine Marktform, bei der sich wenige Anbieter einer großen Zahl von Nachfragern gegenübersehen)*

power-wielding, adj.→ **mächtig**; Macht ausübend; Macht besitzend

pressure group, n.→ **Interessengruppe**; Interessenverband; Interessengemeinschaft; Zusammenschluß *(auch die englischen Entlehnungen im Deutschen „Lobby" oder „Pressure group" finden sich häufig in deutschen wirtschaftswissenschaftlichen Texten bzw. Wirtschaftstexten)*

regulation, n.→ **Bestimmung**; Regel; Vorschrift; Auflage

relocate, v.→ **verlegen**; an einen anderen Ort verlegen; umziehen; wegziehen; Standort ändern; Standort verlegen

responsibility, sense of social ~, n.→ **soziale Verantwortung** *(Im Text eigentlich „aus einem Gefühl für soziale Verantwortung"; was im Deutschen stilistisch redundant wirken könnte.)*

self-preservation, n.→ **Selbsterhaltung**

sense of self-preservation; n.→ **Selbsterhaltungverständnis**; Selbsterhaltungstrieb

substantial portion, n.→ **in größerem Umfang**; in erheblichem Umfang; in beträchtlichem Umfang; in starkem Umfang, Maß, starker Menge, Quantität

substantial, adj.→ **groß**; erheblich; beträchtlich; umfangreich; gewichtig; substanziell

supplier, n.→ **Lieferant**; Zulieferer; Anbieter

support, v.→ **unterstützen**; stützen; tragen; fördern

trade association, n.→ **Wirtschaftsverband**; Unternehmensverband; Firmenverband

yield to, v.→ **nachkommen**; entsprechen; zustimmen; (Forderungen) erfüllen; einlenken; nachgeben; zugestehen

ÜT: 2   Ökonomische Macht

Im Geschäftsleben entwickelt sich ökonomische Macht mit dem Wachstum der Kapitalgesellschaft, eine Macht, welche in ihrer extremen Form eine monopolistische Marktstruktur darstellen kann, d.h. ein Lieferant kontrolliert den gesamten Markt. Eine ähnliche, derartige Machtstruktur, wenngleich nicht so extremer Art, ist das Oligopol, in dem eine verhältnismäßig kleine Zahl von Firmen einen bestimmten Markt beherrscht.

Solange die Mitglieder einer Gesellschaft aus den Konsequenzen der ökonomischen Macht Nutzen ziehen, ist derartige Macht nicht unbedingt von Schaden. Allerdings kann das Ausmaß der ökonomischen Macht so sein, daß das von den Bürgern eingerichtete und unterstützte politische System gefährdet oder in anderer Weise beeinträchtigt wird. Sarkastische Kritiker haben behauptet, daß die Nationen heute nicht mehr von gewählten politischen Führern, sondern von großen Unternehmen regiert werden. Um solche Kritik zu vermeiden und aus sozialer Verantwortung heraus, sollten die mächtigen Kapitalgesellschaften sich innerhalb der etablierten sozialen Parameter ihres Umfeldes bewegen.

Aus einem Selbsterhaltungsverständnis heraus sind die Kapitalgesellschaften an Gesetzen, Bestimmungen und politischen Entscheidungen interessiert, welche ihren Fortschritt und ihr Einkommen positiv beeinflussen. Ungünstige Steuersätze und restriktive Bestimmungen, zum Beispiel, können Kosten hochtreiben und Gewinne schmälern. Deshalb finanzieren Firmen und Wirtschaftsverbände oft Interessengruppen, die durch ihren Einfluß politische Maßnahmen zum Nutzen der Unternehmen unterstützen. Unter Umständen können sie auch damit drohen, in größerem Umfang Teile ihres Unternehmens und viele Arbeitsplätze an andere Orte zu verlegen, wenn Politiker sich weigern, den Forderungen nachzukommen. Auf diese Weise können Großkonzerne die Inkraftsetzung vorgesehener Gesetze fördern oder verhindern und damit ihre Macht dazu verwenden, die Regeln festzulegen, nach denen eine Gesellschaft lebt.

OT: 3 **Capitalism**	D: 2

To solve the problem of satisfying human needs and wants, societies have developed institutions and coordinating mechanisms, called economic systems. These economic systems may vary greatly, e.g. according to an economy's degree of industrialization, society's ideology (socialist, communist, or capitalist orientation), or even the religious beliefs of its members (e.g., the Amish societies all over the world or the Islamic states). Yet, no matter what their possibly different lifestyles, beliefs and values are, all economic systems must address the problem of allocation of scarce resources.

Capitalism is the economic system mostly practiced in the Western World today. Economists also refer to it as "pure capitalism", "laissez-faire capitalism" or "free market system". This relatively free, largely private capitalist system is characterized by the state granting the right to private property, i.e., the private ownership of capital and resources which allows a free market and free prices regulated by supply and demand. This market is so conceived that consumers have the freedom to choose what to buy, the laborers are free to work where, when, and if they please; and investors, under the freedom of enterprise, may freely decide where, when, and in whatever property they want to invest or in whatever market they want to operate. Such features, together with individualism, the profit motive as a driving force, the willingness to take risks, and competition make for a free market system. By contrast, in the communist or socialist systems the government owns the capital and determines how much and what will be produced and who will receive that which has been produced.

Adapted from Fink: Econotexts I

belief, n.→ **Glaubensrichtung**; Glaube; Vertrauen; Meinung; Anschauung; Überzeugung; Konfession; Religion; Religionsausrichtung

by contrast, adv.→ **im Gegensatz zu**; im Vergleich mit; verglichen mit; andererseits

competition, n.→ **Wettbewerb**; Konkurrenz; Wettkampf; Wettstreit

conceive, v.→ **einrichten**; ausstatten; zuschneiden; konzipieren; planen; entwerfen; herrichten; vorbereiten; begreifen; sich (aus)denken; ersinnen

consumer, n.→ **Verbraucher**; Konsument; Endverbraucher; *u. U. Abnehmer; Käufer (der jedoch nicht immer personengleich mit dem Verbraucher ist)*

coordinating mechanism, n.→ **Koordinationsmechanismus**; koordinierender Mechanismus; in Einklang bringender, aufeinander abstimmender, harmonisierender Mechanismus *(hier bietet sich „koordinierender Mechanismus" als stilistisch eleganter an)*

degree of industrialization, n.→ **Grad der Industrialisierung**; Stufe, Maß, Ausmaß der Industrialisierung; *(eventuell auch Kompositum: Industrialisierungsgrad, Industrialisierungsstufe, Industrialisierungsmaß)*

driving force, n.→ **Triebkraft**; Triebfeder; Antrieb; Schubkraft; treibende Kraft; Dynamik

economic system, n.→ **Wirtschaftssystem** *(Vorsicht: nicht „Wirtschaftsordnung" = eigener deutscher wirtschaftswissenschaftlicher Terminus, der nicht oder nur sehr umständlich übersetzbar ist; vgl. auch Schäfer.)*

feature, n.→ **Merkmal**; Eigenschaft; Charakteristikum; Charakteristik; wichtiger Bestandteil; Grundzug; Hauptpunkt; Besonderheit; Unterscheidungsmerkmal; *(gelegentlich in Sachtexten auch Verwendung des Anglizismus „Feature")*.

free market system, n.→ **freies Marktsystem**; freie Marktwirtschaft; System der freien Marktwirtschaft; *(besondere Variante: „social free market system" = soziale Marktwirtschaft (typisch deutsches Wirtschaftssystem))*

freedom of enterprise, n.→ **Freiheit der Geschäftsausübung**; freie Geschäftsausübung; Gewerbefreiheit; Geschäftsfreiheit; Unternehmerfreiheit; Wirtschaftsfreiheit

grant, v.→ **gewähren**; zugestehen; zuteilen; bewilligen; geben, erteilen; stattgeben; einräumen

laborers, n.pl.→ **Arbeiter**; Arbeitende; Beschäftigte; Arbeitnehmer; Werktätige; *(Vorsicht: in bestimmten Fällen: ungelernte Arbeiter)*

laissez-faire capitalism, n.→ **Laissez-faire Kapitalismus** *(international gebräuchlicher Terminus; individualistischer, übermäßig toleranter, sich selbst steuernder Kapitalismus, d.h. ohne staatlichen Einfluß)*; wirtschaftlicher Liberalismus; *(Vorsicht: wird manchmal fälschlicherweise mit „freie Marktwirtschaft" übersetzt.)*

life style, n.→ **Lebensweise**; Lebensstil; Lebensart; Art zu leben

make for, v.→ **sorgen für**; gewährleisten; ermöglichen; dienen zu; beitragen zu

needs, n.→ **Bedürfnisse**; Wünsche; Erfordernisse; Notwendigkeit

private ownership, n.→ **privates Eigentumsrecht**

private property, n.→ **Privateigentum**; Privatbesitz; *u. U. auch* Privatgrundstück

pure capitalism, n.→ **reiner Kapitalismus**; Kapitalismus in Reingestalt; Kapitalismus in reinster Form; Kapitalismus in Reinkultur; *selten*: purer Kapitalismus

refer to, v.→ **bezeichnen als**; nennen; kennzeichnen als; *(Vorsicht: hier nicht die häufig vorkommenden Übersetzungen wie „verweisen auf; hinweisen auf; bezugnehmen auf; sich beziehen auf; überweisen; weitergeben; weiterleiten; zuordnen; zuweisen; übergeben; sich berufen auf; sich wenden an")*

regulate, v.→ **regeln** *(z.B. per Rechtsordnung)*; kontrollieren; regulieren; lenken; ordnen; steuern; anpassen

satisfy, v.→ **befriedigen**; *(hier Gerund im Deutschen durch Substantiv Befriedigung)*; zufriedenstellen

supply and demand, n.→ **Angebot und Nachfrage** *(VWL)*

take risks, v.→ **Risiken eingehen**; riskieren; aufs Spiel setzen; wagen; sich einem Risiko aussetzen; Risiko tragen; es ankommen lassen auf

values, n.pl.→ **Werthaltung**; Werte; Überzeugungen; Werturteile

ÜT: 3 Kapitalismus

Um das Problem der Befriedigung menschlicher Erfordernisse und Wünsche zu lösen, haben die Gesellschaften Institutionen und koordinierende Mechanismen entwickelt, die man Wirtschaftssysteme nennt. Diese Wirtschaftssysteme können unter Umständen stark voneinander abweichen, z.B. nach Grad der Industrialisierung einer Wirtschaft, der Ideologie der jeweiligen Gesellschaft (sozialistische, kommunistische oder kapitalistische Ausrichtung) oder nach dem religiösen Glauben ihrer Mitglieder (z.B. Amish-Gesellschaften in der ganzen Welt oder die islamischen Staaten). Was aber auch immer ihre möglichen unterschiedlichen Lebensweisen, Glaubensrichtungen und Werthaltungen sein mögen, so müssen sich doch alle Wirtschaftssysteme um das Problem der Allokation der beschränkten Ressourcen kümmern.

Der Kapitalismus ist das Wirtschaftssystem, das heute am meisten in der westlichen Welt praktiziert wird. Wirtschaftswissenschaftler bezeichnen es auch als „reinen Kapitalismus", „Laissez-faire Kapitalismus" oder „freies Marktsystem". Dieses relativ freie, weitgehend private, kapitalistische System zeichnet sich dadurch aus, daß der Staat das Recht am Privateigentum gewährt, d.h. das private Eigentumsrecht an Kapitalressourcen, welches einen freien Markt und freie Preise ermöglicht, die durch Angebot und Nachfrage geregelt werden. Dieser Markt ist so eingerichtet, daß die Verbraucher die Freiheit besitzen, zu wählen was sie kaufen, daß den Arbeitern freisteht, zu arbeiten wo, wann und ob überhaupt; und unter der Freiheit der Geschäftsausübung können Investoren frei entscheiden, wo, wann und in welche Werte sie investieren möchten oder in welchem Markt sie tätig sein wollen. Diese Merkmale, zusammen mit Individualismus, dem Profitmotiv als Triebkraft, der Bereitschaft Risiken einzugehen, und der Wettbewerb sorgen für ein freies Marktsystem. Im Gegensatz dazu besitzt in den kommunistischen oder sozialistischen Systemen die Regierung das Kapital und bestimmt wieviel und was erzeugt wird und wer das, was hergestellt worden ist, erhalten soll.

OT: 4 — The Gains from Trade

While most people, after a little consideration, recognize that some international trade is beneficial—nobody would seriously suggest that Sweden should grow its own bananas—many people are skeptical about the advantages of importing goods that a country could produce for itself.

With that in mind, probably the most important insight in international economic theory is the idea that there are almost always gains from trade—i.e., when countries sell goods and services to one another, this is, in most cases, to their mutual benefit. The scope of circumstances and conditions under which international trade may be advantageous is much broader than most people—especially non-economists—are aware of. For example, labor and trade union leaders in Western, high-wage countries claim that their countries are hurt by trade with less advanced countries, whose industries are less efficient than theirs but who can undersell the Western producers because they can afford to pay much lower wages. Yet, the theories of international economics can demonstrate conclusively that this is not necessarily true:

For one thing, trade provides benefits by allowing countries to export goods whose production makes relatively heavy use of resources that are locally abundant (and, thus, relatively inexpensive) while importing goods whose production makes heavy use of resources that are locally scarce (and therefore comparatively dear). For another, international trade also allows countries to concentrate on producing narrower ranges of goods, thus allowing them to benefit from greater efficiencies of large-scale production (so-called economies of scale), and exchange these goods for those they do not make. Nor are the benefits limited to trade in tangible goods: international migration and international borrowing and lending are also forms of mutually beneficial trade; the first, a trade of labor for goods and services, the second, a trade of current goods for the promise of future goods through the temporary exchange of purchasing power.

Finally, international exchanges of volatile assets, such as stocks and bonds, can benefit all countries and individual investors by allowing them to diversify their wealth and reduce the variability of their income.

Adapted from Krugman/Obstfeld: International Economics

advantage, n.→ **Vorteil**; Vorzug

advantageous, adj.→ **von Vorteil sein**; vorteilhaft; günstig

afford, v.→ **sich leisten** (können); in der Lage sein

allow, v.→ **erlauben**; ermöglichen; zulassen

be aware of, v.→ **sich vorstellen**; sich bewußt sein; wissen; erkennen

beneficial, adj.→ **nutzbringend**; nützlich; von Vorteil; gewinnbringend

bonds, n.pl.→ **Anleihen**

borrowing and lending, n. → **Kreditaufnahme und -gewährung** *(Die Übersetzung der beiden Grundideen durch Leihen und Verleihen erweist sich als stilistisch umständlich und wirtschaftlich nicht präzise.)*

broader, adj.→ **größer**; umfangreicher; weiterreichend; breiter

claim, v.→ **behaupten**; fordern; bestehen auf; erklären

comparatively dear, adj.→ **vergleichsweise teuer**; kostspielig; ziemlich teuer/kostspielig

condition, n.→ **Bedingung**; Rahmenbedingung; Umstand; Gegebenheit

consideration, n.→ **Überlegung**; Erwägung; Betrachtung; Analyse

country, n.→ **Land**; Staat *(Obwohl von manchen Stilisten im Deutschen verpönt, läßt sich hier nur die im Englischen stilistisch weniger schief angesehene Wiederholung des gleichen Wortes anwenden.)*

current goods, n.pl.→ **derzeitige Güter**

demonstrate conclusively, v.→ **schlüssig aufzeigen**; nachweisen; eindeutig zeigen

diversify, v.→ **diversifizieren**; streuen

economic theory, n.→ **ökonomische Theorie**; Wirtschaftstheorie; Theorie der Wirtschaft

economies of scale, n.→ **Economies of Scale** *(Eine Kostendegression auf Grund hoher Stückzahlen. Die wirtschaftswissenschaftliche Literatur verwendet im Deutschen ebenfalls den englischen Ausdruck)*

= efficiencies of scale, n.pl.→ **Effizienz der Massenproduktion**

− efficient, adj.→ **effizient**; kostengünstig

export, v.→ **exportieren**; ausführen

for another, phr.→ **zum anderen** (zum einen...)

for one thing, phr.→ **zum einen** (... zum anderen); einerseits; einesteils; einmal

− for the promise, phr.→ **gegen das Versprechen**

− gains, n.pl.→ **Gewinne**; Nutzen; Vorteile

grow, v.→ **züchten**; anpflanzen; anbauen

high-wage country, n.→ **Hochlohnland** *(analog: „low-wage country" = Niedriglohnland)*

hurt, v.→ **belasten**; schädigen

− idea, n.→ **Vorstellung**; Gedanke; Überlegung

importing, n.→ **Import**; Einfuhr

individual investor, n.→ **einzelner Investor**; einzelner Anleger

inexpensive, adj.→ **kostengünstig**; billig; preiswert

= insight, n.→ **Einsicht**; Erkenntnis; Folgerung; Schluß

international economics, n.→ **internationale Volkswirtschaftslehre**

international trade, n.→ **internationaler Handel**; Außenhandel; Import und Export

labor union, n.→ **Gewerkschaft**

labor, n.→ **Arbeitskräfte**; Arbeiter; Arbeit *(als Produktionsfaktor)*

large-scale production, n.→ **Massenproduktion**

less advanced country, n.→ **weniger entwickeltes Land** *(die englische Form „underdeveloped country" ist inzwischen nicht mehr gebräuchlich, da diskriminierend)* −

locally abundant, adj.→ **vor Ort reichlich vorhanden**, ~ verfügbar, ~ vorkommend −

make use of, v.→ **Gebrauch machen von**; verwenden; nutzen −

migration, n.→ **Migration**; Wanderung

mutual benefit, n.→ **beiderseitiger Nutzen**, gegenseitiger Nutzen

narrower range of goods, n.→ **engere Produktpalette**; weniger unterschiedliche Erzeugnisse, Güter, Waren =

not necessarily, adv.→ **nicht unbedingt**; nicht zwingend; nicht immer −

probably, adv.→ **möglicherweise**; wahrscheinlich; unter Umständen −

producers, n.pl.→ **Hersteller**; Anbieter; Erzeuger; Produzenten

provide, v.→ **schaffen**; sorgen für; bereitstellen; begründen

purchasing power, n.→ **Kaufkraft**

recognize, v.→ **zugeben**; zugestehen; einsehen; merken; erkennen

scarce, adj.→ **knapp**; begrenzt

scope of circumstances, n.→ **Bandbreite**; Rahmen; Umfang

services, n.pl.→ **Dienstleistungen**

skeptical, adj.→ **skeptisch**; pessimistisch; nicht überzeugt; unsicher; ungewiß

some, adv.→ **ein gewisses Maß von**

stocks, n.pl.→ **Aktien**; Anteile

suggest, v.→ **vorschlagen**; anregen; fordern; plädieren für; sein für

Sweden, n.→ **die Schweden** *(Obwohl wörtlich „Schweden sollte die eigenen Bananen züchten" als Übersetzung möglich ist, erscheint die gebotene Übertragung logischer.)*

tangible goods, n.pl.→ **materielle Dinge**; „faßbare" Güter

temporary, adj.→ **zeitweise**; vorläufig; vorübergehend; temporär

trade of labor for goods and services, phr.→ **Austausch von Arbeitskräften gegen Güter und Dienstleistungen**

trade union, n.→ **Gewerkschaft**

trade, n.→ **Handel**; Außenhandel; *u. U. auch* Export und Import; Warenaustausch

undersell, v.→ **unterbieten**; zu niedrigeren Preisen verkaufen, anbieten

variability, n.→ **Variabilität**; Schwankungen

volatile assets, n.→ **Kursschwankungen ausgesetzte Werte**, Wertpapiere; im Wert stark schwankende Vermögensgüter

wage, n.→ **Lohn**; Arbeitsentgelt; Entlohnung

with that in mind, phr.→ **damit vor Augen...**; dies ins Betracht ziehend, berücksichtigend; einkalkulierend

ÜT: 4   Gewinne aus dem Handel

Während, nach etwas Überlegung, die meisten Menschen zugeben, daß ein gewisses Maß von internationalem Handel nutzbringend ist—niemand würde ernsthaft vorschlagen, die Schweden sollten ihre eigenen Bananen züchten—sind dennoch viele Leute skeptisch hinsichtlich der Vorteile des Imports von Gütern, die ein Land für sich selbst herstellen könnte.

Wenn man sich das vor Augen hält, dann ist möglicherweise die wichtigste Einsicht in der internationalen ökonomischen Theorie die Vorstellung, daß der Handel fast immer Gewinn bringt, d.h., wenn Länder Güter und Dienstleistungen an andere Länder verkaufen, so ist das in den meisten Fällen zum beiderseitigen Nutzen. Die Bandbreite der Umstände und Bedingungen, unter denen internationaler Handel von Vorteil sein kann, ist viel größer, als sich die meisten Menschen—besonders Nichtökonomen—vorstellen. So behaupten beispielsweise Gewerkschaftsführer in westlichen Hochlohnländern, daß ihre Länder durch den Handel mit weniger entwickelten Ländern, deren Industrien zwar weniger effizient sind als die eigenen, belastet werden, diese Länder es sich aber leisten können, viel geringere Löhne zu zahlen und somit die Preise der westlichen Hersteller zu unterbieten. Die Theorien der internationalen Volkswirtschaftslehre können aber schlüssig aufzeigen, daß dies nicht unbedingt der Fall ist:

Zum einen schafft Handel Vorteile, indem er erlaubt, daß Länder Güter, deren Produktion relativ starken Gebrauch von vor Ort reichlich vorhandenen und damit verhältnismäßig kostengünstigen Ressourcen macht, zu exportieren, während zugleich Güter importiert werden, deren Herstellung starken Gebrauch von vor Ort begrenzt vorhandenen und damit verhältnismäßig teuren Ressourcen macht. Zum anderen ermöglicht der internationale Handel Ländern, sich auf die Produktion engerer Produktpaletten zu konzentrieren, somit also Nutzen zu ziehen aus größerer Effizienz der Massenproduktion (sogenannte Kostendegression aufgrund hoher Stückzahlen) und diese Güter dann gegen solche zu tauschen, die sie selbst nicht herstellen. Zudem ist der

Nutzen nicht auf den Handel mit materiellen Dingen beschränkt: auch internationale Migration sowie internationale Kreditaufnahme und -gewährung stellen beiderseitig nutzbringende Formen des Handels dar; wobei es sich im ersten Fall um den Austausch von Arbeitskräften gegen Güter und Dienstleistungen, im zweiten um den mit derzeitigen Gütern gegen das Versprechen zukünftiger Güter durch den zeitweisen Austausch von Kaufkraft handelt.

Schließlich kann der internationale Tausch von heftigen Kursschwankungen ausgesetzten Wertpapieren, wie z.B. Aktien und Anleihen, allen Ländern und einzelnen Investoren zum Nutzen gereichen, indem er ihnen ermöglicht, ihren Wohlstand zu diversifizieren und die Variabilität ihrer Einkommen zu reduzieren.

OT: 5 Protectionism   D: 2

Perhaps the most important political theme in international economics is the seemingly eternal battle between Free Trade and Protectionism. Ever since the emergence of modern nation-states some four centuries ago, governments have worried about the effect of international competition on the prosperity of domestic industries and have tried either to shield industries from foreign competition by restricting imports or to help them in world competition by subsidizing exports. One of the major tasks of international economics has been to analyze the effects of these so-called protectionist policies—and usually, though by no means always, to criticize protectionism and show the advantages of freer international trade.

Over the years, international economists have developed a simple yet powerful analytical framework for determining the effects of government policies that affect international trade. This framework cannot only forecast the effects of trade policies, it also allows cost-benefit analyses and defines criteria for determining when government intervention is good for the economy.

In the real world, however, governments do not necessarily do what the cost-benefit analysis of economists tells them they should. This does not mean that the analysis is useless. On the contrary, economic analysis can help make sense of the politics of international trade policy, by showing who benefits and who loses from such government actions as quotas on imports and subsidies to exports. The key insight of this analysis is that conflicts of interest within nations (e.g. between different lobbies or between producers and consumers) are usually more important than conflicts of interest between nations.

Adapted from Krugman/Obstfeld: International Economics

- **advantage**, n.→ **Vorteil**; Vorzug; gute Seite
- **affect**, v.→ **sich auswirken**; Einfluß haben; beeinträchtigen
- **ago**, adv.→ **vor...** *(zeitlich)*
- **allow**, v.→ **vermögen**; können; in der Lage sein; ermöglichen
- **battle**, n.→ **Schlacht**; Kampf; Krieg; Auseinandersetzung
- **be good for**, v.→ **gut sein für**; günstig; nützlich; nutzbringend; positiv
- **benefit from**, v.→ **gewinnen von**; Nutzen ziehen aus; nützlich, vorteilhaft sein
- **by no means**, adv.→ **keineswegs**; keinesfalls; in keiner Weise
- **conflicts of interest**, n.→ **Interessenkonflikt**
- **contrary, on the ~**, phr.→ **im Gegenteil**; im Gegensatz
- **cost-benefit analysis**, n.→ **Kostennutzen-Analyse**; Gegenüberstellung von Kosten und Nutzen
- **criteria**, n.pl. → **Kriterien**; Merkmale; Punkte *(engl. Singular: criterion)*
- **criticize**, v.→ **Kritik üben an**; kritisieren; bemängeln; negativ beurteilen
- **define**, v.→ **definieren**; festlegen; bestimmen; ermitteln; *(vgl. auch „determine")*

determine, v.→ **bestimmen**; festlegen; ermitteln; definieren

develop, v.→ **entwickeln**; erstellen; bereitstellen; erarbeiten

domestic industry, n.→ **Inlandsindustrie**; heimische Industrie

economist, n.→ **Ökonom**; Volkswirt; Volkswirtschaftler; Wirtschaftswissenschaftler; Wirtschaftsfachmann

effect, n.→ **Auswirkung**; Einwirkung; Einfluß; Beeinträchtigung

either... or→ **entweder... oder...**

emergence, n.→ **Aufkommen**; in Erscheinung treten; Auftreten; sichtbar werden

eternal, adj.→ **endlos**; ewig; nie endend; unendlich; fortwährend; nie endenwollend

ever since, adv.→ **schon immer**; schon eh und je

forecast, v.→ **voraussagen**; vorhersagen

foreign competition, n.→ **ausländischer Wettbewerb**; ausländische Konkurrenz

framework, n.→ **Rahmenwerk**; Rahmen; Grundbedingungen

free trade, n.→ **freier Handel**; Freihandel; uneingeschränkter, schrankenloser Handel

government action, n.→ **Regierungsmaßnahmen**

- **help**, v.→ **beitragen zu**; helfen; nützlich sein; stützend wirken

however, adv.→ **aber**; allerdings; jedoch

international competition, n.→ **internationaler Wettbewerb**; internationale Konkurrenz

intervention, n.→ **Intervention**; Eingriff

- **key insight**, n.→ **Schlüsselerkenntnis**; Haupterkenntnis; wichtige, maßgebliche Erkenntnis

lobby, n.→ **Lobby** *(Hier bietet sich der seit langem in der einschlägigen Literatur verwendete schwer übersetzbare Anglizismus an.)*

- **lose from**, v.→ **verlieren dadurch**; Nachteile haben

- **major**, adj.→ **Haupt...**; wichtig; entscheidend; bedeutend

make sense of, v.→ **Sinn verleihen**; Sinn geben *(Vorsicht: das im Dt. mittlerweile vorzufindende „Sinn machen" ist eine Lehnübersetzung aus dem Englischen.)*

mean, this does not ~, phr.→ **das bedeutet keineswegs**; das heißt nicht

nation-state, n.→ **Nationalstaat**

- **necessarily, not ~ so**, adv.→ **nicht unbedingt so**; nicht immer so; nicht ausschließlich so

over the years, adv.→ **im Laufe der Jahre**; mit der Zeit

political, adj.→ **politisch**(e)

powerful, adj.→ **machtvoll**; mächtig; kraftvoll

producer, n.→ **Erzeuger**; Hersteller; Produzent

prosperity, n.→ **Wohlstand**; Wohlergehen; Erfolg; Wachstum

protectionism, n→ **Protektionismus**; Schutz; Bevorzugung; Begünstigung

protectionist policy, n.→ **protektionistische Maßnahme**; ~ Politik; ~ Praxis; ~ Praktik

quotas, n.pl.→ **Quoten**

real world, n.→ **tatsächliche Welt**; wirkliche Welt; Wirklichkeit

restrict, v.→ **beschränken**; einschränken; begrenzen

seemingly, adv.→ **scheinbar**; wie es scheint; es sieht so aus, als ob

shield, v.→ **abschirmen** (gegen); schützen vor; sichern (gegenüber)

show, v.→ **aufzeigen**; darlegen; aufdecken; zu erkennen geben; sichtbar machen; offenlegen

subsidize, v.→ **subventionieren**; finanziell unterstützen *(vgl. auch „subsidies")*

subsidies, n.pl.→ **Subventionen**; finanzielle Unterstützung; *(vgl. auch „subsidize")*

task, n.→ **Aufgabe**; Anliegen; Problem

trade policies, n.pl.→ **Handelspolitiken** *(Das Deutsche verwendet im vorliegenden Fall häufiger den Singular als Kollektivum, wenngleich auch der Plural auftritt.)*

useless, adj.→ **nutzlos**; wertlos

world competition, n.→ **Weltwettbewerb**; Wettbewerb auf dem Weltmarkt

worry about, v.→ **besorgt sein**; sich sorgen um; bekümmert sein; Angst haben vor

yet, conj.→ **aber**; dennoch; trotzdem

ÜT: 5 Protektionismus

Das vielleicht wichtigste politische Thema in der internationalen Ökonomie stellt die scheinbar endlose Schlacht zwischen dem freien Handel und dem Protektionismus dar. Schon immer seit dem Aufkommen der modernen Nationalstaaten vor etwa vierhundert Jahren sind Regierungen über die Auswirkungen des internationalen Wettbewerbs auf den Wohlstand ihrer Inlandindustrien besorgt gewesen und haben versucht, entweder diese Industrien gegen ausländischen Wettbewerb abzuschirmen, indem sie die Einfuhren beschränkten, oder ihnen halfen, durch Exportsubventionen im Weltwettbewerb zu bestehen. Eine der Hauptaufgaben der internationalen Ökonomie ist es gewesen, die Auswirkungen dieser sogenannten protektionistischen Maßnahmen zu untersuchen und in der Regel, obgleich keineswegs immer, Kritik am Protektionismus zu üben und die Vorteile eines freieren internationalen Handels aufzuzeigen.

Im Laufe der Jahre haben internationale Ökonomen ein einfaches, aber machtvolles analytisches Rahmenwerk zur Bestimmung der Auswirkungen der Regierungspolitik auf den internationalen Handel entwickelt. Dieses Rahmenwerk vermag nicht nur die Auswirkungen der Handelspolitik vorauszusagen, es macht auch Kosten/Nutzen-Analysen möglich und definiert Kriterien für die Festlegung, wann eine Regierungsintervention gut für die Wirtschaft ist.

In der tatsächlichen Welt handeln Regierungen aber nicht unbedingt so, wie es ihnen die Kosten-Nutzen-Analyse der Ökonomen vorschreibt. Das bedeutet keineswegs, daß die Analyse nutzlos ist. Im Gegenteil, die ökonomische Analyse kann dazu beitragen, der internationalen Handelspolitik einen Sinn zu verleihen, indem sie aufzeigt, wer von derartigen Regierungsmaßnahmen, wie Importquoten oder Exportsubventionen, gewinnt und wer durch sie verliert. Die Schlüsselerkenntnis dieser Analyse ist, daß Interessenkonflikte innerhalb von Nationen (z.B. zwischen unterschiedlichen Lobbies oder zwischen Erzeugern und Konsumenten) in der Regel wichtiger als Interessenkonflikte zwischen Nationen sind.

OT: 6   Commercial Policy   D: 2

The theory of international economics makes, on the whole, a strong case for unfettered trade. Yet, governments have always tried to control trade to at least some extent, and deliberate free-trade policies have indeed been very rare historically. The attempts of national governments to influence or control international trade are called commercial policy.

The tools and instruments of commercial policy are manifold. Probably the most familiar and common one is a tax on imports, usually called a tariff. Of course, taxes may also be charged on exports, and both, imports and exports, are sometimes subsidized by the government (a form of negative tax). Many additional nontariff barriers do not involve taxes or subsidies at all. Quantitative restrictions, for example, limit the quantities of specific goods that can be imported (or, in the case of an embargo, exported). In principle, there may be either maximum or minimum quotas on exports or imports, but a quota on the maximum quantity of a good that can be imported in a specific time interval is perhaps the most familiar form. Sometimes tariffs and quotas occur in combination: A tariff-quota (or customs quota) does not prohibit imports above the quota amount but instead subjects them to a higher tariff than that imposed on imports within the quota.

Many nontariff barriers occupy a gray area: laws, regulations and procedures which are not explicitly aimed at international trade but which nonetheless impact on it. Overzealous health inspectors whose scrupulous inspection of imported goods may tie these up for a long time, safety regulations biased toward domestic production methods, minimum local content requirements, excessive bureaucracy ("red tape"), and regional development grants, and tax privileges to export industries are examples of a host of measures that influence international trade despite altogether different ostensible purposes.

Adapted from Krugman/Obstfeld: International Economics

aim at, v.→ **sich beziehen auf**; abstellen auf; richten auf; zielen auf; gezielt sein auf

altogether different, adj./adv.→ **völlig anders**; völlig verschieden

amount, n.→ **Menge von**; viele; zahlreiche; große Anzahl

attempt, n.→ **Versuch**

biased to / toward, adv.→ **ausgerichtet sein auf**; voreingenommen sein gegen(über)

charge, v.→ **erheben**; verlangen; fordern; berechnen; in Rechnung stellen

commercial policy, n.→ **Handelspolitik**; Wirtschaftspolitik *(aber breiter, übergreifender und undefinierter)*

common, adj.→ **weitverbreitet**; üblich, häufig

control, v.→ **kontrollieren** *(Vorsicht: im Sinne von „lenken, steuern leiten"; nicht i. S. von dt. „kontrollieren, beaufsichtigen.")*

customs quota, n.→ **Zollquote**

deliberate, adj.→ **gezielt**; bewußt; beabsichtigt; intendiert

despite, prep.→ **trotz**; obwohl...; obgleich...

domestic production method, n.→ **inländische Produktionsmethode**

either... or..., conj.→ **entweder... oder...**

embargo, n.→ **Embargo** *(Verbot des Handels von bestimmten Gütern mit einem bestimmten Land; oft politisch als wirtschaftliches Druckmittel eingesetzt.)*

excessive bureaucracy, n.→ **übermäßige Bürokratie**

explicitly, adv.→ **explizit**; eigens; besonders; gezielt auf

extent, to some ~, adv.→ **zu einem gewissen Grad**; in gewisser Hinsicht; etwas

familiar, adj.→ **bekannt**; vertraut *(vgl. auch „familiär")*

free-trade policies, n.pl.→ **Freihandelspolitiken**; Politik des freien Handels

grant, n.→ **Zuschuß** *(im allgemeinen nicht zurückzahlbar)*

gray area, n.→ **grauer Bereich**; graue Zone

health inspector, n.→ **Gesundheitsinspektor**; Gesundheitsbeamter

historically, adv.→ **historisch gesehen**

host of measures, n.→ **Maßnahmenkatalog**

impact on, v.→ **beeinträchtigen**; beeinflussen; sich auswirken auf

imported goods, n.pl.→ **importierte Waren**

impose on, v.→ **erheben**; auferlegen; vgl. auch „charge"

in principle, n./adv.→ **im Prinzip**; prinzipiell

indeed, adv.→ **in der Tat** *(Hier im Dt. überflüssig, obwohl das Dt. in der Regel mehr Flickwörter als das Englische verwendet.)*

influence, v.→ **beeinflussen**; Einfluß nehmen auf

instrument, n.→ **Instrument**; *(Syn. „tool")*

involve, v.→ **beinhalten**; mit sich bringen

law, n.→ **Gesetz**

make a case for, v.→ **sich einsetzen für**; eintreten für; sich stark machen für

manifold, adj.→ **vielfältig**; verschiedenster Art

maximum quota, n.→ **Maximalquote**

minimal quota, n.→ **Minimalquote**

minimum local content requirement, n.→ **Mindestbestandserfordernis** *(Vorschrift, daß ein bestimmter Mindestanteil am Wert eines Gutes in einem bestimmten Gebiet (z.B. der EU oder den NAFTA-Ländern) hergestellt worden sein muß, damit das Gut als „inländisches" angesehen werden kann und dadurch steuerlich oder zollmäßig begünstigt wird.)*

negative tax, n.→ **negative Steuer** *(meist in Form von Subventionen oder Steuervorteilen, vom Staat erhaltene finanzielle Hilfe)*

nonetheless, conj.→ **nichtsdestotrotz**

non-tariff barrier, n.→ **nichttarifliche** Handelsschranke *(Handelsbeschränkung ohne den Einsatz von Zöllen)*

occupy, v.→ **darstellen**; einnehmen; belegen; beinhalten

ostensible, adj.→ **offensichtlich**; offenbar; klar ersichtlich; klar erkennbar

overzealous, adj.→ **übereifrig**; über das Ziel schießend

procedure, n.→ **Verfahrensweise**

prohibit, v.→ **verbieten**; untersagen; unterbinden

purpose, n.→ **Grund**, Zweck

quantitative, adj.→ **quantitativ**; mengenmäßig

quota amount, n.→ **Quotenmenge**

red tape, n.→ **Papierkrieg**; vgl. auch „excessive bureaucracy"

regional development grants, n.pl.→ **regionale Entwicklungszuschüsse**

regulation, n.→ **Bestimmung**; Vorschrift

safety regulations, n.pl.→ **Sicherheitsbestimmungen**

scrupulous, adj.→ **peinlich genau**; genau

sometimes, adv.→ **gelegentlich**; manchmal

subject to, v.→ **unterwerfen**

tariff, n.→ **(Zoll)tarif**; Steuer; Gebühr; Abgabe

tax on imports, n.→ **Einfuhrsteuer**; Einfuhrzoll

tax privileges, n.pl.→ **Steuerprivilegien**; Steuerbevorzugung; Steuererleichterung

tax, n.→ **Steuer**; Zoll

theory, n.→ **Theorie**; Lehre

tie up, v.→ **festhalten**; binden; verzögern

tool, n.→ **Werkzeug** *(hier im Dt. eher Singular)*

unfettered, adj.→ **uneingeschränkt**; ungezwungen; frei

ÜT: 6   Handelspolitik

Die Theorie der internationalen Ökonomie setzt sich insgesamt stark für den uneingeschränkten Handel ein. Dennoch haben die Regierungen stets versucht, den Handel zu kontrollieren, zumindest zu einem gewissen Grad, und gezielte Freihandelspolitiken sind historisch gesehen sehr selten. Den Versuch der nationalen Regierungen, den internationalen Handel zu beeinflussen oder zu kontrollieren, nennt man Handelspolitik.

Die Werkzeuge und die Instrumente der Handelspolitik sind vielfältig. Das wahrscheinlich bekannteste und weitestverbreitete ist die Einfuhrsteuer, allgemein Tarif genannt. Natürlich können Steuern auch auf Exporte (Ausfuhren) erhoben werden und sowohl Einfuhren als auch Ausfuhren werden gelegentlich durch die Regierungen subventioniert (eine Art negativer Steuer). Viele zusätzliche nichttarifliche Schranken beinhalten aber überhaupt keine Steuern oder Subventionen. Quantitative Beschränkungen, zum Beispiel, begrenzen die Mengen bestimmter Güter, die importiert werden dürfen (oder, im Falle eines Embargos, derjenigen die exportiert werden können). Im Prinzip kann es entweder Maximal- oder Minimalquoten sowohl für Ausfuhren wie Einfuhren geben, aber die Quote für die maximale Menge einer Ware, die innerhalb eines bestimmten Zeitraumes eingeführt werden darf, ist möglicherweise die bekannteste Form. Manchmal treten Tarife und Quoten in Kombinationen auf: eine Tarifquote (oder Zollquote) verbietet nicht die Einfuhr über die Quotenmenge hinaus, sie unterwirft sie statt dessen einem höheren Tarif als dem, der innerhalb der Quote für Einfuhren erhoben wird.

Viele nichttarifliche Schranken stellen einen grauen Bereich dar: Gesetze, Bestimmungen und Verfahrensweisen, die sich nicht explizit auf den internationalen Handel beziehen, ihn aber nichtsdestoweniger beeinträchtigen. Übereifrige Gesundheitsinspektoren, deren peinlich genaue Untersuchungen der eingeführten Güter diese für eine lange Zeit festhalten können, auf die inländischen Produktionsmethoden ausgerichtete Sicherheitsbestimmungen, Mindest-Bestands-Erfordernisse, übermäßige Bürokratie (Papierkrieg) sowie regionale Entwicklungszuschüsse und Steuerprivilegien für Exportindustrien sind Beispiele einer Menge von Maßnahmen, welche trotz offensichtlich völlig anderer angeblicher Gründe den internationalen Handel beeinflussen.

OT: 7   Tariffs and Pressure-Group Politics   D: 2

Based on the assumption that self-interest governs political behavior, examining the structure of protectionist measures to see who benefits and who loses can provide valuable insights. A tariff always hurts some individuals and benefits others, so that there is always a group with a vested interest in protectionist measures. But, except when there is a substantial terms-of-trade improvement, the losses from protectionism always exceed the gains, so that free trade would attract the majority of "votes" if given a chance. Thus, we must examine the political aspects in more detail.

The relevant fact about protection is that its costs are spread over many people (e.g., the consumers) while the benefits are concentrated on relatively few (e.g., domestic producers). If, for example, the textile industry in a developed country is faced with severe competition from imports, a tariff on textiles could mean the difference between having a job and losing it for textile workers, and between staying in business and bankruptcy for textile firms. Thus, people in the industry have a vital stake in the tariff question. Protection for textiles would harm many more people namely the consumers; but they would all be affected only slightly because the higher prices make only a small dent in their budgets.

Because the gainers from a tariff have a vital interest in the protectionist measure, they have a strong incentive to organize and exert whatever political influence they can, e.g., by supporting elected politicians who take a position on the tariff issue in their favor. Although large in number, those who will lose from the tariff are not greatly affected and, therefore, they have no incentive to organize or even to keep informed about the issue. Moreover, those who gain from a tariff would find it easier to organize than would the losers because the gainers are more likely to come in contact with each other, simply because they are in the same business, or they are geographically concentrated. Hence, the ability to benefit members by obtaining tariff protection is important to the appeal of trade associations and labor unions. Groups organized on an industry basis and appealing to those individuals with a short-term horizon would be the most likely to prosper, because they would appeal especially to the people who have the most to gain or lose. Thus, such pressure groups tend to adopt a short-run, industry-specific view of tariff matters, even if the general population does not.

Adapted from Krugman/Obstfeld: International Economics

ability, n.→ **Fähigkeit**

adopt, v.→ (Standpunkt) **einnehmen**; annehmen; sich zulegen

although, conj.→ **wenngleich**; obwohl; wenn auch

always, adv.→ **immer**; stets

appeal to, v.→ **ansprechen**; interessant sein; von Interesse sein

appeal, n.→ **Anziehungskraft**; Attraktion; Interesse

aspect, n.→ **Aspekt**; Gesichtspunkt; Frage; Problem

attract, v.→ **ziehen auf**; vereinigen auf; *(hier ist der Einschub „im Falle einer Wahl", der aus „majority" und „votes" hervorgeht, zum Verständnis im Deutschen erforderlich)*

bankruptcy, n.→ **Konkurs**; Insolvenz; Pleite *(umgangssprachlich)*

based on the assumption,→ **in der Annahme, daß...**; auf der Grundlage, daß...; *(eigentlich: begründet auf der Annahme, daß...)*

be affected by, adj.→ **beeinträchtigt sein durch**; berührt sein; betroffen sein

behavior, n.→ **Verhalten**; Benehmen

benefit, v.→ **Nutzen ziehen aus**; Nutzen haben von

budget, n.→ **Geldbeutel**; Kasse; *(idiomatischer als eigentliche Bedeutung:* Budget; Etat*)*; Haushalt

business, n.→ **Branche**; Geschäft; Industriezweig;

concentrated on, adj.→ **konzentriert sein auf**; verteilt; gerichtet sein auf

developed country, n.→ **entwickeltes Land**; industrialisiertes Land

difference, n.→ **Unterschied**; Differenz

domestic producer, n.→ **heimischer Erzeuger**; heimischer Hersteller; heimischer Produzenten

e.g., abr.→ **z**(um) **B**(eispiel) *(aus dem Lateinischen:* exempli gratia*)*

elected, adj.→ **gewählt**

examine, v.→ **untersuchen** *(hier allerdings besser im Deutschen Nominalstil, wie auch im Engl. ausgedrückt durch Gerund)*

exceed, v.→ **höher**, stärker, umfangreicher sein als; übersteigen; überschreiten; (über etwas) hinausgehen

— **except when**, prep.→ **außer im Falle von**; es sei denn; außer

exert, n.→ **ausüben** (Einfluß, Macht)

favor, in one's ~, phr.→ **günstig für**; zugunsten von

few, adj.→ **wenige** (Menschen, Personen, Bürger)

= **firm**, n.→ **Firma**; Unternehmen; Betrieb

= **gain**, n.→ **Gewinn**; Zuwachs

gainer, n.→ **Gewinner**

general population, n.→ **allgemeine Bevölkerung**; Allgemeinheit; Menschen im allgemeinen

govern, v.→ **beherrschen**

— **greatly**, adv.→ **erheblich**; in hohem Maß; stark

harm, v.→ **schaden**; zum Schaden gereichen; zum Nachteil sein

have a stake in sth., v.→ **Interesse haben an**; beteiligt sein an

have the most to (gain or lose), v.→ **am meisten** (zu gewinnen oder verlieren) **haben**

— **hence**, adv.→ **somit**; daher; so; damit

hurt, v.→ **schaden**

if given a chance, phr.→ *(in der Übersetzung ausgelassen bzw. diese Phrase wird im Deutschen durch „im Falle von..." wiedergegeben)*

improvement, n.→ Verbesserung

— **in detail**, adv./adj.→ **im Detail**; im einzelnen; ausführlich; eingehend

incentive, n.→ **Anreiz**

= **industry**, n.→ **Branche**; Industriezweig

— **industry-specific**, adj.→ **branchenspezifisch**

= **insights**, n.pl.→ **Erkenntnisse**; Einsichten

= **job**, n.→ **Arbeitsplatz**; Stelle; Arbeit; Posten; Position

keep informed about sth., v.→ **sich auf dem laufenden halten**; informiert sein

labor union, n.→ Gewerkschaft

= **lose**, v.→ **Verluste erleiden**; verlieren; Nachteile erleiden

losses, n.pl.→ **Verluste**

= **make a dent in sth.**, v.→ **Loch reißen in**; belasten

mean, v.→ **ausmachen**; bedeuten

moreover, adv.→ **darüberhinaus**; dazu; zudem

obtain, v.→ **erlangen** *(besser nominal: „durch die Erlangung")*

organize, v.→ **sich organisieren**

- **organized on an industry basis**, adj.→ **auf Branchenbasis organisiert**
- **people**, n.→ **Menschen**; Leute; Personen; Bürger *(Singularetantum)*
- **politician**, n.→ **Politiker**
- **pressure group**, n.→ **Interessengruppe**
- **prosper**, v.→ **florieren**
- **protectionism**, n.→ **Protektionismus** *(Schutz der heimischen Wirtschaft)*
- **protectionist measures**, n.pl.→ **protektionistische Maßnahmen**
- **provide**, v.→ **liefern**; bieten
- **relevant**, adj.→ **wichtig**; relevant; bedeutend; bedeutsam
- **self-interest**, n.→ **Selbstinteresse**; eigenes Interesse; Eigennutz
- **severe**, adj.→ **scharf**; stark; hart
- **short-run** (view), adj.→ **kurzfristig orientierte Sichtweise**, Ansicht
- **short-term horizon**, n.→ **kurzfristige Zielsetzung**
- **slightly**, adv.→ **geringfügig**; leicht
- **some individuals**, n.pl.→ **den einen** (den anderen) **Menschen**
- **spread over**, adj.→ **verteilt sein auf**
- **stay in business**, v.→ **im Geschäft bleiben**; weiterbestehen; weiterarbeiten; als Unternehmen fortbestehen
- **substantial**, adj.→ **erheblich**; stark; beträchtlich
- **support**, v.→ **unterstützen**; stützen; fördern
- **take a position on**, v.→ **eine** (bestimmte) **Haltung einnehmen**; eine Position, Meinung vertreten
- **tariff matters**, n.pl.→ **Zollfragen**; Zollangelegenheiten
- **tariff protection**, n.→ **Schutzzölle** *(eigentlich „Schutz durch Zölle")*
- **tariff question**, n.→ **Zollfrage**
- **tend to**, v.→ **neigen zu**; geneigt sein
- **terms of trade**, n.→ **Terms of Trade**; reales Austauschverhältnis *(das in Geld ausgedrückte Verhältnis von Importen und Exporten)*
- **textile industry**, n.→ **Textilindustrie**
- **textile workers**, n.pl.→ **Textilarbeiter** *(hier kollektiver Singular im Deutschen stilistisch besser)*
- **thus**, adv.→ **daher**; infolgedessen; somit
- **to be faced with**, v.→ **sich gegenübersehen**; konfrontiert sein mit; sich auseinandersetzen mit
- **to be more likely to**, v.→ **wahrscheinlicher sein**

to be most likely to, v.→ am wahrscheinlichsten...	view, n.→ **Standpunkt**; Ansicht; Haltung; Perspektive
trade association, n.→ **Handelsverband**; Industrieverband	vital, adj.→ **vital**; lebenswichtig
valuable, adj.→ **wertvoll**; von Wert	vote, n.→ **Stimme** *(bei einer Wahl)*
vested interest, n.→ **berechtigtes Interesse**	whatever, adj.→ **welcher Art auch immer** *(ist im dt. Text überflüssig)*

ÜT: 7 Die Politik der Zölle und Interessengruppen

In der Annahme, daß das Selbstinteresse das politische Verhalten beherrscht, vermag die Untersuchung der Struktur protektionistischer Maßnahmen zur Feststellung, wer aus ihnen Nutzen zieht und wer Verluste erleidet, wertvolle Erkenntnisse zu liefern. Tarife nützen stets den einen und schaden den anderen, so daß es immer eine Gruppe gibt, die berechtigte Interessen an protektionistischen Maßnahmen hat. Allerdings, außer im Falle einer erheblichen Verbesserung der Terms of Trade, sind die durch den Protektionismus hervorgerufenen Verluste stets höher als die Gewinne, so daß der freie Handel im Falle einer Wahl die „Mehrheit" der Stimmen auf sich ziehen würde. Daher müssen wir die politischen Aspekte mehr im Detail untersuchen.

Die wichtige Tatsache am Protektionismus ist, daß seine Kosten auf viele Menschen, d.h. Verbraucher, verteilt sind, während die Gewinne auf verhältnismäßig wenige (z.B. heimische Erzeuger) konzentriert sind. Wenn also zum Beispiel die Textilindustrie in einem entwickelten Land sich scharfem einfuhrbedingtem Wettbewerb gegenübersieht, könnte ein Zoll auf Textilien den Unterschied ausmachen, ob man als Textilarbeiter seinen Arbeitsplatz behält oder nicht, und ob die Textilunternehmen im Geschäft bleiben oder in Konkurs gehen. Daher haben die Leute in der Branche ein vitales Interesse an der Zollfrage. Die Protektion der Textilindustrie würde aber weit mehr Menschen, nämlich den Verbrauchern schaden; allerdings würden diese alle nur geringfügig beeinträchtigt, weil die höheren Preise nur ein kleines Loch in ihren Geldbeutel reißen.

Da die von den Zöllen Profitierenden ein lebenswichtiges Interesse an der protektionistischen Maßnahme haben, besitzen sie auch einen starken Anreiz, sich zu organisieren und den ihnen möglichen politischen Einfluß auszuüben, indem sie z.B. gewählte Politiker unterstützen, die gegenüber der Zollfrage eine für sie günstige Haltung einnehmen. Wenngleich groß an Zahl, so werden dennoch diejenigen, die wegen des Zolles etwas verlieren, nicht erheblich betroffen sein und haben daher keinen Anreiz, sich zusammenzuschließen oder sich auch nur in der Sache auf dem laufenden zu halten. Darüber hinaus finden es diejenigen, die von einem Zoll profitieren, leichter, sich zusammenzuschließen, als die dadurch Benachteiligten, denn es ist wahrscheinlicher, daß die Gewinner miteinander in Kontakt kommen, ganz einfach, weil sie in derselben Branche tätig sind oder sich in einem geographisch konzentrierten Gebiet befinden. Somit ist die Fähigkeit, den Mitgliedern durch das Erlangen von Schutzzöllen nützlich zu sein, von Bedeutung für die Anziehungskraft der Handelsverbände und Gewerkschaften. Dabei würden vermutlich solche Gruppen, die auf Branchenbasis organisiert sind und jene, die Leute mit kurzfristiger Zielsetzung ansprechen, am wahrscheinlichsten florieren, da sie besonders für diejenigen attraktiv wären, die am meisten zu gewinnen oder zu verlieren haben. Daher neigen derartige Interessengruppen dazu, einen kurzfristigen, branchenspezifischen Standpunkt zu Zollfragen einzunehmen, selbst wenn die allgemeine Bevölkerung dies nicht tut.

OT: 8 Problem Solving and Decision Making D: 1

Every day, people at all levels in organizations must make decisions and solve problems. Managers, especially, spend a great deal of their time making decisions as well as identifying and solving problems: How should the profits be invested? Which employee should be assigned what task? The decisions made by managers provide the framework for the further decisions and actions of organization members.

Managers face problems and decision-making situations of varying difficulty, complexity, recurrence: (1) Programmed decisions are those made in accordance with some habit, rule, or procedure, all of which simplify decision making in recurring situations by limiting or excluding alternatives. (2) Non-programmed decisions are those that deal with unusual or unique problems. If the problem does not occur frequently enough to be covered by a procedure or rule, or is so important that it deserves special treatment, it must be handled by a non-programmed decision. Finally, the higher the manager ranks in the hierarchy of the organization, the more important his ability to make unprogrammed decisions, i.e., there are few—if any—programmed decisions for CEOs to deal with.

Decisions can also be distinguished by the amount of relevant information available or predictable concerning the conditions and circumstances of the decision as well as future developments. In other words, problems can range from predictable situations to ones that are extremely difficult to predict: Decisions under conditions of certainty means there is accurate, measurable, reliable information available on which to base decisions. When predictability is lower, a condition of risk exists; complete information is unavailable but decision makers have a good idea of the probability of particular outcomes. Under conditions of uncertainty, however, very little is known. Decisions made under these conditions are the most difficult to make but often the most crucial and fascinating ones.

Adapted from Stoner: Management

8: PROBLEM SOLVING AND DECISION MAKING

ability, n.→ **Fähigkeit**; Können; Vermögen
action, n.→ **Handlung**; Tat; Maßnahme
amount, n.→ **Menge**, Quantität
assign, v.→ **zuweisen**; zuteilen; zuerteilen; anweisen
available, adj.→ **verfügbar**; vorhanden
base on, v.→ **begründen auf**; gründen auf
CEO, abrev.→ **Vorstandsvorsitzender**; geschäftsführender Direktor *(Chief Executive Officer)*
certainty, n.→ **Sicherheit**; Gewißheit; Bestimmtheit
circumstance, n.→ **Umstand**; Gegebenheit
complete, adj.→ **vollständig**
concerning, prep.→ **über**; betreffen; hinsichtlich
condition of risk, n.→ **Risikokondition**; Risikobedingung; Risikogefahr
condition, n.→ **Bedingung**; Zustand
cover, v.→ **bewältigen**; beseitigen; beheben
crucial, adj.→ **entscheidend**; kritisch
deal with, v.→ **betreffen**; sich abgeben mit; sich beziehen auf; beinhalten
decision maker, n.→ **Entscheidungsträger**; Entscheidender; Verantwortlicher
decision-making situation, n.→ **Entscheidungs(findungs)situation**

deserve, v.→ **zukommen**; verdienen; zustehen
distinguish (by...), v.→ **unterscheiden**; differenzieren (anhand von; nach)
employee, n.→ **Angestellte(r)**; Beschäftigte(r); Arbeiter(in); Bedienstete
exclude, v.→ **Ausschluß** *(eigentlich: „ausschließen", jedoch auch hier wie „limit")*
face, v.→ **sich gegenüber sehen**; konfrontiert sein mit; sich abgeben mit
fascinating, adj.→ **faszinierend**
few, if any, ..., phr.→ **wenige, falls überhaupt...**
framework, n.→ **Rahmenbedingung**; Rahmen
frequently, adv.→ **häufig**; oft
further, adj.→ **weitere**; zusätzliche
habit, n.→ **Gewohnheit**; Brauch; Angewohnheit
handle, v.→ **lösen**; handhaben; fertigwerden mit
have an idea of, v.→ **Vorstellung haben von**; Wissen haben von
hierarchy, n.→ **Hierarchie**; Rangordnung
identify, v.→ **identifizieren**; herausstellen; feststellen; herausfinden
in accordance with, phr.→ **in Übereinstimmung mit**; gemäß
in other words, phr.→ **mit anderen Worten**; das heißt; also...
invest, v.→ **anlegen**; investieren; in ein Vorhaben einbringen

level, n.→ **Ebene**; Niveau; Stufe; Leistungsstufe

limit, v.→ **Beschränkung** *(hier substantivierter Gebrauch wie engl. Gerund)*; Begrenzung

low, adj.→ **gering** *(an Maß, Menge, etc.)*

make decisions, v.→ **Entscheidungen treffen**; (über) etwas entscheiden

manager, n.→ **Manager**; Leitungsperson; Leiter

measurable, adj.→ **meßbar**; quantifizierbar

occur, v.→ **auftreten**; vorkommen

outcome, n.→ **Ergebnis**; Resultat

predictability, n.→ **Voraussagbarkeit**; Vorhersagbarkeit

predictable, adj.→ **voraussagbar**; vorhersehbar

probability, n.→ **Wahrscheinlichkeit**

procedure, n.→ **Verfahren**; Prozedur

provide, v.→ **sein**; bilden; darstellen

range (from... to), v.→ **reichen** (von... bis)

rank, v.→ **stehen in** *(z.B. Rang, Hierarchie, Hackordnung)*

recurrence, n.→ **wiederholtes Auftreten**; Wiederauftreten

relevant, adj.→ **relevant**; bedeutsam; von Bedeutung; entscheidend

reliable, adj.→ **zuverlässig**; verlässlich; sicher

rule, n.→ **Regel**; Bestimmung; Verordnung

simplify, v.→ **vereinfachen**; einfacher machen; simplifizieren

solve, v.→ **lösen**; beseitigen

task, n.→ **Aufgabe**; Arbeit; Beschäftigung

the higher, the more important, phr.→ **je höher, umso wichtiger**; je höher, desto wichtiger

treatment, n.→ **Behandlung**

uncertainty, n.→ **Unsicherheit**; Ungewißheit

unique, adj.→ **einzigartig**; einmalig

unusual, adj.→ **ungewöhnlich**; außergewöhnlich

varying, adj.→ **unterschiedlich**; verschieden; variierend

very little→ **sehr wenig**; kaum etwas

ÜT: 8 Problemlösung und Entscheidungsfindung

Jeden Tag müssen Menschen auf allen Ebenen in den Organisationen Entscheidungen treffen und Probleme lösen. Besonders Manager verbringen einen großen Teil ihrer Zeit damit, Entscheidungen zu treffen, Probleme festzustellen und zu lösen: Wie sollten die Gewinne angelegt werden? Welche Aufgabe sollte welchem Angestellten zugewiesen werden? Die von den Managern getroffenen Entscheidungen sind die Rahmenbedingungen für weitere Entscheidungen und Handlungen der Angehörigen der Organisation.

Manager sehen sich Problemen und Entscheidungsfindungssituationen von unterschiedlichem Schwierigkeitsgrad, von unterschiedlicher Komplexität und sich wiederholendem Auftreten gegenüber:

1. Programmierte Entscheidungen sind diejenigen Entscheidungen, die in Übereinstimmung mit bestimmten Gewohnheiten, Regeln oder Verfahren getroffen werden, die alle die Entscheidungsfindung in erneut auftretenden Situationen durch die Beschränkung oder den Ausschluß von Alternativen vereinfachen.

2. Nichtprogrammierte Entscheidungen sind solche, die ungewöhnliche oder einzigartige Probleme betreffen. Wenn das Problem nicht häufig genug auftritt, um mittels eines Verfahrens oder einer Regel bewältigt zu werden, oder, falls es so wichtig erscheint, daß ihm eine Sonderbehandlung zukommen soll, muß es mittels einer nichtprogrammierten Entscheidung gelöst werden. Schließlich gilt, daß je höher der Manager in der Hierarchie der Organisation steht, um so wichtiger seine Fähigkeit ist, nichtprogrammierte Entscheidungen zu treffen, d.h., es gibt nur wenige, falls überhaupt, programmierte Entscheidungen, welche Vorstandsvorsitzende treffen.

Entscheidungen können auch anhand der Menge der verfügbaren oder voraussagbaren Informationen über die Bedingungen und Umstände der Entscheidung als auch zukünftiger Entwicklungen unterschieden werden. Mit anderen Worten, Probleme können von voraussagbaren Situationen bis zu äußerst schwierig voraussagbaren reichen: Entscheidungen unter Bedingungen der Sicherheit zu treffen, bedeutet, daß genaue, meßbare und zuverlässige Informationen vorliegen, auf welche Entscheidungen begründet werden können.

Wenn jedoch die Voraussagbarkeit geringer ist, besteht eine Risikokondition; vollständige Informationen sind zwar nicht verfügbar, die Entscheidungsträger haben aber eine gute Vorstellung von der Wahrscheinlichkeit bestimmter Ergebnisse. Unter Bedingungen der Ungewißheit ist jedoch nur sehr wenig bekannt. Unter diesen Bedingungen getroffene Entscheidungen sind die schwierigsten, allerdings oft auch die entscheidendsten und faszinierendsten.

OT: 9 Management Science   D: 1

The operations of organizations have become more complex and costly over the years. The so-called management science (MS)—also known as operations research (OR)—tries to develop tools to help managers and other decision makers with their planning and problem solving. Technical progress, wide-spread use of computers and advanced software have made the application of MS tools and models economically feasible. However, while MS methods can help with an increasing number of complex planning situations and problems, they are not panaceas. In many cases, people are still required to make quick and informed decisions or to solve problems the computers cannot (yet) cope with.

The result of any MS efforts should be information that directly aids managers in reaching decisions that can be implemented. This should be achieved using a scientific and systematic approach, i.e., defining the problem, learning the behavior of the system containing the problem, developing possible solutions, and testing them. All MS efforts should be cost-effective; the expected financial return (e.g., savings or revenues) should exceed the costs of the measure or study. In management science the elements of a complex problem are reduced to their mathematical equivalents and then used to construct a model on which experiments can be made with the aid of a computer, since the computations involved are often too complex or tedious for human beings to handle efficiently. Also, MS usually takes a team approach, because most of the problems can only be solved by a team of specialists from differing disciplines in addition to the MS personnel and the managers who will be involved in the project's implementation.

Management science includes the following tools:

1. Linear programming (LP) models are widely used to determine the best way to allocate limited resources to achieve some desired end. The problems most suitable for LP application are those that can be expressed in

terms of linear—that is, directly proportional—relationships (e.g., machine utilization in production).

2. Queuing or waiting-line models are meant to help managers decide how long a waiting line would be most preferable (e.g., shoppers waiting at checkouts, trucks waiting to be (un)loaded).

3. Game theory attempts to predict how rational people will behave in competitive situations (e.g., the famous Prisoner's Dilemma). The aim is to help people develop strategies that will combine high gains with low costs. Unfortunately, game theory has not yet progressed beyond helping with any but the simplest problems in planning or strategy.

4. Although, in a sense, all models use the process of simulation in that they imitate reality, simulation models are specifically designed to be used for problems that are too complex to be described or solved by standard, mathematical equations. They model part of an organization's operations in order to see what will happen to that part over time, or to experiment with that part by changing certain variables.

Adapted from Stoner: Management

achieve, v.→ **anwenden**; verwenden; erreichen; bewerkstelligen; leisten

advanced, adj.→ **fortgeschritten**; fortschrittlich

application, n.→ **Anwendung**; Gebrauch; Einsatz

approach, n.→ **Ansatz**

attempt, v.→ **versuchen**; suchen

behave, v.→ **sich verhalten**; sich benehmen

checkout, n.→ **Kasse** *(in einem Geschäft)*

combine, v.→ **kombinieren**; verbinden

competitive, adj.→ **Wettbewerbs-**

computer, n.→ **Computer**; Rechner

construct, v.→ **entwickeln**; erstellen; bauen

contain, v.→ **enthalten**; beinhalten

cope with, v.→ **fertigwerden mit**; gewachsen sein

cost-effective, adj.→ **kostenwirksam**; kostengünstig

9: Management Science

- costly, adj.→ **kostspielig**; teuer; aufwendig
- decision maker, n.→ **Entscheidender**
- describe, v.→ **beschreiben**
- design, v.→ **entwerfen**; erstellen; konstruieren
- desired, adj.→ **gewünscht**; erwünscht; wünschenswert
- determine, v.→ **finden**; feststellen; ermitteln
- develop, v.→ **entwickeln**; erstellen; finden
- differing, adj.→ **unterschiedlich**; sich unterscheidend
- directly proportional, adj.→ **direkt proportional**
- discipline, n.→ **Disziplin** *(akademische)*; Fach; Gebiet; Bereich
- economically, adv.→ **wirtschaftlich** *(Vorsicht: man beachte den semantischen Unterschied zwischen „economic" (d.h. auf die Wirtschaft bezogen) und „economical" (d.h. wirtschaftlich, i. S. v. von „sparsam"), die häufig von Englischenlernenden verwechselt werden. Für beide Bedeutungen ist „economically" die Adverbform.)*
- efficiently, adv.→ **effizient**; in effizienter Weise; wirksam
- effort, n.→ **Anstrengung**; Bemühung; Versuch
- end, n.→ **Zweck**; Ziel; Absicht

- equation, n.→ **Gleichung** *(mathematische)*
- equivalent, n.→ **Äquivalent**
- exceed, v.→ **überschreiten**
- express, v.→ **ausdrücken**
- famous, adj.→ **berühmt**; bekannt
- feasible, adj.→ **tragbar**; sinnvoll; angebracht
- financial return, n.→ **finanzieller Gewinn**; finanzieller Ertrag
- gain, n.→ **Gewinn**
- game theory, n.→ **Spieltheorie**
- handle, v.→ **handhaben**
- help with, v.→ **helfen in**; Hilfe versprechen
- human beings, n.pl.→ **Menschen**
- implement, v.→ **umsetzen**
- in a sense, phr.→ **in gewisser Weise**; in gewissem Sinn
- in terms of, phr.→ **als**
- increasing, adj.→ **zunehmend**; wachsend; steigend
- information, n.→ **Information**; Wissen
- informed decision, n.→ **auf Wissen begründete Entscheidung**
- initiate, v.→ **initiieren**; nachbilden; nachstellen
- involve, v.→ **beteiligt sein**; mitarbeiten; zu tun haben mit
- learn, v.→ **kennenlernen**; erkennen

linear programming (LP), n.→ **lineare Programmierung**

load, v.→ **beladen**

LP, acr.→ vgl. **linear programming**

mangement science, n.→ **Management-Wissenschaft** *(das amerikanische Lehnwort „Management" ist inzwischen völlig im Deutschen eingebürgert)*

meant to, v.→ **sollen**; dafür da sein, ...

measure, n.→ **Maßnahme**

method, n.→ **Methode**; Verfahren

model, v.→ **als Modell darstellen**; modellhaft, als Modell wiedergeben; modellieren

MS (management science), acr.→ **MW** (Management-Wissenschaft)

operation, n.→ **Tätigkeit**

operations research (OR), n.→ **Operations Research** *(der Amerikanismus wird heute kaum ins D. übertragen; er ist eingebürgert)*

OR, acr.→ vgl. **operations research**

over the years, adv.→ **im Laufe der Jahre**

panacea, n.→ **Allheilmittel**; Hilfe in allen Fällen; Wundermittel

personnel, n.→ **Personal**

predict, v.→ **voraussagen**; vorhersagen

preferable, adj.→ **günstig**; vorzuziehen

prisoner's dilemma, n.→ **Prisoner's Dilemma** *(hier ist in der deutschen VWL und BWL der amerikanische Begriff fest verankert)*

problem solving, n.→ **Entscheidungsfindung**; Problemlösen

production, n.→ **Produktion**; Herstellung

progress, n.→ **Fortschritt**

queue, n. (BE)→ **Warteschlange**

queuing, n. (BE)→ **Schlangen**; in Schlangen stehen

quick, adj.→ **schnell**; prompt

rational people, n.→ **rational(e) (denkende) Menschen**

reality, n.→ **Realität**; Wirklichkeit

reduce to, v.→ **reduzieren auf** *(mathematischer Terminus)*; zurückführen auf

relationship, n.→ **Verhältnis**; Relation

require, v.→ **brauchen**; benötigen; erforderlich sein; nötig sein

result, n.→ **Ergebnis**; Resultat

revenues, n.pl.→ **Einkünfte**; Erträge; Erlöse

savings, n.pl.→ **Ersparnisse**

scientific, adj.→ **wissenschaftlich**

shopper, n.→ **Käufer**

simulation model, n.→ **Simulationsmodell**

simulation, n.→ Simulation

since, conj.→ da; weil

software, n.→ Software *(auch hier ist der englische Terminus im Deutschen fest verankert)*; Programme

solution, n.→ Lösung; Lösungsmöglichkeit

specifically, adv.→ eigens; besonders

standard, adj.→ standard; normal; allgemein bekannt

strategy, n.→ Strategie

study, n.→ Untersuchung; Studie; Analyse

suitable for, adj.→ geeignet für; passend

team approach, n.→ Teamansatz *(Beibehaltung des Amerikanismus)*

tedious, adj.→ langwierig

test, v.→ testen *(hier verwendet man das völlig ins D. integrierte englische Lehnwort)*; prüfen; ausprobieren; erproben

tool, n.→ Instrument; Werkzeug; Mittel

truck, n.→ Lastkraftwagen

unfortunately, adv.→ leider; unglücklicherweise

unload, v.→ entladen

use, v.→ benutzen; nützen; verwenden

utilization, n.→ Auslastung; Verwendung; Nutzung

variable, n.→ Variable; Veränderliche

waiting-line, n. (AE)→ Warteschlange

way, n.→ Weg; Verfahren; Methode

widely, adv.→ weitgehend; häufig; oft

wide-spread, adj.→ weitverbreitet

with the aid of, phr.→ mit Hilfe von

| ÜT: 9   Management Wissenschaft |

Im Laufe der Jahre ist die Tätigkeit von Organisationen komplexer und kostspieliger geworden. Die sogenannte Management Wissenschaft (MW), auch bekannt als Operations Research (OR) versucht, Instrumente zu entwickeln, um Managern und sonstigen Entscheidungsträgern bei ihrer Planung und Entscheidungsfindung zu helfen. Der technische Fortschritt, die weitverbreitete Verwendung von Computern und fortgeschrittener Software haben die Anwendung des MW-Instrumentariums wirtschaftlich tragbar gemacht. Während aber die MW-Methoden in einer zunehmenden Zahl von komplexen Planungssituationen und Schwierigkeiten helfen können, sind sie (dennoch) keine Allheilmittel. In vielen Fällen werden immer noch Menschen gebraucht, um schnelle und auf Wissen begründete Entscheidungen zu treffen oder Probleme zu lösen, mit denen die Computer heute noch nicht fertig werden.

Das Ergebnis aller MW-Anstrengungen sollte die Entwicklung von Informationen sein, welche Managern unmittelbar dabei helfen, Entscheidungen zu treffen, die in die Wirklichkeit umgesetzt werden können. Das sollte unter Anwendung eines wissenschaftlichen und systematischen Ansatzes geschehen, d.h. das Problem zu definieren, das Verhalten des das Problem enthaltenden Systems kennenzulernen, mögliche Lösungen zu entwickeln und diese zu testen. Alle MW-Bemühungen sollten kostenwirksam sein; der erwartete finanzielle Gewinn (z.B. Ersparnisse oder Einkünfte) sollten die Kosten der Maßnahme oder Untersuchung überschreiten. In der Management Wissenschaft werden die Elemente eines komplexen Problems auf ihre mathematischen Äquivalente reduziert und sodann dazu benutzt, ein Modell zu entwickeln, auf dessen Grundlage Experimente mit Hilfe eines Computers gemacht werden können, da die entsprechenden Berechnungen häufig zu komplex und langwierig sind, um von Menschen effizient gehandhabt werden zu können. Darüber hinaus wird in der MW für gewöhnlich nach einem Teamansatz verfahren, da die meisten Problemstellungen nur von einem Team aus Spezialisten der unterschiedlichen Disziplinen, dem MW-Personal und den mit der Projektimplementierung betrauten Managern gelöst werden können.

Die Managementwissenschaft enthält die nachfolgenden Instrumente:

1. Weitläufig angewandte Modelle der linearen Programmierung (LP), um für einen gewünschten Zweck den besten Weg für die Allokation begrenzter Ressourcen zu finden. Die für die LP-Anwendung am besten geeigneten Problemstellungen sind solche, die als lineare, d.h. direkt proportionale Beziehungsverhältnisse (z.B. die Maschinenauslastung in der Produktion) ausgedrückt werden können.

2. Schlangen- oder Warteschlangen-Modelle sollen Managern bei der Entscheidung helfen, welche Warteschlangenlänge am günstigsten wäre (z.B. Käufer, die an der Kasse warten, Lkws, die darauf warten, be- oder entladen zu werden).

3. Die Spieltheorie versucht vorauszusagen, wie rational denkende Menschen sich in Wettbewerbssituationen (z.B. dem berühmten Prisoner's Dilemma) verhalten. Das Ziel ist, Menschen zu helfen, Strategien zu entwickeln, die hohe Gewinne mit niedrigen Kosten kombinieren. Leider geht die Spieltheorie noch nicht über die Hilfe bei den einfachsten Planungs- oder Strategiefragen hinaus.

4. Obwohl gewissermaßen alle Modelle den Simulationsprozeß dergestalt verwenden, daß sie die Wirklichkeit imitieren, sind Simulationsmodelle so gestaltet, daß sie für Fragestellungen verwendet werden, die zu komplex sind, als daß sie mittels üblicher mathematischer Gleichungen beschrieben oder gelöst werden können. Sie geben Teile der Tätigkeiten einer Organisation als Modell wieder, um festzustellen, was mit der Zeit mit diesem Organisationsteil geschieht, oder um mit diesem Organisationsteil durch Veränderung der Variablen zu experimentieren.

OT: 10 Factors of Production

Factors of production are the inputs which are used to produce goods and services. Economists recognize five general factors of production: (1) land; (2) labor; (3) capital; (4) natural resources; and (5) entrepreneurship. Each good or service produced contains a combination of these factors. These factors can be distinguished from one another by the income earned by the supplier of the factor.

Land, as a factor of production, includes the direct use of land in production, as well as the use of land as a location for a business building. The farm land on which crops are grown, the land on which an apartment building is located, and an industrial complex are examples of the use of land as factors of production. The income earned from the use of land is rent.

Labor is work activity involved in the production of a good or service. This includes all activities in the business, both the labor used in making the product (direct labor) and the labor used to manage the plant and to sell the product (indirect labor). Income which is earned by the providers of direct labor is wages. Income earned by managers is salaries.

Capital, as a factor of production, is the wealth of persons or businesses invested in the production process. Wealth is used to purchase, e.g., equipment, buildings, inventory, and to pay the wages and salaries of the firm's employees. Capital may come from several sources. It can be the personal wealth of the owner of the business, it can be collected from the shareholders of a corporation who invest in the business, or it can be borrowed from a bank or individuals willing to lend money to the company. Income from capital provided by the shareholders is dividends, and income earned by lenders is interest.

Natural resources, as a factor of production, means the minerals or special characteristics of a piece of land. These minerals may be found on the surface or underground, and the special characteristics of such minerals are often determined by their location (e.g., near a river) as part of a particular geological formation. It is these attributes which make the land valuable, and these very minerals which can be extracted from the land to be used in production. Suppliers of natural resources receive payments, which may be called either royalties or mineral rents, from the users of the resources.

The last factor of production, entrepreneurship, is the ability to make business decisions and earn profit, combined with the willingness to take risk (though actually, the entrepreneur is known for calculating the least amount of risk). Entrepreneurs are individuals who know, either with or without formal training, how to sell products, how to position products in the market correctly, or how to recognize the most efficient manner of making the product. The entrepreneurs earn business profits for themselves or for the companies which employ them.

Each person in society possesses one or more of the above factors of production; so do the business firms in a community. The factors may be sold from one person to another, or used temporarily by a person or firm. By combining the factors in an efficient manner, goods are produced for society.

Adapted from Fink: Econotexts I

ability, n.→ **Fähigkeit**

actually, adv.→ **eigentlich**

apartment building, n.→ **Mietshaus**

attribute, n.→ **Eigenschaft**

borrow, v.→ **borgen**

building, n.→ **Gebäude**

business activity, n.→ **geschäftliche Aktivität**

business building, n.→ **Geschäftsgebäude**

business profit, n.→ **Geschäftsgewinn**

capital, n.→ **Kapital**

collect, v.→ **aufbringen**; einbringen; *eigentlich „einzahlen"*

community, n.→ **Gesellschaft**

contain, v.→ **bestehen aus**, enthalten

corporation, n.→ **Aktiengesellschaft**

determine, v.→ **bestimmen**

distinguish, v.→ **unterscheiden**

dividend, n.→ **Dividende**

earn, v.→ **erlösen**, erarbeiten, verdienen

economist, n.→ **Wirtschaftsfachmann, -frau**; *(economists = Wirtschaftsfachleute)*

efficient, adj.→ **effizient**

either...or, adj.→ **entweder... oder**

employ, v.→ **anstellen**; einstellen, beschäftigen

employee, n.→ **Mitarbeiter; Mitarbeiterin**; Angestellter; Angestellte

entrepreneurship, n.→ **Unternehmergeist**

equipment, n.→ **Ausrüstung**

extract, v.→ **fördern**

factor of production, n.→ **Produktionsfaktor**

geological, adj.→ **geologisch**

include, v.→ **einschließen**, umfassen

income, n.→ **Einkommen**

individual, n.→ **Privatperson**

industrial complex, n.→ **Industriekomplex**

input, n.→ **Einsatzfaktor**

interest, n.→ **Zinsen**

inventory, n.→ **Lagerbestand**

invest, v.→ **investieren**, anlegen, einbringen

involved (be...in), adj.→ **aufgewendet**; beteiligt sein an; zu tun haben mit

labor, direct..., n.→ **Arbeit** (unmittelbare...)

labor, indirect, n.→ **Arbeit** (mittelbare...)

labor, n.→ **Arbeit**(skraft)

land, n.→ **Land**

least amount of risk, n.→ **kleinste Menge von**, geringstes, kleinstes **Risiko**

lend, v.→ **leihen**; verleihen

lender, n.→ **Kreditgeber**

location, n.→ **Lagerstätte**; Ort; Fundort

location, n.→ **Standort**

manage, v.→ **verwalten**, managen

manager, n.→ **leitender Angestellter**

manner, n.→ **Art**; Weise

mean, v.→ **sein**; bedeuten; darstellen

mineral rents, n., pl.→ **Förderabgaben**

mineral, n.→ **Mineralien**

natural resources, n., pl.→ **Bodenschätze**

payment, n.→ **Vergütung**; Bezahlung

personal wealth, n.→ **persönliches Vermögen**

plant, n.→ **Produktionsanlage**, Fabrik

position, v.→ **positionieren**; plazieren

production process, n.→ **Produktionsprozeß**

provide, v.→ **einbringen**, bereitstellen; gewähren

provider, n.→ **Bereitsteller, Bereitstellende(r)**, (*hier*: Arbeit Bereitstellende)

purchase, v.→ **kaufen**

recognize, v.→ **unterscheiden**

rent, n.→ **Miete**

risk, take..., v.→ **Risiko eingehen**

royalties, n., pl.→ **Nutzungsgebühren**

salaries, n.pl.→ **Gehälter**

shareholder, n.→ **Aktionär**

source, n.→ **Quelle**

surface, on the..., adj./adv.→ **überirdisch**

temporarily, adv.→ **vorübergehend**

these very (minerals), phr.→ **genau diese** (Mineralien)

training, formal..., n.→ **formale Bildung**

underground, adj./adv.→ **unterirdisch**

use (direct...), n.→ **Verwendung** (unmittelbare...)

user, n.→ **Nutzer**

valuable, adj.→ **wertvoll**

wages, n.pl.→ **Löhne**

wealth, n.→ **Vermögen**

willing (be...to), v.→ **bereit sein**

ÜT: 10 Produktionsfaktoren

Produktionsfaktoren sind die Eingangsfaktoren, die dazu benützt werden, Güter und Dienstleistungen zu erzeugen. Wirtschaftswissenschaftler unterscheiden fünf allgemeine Produktionsfaktoren: (1) Boden, (2) Arbeit, (3) Kapital, (4) natürliche Ressourcen und (5) Unternehmergeist. Jedes erzeugte Gut und jede erzeugte Dienstleistung besteht aus einer Kombination dieser Faktoren. Diese Faktoren können mittels des Einkommens, das der Lieferant des jeweiligen Faktors erlöst, unterschieden werden.

Als Produktionsfaktor schließt Boden die unmittelbare Verwendung von Land in der Produktion, wie auch die Verwendung von Boden als Standort eines Geschäftsgebäudes ein. Beispiele für die Nutzung von Boden als Produktionsfaktor sind das (Acker)land, auf dem angebaut wird, der Boden, auf dem sich ein Mietshaus und ein Industriekomplex befindet. Das aus der Nutzung von Boden erzielte Einkommen ist die Miete.

Arbeit ist die für die Herstellung eines Gutes oder einer Dienstleistung aufgewendete Arbeitsaktivität. Diese umfaßt alle geschäftlichen Aktivitäten, sowohl die bei der Herstellung des Erzeugnisses verwendete Arbeit (unmittelbare Arbeit) als auch die für die Verwaltung der Produktionsanlage und den Verkauf des Erzeugnisses verwendete Arbeit (mittelbare Arbeit). Das von denen, die direkte unmittelbare Arbeit bereitstellen, erzielte Einkommen ist der Lohn. Von Managern erzieltes Einkommen ist das Gehalt.

Kapital als Produktionsfaktor ist das von Personen oder Unternehmen in den Produktionsprozeß eingebrachte Vermögen von Personen oder Unternehmen. Das Vermögen wird dazu verwendet, z.B. Ausrüstungen, Gebäude, Vorräte zu kaufen und die Löhne und Gehälter der Mitarbeiter des Unternehmens zu zahlen. Das Kapital kann mehreren Quellen entstammen. Es kann aus dem persönlichen Vermögen des Inhabers des Unternehmens bestehen, es kann von Aktionären einer Aktiengesellschaft, die in das Unternehmen investieren, eingezahlt[1] worden sein, oder es kann von einer Bank geborgt sein, oder von Privatpersonen, die gewillt sind, dem Unternehmen Geld zu leihen, stammen. Das Einkommen, das von dem von Aktionären eingebrachten Kapital herrührt, ist die Dividende, das von den Verleihern erzielte sind die Zinsen.

Natürliche Ressourcen als Bodenschätze sind die Mineralien oder besonderen Eigenschaften eines Stück Landes. Diese Mineralien können über- oder unterirdisch gefunden werden, und die besonderen Eigenschaften derartiger Mineralien werden oft durch ihre Lagerstätte (z.B. in der Nähe eines Flusses) als Teil einer bestimmten geologischen Formation bestimmt. (Erst) diese Eigenschaften und genau die in der Produktion verwendeten Mineralien, die aus dem Boden gefördert werden, machen den Boden wertvoll. Die Bereit-

---

[1] Eigentlich „einsammeln", „eintreiben", „einnehmen". Der tatsächliche Sinngehalt ergibt sich eher aus dem deutschen „einzahlen".

steller von natürlichen Ressourcen erhalten Vergütungen, die man entweder Nutzungsgebühr oder Förderabgabe nennt, von den Nutzern der Ressourcen.

Der letzte Produktionsfaktor, der Unternehmergeist, besteht aus der Fähigkeit, Entscheidungen zu treffen und Gewinn zu erzielen, zusammen mit der Bereitschaft Risiken einzugehen (wenngleich der Unternehmer eigentlich dafür bekannt ist, das kleinste Risiko zu kalkulieren). Unternehmer sind Personen, die ohne oder auch mit formaler Bildung wissen, wie man Erzeugnisse verkauft, wie man Produkte richtig im Markt positioniert oder wie man die effizienteste Art, ein Produkt zu erzeugen, erkennt. Unternehmer erzielen einen Geschäftsgewinn entweder für sich selbst oder für die Unternehmen, von denen sie beschäftigt werden.

Jeder in der Gesellschaft besitzt einen oder mehrere der obigen Produktionsfaktoren; das gleiche gilt für die Unternehmen in einer Gesellschaft. Die Faktoren können von einer Person an eine andere verkauft werden oder vorübergehend von einer Person oder Firma genutzt werden. Mittels der effizienten Kombination der Faktoren können Güter für die Gesellschaft hergestellt werden.

OT: 11 Return to sender

The greatest obstacle to a proper single market in the European Union is surely the intransigence of nationalist-minded state companies, be they loss-making airlines, milk-cow electricity generators or traditional post offices.

On June 27th, the 15 EU governments will try—and probably fail—to introduce a modicum of competition in postal services. One reason for failure will be a split between those that want fastish liberalisation, in particular Germany, the Netherlands and the Nordic countries, and those (especially Greece, Portugal and France) that want virtually none.

The second reason is that, though there is no such thing as a typical European postal service—Germany's delivers only a few more letters a year than Britain's, yet employs almost twice as many workers, for example—all are big employers with political clout. Two years ago Britain's government retreated from plans to privatise its Post Office, though it may try again.

They also share the obligation of "universal service", the idea that it should cost the writer no more to send his letter to the most remote address in the land than to the house next door. Foot-draggers fear that a postal free-for-all, on top of the competition they already face from faxes and e-mail, would make universal service unaffordable. Hence their determination to keep their "reserved areas"—legal or, as in Sweden, de facto monopolies.

Like most monopolies, though, Europe's postal services are often inefficient and, in a free market, some could go bust. Somehow, the European Commission earnestly implores, more room must be found for courier services and other private-sector competitors.

The commission has proposed a two-stage reform: the immediate liberalisation of all mail that weighs more than 350 grams or is priced at five times or more the standard letter rate, and, from 2001, the liberalisation of "direct" (junk) and cross-border mail. Big deal: cross-border mail within the EU accounts for less than 4% of the 80 billion items of mail handled each year, and direct mail for another 17%. Add heavy and expensive mail and the commission's proposal would liberalise less than a quarter of the EU's postal business.

Better than nothing? Perhaps, but the commission would allow postal behemoths to subsidise their activities in competitive services by letting them set prices to cover only incremental costs, rather than fixed costs. Inefficient as they are, the postal services could then keep out private-sector competitors—and each other—by undercutting their prices. The search for compromise risks rebuff from liberals and illiberals alike.

The Economist

a year, adj./adv.→ **jährlich**; pro Jahr; jedes Jahr; im Jahr

account for, v.→ **sich belaufen auf**; ausmachen

activities in competitive services, n.→ **im Dienstleistungswettbewerb stehende Aktivitäten**

add, v.→ **hinzufügen**; dazunehmen; dazurechnen; addieren

airline, n.→ **Fluggesellschaft**; Flugunternehmen; Fluglinie

alike, adj./adv.→ **wie auch**; gleichermaßen

be they..., phr.→ **seien es**; seien sie *(das elegante englische Stilmittel bleibt im Deutschen unübersetzt, da es den Eindruck der Redundanz erweckt)*

behemoth, n.→ **Monster**; Ungetüm

big deal, n.→ **eine große Sache**

billion, n.→ **Milliarde** *(!)*

clout, n.→ **Einfluß**; Gewicht; Macht

competitor, n.→ **Wettbewerber**

compromise, n.→ **Kompromiß**; Einlenken

courier services, n.pl.→ **Kurierdienste** *(immer stärker aufkommende Art der (privaten) Postzustellung)*

cover, v.→ **abdecken**

cross-border, adj.→ **grenzüberschreitend**

de facto, adj.→ **de facto**

deliver, v.→ **ausliefern**; zustellen

determination, n.→ **Entschlossenheit**; Bestimmtheit; Entschiedenheit; Determiniertheit

direct mail, n.→ **direkte Briefpost**; direkte Briefsendung

earnestly, adv.→ **mit Nachdruck**; ernsthaft

electricity generator, n.→ **Elektrizitätserzeuger**; elektrischer Generator *(hier ist das Unternehmen gemeint und nicht das Gerät)*

e-mail, n.→ **elektronische Post**; Post per Computer; *(häufig wird heute schon der Lehnanglizismus „E-mail" verwendet)*

employ, v.→ **beschäftigen**; einstellen; anstellen; Arbeit geben

employer, n.→ **Arbeitgeber**

European Commission, n.→ **Europäische Kommission** *(Organ der Europäischen Union)*

European Union, n.→ **Europäische Union** (EU) *(Nachfolgerin der Europäischen Gemeinschaft (EG) und der Europäischen Wirtschaftsgemeinschaft (EWG) = European Economic Community (EEC))*

expensive, adj.→ **teuer**; kostspielig

face, v.→ **sich gegenübersehen**; konfrontiert sein mit; zu tun haben mit; sich abgeben mit; kämpfen mit

fail, v.→ **ohne Erfolg sein**; versagen; durchfallen *(Prüfung)*; nicht bestehen *(Prüfung)*

failure, n.→ **Mißerfolg**; Versagen

fastish, adj.→ **schnell**; übereilt

fax, n.→ **Fax** *(von facsimile)*

fixed costs, n.pl.→ **Fixkosten**; feste Kosten

foot-dragger, n.→ **Langsamdenkender**; jemand, der den Fortschritt behindert

free-for-all, n.→ **offener Wettbewerb**; offener Kampf

Germany's, n.→ **Deutschlands** *(Vorsicht: Gemeint ist natürlich „Germany's postal service")*

go bust, v.→ **Pleite machen**; insolvent werden; in Konkurs gehen;

gram, n.→ **Gramm**

Greece, n.→ **Griechenland**

handle, v.→ **befördern**; abfertigen; umgehen mit

heavy, adj.→ **schwer**

hence, adv.→ **daher**; somit; davon

idea, n.→ **Vorstellung**; Gedanke; Idee

illiberals, n.pl.→ **Antiliberale** *(politisch)*

immediately, adj.→ **sofort**; unverzüglich

implore; v.→ **bitten**; ersuchen; dringend fordern

in particular, phr.→ **vor allem**; insbesondere; hauptsächlich

incremental costs, n.pl.→ **variable Kosten**; Unkosten

inefficient, adj.→ **ineffizient**

intransigence, n.→ **Unnachgiebigkeit**; Härte; Standfestigkeit

introduce, v.→ **einführen**; einbringen

item, n.→ **Briefsendung**; Stück; Einheit

junk (mail), n.→ **Postwurfsendung**

keep out, v.→ **ausschließen**; heraushalten

keep, v.→ **behalten**; aufrechterhalten; beibehalten

less than, adj./adv.→ **weniger als**

letter, n.→ **Brief**; Briefsendung

liberalise, v.→ **liberalisieren**

liberalization, n.→ **Liberalisierung**; Erleichterung; Freigabe

liberals, n.pl.→ **Liberale** *(politisch)*

loss-making, adj.→ **Verluste machend**

mail, n.→ **Briefsendung**; Briefpost; Postsendung

milk-cow, n.→ **gewinnbringend** *(idiomatische Wendung, in der die Milchkuh als melkbares, d.h. Milch gebendes Tier dargestellt wird. Der idiomatische Ausdruck ist schlecht zu übersetzen)*

modicum, n.→ **Mindestmaß**; Kleinstmaß; minimales Maß

monopoly, n.→ **Monopol**; Alleinherrschaft

nationalist-minded, adv.→ **nationalistisch denkend**; nationalistisch; nationalistisch ausgerichtet

Netherlands, n.→ **Niederlande**

no such thing as, phr.→ **nicht so etwas wie**; keine solche Sache; kein solches, derartiges Ding

none, pron.→ **keine**; *(hier verstärkt)* überhaupt keine

Nordic, adj.→ **nordisch**; skandinavisch

obligation, n.→ **Verpflichtung**; Verantwortung

obstacle, n.→ **Hindernis**; Hemmnis; Schwierigkeit

on top of, prep.→ **zusätzlich**; obendrauf

post office, n.→ **Postamt**

postal business, n.→ **Postgeschäft**

postal service, n.→ **Postdienst**; Post; Postwesen

price at, v.→ **kosten**

private sector, n.→ **Privatsektor**

privatize, v.→ **privatisieren**; entstaatlichen

probably, adv.→ **wahrscheinlich** *(wird oft verwechselt mit „possibly" = „möglicherweise")*

propose, v.→ **vorschlagen**; anregen

quarter, n.→ **Viertel**

reason, n.→ **Grund**; Ursache; Anlaß

rebuff, n.→ **Zurückweisung** *(aus stilistischen Gründe bietet sich die verbale statt der nominalen Übertragung an, d.h. „zurückweisen")*

remote, adj.→ **entfernt**; weit weg

reserved area, n.→ **reservierter Bereich**; Schutzbereich; Schutzgebiet; Domäne

retreat from, v.→ **sich zurückziehen aus**; fallenlassen; aufgeben

return to→ **zurück an**...; zurücksenden an; zurückschicken an

risk, v.→ **riskieren**

room, n.→ **Spielraum**

search (for), v.→ **Suche nach**

sender, n.→ **Absender**; Versender; Verschicker

service, n.→ **Dienstleistung**

set prices, v.→ **Preise festsetzen**; Preise festlegen; Preise bestimmen; Preise diktieren

share, v.→ **teilen**; teilhaben; mittragen

single market, n.→ **Binnenmarkt** *(vor allem im Zusammenhang mit der EU)*; Einzelmarkt

somehow, adv.→ **irgendwie**

split, v.→ **Spaltung**; Trennung

standard letter rate, n.→ **normale Briefgebühr**

state company, n.→ **staatliches Unternehmen**; staatliche Firma; Staatskonzern

subsidise, v.→ **subventionieren**; finanziell unterstützen; finanziell fördern

surely, adv.→ **ganz sicher**; sicher; gewiß

though, prep.→ **obgleich**; wenngleich; obwohl

traditional, adj.→ **gewöhnlich**; traditionell; einfach

twice as many, phr.→ **doppelt soviele**

two-stage reform, n.→ **Zwei-Stufen-Reform**; zweistufige Reform; Reform in zwei Stufen

unaffordable, adj.→ **unerschwinglich**; zu teuer; zu kostspielig; zu aufwendig

undercut, v.→ **unterbieten**

universal, adj.→ **universell**; universal

virtually, adv.→ **im Grunde**; praktisch

weigh, v.→ **wiegen**

worker, n.→ **Angestellter**; Arbeitnehmer; Bediensteter; Beschäftigter; Arbeiter; Mitarbeiter

yet, adv.→ **zwar**...; aber

ÜT: 11 Zurück an Absender

Das größte Hindernis für einen echten Binnenmarkt in der Europäischen Union ist ganz sicher die Unnachgiebigkeit der nationalistisch denkenden staatlichen Unternehmen, Verluste machenden Fluggesellschaften, gewinnbringenden Elektrizitätserzeuger oder ganz gewöhnlichen Postämter.

Am 27. Juni werden die 15 EU-Regierungen versuchen — und wahrscheinlich ohne Erfolg — ein Mindestmaß an Wettbewerb im Postdienst einzuführen. Ein Grund für den Mißerfolg wird die Spaltung zwischen denen sein, die eine schnelle Liberalisierung wollen, vor allem Deutschland, die Niederlande und die nordischen Länder und denjenigen (insbesondere Griechenland, Portugal und Frankreich), die im Grunde überhaupt keine Liberalisierung wollen.

Der zweite Grund ist, daß, obgleich es so etwas wie einen typischen europäischen Postdienst überhaupt nicht gibt — so liefert zum Beispiel Deutschlands Postdienst zwar jährlich nur wenige Briefe mehr aus, als der Großbritanniens, beschäftigt aber fast doppelt so viele Angestellte — alle große Arbeitgeber mit viel politischem Einfluß sind. Vor zwei Jahren zog sich die Regierung Großbritanniens aus Plänen, die Post zu privatisieren, zurück, wenngleich sie es noch einmal versuchen könnte.

Auch teilen sie alle die Verpflichtung einer „universellen Dienstleistung", d.h. die Vorstellung, daß es den Briefschreiber nicht mehr kosten sollte, seinen Brief an die entfernteste Adresse im Land zu schicken als an das Haus nebenan. Langsamdenkende befürchten, daß zusätzlich zu dem Wettbewerb durch Fax und elektronische Post, dem sie sich schon jetzt gegenübersehen, ein offener Postwettbewerb die Universaldienstleistung unerschwinglich machen könnte. Daher rührt auch ihre Entschlossenheit, ihre „reservierten Bereiche" — legale oder, wie in Schweden, de facto Monopole — behalten zu wollen.

Allerdings sind, wie die meisten Monopole, Europas Postdienste oft ineffizient und in einem freien Markt könnten einige Pleite machen. Irgendwie, so bittet die Europäische Kommission mit Nachdruck, müsse Kurierdiensten und sonstigen Wettbewerbern des Privatsektors mehr Spielraum eingeräumt werden.

Die Kommission hat eine Zwei-Stufen-Reform vorgeschlagen: die sofortige Liberalisierung aller Briefsendungen, die mehr als 350 Gramm wiegen oder das Fünffache oder mehr der normalen Briefgebühr kosten, sowie, ab dem Jahr 2001, die Liberalisierung der „direkten" (Postwurfsendungen) und grenzüberschreitenden Briefpost. Eine große Sache: die grenzüberschreitende Briefpost innerhalb der EU beläuft sich auf weniger als 4 % der 80 Milliarden Briefsendungen, die jedes Jahr befördert werden und die Direktbriefpost auf weitere 17 %. Fügt man schwere und teure Post hinzu, dann würde der Vorschlag der Kommission weniger als ein Viertel des (gesamten) EU-Postgeschäfts liberalisieren.

Besser als nichts? Möglicherweise allerdings würde die Kommission (damit) postalischen Monstern ermöglichen, ihre im Dienstleistungswettbewerb stehenden Aktivitäten zu subventionieren, indem sie die Preise so festsetzen läßt, daß nur variable Kosten anstatt Fixkosten abgedeckt werden. So ineffizient wie sie (nun einmal) sind, könnten die Postdienste dann die privaten Wettbewerber — und sich selbst untereinander — mittels Preisunterbietung ausschließen. Die Suche nach einem Kompromiß birgt allerdings das Risiko, daß dieser von den Liberalen wie auch den Antiliberalen zurückgewiesen wird.

OT: 12 Milliarden-Schaden durch Angestellten D: 3

Fehlspekulation im Sumitomo-Konzern erreicht größeres Ausmaß als Leeson- und Daiwa-Skandal

Der japanische Handelskonzern Sumitomo hat nach eigenen Angaben durch Fehlspekulationen seines Chefhändlers einen Verlust von 1,8 Mrd. Dollar erlitten. Die Fehlbeträge aufgrund ungenehmigter Geschäfte seien am 5. Juni entdeckt worden, teilte der Konzern am Freitag mit. Chefhändler Yasuo Hamanaka sei mit sofortiger Wirkung entlassen worden.

Das Unternehmen erklärte, die Verluste könnten mit Hilfe der Sumitomo Bank ausgeglichen werden. An der Kupferbörse in Singapur setzten dennoch Panikverkäufe ein. Die Regierung in Tokio beklagte eine sinkende Moral in der japanischen Geschäftswelt.

Nach Sumitomo-Angaben häufte Hamanaka die Fehlbeträge in einem Zeitraum von zehn Jahren auf. Sie seien jedoch erst jetzt aufgeflogen, hieß es in einer Firmenmitteilung. Hamanaka wurde in der Branche als „Mister Fünf Prozent" bezeichnet, weil seine Handelsmannschaft Gerüchten zufolge 5 Prozent des Weltkupferhandels kontrollierte. Neben dem Chefhändler sei ein zweiter, schon vor Jahren ausgeschiedener Sumitomo-Mitarbeiter mitverantwortlich für die ungenehmigten Transaktionen, erklärte der Konzern weiter.

Die Verluste addieren sich dem Handelskonzern zufolge auf rund 1,8 Mrd. Dollar. Kupferhändler in Singapur erklärten jedoch, die Fehlbeträge könnten auf 2,5 Mrd. Dollar steigen. „Wenn sie ihre Long-Positionen abwickeln müssen, werden die Verluste noch anwachsen—und sie sitzen auf einer ganzen Menge von Long-Positionen", sagte ein Anleger.

Beim Aufbau solcher Positionen erwerben Händler in Erwartung steigender Kurse Terminkontrakte, die aus erhofften Verkaufsgewinnen bezahlt werden sollen. Weil die Kupfernotierungen aber seit Wochen sinken, muß Sumitomo die aufgehäuften Kontrakte nun voraussichtlich mit Verlust verkaufen.

Mit Sumitomo gerät innerhalb kurzer Zeit der zweite japanische Großkonzern wegen Milliardenverlusten in die Schlagzeilen. Im September des vergangenen Jahres hatte die Daiwa Bank mitgeteilt, sie habe durch nicht genehmigte Geschäfte eines ihrer New Yorker Rentenhändler 1,1 Mrd. Dollar verloren. Dem Kreditinstitut waren im Anschluß sämtliche Geschäfte in den Vereinigten Staaten verboten worden.

Anfang des vergangenen Jahres waren der traditionsreichen britischen Barings Bank nach Fehlspekulationen ihres Singapurer Händlers Nick Leeson Verluste von 1,4 Mrd. Dollar entstanden.

Die Welt

abwickeln, v.→ **process**

addieren (sich...zu), v.→ **add up** (to)

Angaben (nach eigenen), n→ **by own account**

Angestellte(r), n.→ **employee**

Anleger, n.→ **investor**

auffliegen, v.→ **discover**; detect; uncover

aufgrund (von), phr.→ **due to**

aufhäufen, v.→ **accumulate**

ausgleichen, v.→ **make up**

Ausmaß, n.→ **dimension**

ausscheiden, v.→ **leave**

beklagen, v.→ **deplore**; complain

bezeichnen als, v.→ **call**

Branche, n.→ **industry**; branch; sector

Chefhändler, n.→ **chief trader**

einsetzen, v.→ **set in**; begin

entdecken, v.→ **discover**; detect; reveal; find out; uncover

entlassen, v.→ **dismiss**, discharge, release *(from employment)*, fire

erklären, v.→ **say**; explain

erleiden, v.→ **suffer**

erreichen, v.→ **reach**

Fehlbetrag, n.→ **funds missing**

Fehlspekulation, n.→ **misspeculation**

Firmenmitteilung, n.→ **company press release**

Gerücht, n.→ **rumor**

Gerüchten zufolge, phr.→ **according to rumors**

Geschäft, n.→ **transaction**

Geschäftswelt, n.→ **business world**

Handelskonzern, n.→ **trading concern**

Handelsmannschaft, n.→ **team** (of traders)

Händler, n.→ **trader**

heißen, v. (hieß es)→ **say** (it said)

japanisch, adj.→ **Japanese**

kontrollieren, v.→ **control**

Konzern, n.→ **concern**

Kupferbörse, n.→ **copper exchange**

Kupferhändler, n.→ **copper trader**

Long-Position, n.→ **long position**

Menge (ganze), phr.→ **quite a lot of**

Milliarde, n.→ **billion**

mit Hilfe von, phrase→ **by/with the assistance of**

mit sofortiger Wirkung, phr.→ **at once**

Mitarbeiter, n.→ **employee**

mitteilen, v.→ **say**; explain; state, inform; notify

mitverantwortlich, adj.→ **also responsible for**

Moral, n.→ **morale**

neben, adv.→ **in addition** (to)

Panikverkauf, n.→ **panic sale**

Regierung, n.→ **government**, administration

rund, adv.→ **about**; roughly; approximately

Schaden, n.→ **damage**

sinkende Moral, n.→ **declining morale**

sitzen (auf), v.→ **sit on**

Skandal, n.→ **scandal**

Spekulation, n.→ **speculation**

steigen (auf), v.→ **rise** (to)

Transaktion, n.→ **transaction**

ungenehmigt, adj.→ **unauthorized**

Unternehmen, n.→ **company**; enterprise; concern; business undertaking; firm; corporation

Verlust, n.→ **loss**

weil, conj.→ **because**

weiter = darüberhinaus, adv.→ **in addition**; also; moreover

Weltkupferhandel, n→ **world copper trade**

Zeitraum, n.→ **period** (of time)

| ÜT: 12 Billions in Damage Caused by Employee |

Misspeculation in Sumitomo Corporation Reaches Larger Dimension than Leeson and Daiwa Scandal

By their own account, the Japanese trading concern Sumitomo has suffered a 1.8-billion-dollar loss from misspeculations by its chief trader. The funds missing due to unauthorized transactions were discovered on June 5, the concern said on Friday. Chief trader Yasuo Hamanaka was dismissed immediately.

The company said the losses could be made up by the assistance of the Sumitomo Bank. Nevertheless, panic sales set in at the Singapore copper exchange. The government in Tokyo deplored a declining morale in the Japanese world of business. According to information from Sumitomo, Hamanaka accumulated the missing funds over a period of ten years. A company press release said, however, they had been discovered only now. In the industry, Hamanaka was called "Mister Five Percent", because, according to rumors, his trading team controlled five percent of the world's copper trade. The concern further said that, in addition to the chief trader, a second Sumitomo employee who had left the company years before, was also responsible for the unauthorized transactions.

According to the trading concern, the losses add up to approximately 1.8 billion dollars. However, copper traders in Singapore indicated the missing sums might rise to 2.5 billion dollars. One of the investors said, "when they will have to process their long positions, losses will still increase—and they are sitting on quite a lot of long positions."

To build up said positions, traders, expecting prices to rise, acquire futures contracts which are to be paid for by the sales profit hoped for. Since, however, copper quotations have been falling for weeks, Sumitomo will probably have to sell the accumulated contracts at a loss.

Within a short period of time, Sumitomo has been the second big Japanese corporation to get into the headlines because of billion dollar losses. In September of last year, Daiwa Bank announced that it had lost 1.1 billion dollars due to unauthorized transactions by one of their New York bond traders. As a consequence, the credit institute had been barred from doing any business in the United States.

Early last year, British Barings Bank, a bank rich in tradition, had incurred losses of 1.4 billion dollars as a result of misspeculations by its Singapore trader Nick Leeson.

OT: 13 IW: USA schaffen mehr Stellen durch Wachstum   D: 2

Den USA ist es nach einer Studie des Instituts der deutschen Wirtschaft (IW) besser als Deutschland gelungen, Wirtschaftswachstum in Beschäftigungserfolge umzusetzen. Der Arbeitsmarkt der USA weise unter den großen Industrieländern langfristig „die mit Abstand beste Beschäftigungsbilanz" auf, berichtete gestern das Kölner Institut. Die US-Industrie habe zwischen 1980 und 1995 zwar 1,4 Millionen Arbeitsplätze verloren, ihnen stehen aber 24,6 Millionen neuer Dienstleistungsarbeitsplätze gegenüber.

„Entgegen landläufiger Meinung handelt es sich hier keineswegs überwiegend um niedrig entlohnte Teilzeitjobs", so die IW-Experten. Auch im höher vergüteten Bereich der Dienstleistungen wurden Arbeitsplätze geschaffen. Die Reallöhne in den USA seien allerdings seit 1980 gesunken. Die Mehrbeschäftigung sei mit Reallohnverzicht finanziert worden. „In Deutschland wurde dagegen nicht auf Lohnerhöhungen verzichtet."

Das IW führt die gute Beschäftigungsbilanz der US-Wirtschaft auf die Flexibilität zurück, die höhere räumliche und berufliche Mobilität der Arbeitnehmer sowie auf die Arbeitsmarkt- und Sozialpolitik, deren Hauptziel die Wiederbeschäftigung sei. In den USA schaffte es jeder zweite Arbeitslose, nach einem Jahr einen neuen Arbeitsplatz zu finden, in Deutschland nur jeder sechste. „In den USA gilt die Faustregel, daß nach dem Verlust einer Arbeitsstelle Einkommenseinbußen von rund zehn Prozent hinzunehmen sind."

Die Welt

Abstand, (mit ~), adj./adv.→ **by far**; by a wide margin

Arbeitsmarkt, n.→ **labor market**; job market; labor pool

Arbeitsplatz, n.→ **job**; position; post; workplace; job site (*örtlich*)

berichten, v.→ **say**; report; announce; make public

Beschäftigungsbilanz, n.→ **employment record**

Beschäftigungserfolge, n.pl.→ *here*: **jobs** (*eine wörtliche Übersetzung wie "employment successes" klingt unverständlich*)

besser, n.→ **more successful**; better (*obgleich das letzte Wort die direktere Übersetzung darstellt, erscheint die erstere im Zusammenhang mit "gelingen" hier passender*)

Dienstleistungsarbeitsplätze, n.pl.→ **service jobs**; jobs in the service sector

entgegen, adj.→ **contrary**; in contrast to; as opposed to

entgegenstehen, v.→ **offset**

gelingen, v.→ **succeed** at/in; manage; be successful

höher vergütet, adj.→ **higher paying**; better paid; better remunerated; high-wage (job)

Industrieland, n.→ **industrial country**; industrialized country

Institut, n.→ **institute**; center

keineswegs, conj.→ **in no way**; not at all; by no means

Kölner, adj.→ **Cologne-based**

landläufige Meinung, n.→ **conventional wisdom**; that which is commonly thought

langfristig, adj.→ **long-term**; in the long run; in the long term

niedrig entlohnt, adj.→ **low paying**; low paid; poorly paid; low-wage (jobs)

schaffen, v.→ **create**; make; produce; manage; cause

Stelle, n.→ **job**; position; (*freie Stelle*) vacancy; post

Studie, n.→ **study**; investigation; research

Teilzeitjob, n.→ **part-time job** (*Im Deutschen hat das Wort "Job" häufig noch eine abwertende (Neben)bedeutung im Sinne einer nicht dauerhaften, vorübergehenden, nur wenig Bildung erfordernden Tätigkeit. Im Englischen ist der Begriff dagegen positiv bzw. wertneutral*)

überwiegend, adj.→ **predominantly**; for the most part; mostly

umsetzen, v.→ **convert**; transform; exchange

Wachstum, n.→ **growth**; increase

Wirtschaft, n.→ **economy**

ÜT: 13 IW: USA Create More Jobs by Growth

According to a study by the *Institut der deutschen Wirtschaft* (IW) (Institute of the German Economy), the USA has been more successful in transforming economic growth into jobs. In the long run, the US labor market reflects "by far the best employment record" among the major industrial nations, the Cologne-based institute said yesterday. Between 1980 and 1995, the US industry lost 1.4 million jobs; this number is, however, offset by 24.6 million new jobs in the service sector.

"Contrary to conventional wisdom, they are in no way predominantly low paying part-time jobs", according to the IW experts. Jobs were also created in the higher paying sectors of the service industry. But real wages have declined in the USA since 1980. Additional employment has been financed by cuts in real wages. "In Germany, however, people declined to forgo wage increases."

The IW believes the favorable employment record of the US economy to be due to the flexibility, the higher geographic and occupational mobility of the workers as well as to the labor market and social policies whose primary aim is re-employment. In the USA one in two unemployed persons succeeds in finding a new job after one year; in Germany this applies only to one in six. "In the USA, the rule of thumb is that after having lost one's job, losses in income of some 10 per cent are to be expected."

OT: 14 ILO prangert weltweite Kinderarbeit an   D: 3

Schwerpunkt in Südostasien und Afrika — Konferenz soll Gegenmaßnahmen beschließen

Die Internationale Arbeitsorganisation (ILO) hat gestern zum Kampf gegen Kinderarbeit aufgerufen. Derzeit müßten hunderte Millionen von Kindern unter zum Teil gefährlichen, schädlichen und manchmal sklavenähnlichen Bedingungen arbeiten, heißt es in einem ILO-Bericht. ILO-Generalsekretär Michel Hansenne fordert darin die Bekämpfung der Kinderarbeit „mit allen zur Verfügung stehenden Mitteln". Die arbeitenden Kinder von heute seien die ungebildeten Arbeiter von morgen, die „für immer in der Falle der Armut" festsäßen. Der Teufelskreis der Kinderarbeit müsse zerstört werden.

Die ILO geht davon aus, daß zu den von ihr erfaßten 73 Millionen arbeitenden Kindern zwischen 10 und 14 Jahren eine hohe Dunkelziffer kommt. Neben den 41 Millionen Jungen und 32,5 Millionen Mädchen arbeiten viele Kinder in Familienbetrieben und seien somit statistisch nicht zu erfassen.

Mit Abstand am weitesten verbreitet sei die Kinderarbeit in den Ländern der Dritten Welt, und dort vor allem in Südostasien und in Afrika.

Mit 44,6 Millionen arbeiten etwa in Südostasien 13 Prozent aller Kinder dort im Alter zwischen zehn und 14 Jahren. In Afrika seien es mit 23,6 Millionen Jungen und Mädchen sogar über 26 Prozent in dieser Altersgruppe. So arbeitet der Studie zufolge etwa jeder zweite der 10- bis 14jährigen in Mali, Burkina Faso, Uganda und im Niger. In Bangladesch seien es 30 Prozent, in Pakistan 18 und in Indien 14 Prozent. In Südamerika arbeiten 5,1 Millionen Kinder, zehn Prozent dieser Altersgruppe.

Entdeckt haben offenbar auch die Staaten des ehemaligen Ostblocks die Kinderarbeit. Die merkliche Zunahme auf einem allerdings niedrigen Niveau führen die Arbeitsmarktexperten auf den jüngsten wirtschaftlichen und gesellschaftlichen Umbruch in dieser Region zurück.

Kinderarbeit sei aber auch in Industriestaaten zuhause, etwa in den USA, „wo das schnelle Wachstum des Dienstleistungssektors und der Teilzeitarbeit sowie die Suche nach flexiblen Arbeitskräften zu vermehrter Kinderarbeit beigetragen haben", hieß es. Doch nach wie vor seien Kinder weltweit überwiegend in der Landwirtschaft oder im Haushalt tätig. Angesicht der „Verstädterung" würden aber immer mehr in Manufakturen, im Handel und im Dienstleistungsbereich beschäftigt. Dort seien die Kleinen beliebt, weil billiger und bequemer als Erwachsene. Mädchen schufteten häufig als Hausangestellte fern von daheim.

Um den Kampf gegen Kinderarbeit zu stärken, hat die ILO die Arbeitsminister ihrer 173 Mitgliedsstaaten am Mittwoch nach Genf eingeladen. Dabei sollen zusätzliche Maßnahmen zur Beseitigung der Kinderarbeit beschlossen werden.

Die Welt

Abstand, (mit ~), adv.→ **by far**

Afrika, n.→ **Africa**

allerdings, adv.→ **albeit**

Alter, n→ **age**

Altersgruppe, n.→ **age group**

angesichts, prep.→ **in the face of**

anprangern, v.→ **criticize**

Arbeiter, n.→ **worker**; laborer; employee

Arbeitskraft, n.→ **labor**

Arbeitsminister, n.→ **labor minister**; minister of labor

Armut, n.→ **poverty**

Asien, n.→ **Asia**

aufrufen, v.→ **call for**

ausgehen (von), v.→ **assume**

beitragen (zu), v.→ **contribute** (to)

bekämpfen, v.→ **combat**

Bekämpfung, n→ **combat**

bequem, adj.→ **easy to handle**

Bericht, n.→ **report**

beschäftigen, v.→ **employ**

beschließen, v.→ **decide**

Beseitigung, n.→ **abolition**

billig, adj.→ **cheap**; inexpensive

daheim, adv.→ **home**

darin, prep.→ **in** (the said report)

dazukommen, v.→ **there is**; in addition

derzeit, adv.→ **at this time**

Dienstleistung, n.→ **service**

Dienstleistungsbereich, n.→ **the services**; service sector

Dunkelziffer, n.→ **dark figure**

ehemalig, adj.→ **former**

einladen, v.→ **invite**

entdecken, v.→ **discover**

erfassen, v.→ **record**; register

Erwachsene, n.pl.→ **adults**

etwa, adv.→ **approximately**, about; roughly

Falle, n.→ **trap**; *(hier besser verbal: will be trapped)*

Familienbetrieb, n.→ **family enterprise**, family business / company

fern von, adv.→ **far away from**

festsitzen, v.→ **be trapped**

fordern, v.→ **demand**

gefährlich, adj.→ **hazardous**; dangerous; perilous

Gegenmaßnahme, n.→ **countermeasure**

Generalsekretär, n.→ **Secretary General**

gesellschaftlich, adj.→ **social**

gestern, adv.→ **yesterday**

Handel, n.→ **trade**

Hausangestellte, n.pl.→ **domestic employees**

Haushalt, n.→ **household**

heißen (es heißt...), v.→ **say** *(Das deutsche „... heißt es in einem ILO-Bericht" läßt sich im Englischen nur durch eine aktivische Verwendung „an ILO-report says..." wiedergeben.)*

hoch, adj.→ **high**

hunderte von, adj.→ **hundreds of**

ILO, acr.→ **International Labor Organization**

immer (für ~), adv.→ **forever**

Indien, n.→ **India**

Industriestaat, n.→ **industrial country**; ~ nation

Internationale Arbeitsorganisation, n.→ see **ILO**

Junge, n.→ **boy**

jüngste(r/s), adj.→ **most recent**

Kampf (zum Kampf aufrufen), v.→ **call for a fight**

Kinderarbeit, n.→ **child labor**

Konferenz, n.→ **conference**

Land, n.→ **country**, land, nation

Landwirtschaft, n.→ **agriculture**

Mädchen, n.→ **girl**

manchmal, adv.→ **sometimes**

Manufaktur, n.→ **manufacture**

Maßnahme, n.→ **measure**

merklich, adj.→ **marked**

Mitgliedsstaat, n.→ **member state**

Mittel (mit allen Mitteln), n.→ **means** (with all means)

morgen, adv.→ **tomorrow**

nach wie vor, adv.→ **still**

neben, prep.→ **besides**, in addition

nicht zu erfassen, phr.→ **not to be recorded**; not recordable

niedrig, adj.→ **low**

Niveau, n.→ **level**

offenbar, adj.→ **obviously**; evidently, apparently

Ostblock, n.→ **East Bloc**

Region, n.→ **region**

schädlich, adj.→ **harmful**

schuften, v.→ **toil**

Schwerpunkt, n.→ **concentration**

sklavenähnlich, adj.→ **slave-like**

sogar, adv.→ **even**

sollen, v.→ *be + to + verb, zum Beispiel: „the conference is to decide"*

stärken, v.→ **strengthen**

statistisch, adj.→ **statistic**(al)

Studie, n.→ **study**; analysis

suchen (nach), v.→ **search** (for)

Südamerika, n.→ **South America**; Latin America

Südostasien, n.→ **Southeast Asia**

tätig sein, v.→ **work**

Teil (zum Teil), adv.→ **in some cases**; partly

Teilzeitarbeit, n.→ **part-time work**

Teufelskreis, n.→ **vicious circle**

überwiegend, adv.→ **predominantly**

Umbruch, n.→ **revolution**

ungebildet, adj.→ **uneducated**

verbreitet (am weitesten ~), adj.→ **most widely spread**

Verfügung (zur Verfügung stehen), phr.→ **available**

vermehrt, adj.→ **increased**

Verstädterung, n.→ **urbanization**

weltweit, adj.→ **worldwide**

wirtschaftlich, adj.→ **economic** *(Vorsicht: Dieses Adjektiv wird oft mit dem Adjektiv „economical" verwechselt, welches „wirtschaftlich" im Sinne von „sparsam" bedeutet.)*

z.B. etwa, adv.→ **e.g.** = exempli gratia

zerstören, v.→ **break**

zufolge, prep.→ **according to**

zuhause sein, v.→ **to be found in**

Zunahme, n.→ **rise**; increase; growth

zurückführen (auf), v.→ **attribute to**

zusätzlich, adj.→ **additional**

zweiter, zweite, zweites, adj.→ **one in two**

ÜT: 14 ILO Criticizes Worldwide Child Labor

Concentration in Southeast Asia and Africa—Conference to Decide on Counter Measures

Yesterday, the International Labor Organization (ILO) has called for a fight against child labor. An ILO report says that, at this time, hundreds of millions of children had to work under, in some cases, hazardous, harmful, and sometimes slave-like conditions. In the said report, ILO Secretary General Michael Hansenne demands that child labor be combatted "with all means available." Today's working children are the unskilled workers of tomorrow, "who will be trapped forever in poverty." The vicious circle of child labor has to be broken.

ILO assumes that there is a high dark figure in addition to the 73 million working children aged 10 to 14. Besides the 41 million boys and 32.5 million girls, many children work in family businesses and, thus, cannot be recorded statistically.

By far the most widely spread is child labor in Third-World countries, particularly in Southeast Asia and in Africa. With 44.6 million, for example in Southeast Asia, 13 percent of all children between 10 and 14 years of age work. With 23.6 million boys and girls there are even more than 26 percent in this age group in Africa. Thus, according to the study, approximately one in two of the 10 to 14-year olds in Mali, Burkina Faso, Uganda, and Niger work. In Bangladesh they number 30 percent, in Pakistan 18, and in India 14 percent. In South America, 5.1 million children, i.e. 10 percent of this age group work.

Obviously, the states of the former East Bloc also have now discovered child labor. Labor market experts attribute its marked rise, albeit at a low level, to the most recent economic and social revolution in this region.

Yet, child labor is to be found also in industrial countries, e.g. the USA "where the rapid growth of the service sector and parttime work as well as the search for flexible labor has contributed to increased child labor," the study said. Children still predominantly work in agriculture or in the household. In the face of "urbanization", however, an increasing number of children are employed in manufacturing, in trade, and in the services. Since they are cheaper and easier to handle than adults, the little ones are popular there. Girls frequently toil as domestic employees far away from home.

In order to strengthen the fight against child labor, ILO has invited the labor ministers of its 173 member states to Geneva on Wednesday, where additional measures for the abolition of child labor are to be decided on.

OT: 15 US-Autoindustrie - Tarifrunde mit vertrauten Tönen D: 3

Konzerne wollen Personalkosten unter Hinweis auf die internationale Konkurrenz drücken

Mit einem Baseballschläger in der Hand betrat der Chef der amerikanischen Automobilarbeitergewerkschaft UAW, Stephen Yokish, den Verhandlungsraum in Detroit. Sein Gegenüber von Ford, Spitzenmanager Alexander Trotman, hatte von der „Bewaffnung" Wind bekommen und brachte ebenfalls einen Baseballprügel mit. Auf solche Weise demonstrierten die beiden ihre Entschlossenheit zum Kampf bei der in dieser Woche eröffneten Tarifrunde. Es geht um die Erneuerung des im September auslaufenden Dreijahresvertrages für 400 000 Arbeiter.

Von den „Big Three" der US-Autobranche, General Motors (GM), Ford und Chrysler, sind ähnliche Töne zu hören wie aus der deutschen Industrie. Sie sehen ihre internationale Wettbewerbsfähigkeit durch angeblich zu hohe Personalkosten bedroht. Die UAW ist in der Defensive und legt das Schwergewicht ihrer Bemühungen auf den Erhalt möglichst vieler Arbeitsplätze.

Die heiße Phase wird am 22. August beginnen, wenn die UAW, wie es in den USA üblich ist, einen der drei Konzerne als Verhandlungspartner auswählen und im Falle eines Tarifabschlusses versuchen wird, diesen auf die beiden anderen zu übertragen. Jeder von dem Trio hofft, daß die UAW ihn herauspickt, weil er dadurch einen größeren Einfluß gewinnen würde, das Ergebnis im Sinne seiner Interessen zu gestalten. Die Gegenseite steht erstmals unter der Leitung von Yokish, der vergangenes Jahr zum Nachfolger von Owen Bieber gewählt worden war. In Biebers zwölf Jahre währender Amtszeit ist die UAW-Mitgliederzahl von mehr als einer Million auf rund 800 000 gesunken.

Bis zur Jahrhundertwende werden die drei Unternehmen, die 1994 und 1995 dicke Gewinne einfuhren, voraussichtlich eine viertel Million Menschen als Ersatz für Ruheständler einstellen. Denn das Durchschnittsalter der US-Autoarbeiter liegt bei 50 Jahren. Mit Blick auf ihre globalen Expansionspläne drängt die PS-Branche auf zusätzliche Kostensenkungen. Die derzeit geltenden rund 40 Dollar pro Stunde für Löhne und Nebenleistungen erscheinen ihnen als zuviel, um gegen ausländische Produzenten konkurrieren zu können.

Um Kosten zu sparen, verringern die Konzerne zunehmend ihre Fertigungstiefe und suchen sich als Lieferanten ausländische Firmen oder solche Betriebe aus, deren Beschäftigte keiner Gewerkschaft angehören. So hat GM zum Beispiel die US-Tochter der Bosch-Gruppe als Zulieferer von ABS-Bremssystemen unter Vertrag genommen. Das „Outsourcing" also die Vergabe von Aufträgen nach draußen war bei GM Anlaß für einen 17 Tage dauernden Streik Anfang des Jahres, der Umsatzausfälle von rund 900 Millionen Dollar verursacht hat. Auch von der Nachfrageseite her kommen die Produzenten unter Druck. Immer mehr Amerikaner sparen und betrachten 20 000 Dollar als „Schallgrenze" für den Kauf eines neuen Autos.

Angemahnte Lohnkürzungen oder gar Abstriche von der voll vom Arbeitgeber bezahlten Krankenversicherung sind für die UAW nicht verhandelbare Tabu-Themen. Auch über Freizeitkürzungen will die Gewerkschaft nicht mit sich reden lassen. UAW-Mitglieder haben Anspruch auf zehn bezahlte Feiertage und 25 Urlaubstage im Jahr.

Eine zentrale Forderung der Arbeitnehmervertretung gilt dem Abbau von Überstunden, der durch Neueinstellungen erreicht werden soll. Grundsätzlich dürfte es diesmal weniger um Lohnprozente als um die längerfristigen Beschäftigungsperspektiven, um die Dauer des Tarifvertrages, um arbeitsplatzsichernde Investitionen und um die Ausgestaltung des sozialen Netzes gehen, in das ein beschäftigungsloser Arbeiter zurückfallen kann. Fachleute tippen darauf, daß der UAW-Entscheid auf Chrysler fällt, weil dieser Konzern zur Zeit blendend dasteht. Ob die diesjährige Runde ohne Arbeitskampf über die Bühne geht, vermag kaum einer zu prognostizieren. Trotz des Ballyhoo mit den Baseballschlägern sagt Ernest Lofton, der für Ford zuständige UAW-Funktionär: „Wir denken niemals an Streik, wenn wir mit den Verhandlungen beginnen, sondern wir hoffen stets, daß man sich einigt."

Abbau, n.→ reduction

ABS, n.→ = antilock braking system = Antiblockiersystem

Abstrich, n.→ cut

ähnlich, adj.→ similar to

Amtszeit, n.→ time of office

Anfang (des Jahres), phr.→ at the beginning (of the year)

angeblich, adv.→ allegedly

angehören (Gewerkschaft ~), v.→ be unionized

Anlaß sein, phr.→ provoke

anmahnen, v.→ demand

Anmahnung, n.→ demand

Anspruch haben (auf), v.→ be entitled (to)

Arbeitnehmervertretung, n.→ employees' representation; employee's representation

Arbeitskampf, n.→ industrial action

Arbeitsplatz, n.→ job; place of work; workplace

arbeitsplatzsichernd, adj.→ job-securing

Auftrag, n.→ order

Ausgestaltung, n.→ design

ausländisch, adj.→ foreign

auslaufen, v.→ run out; expire

aussuchen (sich), v.→ seek

auswählen, v.→ select; choose

Autoindustrie, n.→ **auto industry**, automobile ~; car ~; motor industry

Automobilarbeiter, n.→ **automobile worker**; autoworker; car-worker

Ballyhoo, n.→ **ballyhoo** *(Der Originaltext verwendet die englische Entlehnung. In der Übersetzung sollte diese beibehalten werden. Sie bedeutet in etwa „mächtig die Werbetrommel rühren".)*

Baseballprügel, n.→ **baseball bat**

Baseballschläger, n.→ **baseball bat**

bedroht sehen, v.→ **see threatened**

beide (die beiden)→ **the two**

Bemühungen, n.pl.→ **efforts**

Beschäftigte, n.pl.→ **work force**; labor force

beschäftigungslos, adj.→ **unemployed**; out of work; jobless; on the dole

betrachten als (= sehen als), v.→ **consider**

betreten, v.→ **enter**

Betrieb, n→ **company**

Bewaffnung, n.→ **armament**

bezahlt (voll vom Arbeitgeber bezahlt), adj.→ **fully employer-paid**; fully paid for by the employer

blendend, adj.→ **booming**

Blick (auf), n.→ (have) **in mind**

Branche, n.→ **industry**; branch

Bremssystem, n.→ **brake system**; braking system

Bühne (über die ~ gehen), v.→ **take place**

Chef, n.→ **boss**

dastehen, v.→ **be**

Dauer, n.→ **duration**

dauern, v.→ **last** *(Übersetzung hier im Englischen nicht erforderlich)*

Defensive (in der ~ sein), v.→ **be in the defensive**

demonstrieren, v.→ **demonstrate**

denken an, v.→ **think of**

dick, adj.→ **fat**; substantial

diesjährig, adj.→ **this year's**

drängen auf, v.→ **insist on**

draußen, adv.→ **outside**

Dreijahresvertrag, n.→ **three-year contract**

Druck, unter ~ kommen, v.→ come under **pressure**

drücken, v.→ **reduce**, cut

Durchschnitt, n.→ **average**

durchschnittlich, adj.→ **on (the) average**

ebenfalls, conj.→ **also**

einfahren (Gewinn ~), v.→ **make (profit)**

Einfluß, n.→ **influence**

einigen, sich, v.→ **there will be an agreement**; find an agreement

einstellen, v.→ **hire**; employ; appoint

Entscheid, n.→ **decision**

Entschlossenheit, n.→ **determination**

Ergebnis, n.→ **outcome**; result

Erhalt, n.→ **maintaining**

Erneuerung, n.→ **renewal**

eröffnen, v.→ **open**

erreichen, v.→ **achieve**

Ersatz, n.→ **replacement** *(hier besser verbal: to replace)*

erscheinen als, v.→ **consider as**; appear to be

Expansionsplan, n.→ **expansion plan**; plan to expand

Fachleute, n.pl.→ **experts**

Fall (im ~ von)→ **in** (the) **case of**

fallen (auf), v.→ **fall** (on, upon)

Feiertag, n.→ **holiday**

Fertigungstiefe, n.→ **depth of production**

Firma, n.→ **company**; enterprise; firm

Forderung, n.→ **demand**

Freizeitkürzung, n.→ **reduction in time off**; cut in time off

Funktionär, n.→ **functionary**; offical

gar (sogar), adv.→ **even**

Gegenseite, n.→ **opposition**

Gegenüber, n.→ **counterpart**

gehen (um), v.→ **the issue is**; the question is; the matter is

gelten (zentrale Forderung gilt dem Abbau), v. → **focus on** (central demand focuses on)

geltend (... geltende rund 40 Dollar pro Stunde für Löhne ...), adj.→ **paid** (... 40 dollars paid per hour for wages ...)

gestalten, v.→ **shape**

Gewerkschaft, n.→ **union**; trade union; labor union

Gewinn, n.→ **profit**

gewinnen, v.→ **gain**; win

grundsätzlich, adj.→ **basic**; fundamental

Gruppe, n.→ **group**

Hand, n. (in der Hand)→ **hand** (in his hand) *(Im Englischen wird hier das besitzanzeigende Fürwort „his" statt des im Deutschen verwendeten Artikels „der" verwendet.)*

heiß, adj.→ **hot**

herauspicken, v.→ **choose**; pick (out)

Hinweis (auf), n.→ **pointing** (to)

hören, v.→ **hear**

Jahr (vergangenes ~), adv.→ **last year**

Jahrhundertwende, n.→ **turn of the century**

jeder, adj.→ **each of**...

Kauf, n.→ **purchase**; buy

Konkurrenz, n.→ **competition**

konkurrieren, v.→ **be competitive with**; compete with

Konzern, n.→ **company**; enterprise; corporation; concern

Kostensenkung, n.→ **reduction in cost**; cost reduction

Krankenversicherung, n.→ **health insurance** *(Im Englischen spricht man nicht von der Versicherung der „Krankheit", sondern von der der „Gesundheit"; logischerweise müßte man im Deutschen von einer Versicherung „gegen die Krankheit" sprechen.)*

längerfristig, adj.→ **long-term**

Lieferant, n.→ **supplier**

liegen bei, v.→ **be**

Lohn, n.→ **wage**(s) *(häufig im Plural verwendet)*

Lohnkürzung, n.→ **wage cut**; cut in wages

Lohnprozente, n.pl.→ **wage-percentage points**

mitbringen, v.→ **bring along**

Mitgliederzahl, n.→ **membership**

Nachfolger, n.→ **successor**

Nachfrage, n.→ **demand**

Nebenleistung, n.→ **fringe benefit**(s)

nehmen (unter Vertrag ~), v.→ **sign a contract with**; contract with

Netz (soziales ~), n.→ **net** (social ~)

Neueinstellung, n.→ **new hiring**

Personalkosten, n.pl.→ **personnel cost**

Phase, n.→ **phase**

Produzent, n.→ **producer**

prognostizieren, v.→ **predict**; forecast; prognosticate

PS-Branche, n.→ **automobile industry** *(Eine wörtliche Übersetzung ist hier nicht möglich, da im Deutschen der Begriff idiomatisch und journalistisch-ironisch ist.)*

reden (mit sich reden lassen), v.→ **willing to talk**

Ruheständler, n.→ **retiree**; pensioner

rund, adj.→ **approximately**; roughly; about

Runde, n.→ **round**

Schallgrenze, n.→ **sound barrier**

Schwergewicht (legen auf), v.→ **focus on**

sinken, v.→ **decline**; drop; fall; decrease; diminish

sparen, v.→ **save** *(Da es sich um eine Tendenz zum Sparen handelt, bietet sich die Übersetzung „tend to save" auch aus stilistischen Gründen an.)*

Spitzenmanager, n.→ **top manager**

stehen (unter der Leitung von), v.→ **be led by**

stets, adv.→ **always**

Streik, n.→ **strike**

Tabuthema, n.→ **taboo topic**

Tarifabschluß, n.→ **wage agreement**; contract; work contract

Tarifrunde, n.→ **wage bargaining round**

Tarifvertrag, n.→ **wage bargaining agreement**

tippen (auf), v.→ **bet** (on)

Tochter (=Firma), n.→ **subsidiary**

Ton, n.→ **tone**

Trio, n.→ **the three**

trotz, prep.→ **despite**; in spite of

UAW, acr.→ **United Automobile Workers**

Überstunden, n.pl.→ **overtime**

übertragen, v.→ **transfer**

üblich, adj.→ **customary**

Umsatz, n.→ **sales**

Umsatzausfall, n.→ **loss in sales**

Unternehmen, n.→ **enterprise**

Urlaubstag, n.→ **day of vacation**; day of leave; day off

Vergabe (Vertrag), n.→ **placing of order**

verhandelbar, adj.→ **negotiable**

Verhandlung, n.→ **negotiation**

Verhandlungspartner, n.→ **partner in negotiation**

Verhandlungsraum, n.→ **negotiation room**

verringern, v.→ **reduce**

versuchen, v.→ **try** (to)

vertraut, adj.→ **familiar**

verursachen, v.→ **cause**

voraussichtlich, adj.→ **probably**

wählen (zu), v.→ **elect**

währen, v. .→ **last**; *(hier besser mit „during")*

Weise (auf solche ~), adv.→ **that way**; in this way

weniger als, adj./adv.→ **less... than**

Wettbewerbsfähigkeit, n.→ **competitiveness**

Wind bekommen (von), v.→ **get wind** (of)

Woche (diese...), adv.→ **this week**

zentral, adj.→ **central**

Zulieferer, n.→**supplier**

zunehmend, adv.→ **increasingly**

zurückfallen (auf), v.→ **fall back** (on, upon)

zusätzlich, adj.→ **additional**

zuständig, adj.→ **for**

ÜT: 15 US Auto Industry-Bargaining Round with Familiar Tones

Companies attempt to slash personnel cost by pointing to international competition

A baseball bat in his hand, Stephen Yokish, boss of the American automobile workers union (UAW), entered the negotiation room in Detroit. His counterpart from Ford, top manager Alexander Trotmann, had gotten wind of the "armament" and also brought a baseball bat along. That way, the two demonstrated their determination to fight in the collective wage bargaining round which opened this week. The issue is the renewal of the three-year contract for 400,000 workers which runs out in September.

From the Big Three of the US auto industry, General Motors (GM), Ford, and Chrysler, tones similar to those from the German industry are to be heard. They see their international competitiveness threatened by labor costs which allegedly are too high. The UAW is on the defensive and focuses its efforts on maintaining as many jobs as possible.

The hot phase will begin on August 22 when the UAW, as is customary in the USA, selects one of the three concerns as a partner in negotiation and, in case of the conclusion of a wage agreement, will try to transfer the agreement to the other two companies. Each of the three hopes that it will be chosen because it will gain a greater influence in shaping the outcome in its own interest. For the first time the opposition is led by Yokish who had been elected successor to Owen Bieber. During Bieber's twelve years of office, UAW membership declined from over a million to roughly 800,000.

By the turn of the century, the three enterprises which in 1994 and 1995 made fat profits, will probably hire a quarter of a million workers to replace retirees. This is because the average age of the US autoworker is 50 years. With their global expansion plans in mind, the automobile industry insists on further reductions in costs. They consider the approximately 40 dollars per hour presently paid for wages and fringe benefits too much to be competitive with foreign producers.

In order to save costs, companies increasingly reduce their depth of production and seek as suppliers foreign firms or such companies whose workforce is not unionized. Thus GM, for instance, signed a contract wih the US subsidiary of the Bosch Group as a supplier of ABS brake systems. At the beginning of the year, outsourcing, i.e. the placing of orders outside, provoked a 17-day strike at GM which caused losses in sales amounting to some 900 million dollars. Producers also come under pressure from demand. More and more Americans tend to save, and consider 20,000 dollars to be the "sound barrier" in the purchase of a new car.

Demands for wage cuts or even cuts in the health insurance, fully paid for by the employer, are non-negotiable taboo topics for the UAW. Moreover, the union is unwilling to talk about reductions in time off. UAW members are entitled to ten paid holidays and to 25 days of vacation per year.

A central demand by the employees' representation focuses on the reduction of overtime which is to be achieved by new hirings. This time the basic issue should be less that of wage percentage than that of a longterm employment perspective, the duration of wage bargaining agreements, job-securing investments, and the design of the social net which an unemployed worker might fall back on. Experts bet the UAW's decision to fall on Chrysler because, at this time, this concern is booming. Nobody wants to forecast whether this year's round will take place without industrial action. Despite the baseball-bat ballyhoo, Ernest Lofton, UAW official for Ford says: "We never think of strike when we start negotiating, but we always hope there will be an agreement."

OT: 16 Human Resources   D: 2

One particular business resource is the human resource. Unlike a natural resource, which essentially cannot be regenerated and may be depleted, the human resource is a renewable one. Though industry is currently supplanting some of its human labor force with a mechanized one, that is robots and other computerized machines that can accomplish many of the tasks previously handled by the human worker, goods that are "hand-made" and production processes that require human intervention or input still occupy a greater part of the market. Though a pea-canning process, for instance, no longer requires the packaging of peas by hand, there now needs to be someone sitting at the controls of the pea-packing machine to ensure that it is working properly. And, though we no longer order our shoes from the shoemaker, we may seek the skills of such a tradesman when the heel of a shoe needs repair.

The need for human resources varies according to the industry; in each, the labor force may have different functions. A crane operator at a construction site may be required to use his skills at the helm of said machine for a full work day, whereas a special business consultant may provide a company with some valuable advice that takes no more than two or three minutes to deliver. Even the factory worker, who may be considered the low-skilled, highly replaceable part of the assembly line, utilizes his or her skill in organizing like items and packing them into a box. That worker, too, is employed because of his or her talent as a part of the human resource pool.

If there is a need for human resources in a venture, there will also be a necessity for satisfying the needs of the worker. Costs of labor include that which the employer must invest in order to employ and motivate the laborer: work compensation, benefits (retirement or pension programs), unemployment and social security taxes (contributions), and any other social costs and financial investments the employer may make (e.g., health-related services for the employee) or fringe benefits (contributions in excess of work compensation) the enterprise may grant in order to maintain a sound work environment and a motivated work force.

Labor costs, the wage or salary a worker earns, depend upon a number of factors, the most pivotal being the degree of skill and level of professional practice the employees bring with them. Often, in vocational fields, the master tradesmen are those who have had the most classroom training and/or experience. Therefore, master tradesmen are often paid the most. In architecture, though assistants and architects-in-training may do all of the work, the licensed architect, the one who has passed the board of examinations, is the one who may sign his or her name to the blueprints, the one who takes both the credit and the responsibility for the plans.

Other factors that affect the cost for human resources are whether the worker is white-collar or blue-collar, whether the job is technical or professional, and (as tradition has it) whether one is male or female (males usually earn more). Some industries depend upon "cheap labor", labor for which the worker is paid a low hourly wage. The worker may be part-time or seasonal help, he may be a foreign laborer, an illegal alien, an undocumented immigrant, a migrant worker, or someone who, because of his situation, cannot otherwise demand a higher working wage and who, frequently, is being unduly exploited. Cheap labor may also be found in Third World countries where the level of industrialization, technology, modernization and the standard of living are so low that the entrepreneur need not pay a substantial price for the labor.

Where people are employed, there are usually labor laws which govern the actions of employers as well as of their employees. When labor laws are not specific enough or when a large number of employees share similar work-related ideas, labor and trade unions will result. These unions, though they may help the employer, usually speak for the rights and the protection of the worker, and tend to address working conditions, pay, and the relationship between those who give work and those who are gainfully employed. Whereas in the past there have been frequent abuses of labor (e.g. child labor, women's excessive working hours, slave labor), modern industrial societies continually make efforts—not seldom under pressure—to prevent such situations by passing labor legislation which address these issues.

Adapted from Fink: Econotexts I

abuse, n.→ **Mißbrauch**

accomplish, v.→ **verrichten;** ausführen; vornehmen; vollziehen; erreichen

action, n.→ **Handeln;** Handlung

address, v.→ **sich richten auf;** angehen; sich kümmern um

address, v.→ **verfolgen**

advice, n.→ **Rat**

affect, v.→ **beeinträchtigen**

architect-in-training, n.→ **in der Ausbildung befindlicher Architekt**

as tradition has it, phr.→ **wie die Tradition es will**

assembly line, n.→ **Fließband**

assistant, n.→ **Assistent**

benefits, n.pl.→ **Leistungen**

blue-collar worker, n.→ **Arbeiter**

blueprint, n.→ **Bauplan;** Blaupause

business consultant, n.→ **Unternehmensberater**

business resource, n.→ **Wirtschaftsressource**

cheap, adj.→ **billig**

child labor, n.→ **Kinderarbeit**

classroom training, n.→ **formale Ausbildung**

computerized, adj.→ **computerisiert**

consider, v.→ **ansehen als**

construction site, n.→ **Baustelle**

continually, adv.→ **ständig**

controls, n.pl.→ **Steuerung;** Armaturen; Steuerhebel; Steuerungsknöpfe

crane operator, n.→ **Kranführer**

currently, adv.→ **heute;** gegenwärtig; derzeit; zur Zeit

degree, n.→ **Grad**

deliver, v.→ **geben**

depend on, v.→ **abhängig sein von**

deplete, v.→ **erschöpfen**

earn, v.→ **verdienen**

effort, make an ~, v.→ **Anstrengung machen;** bemüht sein

employee, n.→ **Arbeitnehmer;** Mitarbeiter

employer, n.→ **Arbeitgeber**

ensure, v.→ **sicherstellen**

enterprise, n.→ **Unternehmen**

excess, in ~ of, adv.→ **über... hinaus**

excessive, adj.→ **übermäßig**

experience, n.→ **Erfahrung**

exploited, adj.→ **ausgebeutet**

factory worker, n.→ **Fabrikarbeiter**

female, adj.→ **weiblich**

foreign laborer, n.→ **Gastarbeiter**

fringe benefits, n.pl.→ **außertarifliche Leistungen**

gainfully employed, adj.→ **lohnabhängig beschäftigt**

govern, v.→ **regeln**

grant, v.→ **gewähren**; einräumen

handle, v.→ **wahrnehmen**; durchführen

health-related, adj.→ **krankheitsbezogen**

heel, n.→ **Absatz**; Ferse

helm, at the ~, phr.→ am **Steuer**

hourly wage, n.→ **Stundenlohn**

human resource pool, n.→ **menschliche Gesamtressource**

human resource, n.→ **menschliche Ressource**; Arbeitskraft

human worker, n.→ **menschlicher Arbeiter** *(im Gegensatz zum Roboter, d.h. (Maschinen)arbeiter)*

idea, n.→ **Vorstellung**

illegal alien, n.→ **illegaler Fremdarbeiter**

immigrant, n.→ **Einwanderer**

industry, n.→ **Industrie**; Branche

input, n.→ **Input**

intervention, n.→ **Eingriff**; Intervention

issue, n.→ **Frage**; Problem; Anliegen

item, n.→ **Artikel**

labor force, n.→ **Arbeitskräfte**; Belegschaft

labor laws, n.pl.→ **Arbeitsgesetze**

labor union, n.→ **Gewerkschaft**

labor, n.→ **Arbeitende**; Arbeitskraft

laborer, n.→ **Arbeiter**(in)

legislation which addresses these issues, phr.→ **entsprechende Gesetze**; diesbezügliche Gesetze

level, n.→ **Niveau**

licensed, adj.→ **zugelassen**; geprüft; lizensiert

like, adj.→ **gleicher**; gleiche; gleiches

low, adj.→ **niedrig**

low-skilled, adj.→ **niedrig qualifiziert**

male, adj.→ **männlich**

master tradesman, n.→ **Handwerksmeister**

mechanized, adj.→ **mechanisch**; mechanisiert

migrant worker, n.→ **Wanderarbeiter**

need not, v.→ **nicht brauchen**; nicht müssen; nicht nötig haben

need be, v.→ **müssen**

occupy, v.→ **einnehmen**

order, v.→ **bestellen**; ordern

packaging, n.→ **Verpacken**

particular, adj.→ **besonderer**; besondere; besonderes

part-time, adj.→ **Teilzeit**

pass (legislation), v.→ **verabschieden** (Gesetze)

pass the board of examinations, phr.→ **Prüfung ablegen**

past, n.→ **Vergangenheit**

pay, n.→ **Entlohnung**

pea, n.→ **Erbse**

pea-canning, n.→ **Erbsenabfüllung**; Erbsendosenfüllung

pension program, n.→ **Pensionsprogramm**

pivotal, adj.→ **ausschlaggebend**

pressure, n.→ **Druck**

prevent, v.→ **vermeiden**; verhindern

professional practice, n.→ **berufliche Praxis**; Berufspraxis

professional, adj.→ *hier*: **nichttechnisch**

properly, adv.→ **richtig**; ordentlich; ordnungsgemäß

protection, n.→ **Schutz**

regenerate, v.→ **erneuern**; regenerieren

relationship, n.→ **Verhältnis**

renewable, adj.→ **erneuerbar**

repair, n.→ **Reparatur**

repair, v.→ **reparieren**; instandsetzen; erneuern

replaceable, adj.→ **ersetzbar**

require, v.→ **bedürfen**; fordern; nötig machen

required, to be ~, v.→ **gefordert sein**; gezwungen sein

result, v.→ **entstehen**

retirement program, n.→ **Altersversorgungsprogramm**

robot, n.→ **Roboter**

salary, n.→ **Gehalt**

satisfy, v.→ **befriedigen**

satisfying, n.→ **Befriedigung**

seasonal, adj.→ *hier*: **saisonbeschäftigt**; saisonal

seek, v.→ **erbitten**; suchen nach; ersuchen

services, n.pl.→ **Leistungen**

share, v.→ **hegen**

skill, n.→ **Fertigkeit**

slave labor, n.→ **Sklavenarbeit**

social security, n.→ **Sozialversicherung**

society, n.→ **Gesellschaft**

some, adj.→ **ein Teil**

sound, adj.→ **gesund**

specific, adj.→ **spezifisch**

standard of living, n.→ **Lebensstandard**

substantial, adj.→ **ordentlich**; beträchtlich

supplant, v.→ **ersetzen**

take the credit, v.→ **Anerkennung erfahren**

take the responsibility, v.→ **Verantwortung übernehmen**

talent, n.→ **besondere Fähigkeit**

task, n.→ **Aufgabe**

tend to, v.→ **dazu tendieren**

Third World Country, n.→ **Land der Dritten Welt**

though, conj.→ **obgleich**

trade union, n.→ **Gewerkschaft**

tradesman, n.→ **Handwerker**

undocumented, adj.→ **illegal**; ohne Papiere

unduly, adv.→ **ungebührlich**

unemployment taxes, n.pl.→ **Arbeitslosenabgaben**

utilize, v.→ **benützen**; nützen; verwenden

valuable, adj.→ **wertvoll**

vary, v.→ **variieren**; sich ändern; wechseln

venture, n.→ **Unternehmen**

vocational field, n.→ **Handwerk** *(freie Übersetzung)*

wage, n.→ **Lohn**

whereas, conj.→ **während**; wohingegen; wogegen

white-collar worker, n.→ **Angestellter**

work compensation, n.→ **Arbeitslohn**; Arbeitsentgelt

work environment, n.→ **Arbeitsumfeld**

working conditions, n.pl.→ **Arbeitsbedingungen**

work-related, adj.→ **arbeitsbezogen**

ÜT: 16 Menschliche Ressourcen

Eine besondere Wirtschaftsressource ist die menschliche. Ungleich einer natürlichen Ressource, die im wesentlichen nicht regenerierbar ist und erschöpft werden kann, ist die menschliche Ressource eine erneuerbare. Wenn auch die Industrie heute einen Teil ihrer menschlichen Arbeitskräfte durch mechanische, d.h. durch Roboter und sonstige computerisierte Maschinen ersetzt, die viele früher vom menschlichen Arbeiter verrichtete Aufgaben wahrnehmen können, machen „von Hand hergestellte" Güter und Produktionsprozesse, welche des menschlichen Eingriffs oder Inputs bedürfen immer noch den größeren Teil des Marktes aus. Obgleich, z.B. der Prozeß der Abfüllung von Erbsen in Dosen das Verpacken der Erbsen von Hand nicht mehr erfordert, muß jetzt jemand an der Steuerung der Erbseneinfüllmaschine sitzen, um sicherzustellen, daß die Maschine richtig funktioniert. Und, wenngleich wir unsere Schuhe nicht mehr beim Schuster bestellen, suchen wir die Fertigkeiten eines solchen Handwerkers, wenn der Absatz eines Schuhs repariert werden muß.

Der Bedarf an menschlichen Ressourcen variiert je nach Industriezweig. So mag ein Kranführer auf einer Baustelle gefordert sein, seine Fertigkeiten am Steuer dieser Maschine einen ganzen Arbeitstag lang einzusetzen, während ein spezieller Unternehmensberater wertvollen Rat erteilt, den zu geben er nicht mehr als zwei oder drei Minuten braucht. Selbst der Fabrikarbeiter oder die Fabrikarbeiterin, die als niedrig qualifizierter und leicht ersetzbarer Bestandteil des Fließbandes angesehen werden mögen, benutzen ihre Fertigkeiten beim Sortieren gleicher Artikel und beim Verpacken derselben. Auch diese Arbeiter werden wegen ihrer besonderen Fähigkeiten als Teil der menschlichen Gesamtressource eingestellt.

Wenn somit Bedarf an menschlichen Ressourcen in einem Unternehmen besteht, dann gibt es auch die Notwendigkeit, die Bedürfnisse der Arbeitenden zu befriedigen. Die Kosten der Arbeit schließen das, was der Arbeitgeber investieren muß, um den Arbeitenden zu beschäftigen und zu motivieren, ein:

Arbeitsentgelt, soziale Vergünstigungen (Altersversorgungs- oder Pensionsprogramme), Arbeitslosen- und Sozialversicherungsbeiträge und sonstige Sozialkosten sowie finanzielle Investitionen, welche der Arbeitgeber möglicherweise leistet (z.B. krankheitsbezogene Leistungen für den Beschäftigten) oder zusätzliche Leistungen (über den Arbeitslohn hinausgehende Beiträge), welche das Unternehmen unter Umständen gewährt, um ein gesundes Arbeitsumfeld und eine motivierte Belegschaft aufrechtzuerhalten.

Die Arbeitskosten, Löhne oder Gehälter, die die Beschäftigten erhalten, sind von einer Anzahl von Faktoren abhängig, wobei die ausschlaggebendsten der Fertigkeitsgrad und das berufliche Praxisniveau sind, welche der Beschäftigte mitbringt. Oft sind beim Handwerk die Meister diejenigen mit der höchsten formalen Ausbildung und/oder Erfahrung. Deshalb werden auch oft Handwerksmeister am besten bezahlt. Obgleich in der Architektur Assistenten und die in der Ausbildung befindlichen Architekten die ganze Arbeit leisten, ist der zugelassene Architekt, d.h. der, welcher die entsprechenden Prüfungen abgelegt hat, derjenige, der seinen Namen unter die Baupläne setzt und derjenige, der sowohl die Anerkennung erfährt als auch die Verantwortung für die Pläne übernimmt.

Ob die Arbeitskraft Angestellter oder Arbeiter, die Arbeit technischer oder nicht-technischer Art und (wie es die Tradition bedingt), ob jemand männlich oder weiblich ist (Männer verdienen im allgemeinen mehr) sind sonstige Faktoren, welche die Kosten für menschliche Ressourcen beeinträchtigen. Einige Industriezweige sind von „billiger Arbeit" abhängig, d.h. Arbeit für die dem Arbeitenden ein niedriger Stundenlohn gezahlt wird. Der Arbeitende kann teilzeit- oder nur für die Saison beschäftigt sein, er kann Gastarbeiter, illegaler Fremdarbeiter, illegaler Einwanderer, Wanderarbeiter oder jemand sein, der wegen seiner Situation keinen höheren Arbeitslohn verlangen kann und oft ausgebeutet wird. Billige Arbeitskräfte findet man auch in Ländern der Dritten Welt, wo der Grad der Industrialisierung, Technologie, Modernisierung und des Lebensstandards so niedrig ist, daß der Unternehmer einen ordentlichen Preis für die Arbeit nicht zu bezahlen braucht.

Wo Menschen beschäftigt werden, gibt es im allgemeinen auch Arbeitsgesetze, welche das Handeln der Arbeitgeber wie auch ihrer Beschäftigten regeln. Wenn diese Arbeitsgesetze nicht spezifisch genug sind, oder wenn eine größere Zahl der Beschäftigten ähnliche arbeitsbezogene Vorstellungen hegt, entstehen Gewerkschaften. Obwohl diese Gewerkschaften unter Umständen auch dem Arbeitgeber helfen können, treten sie üblicherweise für die Verfolgung der Rechte und zum Schutz der Arbeitenden ein und kümmern sich gewöhnlich um Arbeitsbedingungen, Entlohnung und das Verhältnis zwischen denjenigen, die Arbeit geben und denen, die lohnabhängig beschäftigt sind. Während in der Vergangenheit Arbeitende häufig mißbraucht worden sind (z.B. Kinderarbeit, übermäßig lange Arbeitszeiten für Frauen, Sklavenarbeit) sind die modernen Industriegesellschaften ständig bemüht — nicht selten unter Druck — durch die Verabschiedung entsprechender Gesetze derartige Situationen zu vermeiden.

OT: 17 Staffing and the Personnel Function — D: 3

The most important resources of an organization are its human resources—the people who provide the organization with their work, talent, creativity, and drive. Thus, among the most critical leadership tasks of a manager are the selection, training, and development of people who will best help the organization meet its goals. Without competent people at all levels, organizations will either pursue inappropriate goals or find it difficult to achieve appropriate goals once they have been set.

Staffing is the management function that deals with the recruitment, placement, training, and development of organization members. It is an 8-step program, carried out on a continuous basis, to keep the organization supplied with the right people in the right positions at the right time:

1. *Human resource planning* is designed to ensure that the personnel needs of the organization will be met. To this end, (1) internal factors such as current and future skill requirements, vacancies, and departmental expansions and reductions; and (2) factors in the external environment (e.g., the labor market) are analyzed. Then plans—usually covering a period of six months to five years in the future—are developed for executing the other steps in the staffing process. Since an organization's human resource needs can almost never be met quickly or easily, an organization failing to plan for its human resources will often find it is not meeting either its personnel or its overall goals effectively.

2. *Recruitment* is the function concerned with developing a pool of job candidates, in accordance with the human resource plan. Suitable candidates are usually located through ads in newspapers and professional journals, or through employment agencies (public and private), word of mouth, job fairs (career days) at university campuses, and, more recently, the Internet. General recruitment is best suited for operative employees and takes place when a group of workers of a certain kind (e.g., typists, salespeople) is needed. It follows comparatively simple, standardized procedures. Specialized recruit-

ing, which is used primarily for higher-level executives or specialists, occurs when the organization seeks a particular type of individual. Organizations can recruit both from outside (usually with the help of outside agents, e.g., headhunters, employment agencies, university placement offices, etc.) or from within (in some large firms, e.g., IBM, P&G, this is the general rule because it (a) is often less expensive and (b) may result in greater loyalty of the employees who realize they can grow with the company).

3. *Selection* involves evaluating and choosing among job candidates. Application forms, résumés, interviews, employment and skills test (e.g., in assessment centers), and reference checks are the most commonly used aids in the selection process.

4. *Induction and Orientation.* This step is designed to help the selected individuals fit smoothly into the organization. Newcomers are introduced to their colleagues, acquainted with their responsibilities, and informed about the organization's mission and goals. There may also be a detailed presentation, perhaps via brochure, of the organization's policies, work rules, and employee benefits. Proper induction and orientation may determine the success of the employee with the company since many new recruits experience anxiety when they first enter an organization.

5. The process of *training and development* aims at increasing the ability of individuals and groups to contribute to organizational effectiveness. Training is designed to improve job skills. Development programs are designed to educate employees beyond the requirements of their present position to prepare them for promotion and enable them to take a broader view of their role in the organization. There are four procedures that can be used to determine the training needs of individuals in an organization or subunit:

(a) Performance appraisal—each employee's work is measured against the performance standards or objectives established for his or her job. (b) Analysis of job requirements—the skills or knowledge specified in the appropriate job description are examined. Those employees without necessary skills or knowledge become candidates for training. (c) Organizational analysis—the effectiveness of the organization and its success in meeting its goals are analyzed to determine where difficulties exist. For example, members of a department with a high employee turnover rate or a low performance record might require additional training. (d) Survey of personnel—managers as well as non-managers are asked to describe what problems they are experiencing in their work and what actions they believe need to be taken to solve them.

Training can be on-the-job (e.g., job rotation, internship, apprenticeship) and off-the-job which takes place outside the actual workplace but attempts to simulate real working conditions (the objective here is to avoid the on-the-job pressures that might interfere with the learning process).

6. *Performance Appraisal*. This step compares an individual's job performance against standards or objectives developed for the individual's position. If performance is high, the individual is likely to be rewarded (e.g., by a bonus, or a promotion). If performance is low, some corrective action (such as additional training) might be arranged to bring the individual's performance back in line with desired standards. Performance appraisal can be informal (e.g., managers letting their subordinates know daily how well they did their job) or formal (e.g., semiannually or annually). Such appraisals serve four purposes: (a) they let subordinates know formally how their current performance is being rated; (b) they identify those subordinates who deserve merit raises; (c) they locate those subordinates who require additional training; and (d) they play an important role in identifying those subordinates who are candidates for promotion.

7. A *transfer* is a shift of a person from one job, organizational level, or location to another. Two common types of transfers are promotion—a shift to a higher position in the hierarchy, usually with added salary, responsibility, status, and authority—and demotion—a shift to a lower position in the hierarchy. Transfers may also be lateral—from one position to another of the same level.

8. A *separation* may involve resignation, layoff, or retirement. Analysis of the type and quantity of separations can provide insights into the effective-

ness with which the organization is managed. For example, too many resignations might signify a non-competitive wage scale; recurrent layoffs sometimes result from poor integration of production with market demand; and too many discharges might indicate poor staff selection or training procedures.

Adapted from Stoner: Management

ability, n.→ **Fähigkeit**

accordance, (in ~ with), phr.→ **gemäß**

acquaint, v.→ **vertraut machen mit**

ad (advertisement), n.→ **(Stellen)anzeige**

aid, n.→ **Hilfsmittel**

aim at, v.→ **zielen auf**

analyze, v.→ **analysieren**; untersuchen; studieren

application form, n.→ **Bewerbungsformular**

appropriate, adj.→ **angemessen**; angebracht; geeignet

assessment center, n.→ **Assessment Center** *(dieser Begriff bleibt unübersetzt und bezeichnet einen Ort, wo sich Stellenbewerber u. U. umfangreichen und zahlreichen Tests unterziehen)*

basis, n.→ **Basis**; Grundlage

beyond, prep.→ **darüberhinaus**

brochure, n.→ **Broschüre**

career day, n.→ **Karrieretag**

carry out, v.→ **durchführen**; ausführen

choose among sth./s.o., v.→ **unter etwas/jemandem auswählen**

colleague, n.→ **Kollege**

company policies, n.pl.→ **Unternehmenspolitik**

comparatively, adv.→ **vergleichsweise**; relativ

concern oneself with, v.→ **sich beschäftigen mit**

continuous, adj.→ **kontinuierlich**

contribute, v.→ **beitragen**

cover (a period of time), v.→ **für** *(einen Zeitraum)*; *(einen Zeitraum)* **abdecken**

current, adj.→ **aktuelle**; gegenwärtige

deal with, v.→ **sich befassen mit**

detailed, adj.→ **detailliert**

determine, v.→ **entscheiden**

development program, n.→ **Weiterbildungsprogramm**

development, n.→ **Entwicklung**

drive, n.→ **Motivation**; Antrieb; Ansporn

17: STAFFING AND THE PERSONNEL FUNCTION

educate, v.→ **bilden**; ausbilden

effectiveness, n.→ *hier*: **Leistungsfähigkeit**; Effektivität

employee benefits, n.pl.→ **(Sozial)leistungen für Mitarbeiter**

employee, n.→ **Mitarbeiter**

employment agency, n.→ **Arbeitsvermittlungseinrichtung**

employment test, n.→ **Einstellungstest**

end (to this ~), phr.→ **zu diesem Zweck**

ensure, v.→ **sicherstellen**

enter, v.→ **beitreten**; eintreten; betreten

environment (external ~), n.→ **Umwelt außerhalb der Organisation**

evaluate, v.→ **bewerten**; beurteilen

execute, v.→ **durchführen**; ausführen

expensive, adj.→ **kostspielig**; teuer

fail to do sth., v.→ **versäumen, etwas zu tun**; etwas nicht tun

fit into sth., v.→ *hier*: **sich einleben**; sich hineinfinden

from within, adv.→ **von innen**

future, adj.→ **zukünftig**

general rule, n.→ **generelle Regel**; allgemeine Regel

headhunter, n.→ **Headhunter** *(der Anglizismus ist im Deutschen weitverbreitet und bezeichnet jemanden, der hochqualifizierte Mitarbeiter für seinen Auftraggeber beschafft, u. U. durch Abwerbung von anderen Unternehmen)*

higher-level executive, n.→ **höherrangige Führungskraft**

human resource needs, n.pl.→ **Personalbedarf**

human resource planning, n.→ **Personalplanung**

human resources, n.pl.→ **menschliche Ressourcen** *(= Personal, Mitarbeiter)*

improve, v.→ **verbessern**

induction, n.→ **Einführung** *(von neuen Mitarbeitern)*

internal factors, n.pl.→ **interne Faktoren**

Internet, n.→ **Internet**

interview, n.→ **Bewerbungsgespräch**

introduce s.o. to s.o., v.→ **jemanden jemandem vorstellen**

job candidate, n.→ **Stellenbewerber**; Kandidat für eine Stelle

job fair, n.→ **Stellenmesse**; Jobmesse

job skills, n.pl.→ **berufliche Fähigkeiten**

labor market, n.→ **Arbeitsmarkt**

leadership tasks, n.pl.→ **Führungsaufgaben**

level, n.→ Ebene; Niveau

locate, v.→ finden; lokalisieren

loyalty, n.→ Loyalität

meet a need, v.→ einem Bedarf entsprechen; einen Bedarf decken

meet one's goals, v.→ seine Ziele verwirklichen

member, n.→ Mitglied

most critical, adj.→ wichtigsten; kritischsten

new recruits, n.pl.→ Neueingestellte

newcomer, n.→ Neuling

newspaper, n.→ Zeitung

occur, v.→ zum Einsatz kommen; stattfinden

operative employee, n.→ ausführender Mitarbeiter

orientation, n.→ Orientierung *(von neuen Mitarbeitern)*

outside agent, n.→ externer Mittler

particular, adj.→ bestimmter

people, n.→ Mitarbeiter; Leute; Menschen

personnel goals, n.pl.→ Personalziele

personnel needs, n.pl.→ Personalbedarf

placement, n.→ Einsatz *(von Personal)*

pool, n.→ Bestand; Vorrat

position, n.→ Stelle; Position

present, adj.→ gegenwärtig

presentation, n.→ Präsentation

primarily, adv.→ in erster Linie; hauptsächlich

private, adj.→ privat

professional journal, n.→ Fachzeitschrift

proper, adj.→ angemessen; geeignet; richtig

public, adj.→ öffentlich

pursue, v.→ verfolgen *(Ziele, etc.)*

realize, v.→ erkennen

recruitment, n.→ Beschaffung *(von Personal)*

reference check, n.→ Überprüfung der Referenzen

resource, n.→ Ressource

responsibility, n.→ Aufgabe; Verantwortung

résumé, n.→ Lebenslauf

salespeople, n.pl.→ Verkaufspersonal

seek, v.→ suchen

selection process, n.→ Auswahlprozeß

selection, n.→ Selektion; Auswahl

set goals, v.→ Ziele setzen

simple, adj.→ einfach; simple; leicht

skill requirements, n.pl.→ Anforderungen an Fertigkeiten

skills test, n.→ **Eignungstest**

smoothly, adv.→ *hier*: **leicht**; glatt; reibungslos

specialist, n.→ **Spezialist**; Fachkraft

staffing, n.→ **Stellenbesetzung**

standardized, adj.→ **standardisiert**

step, n.→ **Schritt**

success, n.→ **Erfolg**

suitable, adj.→ **geeignet**

suited, adj.→ **geeignet**

training, n.→ **Ausbildung**; Fortbildung

typist, n.→ **Typist**(in)

vacancies, n.pl.→ **Vakanzen** *(freie Stellen)*

word of mouth, n.→ **Mund-zu-Mund-Propaganda**; Mund-zu-Mund-Information

work rules, n.pl.→ **Arbeitsvorschriften**

ÜT: 17 Stellenbesetzung und die Personalfunktion

Die wichtigsten Ressourcen einer Organisation sind ihre menschlichen Ressourcen — die Menschen, die die Organisation mit ihrer Arbeit, ihrem Talent, ihrer Kreativität und ihrer Motivation versehen. So zählen zu den wichtigsten Führungsaufgaben eines Managers die Selektion, Ausbildung und Entwicklung von Mitarbeitern, die der Organisation am besten helfen können, ihre Ziele zu verwirklichen. Ohne kompetente Mitarbeiter auf allen Ebenen werden Organisationen entweder unangemessene Ziele verfolgen oder Probleme haben, angemessene Ziele zu erreichen, wenn diese erst einmal gesetzt worden sind.

Die *Stellenbesetzung* ist die Führungsfunktion, die sich mit der Beschaffung, dem Einsatz, der Ausbildung und der Entwicklung von Mitgliedern der Organisation befaßt. Es handelt sich hierbei um ein Programm in acht Schritten, welches auf einer kontinuierlichen Basis durchgeführt wird, um die Organisation mit den richtigen Leuten, in den richtigen Stellen zum richtigen Zeitpunkt zu versorgen:

1. Die *Personalplanung* soll sicherstellen, daß dem Personalbedarf der Organisation entsprochen wird. Zu diesem Zweck werden (1) interne Faktoren, wie z.B. aktuelle und zukünftige Anforderungen an Fertigkeiten, Vakanzen sowie die Expansion oder Verkleinerung von Abteilungen und (2) Faktoren in der Umwelt außerhalb der Organisation (z.B. dem Arbeitsmarkt) analysiert. Dann werden Pläne entwickelt — gewöhnlich für einen Zeitraum von sechs Monaten bis fünf Jahren in die Zukunft — um die anderen Schritte in dem Stellenbesetzungsprozeß durchzuführen. Da der Personalbedarf einer Organisation praktisch nie schnell oder leicht befriedigt werden kann, wird eine Organisation, die eine Personalplanung versäumt, in vielen Fällen feststellen, daß sie weder ihre Personalziele noch ihre übergeordneten Ziele effektiv erreichen kann.

2. Die *Personalbeschaffung* ist die Funktion, die sich mit der Entwicklung eines Bestandes an Stellenbewerbern gemäß dem Personalplan beschäftigt. Geeignete Kandidaten werden normalerweise durch Anzeigen in Zeitungen und Fachzeitschriften oder durch Arbeitsvermittlungseinrichtungen (öffentliche und private),

Mund-zu-Mund-Propaganda, Stellenmessen (Karrieretage) auf Universtätsgeländen und, seit kurzer Zeit, das Internet gefunden. Die allgemeine Personalbeschaffung ist am besten geeignet für ausführende Mitarbeiter und findet dann statt, wenn eine Mitarbeitergruppe einer bestimmten Art (z.B. Typistinnen, Verkaufspersonal) benötigt wird. Sie läuft nach vergleichsweise einfachen und standardisierten Verfahren ab. Die besondere Personalbeschaffung, die in erster Linie für höherrangige Führungskräfte oder Spezialisten eingesetzt wird, kommt zum Einsatz, wenn die Organisation eine bestimmte Einzelperson sucht. Organisationen können sowohl von außerhalb (für gewöhnlich mit Hilfe von externen Mittlern, z.B. Headhuntern, Arbeitsvermittlungen, Berufsberatungsstellen an Universitäten, usw.) oder von innerhalb Personal beschaffen (in einigen großen Firmen, z.B. IBM, P&G, ist dies die generelle Regel, da es (a) oft weniger kostspielig ist und (b) zu einer größeren Loyalität der Mitarbeiter führen kann, die erkennen, daß sie mit dem Unternehmen wachsen können).

3. Die *Personalauswahl* beinhaltet die Bewertung und Auswahl der Stellenbewerber. Bewerbungsformulare, Lebensläufe, Bewerbungsgespräche, Berufs- und Eignungstests (z.B. in Assessment Centern) und die Überprüfung von Referenzen sind die am häufigsten eingesetzten Hilfsmittel in dem Auswahlprozeß.

4. *Einführung und Orientierung*. Dieser Schritt soll den ausgewählten Personen helfen, sich leicht in die Organisation einzuleben. Neulinge werden ihren Kollegen vorgestellt, mit ihren Aufgaben vertraut gemacht und über die Mission und die Ziele der Organisation informiert. Es gibt eventuell auch eine detaillierte Präsentation, vielleicht mittels einer Broschüre, über die Unternehmenspolitik, Arbeitsvorschriften und Leistungen für Mitarbeiter. Eine angemessene Einführung und Orientierung kann durchaus über den Erfolg des Mitarbeiters in dem Unternehmen entscheiden, da viele Neueingestellte sich Sorgen machen, wenn sie anfangs einer Organisation beitreten.

5. Der *Ausbildungs- und Entwicklungsprozeß* zielt darauf ab, die Fähigkeit von einzelnen Personen und Gruppen zu erhöhen, zur Leistungsfähigkeit der Organisation beizutragen. Fortbildung soll die Fähigkeiten im Beruf steigern. Weiterbildungsprogramme sollen die Mitarbeiter über die Anforderungen ihrer momenta-

nen Stelle hinaus bilden und für Beförderungen vorbereiten und sie befähigen, zu einer umfassenderen Sichtweise ihrer Rolle in der Organisation zu gelangen. Es gibt vier einsetzbare Verfahren, um den Fortbildungsbedarf von Einzelpersonen in einer Organisation oder Untereinheit festzustellen:

(a) Leistungsbeurteilung — die Arbeit eines jeden Mitarbeiters wird mit den Leistungsstandards oder Zielen verglichen, die für seine oder ihre Stelle vorgegeben wurden. (b) Analyse der Stellenanforderungen — die in der entsprechenden Stellenbeschreibung festgelegten Fertigkeiten und Kenntnisse werden untersucht. Mitarbeiter ohne die notwendigen Fertigkeiten oder Kenntnisse werden Kandidaten für eine Fortbildung. (c) Analyse der Organisation — die Effektivität der Organisation und ihr Erfolg bei der Zielerreichung werden analysiert um festzustellen, wo Schwierigkeiten existieren. Zum Beispiel können die Mitglieder einer Abteilung mit hoher Mitarbeiterfluktuation oder einer niedrigen festgestellten Arbeitsleistung zusätzliche Fortbildung benötigen. (d) Mitarbeiterbefragung — sowohl Führungskräfte als auch Nichtführungskräfte werden gebeten zu beschreiben, welche Probleme sie in ihrer Arbeit antreffen und welche Maßnahmen zur Lösung ihrer Meinung nach ergriffen werden sollten.

Fortbildung kann *on-the-job*, d.h. am Arbeitsplatz, stattfinden (z.B. Arbeitsplatzwechsel, Praktikum, Lehre) und *off-the-job*, wobei die Fortbildung zwar außerhalb des tatsächlichen Arbeitsplatzes stattfindet, aber vermehrt reale Arbeitsbedingungen simuliert (das Ziel ist hierbei, die Belastungen am Arbeitsplatz zu vermeiden, die den Lernprozeß beeinträchtigen könnten).

6. *Leistungsbeurteilung.* Dieser Schritt vergleicht die Arbeitsleistung einer Person mit den Standards oder Zielvorgaben, die für diese Stelle entwickelt wurden. Falls die Leistung hoch ist, wird die Person wahrscheinlich belohnt (z.B. durch einen Bonus oder eine Beförderung). Falls die Leistung niedrig ist, könnte eine Korrekturmaßnahme ergriffen werden (wie zum Beispiel Fortbildung), um die Leistung der Person wieder auf den gewünschten Stand zu bringen. Die Leistungsbeurteilung kann informell sein (z.B. indem Führungskräfte ihre Untergebenen täglich wissen lassen, wie gut sie ihre Arbeit gemacht haben) oder formell (z.B. halbjährlich oder jährlich). Solche Bewertungen dienen vier Zwecken: (a)

sie lassen die Untergebenen formell wissen, wie ihre momentane Leistung bewertet wird; (b) sie finden diejenigen Mitarbeiter heraus, die eine Entgelterhöhung aufgrund ihrer Leistung verdienen; (c) sie suchen die Mitarbeiter heraus, die weitere Fortbildung benötigen; und (d) sie spielen eine bedeutende Rolle bei der Feststellung jener Mitarbeiter, die für eine Beförderung in Frage kommen.

7. Eine *Versetzung* ist ein Wechsel einer Person zu einer anderen Stelle, Organisationsebene oder zu einem anderen Ort. Zwei verbreitete Arten der Versetzung sind die Beförderung, ein Wechsel zu einer höheren Position in der Hierarchie, normalerweise mit zusätzlicher Bezahlung, Verantwortung, Status und Weisungsbefugnis und die Zurückstufung — ein Wechsel zu einer niedrigeren Position in der Hierarchie. Stellenwechsel können auch horizontal sein — von einer Position zu einer anderen auf der gleichen Ebene.

8. Eine *Personalfreistellung* kann eine Kündigung durch den Mitarbeiter, eine Entlassung oder Pensionierung sein. Eine Untersuchung der Art und Häufigkeit der Personalfreistellungen kann Erkenntnisse hinsichtlich der Effektivität ergeben, mit der die Organisation geführt wird. Beispielsweise können zu viele Kündigungen durch Mitarbeiter auf eine nicht konkurrenzfähige Entgeltskala hinweisen; wiederholte Entlassungen rühren gelegentlich aus einer schlechten Übereinstimmung der Produktion mit der Marktnachfrage her, und zu viele betriebliche Kündigungen können mangelhafte Personalauswahl oder Fortbildungsmaßnahmen bedeuten.

| OT: 18 Management by Objectives | D: 2 |

One approach to planning and managing called "management by objectives" (MBO) was made popular by Peter Drucker in 1954 and has sparked a great deal of discussion, evaluation, and research since then.

MBO refers to a formal, or moderately formal, set of procedures that begins with goal formulation and continues through performance review. The key characteristic of MBO is that it is a participative process, actively involving managers and staff members at every organizational level. Each person's major areas of responsibility are clearly defined in terms of measurable, expected results (objectives). The objectives are used by subordinates in planning their work and by both subordinates and their superiors to monitor progress. Performance appraisals (assessments, evaluations) are conducted jointly on a continuing basis. By building on the link between planning and controlling functions, MBO helps to overcome many of the obstacles encountered in planning.

The idea of MBO goes back to Douglas McGregor who presented two models (theories) X and Y to describe human behavior in the workplace. These theories make the following assumptions:

Theory X holds that the average human being does not like work and will avoid it whenever possible, that most people must be coerced, controlled, directed, or even threatened with punishment to get them to put forth adequate effort toward the achievement of organizational goals, and finally that the average human being is lazy, prefers to be directed, wishes to avoid responsibility, has relatively little ambition, and wants security above everything else.

Theory Y, on the other hand, takes a more enlightened view of human behavior. It holds that the expenditure of physical and mental effort in work is as natural as play and rest, that commitment to objectives is a function of the rewards associated with their achievement, that human beings will exercise self-direction and self-control in the services of objectives to which they are committed, that the average individual learns—under proper conditions—not only to accept but to seek responsibility. This theory also hypothesizes that the capacity for imagination, ingenuity, and creativity in the solution of organizational problems is widely distributed in the population and that under the conditions of modern industrial life, the intellectual potentials of the average human being are only partially utilized.

Important elements of an effective MBO-system are among others:

- *Commitment to the Program*: the managers' commitment to achieving personal and organizational objectives and to the MBO process itself is required.
- *Top-Level Goal Setting*: preliminary goals are set by top management after consultation with other organization members.
- *Individual Goals*: objectives for each individual should be set in consultation between that individual and his or her supervisor.
- *Participation*: this may vary from subordinates only being "present" when objectives are formulated to subordinates being completely free to set their own objectives and methods to achieve them.
- *Autonomy in Implementation of Plans*: managers (here: subordinate managers) should have a wide range of discretion in choosing the means for achieving the objectives (within the normal constraints of organizational policies, of course).
- *Review of Performance*: managers and subordinates decide what problems, if any, exist and what they can each do to resolve them.

Strengths of MBO may be that

- it lets individuals know precisely what is expected of them,
- it aids in planning,
- it improves communication between managers and subordinates,
- it makes individuals more aware of the organization's goals,
- it also lets subordinates know how well they are doing in relation to the organization's goals.

Weaknesses of MBO may be that

♦ not all accomplishments can be quantified or measured,

♦ MBO requires considerable time and efforts to learn and to carry out (e.g., paperwork),

♦ individual objectives and accomplishments may become overvalued.

Adapted from Stoner: Management

accomplishment, n.→ **Erfolg**; Leistung

achievement, n.→ **Erreichung**; Erreichen

aid, v.→ **unterstützen**

ambition, n.→ **Ehrgeiz**

approach, n.→ **Ansatz**

area of responsibility, n.→ **Verantwortlichkeitsbereich**

assessment, n.→ **Beurteilung**

associated with, to be, v.→ **zusammenhängen mit**

assumption, n.→ **Annahme**

autonomy, n.→ **Eigenständigkeit**; Autonomie

avoid, v.→ **aus dem Wege gehen**; vermeiden; scheuen

build on, v.→ **einbeziehen**; *(hier im Deutschen besser nominal: „durch die Einbeziehung von")*

capacity, n.→ **Vermögen**

coerce, v.→ **zwingen**

commitment to, n.→ **Verpflichtung gegenüber**; Einsatz

committed, be ~ to, v.→ **sich verpflichtet haben**

communication, n.→ **Kommunikation**; Verständigung

conduct, v.→ **durchführen**

considerable, adj.→ **viel**; erheblich

constraint, n.→ **Beschränkung**

consultation, n.→ **Konsultation**; Rücksprache

continuing, on a ~ basis, adj.→ **fortlaufend**

direct, v.→ **führen**; lenken

discretion, n.→ **Spielraum**

distribute, v.→ **verteilen**

encounter, v.→ **auftreten**; vorkommen; treffen auf

enlightened, adj.→ **aufgeschlossen**

evaluation, n.→ **Bewertung**

exercise, v.→ **ausüben**; üben; *(bleibt hier wegen verbaler Konstruktion im Deutschen unübersetzt)*

expenditure, n.→ **Aufwand**

go back to, v.→ zurückgehen auf

goal formulation, n.→ **Formulierung von Zielen**; Zielformulierung

goal setting, n.→ **Zielsetzung**

goal, n.→ **Ziel**

hold, v.→ **annehmen**; ausgehen von

human behavior, n.→ **menschliches Verhalten**

hypothesize, v.→ **von der Hypothese ausgehen**

imagination, n.→ **Vorstellung**

implementation, n.→ **Durchführung**

improve, v.→ **verbessern**

individual, n.→ **Mensch**; Person; Einzelne(r)

ingenuity, n.→ **Einfallsreichtum**

involve, v.→ **einbeziehen**; involvieren

jointly, adv.→ **gemeinsam**

key characteristic, n.→ **Hauptmerkmal**

link, n.→ **Verbindung**

make an assumption, v.→ **ausgehen von einer Annnahme**

make aware of, v.→ **bewußt machen**

management by objectives, n.→ **Management by Objectives**; Führung durch Zielvereinbarung; *vgl.* objective

MBO, n.→ **Management by Objectives**

means, n.pl.→ **Mittel**

measurable, adj.→ **meßbar**

mental effort, n.→ **geistige Anstrengung**

moderate, adj.→ **gemäßigt**; bescheiden

monitor, v.→ **kontrollieren**; *(hier bietet sich die nominale Übersetzung mittels „Kontrolle" an)*

objective, n.→ **Ziel**; Zielvereinbarung; *(in der deutschen Fachsprache der Unternehmensführung, d.h. des Managements, wird das engl. „objective" oft nicht übersetzt, z.B. „management by objectives")*

obstacle, n.→ **Hindernis**

overcome, v.→ **bewältigen**; *(günstiger im Deutschen als Nominalkonstruktion „bei der Bewältigung")*

overvalue, v.→ **überbewerten**

participation, n.→ **Teilnahme**

participative, adj.→ **partizipativ**

performance appraisal, n.→ **Leistungsüberprüfung**

performance review, n.→ **Leistungsüberprüfung**

physical effort, n.→ **körperliche Anstrengung**

play, n.→ **Spiel**

policy, n.→ **Grundsatz**; Politik

preliminary, adj.→ **vorläufig**

procedure, n.→ **Verfahren**

progress, n.→ **Fortschritt**

punishment, n.→ **Strafe**

put forth effort, v.→ **Anstrengung machen**

quantify, v.→ **quantifizieren**

refer to, v.→ **sich beziehen auf**

require, v.→ **erforderlich sein**

research, n.→ **Forschung**

resolve, v.→ **lösen**

rest, n.→ **Ausruhen**

reward, n.→ **Belohnung**

security, n.→ **Sicherheit**

seek, v.→ **suchen**

self-control, n.→ **Selbstkontrolle**; *(hier besser verbal „selbst kontrollieren")*

self-direction, n.→ **Selbstführung**; *(hier besser verbal „selbst führen")*

services, in the ~ of, n.→ **im Dienste von**

set, n.→ **Reihe**; Satz

set, v.→ **setzen**

since then, prep./conj.→ **seitdem**

solution, n.→ **Lösung**

spark, v.→ **auslösen**

staff member, n.→ **Mitarbeiter(in)**, Angestellte(r)

strength, n.→ **Stärke**

subordinate, n.→ **Untergebene(r)**

superior, n.→ **Vorgesetzte(r)**

take a view, v.→ **sehen als**

terms, in ~ of, phr.→ **in Gestalt von**; dergestalt, daß; so

threaten, v.→ **bedrohen**; drohen

top-level, adj.→ **höchste Ebene**

utilize, v.→ **nutzen**

weakness, n.→ **Schwäche**

workplace, n.→ **Arbeitsplatz**

ÜT: 18 Management by Objectives

Ein Ansatz bei der Planung und Leitung, „Management by Objectives" (MBO) (Führung durch Zielvereinbarung) wurde 1954 von Peter Drucker populär gemacht und hat seitdem ziemlich viel Diskussion, Bewertung und Forschung ausgelöst.

MBO bezieht sich auf eine formale, oder gemäßigt formale Reihe von Verfahren, die mit der Formulierung von Zielen beginnt und sich bis zur Leistungsüberprüfung fortsetzt. Das Hauptmerkmal von MBO ist, daß es sich um einen partizipativen Prozeß handelt, der in aktiver Weise Manager und Mitarbeiter auf sämtlichen Organisationsebenen einbezieht. Dabei werden die Verantwortlichkeitsbereiche eines jeden klar in Gestalt von meßbaren, erwarteten Ergebnissen (Zielen) definiert. Diese Ziele werden von den Untergebenen bei der Planung ihrer Arbeit und von diesen Untergebenen, wie auch ihren Vorgesetzten, bei der Kontrolle des Fortschritts verwendet. Leistungsüberprüfungen werden fortlaufend gemeinsam durchgeführt. Durch die Einbeziehung der Verbindung von Planungs- und Controllingfunktionen hilft MBO bei der Bewältigung vieler in der Planung auftretender Hindernisse. Das MBO-Konzept geht zurück auf Douglas McGregor, der zwei Modelle, X und Y, vorlegte, um das menschliche Verhalten am Arbeitsplatz zu beschreiben. Diese Theorien gehen von den folgenden Annahmen aus:

Theorie X nimmt an, daß der Durchschnittsmensch die Arbeit nicht liebt und ihr, wenn immer möglich, aus dem Weg geht, daß die meisten Menschen gezwungen, kontrolliert, geführt oder sogar mit Strafe bedroht werden müssen, um sie dazu zu bringen, eine angemessene Anstrengung zur Erreichung des Organisationszieles zu machen, und schließlich, daß der Durchschnittsmensch faul ist, es vorzieht, sich führen zu lassen, Verantwortung vermeiden möchte, verhältnismäßig wenig Ehrgeiz besitzt und vor allem nach Sicherheit trachtet.

Theorie Y, andererseits, sieht menschliches Verhalten von einer aufgeschlosseneren Warte. Sie nimmt an, daß der Aufwand für die körperliche und geistige Anstrengung bei der Arbeit so natürlich ist wie das Spiel und das Ausruhen, daß die Verpflichtung gegenüber Zielen eine Funktion der Belohnung ist, die mit ihrem Erreichen zusammenhängt, daß Menschen im Dienste der Ziele, denen sie sich verpflichtet haben, selbst führen und kontrollieren, daß, unter entsprechenden Bedingungen, der Durchschnittsmensch lernt, Verantwortung nicht nur zu übernehmen, sondern [sogar] zu suchen. Diese Theorie geht auch von der Hypothese aus, daß das Vorstellungsvermögen, der Einfallsreichtum und die Kreativität bei der Lösung von organisatorischen Problemen breit in der Bevölkerung verteilt ist, und, daß unter den Bedingungen des modernen industriellen Lebens die intellektuellen Potentiale des Durchschnittsmenschen nur teilweise genutzt werden.

Bedeutende Elemente eines effektiven MBO-Systems sind unter anderem:

- *Hinter dem Programm stehen*: Es ist erforderlich, daß den Managern daran gelegen ist, persönliche und organisatorische Ziele zu erreichen und hinter dem MBO-Prozeß selbst zu stehen.

- *Zielsetzung auf höchster Ebene*: Vorläufige Ziele werden von der obersten Führungsleitung nach Konsultation mit anderen Mitgliedern der Organisation festgelegt.

- *Einzelziele*: Für jeden Einzelnen sollten Ziele in Konsultation zwischen dem Einzelnen und seinen/ihren Vorgesetzten festgelegt werden.

- *Teilnahme*: Diese kann reichen von der Situation, daß Untergebene bei der Formulierung von Zielen „nur" präsent sind, bis zu einer, in der die Untergebenen völlig frei sind, ihre eigenen Ziele und die Methoden zu deren Erlangung festzulegen.

- *Eigenständigkeit bei der Durchführung von Plänen*: Die Manager (hier: untergeordnete Manager) sollten bei der Wahl der Mittel zur Erreichung der Ziele (natürlich innerhalb der Beschränkungen der Unternehmensgrundsätze) einen großen Spielraum haben.

- *Leistungskontrolle*: Manager und Untergebene entscheiden, welche Probleme, falls überhaupt, existieren und was jeder der beiden tun kann, um diese zu lösen.

Stärken des MBO können sein, daß

- der Einzelne genau weiß, was von ihm erwartet wird,
- MBO die Planung unterstützt,
- die Kommunikation zwischen Manager und Untergebenen verbessert wird,
- dem Einzelnen die Ziele der Organisation bewußter werden,
- es die Untergebenen wissen läßt, wie gut ihre Arbeit in Bezug auf die Ziele der Organisation ist.

Schwächen des MBO können sein, daß

- nicht alle Erfolge quantifiziert oder gemessen werden können,
- viel Zeit und Anstrengung erforderlich ist, sich mit MBO vertraut zu machen und es durchzuführen (z.B. bürokratischer Aufwand),
- Ziele und Erfolge des Einzelnen überbewertet werden.

OT: 19 Work Motivation — D: 1

In the late 1950s, Frederick Herzberg and his associates conducted a study of job attitudes of two hundred engineers and accountants. The subjects were asked to recall times when they felt exceptionally good about their jobs and times when they felt bad. Herzberg then attempted to find what factors led to each type of reaction. He concluded that job satisfaction and job dissatisfaction come from two separate sets of factors, which he called "satisfiers" (motivating factors) and "dissatisfiers" ("hygiene" factors).

The satisfiers included (1) achievement, (2) recognition, (3) responsibility, (4) advancement and growth. The satisfiers are related to the nature of the work (the job content) and to rewards that result directly from performance of the work tasks. The dissatisfiers included such factors as (1) status, salary, and security; (2) working conditions, (3) working relationships, (4) supervision, and (5) company policy. They come from the individual's relationship to the organization's environment (the job context) in which the work is being done. The most important of these factors is company policy, which is judged by many individuals to be a major cause of inefficiency and ineffectiveness. Positive ratings for these factors did not lead to job satisfaction but merely to the absence of dissatisfaction.

Although Herzberg's theory and methodology have been criticized, his theory is still regarded as an important contribution to the understanding of the effects of job characteristics on satisfaction, motivation, and performance. Job enrichment programs, for example, were strongly influenced by Herzberg's work.

Adapted from Stoner: Management

absence, of, n.→ **Nichtvorhandensein**; Fehlen

accountant, n.→ **Buchhalter**; im Rechnungswesen Tätiger

achievement, n.→ **Leistung**

advancement, n.→ **Beförderung**; Aufstieg

associate, n.→ **Mitarbeiter**

cause, n.→ **Ursache**

come from, v.→ **herrühren**

company policy, n.→ **Unternehmenspolitik**

conclude, v.→ **folgern**; schlußfolgern; schließen

conduct, v.→ **durchführen**; veranstalten; vornehmen

directly, adv.→ **unmittelbar**

dissatisfaction, n.→ **Unzufriedenheit**

dissatisfier, n.→ **Unzufriedenheitsfaktor**

engineer, n.→ **Ingenieur**; *(u.U. aber auch nur „Techniker" oder „Maschinenführer", wie z.B. „Lokomotivführer" u.ä.)*

growth, n.→ **Wachstum**

individual, n.→ **Einzelne(r)**

ineffectiveness, n.→ **Wirkungslosigkeit**

inefficiency, n.→ **Ineffizienz**

job attitude, n.→ **Haltung gegenüber Arbeit**; Arbeitshaltung

job content, n.→ **Stelleninhalt**

job context, n.→ **Stellenkontext**

job dissatisfaction, n.→ **Arbeitsunzufriedenheit**; Unzufriedenheit mit der Arbeit; *(vgl. auch Anmerkung zu „job satisfaction")*

job enrichment, n.→ **Arbeitsbereicherung**; *(vgl. auch Anmerkung zu „job satisfaction")*

job satisfaction, n.→ **Arbeitszufriedenheit**; Zufriedenheit mit der Arbeit; *(häufig wird in der deutschen wissenschaftlichen Literatur der englische Ausdruck verwendet)*

judge, v.→ **ansehen als**

major, adj.→ **Haupt~**; hauptsächlich

methodology, n.→ **Methode**; Methodik

nature, n.→ **Art**

performance, n.→ **Erledigung**

rating, n.→ **Bewertung**; *(der englische Ausdruck „rating" wird z.T. schon in der einschlägigen deutschen Literatur als Lehnwort verwendet)*

recall, v.→ **sich erinnern**; zurückrufen

recognition, n.→ **Anerkennung**

relate to (be related to), v.→ **sich beziehen auf**

relationship, n.→ **Beziehungsverhältnis**

responsibility, n.→ **Verantwortung**; Verantwortlichkeit

result from, v.→ **herrühren von**

reward, n.→ **Entlohnung**

salary, n.→ **Gehalt**

satisfaction, n.→ **Zufriedenheit**

satisfier, n.→ **Zufriedenheitsfaktor**

security, n.→ **Sicherheit**

separate, adj.→ **unterschiedlich**

set of, n→ **Gruppierung**; Satz

subject, n.→ **Befragte(r)**; Informant(in); Proband(in)

supervision, n.→ **Aufsicht**

work task, n.→ **Arbeitsaufgabe**

ÜT: 19 Arbeitsmotivation

In den späten 50er Jahren führten Frederick Herzberg und seine Mitarbeiter eine Untersuchung der Einstellung zur Arbeit bei zweihundert Ingenieuren und Buchhaltern durch. Die Befragten wurden gebeten, sich an die Zeiten zu erinnern, zu denen sie sich bei ihrer Arbeit außergewöhnlich wohl oder schlecht fühlten. Danach suchte Herzberg festzustellen, welche Faktoren zum jeweiligen Reaktionstyp führten. Er folgerte, daß Zufriedenheit und Unzufriedenheit am Arbeitsplatz von zwei unterschiedlichen Faktorengruppierungen von Faktoren, die er „Zufriedenheitsfaktoren" (motivierende Faktoren) und „Unzufriedenheitsfaktoren" (Hygiene-Faktoren) nannte, herrühren.

Die Zufriedenheitsfaktoren enthielten (1) Leistung, (2) Anerkennung, (3) Verantwortung, (4) Beförderung und Wachstum. Die Zufriedenheitsfaktoren beziehen sich auf die Art der Arbeit (Stelleninhalt) und der unmittelbar aus die Erledigung der Arbeitsaufgaben sich ergebende Entlohnung. Die Unzufriedenheitsfaktoren enthielten Faktoren wie (1) Status, Gehalt, Sicherheit, (2) Arbeitsbedingungen, (3) Beziehungen am Arbeitsplatz, (4) Aufsicht und (5) Unternehmenspolitik. Sie rühren her von dem Beziehungsverhältnis des Einzelnen zum Umfeld der Organisation (Stellenkontext), in dem die Arbeit getan wird. Der wichtigste dieser Faktoren ist die Unternehmenspolitik, die von vielen als Hauptursache der Ineffizienz und Wirkungslosigkeit angesehen wird. Die positive Bewertung dieser Faktoren führte nicht zur Zufriedenheit mit der Arbeit, sondern lediglich zum Nichtvorhandensein von Unzufriedenheit.

Obwohl Herzbergs Theorie und Methode kritisiert worden sind, wird seine Theorie immer noch als wichtiger Beitrag zum Verständnis der Auswirkungen von Merkmalen der Arbeit auf die Zufriedenheit, Motivation und Leistung angesehen. So wurden z.B. Arbeitsbereicherungsprogramme stark von der Arbeit Herzbergs beeinflußt.

OT: 20 The Immediate Work Environment   D: 1

The immediate work environment includes attitudes and actions of peers and supervisors, and the "climate" or "feel" of the workplace. Most people desire the friendship and approval of peers, and will behave in accordance with the norms and values of the peer group. If the group has an "us versus them" approach to management and regards high producers as "rate-busters", its members will not be motivated to perform at their best level and may even be motivated to perform poorly.

Immediate supervisors strongly influence the motivation and performance of employees by example and instruction and through the rewards and penalties they provide, from praise, salary increases, and promotions, to criticism, demotion, and dismissals. They also strongly affect job design and the climate of the work environment.

The climate—the "personality," "feel," or "character" of the environment—exists at the organizational level as well as in the immediate work environment. A climate in which lower-level employees are regarded as expendable is less motivating than a climate in which employees at all levels feel they are an integral part of the organization. The "tone" or "atmosphere" of the immediate work environment, where workers spend their productive time, may influence their behavior and attitudes even more. Managers have a great deal of control over the immediate work environment, and should be aware of the need to provide surroundings appropriate to workers as well as their tasks.

Adapted from Stoner: Management

accordance, (in ~ with), phr.→ **Übereinstimmung**, in ~ mit

action, n.→ **Aktion**; Handlung

affect, v.→ **beeinflussen**; beeinträchtigen

approach, n.→ **Haltung**

appropriate to, adj.→ **entsprechend**

approval, n.→ **Bestätigung**

attitude, n.→ **Haltung**

aware, be ~ of, v.→ **sich bewußt sein**

behave, v.→ **sich verhalten**

20: THE IMMEDIATE WORK ENVIRONMENT

climate, n.→ **Klima**

deal, great ~ of, n.→ *(hier adjektivisch zu übersetzen:)* **stark**

demotion, n.→ **Herabstufung**

dismissal, n.→ **Entlassung**

expendable, adj.→ **entbehrlich**

feel, n.→ **Gefühl**

high producer, n.→ **besonders Fleißige(r)**

immediate, adj.→ **unmittelbar**

instruction, n.→ **Anweisung**

integral part, n.→ **organischer Bestandteil**

job design, n.→ **Arbeitsgestaltung**

lower-level employee, n.→ **Angestellte(r) der unteren Ebene**

peer, n.→ **Arbeitskollege; Arbeitskollegin**

penalty, n.→ **Strafe**

performance, n.→ **Leistung**

praise, n.→ **Lob**

promotion, n.→ **Beförderung**

provide, v.→ **austeilen**

rate buster, n.→ **Arbeitssoll brechender Mitarbeiter**

rewards, n.pl.→ **Belohnungen**

salary increase, n.→ **Gehaltserhöhung**

spend time, v.→ **Zeit verbringen**

supervisor, n.→ **Vorgesetzte(r)**

surroundings, n.pl.→ **Umgebung; Umfeld**

us-versus-them, adj.→ **wir-gegen-die**

work environment, n.→ **Arbeitsumfeld**

workplace, n.→ **Arbeitsplatz**

ÜT: 20 Das unmittelbare Arbeitsumfeld

Das unmittelbare Arbeitsumfeld umfaßt Haltungen und Aktionen von Arbeitskollegen und Vorgesetzten sowie das „Klima" oder „Gefühl" am Arbeitsplatz. Die meisten Menschen wünschen sich die Freundschaft und Bestätigung der Arbeitskollegen und werden sich in Übereinstimmung mit den Normen und der Werthaltung der Gruppe der Arbeitskollegen verhalten. Wenn die Gruppe eine „wir-gegen-die"-Haltung gegenüber dem Management einnimmt, und besonders fleißige als das „Arbeitssoll brechende" Mitarbeiter ansieht, dann werden die Mitglieder dieser Gruppe nicht dazu motiviert, ihre Bestleistung zu erbringen und können sogar dazu motiviert werden, schlechte Arbeit zu leisten.

Unmittelbare Vorgesetzte beeinflussen in starkem Maß die Motivation und Arbeitsleistung von Angestellten durch Vorbild und Anweisung sowie durch Belohnungen und Strafen, die sie austeilen, Lob, Gehaltserhöhungen und Beförderungen bis hin zur Kritik, Herabstufung und Entlassung. Sie beeinflussen auch stark die Arbeitsgestaltung und das Klima des Arbeitsumfeldes.

Das Klima — die „Persönlichkeit", das „Gefühl", oder der „Charakter" des Umfeldes — existiert auf der organisatorischen Ebene wie im unmittelbaren Arbeitsumfeld. Ein Klima, in dem ein Angestellter der unteren Ebene als entbehrlich angesehen wird, ist weniger motivierend als ein Klima, in dem die Angestellten aller Ebenen das Gefühl haben, daß sie organischer Bestandteil der Organisation sind. Der „Ton" beziehungsweise die „Atmosphäre" eines unmittelbaren Arbeitsumfeldes, in dem die Arbeitenden ihre produktive Zeit verbringen, können ihre Verhaltensweisen und Haltungen noch mehr beeinflussen. Manager üben über das unmittelbare Arbeitsumfeld eine starke Kontrolle aus und sollten sich der Notwendigkeit bewußt sein, für die Arbeitenden sowie ihre Aufgaben die geeignete Umgebung bereitzustellen.

OT: 21 Exchange Rates — D: 1

In February 1985, one U.S. dollar traded on international markets for 260 Japanese yen; by early 1995, the dollar had dropped to a third of that. This change had effects that reached far beyond financial markets.

One of the key differences between international economics and other areas of economics is that countries have different currencies. It is usually possible to convert one currency into another (though this is illegal in some countries). But as the example of the dollar-yen exchange rate indicates, relative prices of currencies may change over time, sometimes drastically.

For historical reasons, the study of exchange-rate determination is a relatively new part of international economics. For most of the past century, exchange rates have been fixed by government action rather than determined in the marketplace. Before World War I, the values of the world's major currencies were fixed in terms of gold, while for a generation after World War II, the values of most currencies were fixed in terms of the U.S. dollar. The analysis of international monetary systems that fix exchange rates remains an important subject, especially since a return to fixed rates in the future remains a real possibility (e.g., with the European Monetary System).

Adapted from Krugman/Obstfeld: International Economics

action, n.→ **Maßnahme**

change, n.→ **Veränderung**

convert, v.→ **konvertieren**

currency, n.→ **Währung**

determination, n.→ **Festlegung**

drop, v.→ **fallen**

economics, n.pl.→ **Ökonomie; Wirtschaftslehre; Volkswirtschaftslehre**

EMS, n.→ **European Monetary System**

European Monetary System, n.→ **Europäisches Währungssystem** *(auch Abk. EWS)*

exchange rate, n.→ **Wechselkurs**

financial markets, n.pl.→ **Finanzmärkte**

key difference, n.→ **wichtiger Unterschied**; Hauptunterschied

marketplace, n.→ **Markt**

monetary system, n.→ **Währungssystem**

over time, adv.→ **mit der Zeit**

reach beyond, v.→ **hinausgehen über**

return, n.→ **Rückkehr**; Wiedereinführung

subject, n.→ **Thema**; Frage

trade, v.→ **handeln**

ÜT: 21 Wechselkurse

Im Februar 1985 wurde ein U.S.-Dollar auf den internationalen Märkten mit 260 japanischen Yen gehandelt; Anfang des Jahres 1995 war der Dollar auf ein Drittel dieses Wertes gefallen. Diese Veränderung hatte Auswirkungen, die weit über die Finanzmärkte hinausgingen.

Einer der wichtigsten Unterschiede zwischen internationaler Ökonomie und sonstigen Bereichen der Ökonomie besteht darin, daß die Länder unterschiedliche Währungen haben. Im allgemeinen kann eine Währung gegen eine andere umgetauscht werden (wenngleich das in einigen Ländern illegal ist). Wie aber das Beispiel des Dollar-Yen-Wechselkurses zeigt, können sich die relativen Preise der Währungen mit der Zeit ändern, manchmal (sogar) drastisch.

Aus historischen Gründen ist die Analyse der Wechselkursfestlegung ein verhältnismäßig neuer Bereich der internationalen Wirtschaftswissenschaft. Während des größten Teils des vergangenen Jahrhunderts sind die Wechselkurse eher durch Regierungsmaßnahmen als durch den Markt bestimmt worden. Vor dem Ersten Weltkrieg wurde der Wert der bedeutendsten Währungen der Welt in Gold festgelegt, während über eine (ganze) Generation nach dem Zweiten Weltkrieg die meisten Währungen in U.S.-Dollar festgelegt wurden. Die Analyse internationaler Währungssysteme, welche Wechselkurse festlegen, bleibt ein wichtiges Thema, vor allem, da die Rückkehr zu festen Wechselkursen in der Zukunft (z.B. durch das Europäische Währungssystem) eine durchaus reale Möglichkeit darstellt.

OT: 22 National Debt and the International Capital Market D: 1

During the 1970s, banks in advanced countries lent billions of dollars to firms and governments in poorer nations, especially in Latin America. In 1982, Mexico announced that it could no longer pay the money it owed without special arrangements that allowed it to postpone payments and borrow back part of its interest; soon afterward Brazil, Argentina, and a number of smaller countries found themselves in the same situation. While combined efforts of banks, governments, and countries avoided a world financial crisis in 1982, the debt difficulties of less-developed countries remained in a state of periodic crisis through 1990. The debt problem brought to the public's attention the growing importance of the international capital market.

International capital markets differ in important ways from domestic capital markets. They must cope with special regulations that many countries impose on foreign investment; they also sometimes offer opportunities to evade regulations placed on domestic markets. Since the 1960s, huge international capital markets have arisen, most notably the remarkable London Eurodollar market, in which billions of dollars are traded every day without ever touching the United States.

Some special risks are also associated with international capital markets. One such risk is that of foreign currency fluctuations: if the dollar suddenly falls in value against the Japanese yen, Japanese investors who bought U.S. bonds suffer a capital loss—as many discovered in 1985-1988. Another risk is that of national default: a nation may simply refuse to pay its debts (perhaps because it cannot), and there may be no effective way for its creditors to bring it to court.

Adapted from Krugman/Obstfeld: International Economics

advanced country, n.→ entwickeltes Land

arrangement, n.→ Vereinbarung

associate, v.→ verbinden mit

avoid, v.→ vermeiden

billion, n.→ Milliarde

bond, n.→ Anleihe

borrow, v.→ (ent)leihen

bring to court, v.→ verklagen

capital market, n.→ Kapitalmarkt

cope, v.→ (sich) abgeben mit

creditor, n.→ Gläubiger

debt, n.→ Schuld(en)

default, n.→ Verzug

domestic, adj.→ inländisch

effective, adj.→ wirksam

effort, n.→ Anstrengung

evade, v.→ umgehen

foreign currency fluctuation, n.→ Devisenschwankungen

huge, adj.→ gewaltig

impose, v.→ auferlegen

interest, n.→ Zinsen

lend, v.→ verleihen

less-developed (country), adj.→ weniger entwickeltes (Land)

national debt, n.→ Staatsverschuldung

notably, adv.→ vor allem

opportunity, n.→ Möglichkeit

owe, v.→ schulden

place on, v.→ auferlegen

postpone, v.→ aufschieben

regulation, n.→ Bestimmung

remarkable, adj.→ bemerkenswert

suffer, v.→ erleiden

value, n.→ Wert

| ÜT: 22 Staatsverschuldung und der internationale Kapitalmarkt |

Während der siebziger Jahre verliehen die Banken in entwickelten Industrieländern Milliarden von Dollar an Wirtschaftsunternehmen und Regierungen in ärmeren Nationen, vornehmlich in Latein Amerika. Im Jahr 1982 gab Mexiko bekannt, daß es nicht mehr in der Lage sei, die von ihm geschuldeten Gelder ohne besondere Vereinbarungen, welche ihm erlaubten, Zahlungen aufzuschieben und einen Teil der von ihm gezahlten Zinsen erneut zu leihen, zurückzuzahlen. Bald danach befanden sich Brasilien, Argentinien und eine Anzahl kleinerer Staaten in derselben Lage. Während die konzertierten Anstrengungen der Banken, Regierungen und Länder eine finanzielle Weltkrise 1982 verhinderten, blieben die Schuldenschwierigkeiten der weniger entwickelten Länder bis 1990 in einem Zustand der periodischen Krise. Das Schuldenproblem lenkte die Aufmerksamkeit der Öffentlichkeit auf die wachsende Bedeutung des internationalen Kapitalmarkts.

Internationale Kapitalmärkte unterscheiden sich in bedeutsamer Weise von inländischen Kapitalmärkten. Sie müssen sich mit den besonderen Bestimmungen abgeben, die viele Länder ausländischen Investitionen auferlegen. Manchmal bieten sie auch Möglichkeiten, die Bestimmungen, welche inländischen Märkten auferlegt worden sind, zu umgehen. Seit den sechziger Jahren sind gewaltige internationale Kapitalmärkte entstanden, vor allem der bemerkenswerte Londoner Eurodollar-Markt, in dem täglich Milliarden von Dollar, ohne je mit den Vereinigten Staaten in Berührung zu kommen, gehandelt werden.

Mit internationalen Kapitalmärkten sind einige besondere Risiken verbunden. Ein solches Risiko ist das der Devisenschwankungen: Wenn der Dollar plötzlich gegenüber dem japanischen Yen im Wert fällt, erleiden die japanischen Investoren, die US-Anleihen gekauft haben, einen Kapitalverlust — wie viele 1985-1988 feststellen mußten. Ein anderes Risiko ist das des nationalen Verzugs: Ein Land kann sich ganz einfach weigern, seine Schulden zu bezahlen (vielleicht weil es nicht in der Lage dazu ist), und es gibt für seine Gläubiger keinen wirksamen Weg, das Land zu verklagen.

OT: 23 International Trade Agreements   D: 1

Internationally coordinated tariff reduction as a trade policy dates back to the 1930s. Many of the early agreements were merely bilateral, that is, they involved only two countries. Multilateral tariff reductions since World War II have taken place under the umbrella of the General Agreement on Tariffs and Trade (GATT), established in 1947 and intended to promote free trade in the world. The GATT embodies a set of rules of conduct for international trade policy that are monitored by a bureaucracy headquartered in Geneva. Like any law, the provisions of the GATT are complex in detail, but the main constraints it places on trade policy are:

1) Export subsidies: Signatories to the GATT may not use export subsidies, except for agricultural products (an exception originally insisted on by the United States but now primarily exploited by the EC).

2) Import quotas: Signatories to the GATT may not impose unilateral quotas on imports, except when imports threaten "market disruption" (an undefined phrase usually interpreted to mean surges of imports that threaten to put a domestic sector suddenly out of business).

3) Tariffs: Any new tariff or increase in a tariff must be offset by reductions in other tariffs in order to compensate the affected countries.

Not all countries are members of GATT. In particular, developing countries are by and large outside these rules. Nearly all advanced countries are members, however, and the trade policies they adopt are to some extent conditioned by the need to remain "GATT-legal."

There are some important cases, however, in which nations establish preferential trading agreements under which the tariffs they apply to each others' products are lower than the rates on the same goods coming from other countries. The simplest case is one in which two or more countries eliminate all tariffs on trade with each other while continuing to maintain tariff barriers against the rest of the world. Such agreements are known as customs unions, common markets (e.g., the European Union of 15 Western European countries), free-trade areas (e.g., the North American Free Trade Agreement, NAFTA, of the United States, Canada, and Mexico). Since more than a third of world trade takes place within the European free-trade area, preferential trading arrangements are an important real-world issue.

Adapted from Krugman/Obstfeld: International Economics

adopt, v.→ **annehmen**; adoptieren

affect, v.→ **betreffen**

apply, v.→ *hier*: **erheben**

bilateral, adj.→ **bilateral**; zweiseitig

by and large, phr.→ **weitgehend**

common market, n.→ **gemeinsamer Markt**

compensate, v.→ **entschädigen**

condition, v.→ **konditionieren**

constraint, n.→ **Einschränkung**

customs union, n.→ **Zollunion**

date back, v.→ **zurückgehen auf**

developing country, n.→ **Entwicklungsland**

domestic sector, n.→ **Inlandssektor**

eliminate, v.→ **abschaffen**

embody, v.→ **bestehen** (aus)

establish, v.→ **gründen**

exploit, v.→ **ausnutzen**; ausbeuten

extent, n.→ **Maß**

free-trade area, n.→ **Freihandelszone**

GATT, n.→ **General Agreement on Tariffs and Trade**

GATT-legal, adj.→ **GATT-konform**

General Agreement on Tariffs and Trade, n.→ **Allgemeines Zoll- und Handelsabkommen**

headquartered, adj.→ **mit Sitz in**; mit Hauptniederlassung in

insist, v.→ **bestehen auf**

intended to promote free trade, phr.→ **zur Förderung des freien Handels**

market disruption, n.→ **Marktstörung**; *hier besser:* „den Markt zu stören"

merely, adv.→ **lediglich**

monitor, v.→ **kontrollieren**

multilateral, adj.→ **multilateral**; mehrseitig

NAFTA, n.→ **North American Free Trade Agreement**

1930s, n.pl.→ *diese englische Zeitangabe läßt sich im Deutschen nur umständlich wiedergeben:* „dreißiger Jahre des 20. Jahrhunderts". *Die im Deutschen als*

„dreißiger Jahre" *zu findende Zeitangabe erscheint ungenau, da das Jahrhundert nicht daraus hervorgeht.*

North American Free Trade Agreement, n.→ **nordamerikanisches Freihandelsabkommen**; NAFTA

offset, v.→ **ausgleichen**

preferential, adj.→ **Vorzugs-**

primarily, adv.→ **hauptsächlich**

provision, n.→ **Bestimmung**

put out of business, v.→ **aus dem Markt drängen**

quota, n.→ **Quote**

rate, n.→ **Zollsatz**

real-world issue, n.→ **eine wichtige Frage in der Realität**

rules of conduct, n.pl.→ **Verhaltensregeln**

set of rules, n.→ **Regelwerk**

signatory, n.→ **Unterzeichner**; Unterzeichnerstaat)

subsidy, n.→ **Subvention**

surge, n.→ **Schwemme**

tariff reduction, n.→ **Abbau von Zöllen**; Zollabbau

tariff, n.→ **Zoll**

threaten, v.→ **drohen**; bedrohen

trade policy, n.→ **Handelspolitik**

trading arrangement, n.→ **Handelsabkommen**

umbrella, n.→ **Schirmherrschaft**

unilateral, adj.→ **unilateral**; einseitig

ÜT: 23 Internationale Handelsabkommen

Der international koordinierte Abbau von Zöllen als Handelspolitik geht auf die dreißiger Jahre des 20. Jahrhunderts zurück. Viele der frühen Vereinbarungen waren lediglich bilateral, das heißt, sie bezogen sich nur auf zwei Länder. Seit dem zweiten Weltkrieg haben multilaterale Zollverringerungen unter der Schirmherrschaft des 1947 zur Förderung des freien Handels in der Welt gegründeten Allgemeinen Zoll- und Handelsabkommens (General Agreement on Tariffs and Trade, GATT) stattgefunden. GATT besteht aus einem Verhaltensregelwerk für die internationale Handelspolitik, welches durch eine Bürokratie mit Sitz in Genf kontrolliert wird. Wie Gesetze überhaupt, sind die GATT-Bestimmungen komplex im Detail, die hauptsächlichen Einschränkungen, die sie der Handelspolitik auferlegt, sind jedoch:

1. Exportsubventionen: GATT-Unterzeichnerstaaten dürfen keine Exportsubventionen verwenden, außer für landwirtschaftliche Erzeugnisse (eine Ausnahme, auf der ursprünglich die Vereinigten Staaten bestanden, die jetzt jedoch hauptsächlich von der EG ausgenutzt wird).

2. Einfuhrquoten: GATT-Unterzeichnerstaaten dürfen für Einfuhren keine einseitigen Quoten erlassen, außer wenn Einfuhren drohen, den Markt zu „stören" (ein undefinierter Begriff, der gewöhnlich im Sinne von Einfuhrschwemmen verstanden wird, die drohen, einen Inlandssektor aus dem Markt zu drängen.

3. Zölle: Ein neuer Zoll oder eine Zollerhöhung muß durch den Abbau anderer Zölle ausgeglichen werden, um die betroffenen Länder zu entschädigen.

Nicht alle Länder sind GATT-Mitglieder. Im besonderen befinden sich Entwicklungsländer weitgehend außerhalb dieser Regelungen. Fast alle entwickelten Länder sind jedoch Mitglied, und die von ihnen angenommenen Handelspolitiken sind zu einem gewissen Maß durch das Erfordernis GATT-konform zu bleiben konditioniert.

Es gibt allerdings einige wichtige Fälle, in denen Länder Vorzugshandelsabkommen errichten, unter denen die Zölle, welche sie jeweils auf die Güter des Anderen erheben, niedriger sind, als die Zollsätze für dieselben Güter aus anderen Ländern. Der einfachste Fall ist der, in dem zwei oder mehr Länder alle Landeszölle untereinander abschaffen und gegenüber dem Rest der Welt die Zollschranken aufrechterhalten. Solche Vereinbarungen sind als Zollunionen, gemeinsame Märkte (z.B. die Europäische Union von 15 westeuropäischen Ländern), Freihandelszonen (z.B. das Nordamerikanische Freihandelsabkommen (North American Free Trade Agreement — NAFTA), der Vereinigten Staaten, Kanadas und Mexicos) bekannt. Da mehr als ein Drittel des Welthandels in der europäischen Freihandelszone getrieben wird, stellen Vorzugshandelsabkommen in der Realität eine wichtige Frage dar.

OT: 24 Foreign-Exchange Rates and Markets D: 1

An exchange rate is the price of one country's currency in terms of that of another country's currency. Exchange rates play a role in spending decisions because they enable us to translate prices of different countries into comparable terms. All else being equal, a depreciation of a country's currency against foreign currencies (a rise in the home-currency prices of foreign currencies) makes its exports cheaper and its imports more expensive. An appreciation of its currency (a fall in the home-currency prices of foreign currencies) makes its exports more expensive and its imports cheaper.

Exchange rates are determined in the foreign-exchange market. The major participants in that market are commercial banks, international corporations, nonbank financial institutions, and national central banks. Commercial banks play a pivotal role in the market because they facilitate the exchange of interest-bearing bank deposits that make up the bulk of foreign-exchange trading. This so-called interbank trading accounts for most of the activity in the foreign-exchange market. In fact, the exchange rates usually listed in newspapers are interbank rates, the rates banks charge each other. No amount of less than $1 million is traded at those rates. The rates available to corporate customers, called "retail" rates, are usually less favorable than the "wholesale" interbank rates. The differential between the retail and wholesale rates is the bank's compensation for doing the business.

Central banks sometimes intervene in foreign-exchange markets. While the volume of central bank transactions is typically not large, the impact of these transactions may be great. The reason for this impact is that participants in the foreign-exchange market watch central bank actions closely for clues about future macroeconomic policies that may affect exchange rates. Government agencies other than central banks may also trade in the foreign-exchange market, but central banks are the most regular official participants.

Even though foreign-exchange trading takes place in many financial centers around the world, modern telecommunication technology links those centers together into a single market that is open 24 hours a day. Economic news released at any time of the day is immediately transmitted around the world and may set off a flurry of activity by market participants. As a truly global market, its size is enormous (from March 1986 to April 1989, the daily volume went up from $200 billion to $500 billion).

Adapted from Kurgman/Obstfeld: International Economics

account for, v.→ **verantwortlich sein für**; ausmachen

actions, n.pl.→ *hier*: **Maßnahmen**; Handlungen

activity, n.→ *hier*: **Aktivitäten** *(im Deutschen bietet sich der Plural an)*

affect, v.→ **beeinflussen**

against, adj.→ *hier*: **gegenüber**

all else being equal, phr.→ **bei ansonsten gleichen Bedingungen**

amount, n.→ *hier*: **Summe**; Betrag

around the world, phr.→ **rund um die Welt**

bulk, n.→ *hier*: **Großteil**; Hauptteil

central bank, n.→ **Zentralbank**

charge, v.→ **berechnen**; in Rechnung stellen

cheap, adj.→ **billig**

clue, n.→ **Hinweis**

commercial banks, n.→ **Handelsbanken**; Geschäftsbanken

comparable terms, n.pl.→ *eigentlich*: **vergleichbare Basis**; vergleichbare Grundlage

corporate customers, n.pl.→ **Unternehmenskunden** *(gemeint sind Unternehmen als Kunden der Banken)*

currency, n.→ **Währung**

daily volume, n.→ **Tagesvolumen**

depreciation, n.→ **Abwertung**

differential, n.→ **Differenz**; Differenzbetrag

economic news, n.→ **Wirtschaftsnachrichten**

enable, v.→ **in die Lage versetzen**; befähigen; ermöglichen

exchange rate, n.→ **Wechselkurs**

expensive, adj.→ **teuer**

facilitate, v.→ **erleichtern**; leichter machen

favorable, adj.→ **günstig**

financial center, n.→ **Finanzzentrum**; Finanzcenter

flurry, n.→ **Schwall**

foreign exchange trading/trade, n.→ **Devisenhandel**

foreign, adj.→ **Fremd-**; Auslands-; ausländisch; fremd

foreign-exchange market, n.→ **Devisenmarkt**

go up, v.→ **ansteigen**

home-currency price, n.→ *hier*: **Inlandspreis**

impact, n.→ **Auswirkung**; *wörtlich*: Einschlag; Aufprall

interbank rate, n.→ **Interbank-Kurs**

interbank trading, n.→ **Interbank-Handel**

interest-bearing bank deposits, n.pl.→ **verzinsliche Bankeinlagen**

intervene, v.→ **intervenieren**; einschreiten

link, v.→ **verbinden**

listed, adj.→ *hier*: **abgedruckten**; gelisteten; aufgeführten; verzeichneten

macroeconomic, adj.→ **makroökonomisch**

major, adj.→ **Haupt-**; Groß-

make cheaper, v.→ **verbilligen**; billiger machen

make more expensive, v.→ **verteuern**; teurer machen

nonbank financial institutions, n.pl.→ *hier*: **Nichtbanken**

participant, n.→ **Teilnehmer**

privotal role, n.→ **wesentliche Rolle**; Rolle, um die sich alles dreht

retail, n.→ **Einzelhandel** *(hier im übertragenen Sinne gebraucht, um die Geschäfte unter den Banken (als Großhändler) von denen mit Geschäftskunden zu unterscheiden)*

so-called, adj.→ **sogenannte**

spending decisions, n.pl.→ **Ausgabeentscheidungen**

take place, v.→ **stattfinden**; geschehen; passieren

telecommunication technology, n.→ **Telekommunikationstechnologie**

transaction, n.→ **Transaktion**

translate, v.→ *hier*: **vergleichbar machen**; übersetzen; umrechnen

transmit, v.→ **übertragen**

truly, adv.→ **echt**; wahrhaft

volume, n.→ **Volumen**; Umfang

watch closely, v.→ **genau beobachten**

wholesale, n.→ **Großhandel** *(vgl. Bemerkung zu „retail")*

ÜT: 24 Wechselkurse und Devisenmärkte

Der Wechselkurs ist der Preis für die Währung eines Landes, ausgedrückt in der Währung eines anderen Landes. Wechselkurse spielen bei Ausgabenentscheidungen eine Rolle, weil sie uns in die Lage versetzen, die Preise in unterschiedlichen Ländern vergleichbar zu machen.[1] Bei ansonsten gleichen Bedingungen, macht die Abwertung der Währung eines Landes gegenüber Fremdwährungen (ein Anstieg des Inlandspreises für eine Fremdwährung) die Ausfuhren billiger und verteuert die Einfuhren. Eine Aufwertung seiner Währung (ein Rückgang des Inlandspreises für Fremdwährungen) verteuert seine Ausfuhren und verbilligt seine Einfuhren.

Wechselkurse werden auf dem Devisenmarkt festgelegt. Die Hauptteilnehmer auf diesem Markt sind Handelsbanken, internationale Unternehmen, Nichtbanken und nationale Zentralbanken. Handelsbanken stellen den Dreh- und Angelpunkt im Markt dar, weil sie den Transfer von verzinslichen Bankeinlagen, welche den Großteil des Devisenhandels ausmachen, erleichtern. Dieser sogenannte Interbank-Handel ist verantwortlich für die meisten Aktivitäten auf dem Devisenmarkt. In der Tat sind die gewöhnlich in Zeitungen abgedruckten Wechselkurse Interbank-Kurse, das heißt die Kurse, welche die Banken untereinander berechnen. Keine Summe von weniger als einer Million Dollar wird zu diesen Kursen gehandelt. Die Kurse für Unternehmen als Kunden, „Einzelhandels"-Kurse genannt, sind gewöhlich ungünstiger als die „Großhandels"-Interbank-Kurse. Die Differenz zwischen den Einzelhandels- und Großhandelskursen ist die Vergütung der Bank für die Abwicklung des Geschäfts.

Gelegentlich intervenieren Zentralbanken im Devisenmarkt. Während das Volumen der Transaktionen der Zentralbank typischerweise nicht umfangreich ist, können die Auswirkungen solcher Transaktionen erheblich sein. Der Grund

---

[1] „Translate... into comparable terms" läßt sich im Deutschen einfacher gestalten durch „vergleichbar machen".

für diese Auswirkungen besteht darin, daß die Teilnehmer am Devisenmarkt die Maßnahmen der Zentralbank genau auf Hinweise auf zukünftige makroökonomische Politiken, welche die Wechselkurse beeinträchtigen, beobachten. Außer den Zentralbanken können Regierungsstellen sich unter Umständen ebenfalls auf dem Devisenmarkt betätigen, allerdings sind die Zentralbanken die am meisten anzutreffenden offiziellen Marktteilnehmer.

Auch wenn der Devisenhandel an vielen Finanzzentren der Welt stattfindet, verbindet die moderne Telekommunikationstechnologie diese Zentren zu einem einzigen Markt, der 24 Stunden am Tag geöffnet ist. Wirtschaftsnachrichten, die zu irgendeiner Tageszeit veröffentlicht werden, werden sofort in die ganze Welt übermittelt und können einen Schwall von Aktivitäten seitens der Marktteilnehmer auslösen. Als echter Weltmarkt ist die Größe dieses Marktes enorm[2] (von März 1986 bis April 1989 stieg das Tagesvolumen von 200 Millarden Dollar auf 500 Milliarden Dollar an).

---

[2] Die Wiederholung von „dieses Marktes" erscheint aus stilistischen Gründen besser als die Verwendung des Personalpronomens „er".

OT: 25 Foreign Exchange Futures and Options — D: 2

Foreign-exchange transactions take place on the spot: two parties agree to an exchange of bank deposits and execute the deal immediately. Exchange rates governing such "on-the-spot" trading are called spot exchange rates, and the deal is called a spot transaction. The term "spot" is somewhat misleading because even spot exchanges become effective only two days after a deal is struck. The delay is due to the fact that it takes two days for payment instructions (such as checks) to be cleared through the banking system.

Foreign-exchange deals sometimes specify a date in the near future, e.g. two days, 30 days, 90 days, 180 days, or even several years. The exchange rates quoted in such transactions are called forward exchange rates. In a 30-day forward transaction, for example, two parties agree on March 1 to exchange £100,000 for $136,000 on March 31. The 30-day forward exchange rate is thus $1.36 per pound. It is generally different from the spot rate and from the forward rates applied to different value dates. When selling pounds for dollars on a future date at a forward rate agreed on today, we have "sold pounds forward" and "bought dollars forward."

Similarly, when buying a futures contract, we buy a promise that a specific amount of foreign currency will be delivered on a specified date in the future. A forward contract is an alternative way to make sure that one receives the same amount of foreign currency on the date in question. But while we have no choice about fulfilling our end of a forward deal, we can sell a futures contract at an official futures exchange, realizing an immediate profit or loss. Such a sale might appear advantageous, for example, if our expectations about the future spot exchange rate were to change.

A foreign-exchange option gives its owner the right to buy or sell a specified amount of foreign currency at a specified price at any time up to a specified expiration date. The other party to the transaction, the seller of the option, is required to sell or buy the foreign currency at the discretion of the owner of the option, who, himself, is under no obligation to exercise his right.

Options can be written on many underlying assets (including foreign-exchange futures), and, like futures, they are freely bought and sold.

Adapted from Krugman/Obstfeld: International Economics

advantageous, adj.→ **vorteilhaft**; **von Vorteil**

agree on, v.→ **vereinbaren**

apply, v.→ **anwenden**

asset, n.→ **Vermögenswert**

bank deposit, n.→ **Bankguthaben**

be required, v.→ **müssen**

buy ... forward, v.→ **am Terminmarkt kaufen**

check (cheque), n.→ **Scheck**

clear, v.→ **abrechnen**

deal, n.→ **Transaktion**; **Geschäft**

delay, n.→ **Verzögerung**

discretion (at the ~ of), n.→ **Ermessen** (nach dem ~ von)

dollar, n.→ *hier*: **US-Dollar ($)**

due to the fact, phr.→ **zurückgehend auf die Tatsache**; **aufgrund der Tatsache**

effective (become ~), v.→ **wirksam werden**

exchange rate, n.→ **Wechselkurs**

exchange, n.→ **Austausch**

execute, v.→ **ausführen**

exercise (a right), v.→ **(ein Recht) ausüben**; **(von einem Recht) Gebrauch machen**

expectations, n.pl.→ **Erwartungen**

expiration date, n.→ **Ablauffrist**

foreign currency, n.→ **Devisen**

foreign exchange futures, n.pl.→ **Devisen-Termingeschäfte**

foreign exchange option, n.→ **Devisenoption**

foreign exchange transaction, n.→ **Devisentransaktion**; **Devisengeschäft**

forward contract, n.→ **Terminkontrakt**

forward exchange rate, n.→ **Devisenterminkurs**

forward rate, n.→ **Terminkurs**

forward transaction, n.→ **Termingeschäft**

fulfill, v.→ **erfüllen**

futures, n.pl.→ **Terminkontrakte**

futures contract, n.→ **Terminkontrakt**

futures exchange, n.→ **Terminbörse**

govern, v.→ **sich beziehen auf**

immediately, adv.→ **auf der Stelle**

misleading, adj.→ **irreführend**

near future, n.→ **nahe Zukunft**

on-the-spot trading, n.→ Kassahandel

option, n.→ Option

payment instruction, n.→ Zahlungsanweisung

pound, n.→ *hier*: britisches Pfund Sterling (£)

promise, n.→ Versprechen

quote, v.→ angeben

realize, v.→ erzielen

sell ... forward, v.→ am Terminmarkt verkaufen

specific, adj.→ bestimmter

specify, v.→ festlegen

spot exchange rate, n.→ Devisenkassakurs

spot rate, n.→ Kassakurs

spot transaction, n.→ Kassageschäft; Kassa-Transaktion

spot, adj.→ Kassa

strike a deal, v.→ ein Geschäft abschließen

take place on the spot, v.→ „auf der Stelle" stattfinden *(muß hier übersetzt werden mit: „sind Kassageschäfte", d.h. Geschäfte gegen Barzahlung)*

take, v.→ erforderlich sein; brauchen

underlying, adj.→ auf der Grundlage von

ÜT: 25 Devisen-Termingeschäfte und Optionen

Devisentransaktionen sind Kassageschäfte: zwei Parteien vereinbaren den Austausch von Bankguthaben und führen die Transaktion auf der Stelle aus. Wechselkurse, die sich auf solchen „Kassa"-Handel beziehen, werden Devisenkassakurse genannt und das Geschäft selbst wird Kassageschäft genannt. Der Begriff „Kassa" ist leicht irreführend, da selbst Devisenkassatransaktionen erst zwei Tage nach Abschluß des Geschäfts wirksam werden. Die Verzögerung geht auf die Tatsache zurück, daß zwei Tage erforderlich sind, um Zahlungsanweisungen (z.B. Schecks) durch das Banksystem abzurechnen.

Manchmal wird bei Währungsgeschäften ein Datum in der nahen Zukunft festgelegt, z.B. zwei Tage, 30 Tage, 90 Tage, 180 Tage oder sogar mehrere Jahre. Die bei solchen Transaktionen angegebenen Wechselkurse werden Devisenterminkurse genannt. Beispielsweise vereinbaren in einem 30-Tage-

Termingeschäft zwei Parteien, am 1. März £100.000 gegen $136.000 am 31. März zu wechseln. Der 30-Tage-Devisenterminkurs beläuft sich somit auf $1,36 pro £. Er unterscheidet sich im allgemeinen von dem Kassakurs und von dem auf andere Wertstellungstage anwendbaren Terminkurs. Wenn wir zu einem Termin Pfund gegen Dollar zu einem heute vereinbarten Terminkurs verkaufen, haben wir Pfund am „Terminmarkt verkauft" und Dollar am „Terminmarkt gekauft".

In ähnlicher Weise kaufen wir, wenn wir einen Terminkontrakt erwerben, ein Versprechen, daß eine bestimmte Menge Devisen an einem festgelegten Tag in der Zukunft geliefert wird. Ein Terminkontrakt stellt eine Alternative dar, um sicherzustellen, daß man die selbe Menge Devisen an dem infragestehenden Termin erhält. Während wir jedoch bei der Erfüllung unseres Teiles eines Termingeschäfts keine Wahl haben, können wir einen Terminkontrakt an einer offiziellen Terminbörse verkaufen und einen unmittelbaren Gewinn oder Verlust erzielen. Ein solcher Verkauf mag möglicherweise vorteilhaft erscheinen, wenn z.B. unsere Erwartungen hinsichtlich der zukünftigen Kassa- und Devisenkurse sich ändern.

Eine Devisenoption gibt ihrem Eigentümer das Recht, eine festgelegte Menge von Devisen, zu einem festgelegten Preis, zu jedem Zeitpunkt, bis zu einer Ablauffrist, zu erwerben oder zu verkaufen. Die andere Partei der Transaktion, nämlich der Verkäufer der Option, muß die Devisen nach dem Ermessen des Optionsinhabers, der aber selbst in keiner Weise verpflichtet ist, sein Recht auszuüben, verkaufen oder kaufen.

Optionen können auf der Grundlage von vielen Vermögenswerten (einschließlich Devisentermingeschäften) verkauft werden, und sie sind, wie Terminkontrakte, frei erwerbbar und verkäuflich.

OT: 26 Money, Interest Rates, and Exchange Rates — D: 2

Money is held because of its liquidity. When considered in real terms, aggregate money demand is not a demand for a certain number of currency units but, instead, is a demand for a certain amount of purchasing power. Aggregate real money demand depends negatively on the opportunity cost of holding money (measured by the domestic interest rate) and positively on the volume of transactions in the economy (measured by real GNP).

The money market is in equilibrium when the real money supply equals the aggregate real money demand. With the price level and real output given, a rise in the money supply lowers the interest rate and a fall in the money supply raises the interest rate. A rise in real output raises the interest rate, given the price level, while a fall in real output has the opposite effect. By lowering the domestic interest rate, an increase in the money supply causes the domestic currency to depreciate in the foreign-exchange market (even when expectations of future exchange rates do not change). Similarly, a fall in the domestic money supply causes the domestic currency to appreciate against foreign currencies.

An increase in the money supply can cause the exchange rate to exceed its long-run level in the short run. If output is given, a permanent money-supply increase, for example, causes a more-than-proportional short-run depreciation of the currency, followed by an appreciation of the currency to its long-run exchange rate. Exchange-rate overshooting, which increases the volatility of exchange rates, is a direct result of sluggish short-run price-level adjustments and the interest parity condition.

Adapted from Krugman/Obstfeld: International Economics

26: MONEY, INTEREST RATES, AND EXCHANGE RATES

adjustment, n.→ **Angleichung, Anpassung**; Justierung

aggregate demand, n.→ **Gesamtnachfrage**

aggregate, adj.→ **Gesamt-**

appreciate, v.→ **aufwerten**

appreciation, n.→ **Aufwertung**

cause, v.→ **verursachen**

currency unit, n.→ **Währungseinheit**

depreciate, v.→ **abwerten**

depreciation, n.→ **Abwertung**

direct, adj.→ **unmittelbar**

domestic, adj.→ **Inland-**; heimisch; inländisch

equal, v.→ **gleich sein**

equilibrium, n.→ **Gleichgewicht**

exceed, v.→ **überschreiten**

exchange rate, n.→ **Wechselkurs**

fall, n.→ **Rückgang**, Verringerung, Fallen

given, prep.→ **gegeben**

GNP, n.→ **BSP**

gross national product, n.→ **Bruttosozialprodukt**; BSP

increase, n.→ **Erhöhung**; Heraufsetzung

interest rate, n.→ **Zinssatz**

liquidity, n.→ **Liquidität**; Verfügbarkeit

long-run level, n.→ **langfristiges Niveau**

lowering, n..→ **Herabsetzung**

money, n.→ **Geldbestände**; Geldbeträge

opportunity cost, n.→ **Opportunitätskosten**

opposite, adj.→ **gegenteilig**

output, n.→ **Produktion**

overshooting, n.→ **Überziehung**

parity, n.→ **Parität**

permanent, adj.→ **dauerhaft**; permanent

purchasing power, n.→ **Kaufkraft**

raise, v.→ **erhöhen**

rise, n.→ **Erhöhung**; Anstieg; Wachsen

short-run level, n.→ **kurzfristiges Niveau**

sluggish, adj.→ **träge**; lustlos

volatility, n.→ **Schwankung(en)**

ÜT: 26 Geld, Zinssätze und Wechselkurse

Geldbestände werden wegen ihrer Liquidität gehalten. Richtig betrachtet, besteht die Gesamtgeldnachfrage nicht aus der Nachfrage nach einer bestimmten Anzahl von Währungseinheiten, sondern aus der Nachfrage nach einer bestimmten Menge Kaufkraft. Die tatsächliche Gesamtgeldnachfrage hängt in negativer Weise von den für das Halten von Geldbeständen anfallenden Opportunitätskosten (gemessen am inländischen Zinssatz) und in positiver Weise vom Volumen der in der Volkswirtschaft anfallenden Transaktionen (gemessen am realen BSP) ab.

Der Geldmarkt befindet sich im Gleichgewicht, wenn das tatsächliche Geldangebot der tatsächlichen Gesamtgeldnachfrage entspricht. Bei einer gegebenen Preishöhe und tatsächlicher Produktion verringert ein Anstieg des Geldangebotes den Zinssatz, und ein Rückgang des Geldangebotes erhöht den Zinssatz. Bei einem gegebenen Preisniveau erhöht ein tatsächlicher Produktionsanstieg den Zinssatz während ein tatsächlicher Produktionsrückgang die gegenteilige Wirkung zeitigt. Durch die Herabsetzung des inländischen Zinssatzes verursacht die Erhöhung des Geldangebotes eine Abwertung der Inlandswährung auf dem Devisenmarkt (selbst wenn die an zukünftige Wechselkurse geknüpften Erwartungen sich nicht ändern). In ähnlicher Weise verursacht der Rückgang des inländischen Geldangebotes die Abwertung der inländischen Währung gegenüber ausländischen Währungen.

Eine Erhöhung des Geldangebotes kann dazu führen, daß der Wechselkurs kurzfristig sein langfristiges Niveau übersteigt. Bei einer gegebenen Produktion verursacht, zum Beispiel, eine dauerhafte Erhöhung des Geldangebotes eine überproportionale kurzfristige Währungsabwertung, gefolgt von einer zum langfristigen Wechselkurs führenden Aufwertung. Die Wechselkursüberziehung, welche die Kursschwankungen der Wechselkurse erhöht, ist das unmittelbare Ergebnis von trägen kurzfristigen Angleichungen des Preisniveaus und des Paritätszustandes der Zinsen.

OT: 27 Flying in formation — D: 3

The proposed alliance of British Airways and American Airlines purports to help everybody. Customers beware

It is commonplace of industrial economics that regulated industries "capture" their regulators, turning rules designed to protect consumers to their own advantage. For years the champion of this perversity has been agriculture, but on June 11th another industry reasserted its rival claim to the title. British Airways and American Airlines announced plans to create one of the biggest airline operations in the world. At the same time, BA said that if the deal were allowed to go ahead it would drop its opposition to lifting restrictions on foreign airlines operating in Britain. The result, according to the two airlines, would be more competition. Everyone would gain, not just BA and American, but also lots of smaller airlines (thanks to the new "open skies" policy) and customers everywhere (more choice, lower fares).

A benevolent monopolist?

Intense suspicion is the only attitude to bring to proposals (especially public-spirited ones) from industries in which market-rigging is a way of life. BA is so accustomed to the idea that Britain's aviation rules are designed to serve its interests rather than those of consumers that it expects to be thanked for its generosity in consenting to "open skies". Its consent should not be required. If deregulation would promote competition and lead to lower fares—and it would—then the British government should deregulate whether BA likes it or not. It is a scandal that Britain's civil aviation policy—an idiotic network of bilateral aviation treaties, designed years ago—has resisted reform for so long. Britain should adopt an open skies policy at once.

BA's alliance with American could then be judged as it should be, as a separate matter. Given open skies, should the alliance go ahead? Perhaps not; certainly not without strict conditions. Together, the two airlines control roughly 60% of flights between London and many big American cities. With open skies, those proportions would change, but the starting position is dominant. In reply, the airlines say that the proportion of flights from Europe to America supplied by them would be far smaller—less than 30%. This is unconvincing. Few travellers, least of all the business travellers who provide most of the airlines' profits, would regard a flight from London to New York via Paris (or Amsterdam or Frankfurt) as a good substitute for a direct flight. Such alternatives would do little to curb the power of the alliance in the market for flights between Britain and America. If the deal did go ahead, therefore, the airlines should be compelled to surrender routes, in order to give new competitors a good start.

It is unclear how Britain's authorities might block the deal, supposing they decided to do so. America's antitrust law, on the other hand, offers a well-tried instrument, as the would-be partners recognise. But America is so keen to see open skies in Britain that it may allow the alliance in return. That, of course, is what makes the airlines' proposal so shrewd. There is a straightforward response. Let Britain adopt open skies at its own, not BA's initiative; then let America's antitrust authorities examine (and attach conditions to) the proposed alliance. To industry observers, it will seem hopelessly unrealistic to demand such clarity. They may be right—and you could ask for no better measure of just how badly regulators have failed the public.

The Economist

accustomed to, v.→ **gewöhnt an**
adopt, v.→ **einführen**
advantage, n.→ **Nutzen**; Vorteil
airline operations, n.pl.→ **Luftfahrtunternehmen**; Luftfahrtbetrieb
alliance, n.→ **Allianz**
anti-trust law, n.→ **Antitrust-Gesetz**

attitude, n.→ **Haltung**; Einstellung
aviation, n.→ **Luftfahrt**
BA, abbrev.→ **British Airways**
benevolent, adj.→ **wohlmeinend**; gütig; gnädig
beware, v.→ **sich vorsehen**
bilateral, adj.→ **bilateral**; zweiseitig
block, v→ **Einhalt gebieten**

capture, v.→ **einfangen**; fangen
champion, n.→ **Meister**
clarity, n.→ **Klarheit**
commonplace, adj.→ **allseits bekannt**
compel, v.→ **zwingen**
consent, n.→ **Zustimmung**
consent, v.→ **zustimmen**
curb, v.→ **einschränken**; begrenzen
deal, n.→ **Vorhaben**; Geschäft
deregulation, n.→ **Deregulierung**
design, v.→ **entwerfen**
designed, adj.→ **geschaffen**
dominant, adj.→ **ausschlaggebend**
drop, v.→ **aufgeben**; fallen lassen
examine, v.→ **prüfen**
fail, to ~ sb., v.→ **im Stich lassen**
fare, n.→ **Flugtarif**
flight, n.→ **Flug**
gain, v.→ **gewinnen**
generosity, n.→ **Großzügigkeit**
industrial economics, n.→ **Industrieökonomie**
judge, v.→ **urteilen**; verurteilen; beurteilen
keen, to be ~, v.→ **bedacht sein auf**
least of all, adv.→ **am wenigsten**
lift, v.→ **aufheben**

lots of, → **viel**; viele
market-rigging, n.→ **Marktmanipulation**; Markt manipulieren
measure, n.→ **Maßstäbe**
perversity, n.→ **Perversität**
promote, v.→ **fördern**
proposal, n.→ **Vorschlag**
propose, v.→ **vorschlagen**
protect, v.→ **schützen**; hier: „zum Schutz..."
provide for, v.→ **sorgen für**
public, n.→ **Öffentlichkeit**
public-spirited, adj.→ **öffentlichen Geist atmend**
purport, v.→ **vorgeben**
re-assert claim, v→ **Anspruch erheben auf**
recognise, v.→ **anerkennen**
regard as, v.→ **ansehen als**
regulate, v.→ **regulieren**
regulator, n.→ **diejenigen, die regulieren**; Regulierende
reply, n.→ **Entgegnung**; Antwort
require, v.→ **erforderlich sein**; erfordern
resist, v.→ **sich sträuben**; Widerstand leisten; dagegen sein
route, n.→ **Route**
serve, v.→ **dienen**; bedienen
shrewd, adj.→ **raffiniert**
starting position, n.→ **Ausgangsposition**

straight-forward, adj.→ **klar**

substitute, n→ **Ersatz**

supply, v.→ **besorgen**

supposing, conj.→ **vorausgesetzt**

surrender, v.→ **aufgeben**

suspicion, n.→ **Argwohn**; **Verdacht**

title, n.→ **Titel**

treaty, n.→ **Vertrag**

turn, v.→ **verdrehen**; **umdrehen**; *hier*: „zum eigenen Nutzen gebrauchen"

unconvincing, adj.→ **nicht überzeugend**

via, prep.→ **über**

well-tried, adj.→ **wohlerprobt**

would-be..., adj.→ **zukünftig**; **Möchtegern-**

ÜT: 27 Formationsflug

Die vorgeschlagene Allianz von British Airways und American Airlines gibt vor, jedem zu helfen. Kunden sollten sich vorsehen.

Es ist allseits in der Industrieökonomie bekannt, daß regulierte Unternehmen diejenigen, die sie regulieren „einfangen", indem sie die zum Schutz des Verbrauchers geschaffenen Regeln zu ihrem eigenen Nutzen anwenden. Lange Jahre ist die Landwirtschaft der Meister dieser Perversität gewesen, am 11. Juni erhob aber eine andere Branche als Rivalin Anspruch auf diesen Titel. British Airways und American Airlines kündigten Pläne an, eines der größten Luftfahrtunternehmen der Welt zu gründen. Zur gleichen Zeit erklärte BA, daß, falls man das Vorhaben genehmigen würde, man den Widerstand gegen die Aufhebung der den ausländischen Fluggesellschaften in Großbritannien auferlegten Beschränkungen aufgeben werde. Nach Aussage der beiden Fluggesellschaften würde das zu mehr Wettbewerb führen. Alle würden gewinnen, nicht nur BA und American, sondern auch viele kleinere Fluggesellschaften (dank der neuen Politik der „offenen Himmel") und Kunden überall (größere Wahl, niedrigere Flugtarife).

Ein wohlmeinender Monopolist?

Äußerster Argwohn ist die einzige Haltung, die man Vorschlägen (ganz besonders solchen, die öffentlichen Geist atmen) von Branchen entgegen bringen sollte, in denen Marktmanipulationen eine Lebensphilosophie sind. BA hat sich so an den Gedanken gewöhnt, daß die Luftfahrtregeln in Großbritannien so geschaffen sind, daß sie eher seinen Interessen dienen, als denen der Verbraucher, daß das Unternehmen erwartet, daß man ihm für seine Großzügigkeit in Gestalt der Zustimmung zu den „offenen Himmeln" dankt. Diese Zustimmung (durch BA) sollte (überhaupt) nicht erforderlich sein. Wenn die Deregulierung den Wettbewerb fördern und zu niedrigeren Flugtarifen führen würde — und das wäre der Fall — dann sollte die britische Regierung deregulieren, ganz gleich ob das BA gefällt oder nicht. Es ist ein Skandal, daß die britische Luftfahrtpolitik — ein vor Jahrzehnten entworfenes idiotisches Netzwerk bilateraler Luftfahrtverträge — sich so lange gegen Reformen gesträubt hat. Großbritannien sollte unverzüglich eine Politik der „offenen Himmel" einführen.

Die Allianz von BA und American könnte dann, wie es sein sollte, als separate Angelegenheit beurteilt werden. Sollte im Falle der offenen Himmel die Allianz fortgesetzt werden? Vielleicht nicht; mit Sicherheit nicht ohne strenge Bedingungen. Zusammen würden die beiden Fluggesellschaften grob genommen 60 % der Flüge zwischen Großbritannien und Amerika und noch größere Anteile an den Flügen zwischen London und vielen amerikanischen Großstädten kontrollieren. Bei offenen Himmeln würden sich diese Verhältnisse ändern, allerdings ist die Ausgangsposition ausschlaggebend. Als Entgegnung erklären die Fluggesellschaften, daß der durch sie besorgte Anteil an den Flügen zwischen Europa und Amerika gering sein würde — weniger als 30 %. Das überzeugt nicht. Wenige Fluggäste, am wenigsten all die Geschäftsreisenden, die für den größten Teil des Gewinns der Fluggesellschaften sorgen, würden einen Flug von London nach New York über Paris (oder Amsterdam oder Frankfurt) als einen guten Ersatz für einen Direktflug ansehen. Solche Alternativen würden nur wenig dazu beitragen, die Macht der Allianz im Markt für Flüge zwischen Großbritannien und Amerika einzuschränken. Wenn daher die Sache tatsächlich weitergeht, wären die Fluggesellschaften gezwungen, Routen aufzugeben, um neuen Wettbewerbern einen guten Start zu ermöglichen.

Es ist unklar, wie die britischen Behörden der Sache Einhalt gebieten könnten, vorausgesetzt, daß sie sich dazu entschließen. Andererseits bieten, wie die zukünftigen Partner anerkennen, die Antitrust-Gesetze Amerikas ein wohlerprobtes Instrument. Amerika ist aber so darauf bedacht, in Großbritannien offene Himmel zu sehen, daß es gern als Gegengabe die Allianz zulassen wird. Und das ist es, was den Vorschlag der Luftfahrtgesellschaften so raffiniert macht. Es gibt (jedoch) eine klare Antwort. Man lasse Großbritannien selbst seine eigenen offenen Himmel einführen und nicht auf die Initiative von BA hin. Sodann lasse man Amerikas Antitrust-Behörden die vorgeschlagene Allianz prüfen (und Bedingungen hinzufügen). Für Branchenbeobachter erscheint es hoffnungslos unrealistisch, derartige Klarheit zu verlangen. Sie haben möglicherweise recht — und dann könnte man sich keinen besseren Maßstab dafür wünschen, wie sehr die Regulierenden die Öffentlichkeit im Stich gelassen haben.

OT: 28 Ladenschluß: Bundesrat kann Beschluß kippen   D: 1

dpa Hamburg—Die neuen Ladenschlußzeiten sind noch nicht unter Dach und Fach. Der Sprecher der rot-grünen Regierung Sachsen-Anhalts, Hans Jürgen Fink, sagte gestern in Magdeburg, sein Land werde im Bundesrat Einspruch gegen den knappen Beschluß des Bundestags einlegen. Der SPD-dominierte Bundesrat kann den Beschluß kippen und eine neue Abstimmung im Parlament erzwingen. Dann wäre die „Kanzlermehrheit" von 337 Stimmen nötig—zehn mehr als am Freitag für das Gesetz stimmten.

Nach der Entscheidung des Bundestags dürften vom 1. November an Geschäfte werktags bis 20.00 Uhr und samstags bis 16.00 Uhr öffnen. Bäcker sollten auch sonntags Brötchen verkaufen. Der Bundesrat könnte sich bei seiner letzten Sitzung vor den Ferien am 5. Juli mit dem Thema befassen.

Der parlamentarische Geschäftsführer der Bonner SPD-Fraktion, Peter Struck, bekräftigte in der „Welt am Sonntag", die SPD wolle ihre Mehrheit in der Länderkammer nutzen, damit der Beschluß „niemals Gesetz wird".

Der Wirtschaftsminister der SPD/FDP-Regierung von Rheinland-Pfalz, Rainer Brüderle (FDP), kündigte dagegen im Kölner „Express" an, sein Land werde zustimmen. Hessen lehnt die Lockerung der Öffnungszeiten (sic?) ab, Brandenburg ebenfalls. Ablehnend äußerte sich am Wochenende auch Baden-Württembergs Regierungschef Erwin Teufel (CDU). Die Verlängerung der Öffnungszeiten belaste Betriebsinhaber und ihre Familien.

Die Welt

---

ablehnen, v.→ **reject**

ablehnend äußern (sich ~), v.→ **express one's rejection**

Abstimmung, n.→ **vote**

ankündigen, v.→ **announce**

Bäcker, n.→ **baker**

befassen (sich ~ mit), v.→ **debate**; discuss

bekräftigen, v.→ **corroborate**; confirm

belasten, v.→ **constitute a burden**; be a burden

Beschluß, n.→ **decision**; **resolution**

Beschluß, n.→ **resolution**

Betriebsinhaber, n.→ **store owner**

Brötchen, n.pl.→ **rolls**

Bundesrat, n.→ **Bundesrat** *(wird als Eigenname nicht übersetzt, kann aber in Klammern, wie bereits im Text, erklärt werden als „Upper House of the German Federal Parliament")*

Bundestag, n.→ **Bundestag** *(wird als Eigenname nicht übersetzt, kann aber in Klammern, wie bereits im Text, erklärt werden als „Lower House of the German Federal Parliament")*

Dach und Fach (unter ~ sein), phr.→ *(da hier figürlich und idiomatisch, im Englischen nicht reproduzierbar:)* **put into law**; make into law

dagegen, conj.→ **however**

damit, conj.→ **so that**

dürfen, v.→ **may**; be allowed to

ebenfalls, adv.→ **so does**; this is the case also...

Einspruch einlegen, v.→ **veto**

Entscheidung, n.→ **resolution**; decision

erzwingen, v.→ **force**

Ferien, n.→ **holiday**(s)

Fraktion, n.→ **faction**

Geschäft, n.→ **store**

Geschäftsführer, n.→ **manager**

Gesetz werden, v.→ **make into law**

Hessen, n.→ **Hesse**

Kanzlermehrheit, n.→ **chancellor's majority**

kippen (Beschluß ~), v.→ **overturn** (resolution)

knapp, adj.→ **tight**

Ladenschlußzeiten, n.pl.→ **closing hours**

Land, n.→ **state**

Länderkammer, n.→ **states chamber** *(Man könnte auch "Bundesrat" verwenden; es handelt sich um das zweite Haus des deutschen Parlaments; entspricht etwa dem amerikanischen Senat)*

Lockerung, n.→ **loosening**

Mehrheit, n.→ **majority**

nach, prep.→ **according to**

nutzen, v.→ **make use of**

öffnen, v.→ **stay open**

Öffnungszeiten, n.→ **opening hours**

parlamentarisch, adj.→ **parliamentary**

Regierungschef, n.→ **head of state**

Rheinland-Pfalz, n.→ **Rhineland-Palatinate**

rot-grün, adj.→ **red-green** *(hier politisch)*

Sachsen-Anhalt, n.→ **Saxony-Anhalt**

samstags, adv.→ **on Saturdays**

sonntags, adv.→ **on Sundays**

Sprecher, n.→ **speaker**

Stimme, n.→ **vote**

stimmen für, v.→ **cast a vote for**

Verlängerung, n.→ **extension**

werktags, adv.→ **workdays**

Wirtschaftsminister, n.→ **minister of economics**; AE: **secretary of economics**

zustimmen, v.→ **agree to**

ÜT: 28 Closing Hours: Bundesrat May Overturn Decision

dpa Hamburg—The new closing hours have not yet been put into law. The Speaker of the Red/Green government of the State of Saxony-Anhalt, Hans Jürgen Fink, said yesterday that his state would veto the resolution of the Bundestag (Lower House of the German Federal Parliament). The SPD-dominated Bundesrat (Upper House of the German Federal Parliament) may overturn the resolution and force a new vote in parliament. This would require the "chancellor's majority" of 337 votes—ten more than cast in favor of the bill on Friday.

According to the Bundestag resolution, stores may stay open until 8:00 pm on workdays and until 4:00 pm on Saturdays, effective on November 1. Bakers will also be allowed to sell rolls on Sundays. The Bundesrat might debate the matter during its last session prior to the holiday period on July 5.

Peter Struck, Parliamentary Manager of the Bonn SPD faction corroborated in *Welt am Sonntag* that the SPD would utilize its majority in the states chamber so that the resolution "will never be made into law".

The Minister of Economics of the SPD/FDP government of Rhineland-Palatinate, Rainer Brüderle (FDP), however, announced in the Cologne *Express* that his state would agree to the decision. Hesse rejects the loosening of the opening hours; so does Brandenburg. This weekend the head of state of Baden-Württemberg, Erwin Teufel, expressed his rejection. The extension of the opening hours, he said, would constitute a burden on store owners and their families.

OT: 29 Autolatina: Scheidung mit Problemen   D: 2

„Fabriken lassen sich leicht verteilen — aber Mitarbeiter nicht", sagt Pierre-Alain de Smedt, Präsident von Volkswagen do Brasil und Nachlaßverwalter der Autolatina, des größten Joint Ventures der Automobilgeschichte. „Die Trennung ist nicht einfach." Mitte 1994 entschlossen sich VW und Ford, ihre strategische Partnerschaft in Brasilien und Argentinien aufzulösen — doch bis heute bereitet diese Trennung Probleme. Wer soll wem der 54 000 Mitarbeiter künftig das Gehalt bezahlen? Wie sind zahlreiche Fabriken in einem Gebiet von der Größe Europas zu verteilen? Was soll mit dem Umsatz von zuletzt zwölf Milliarden Mark geschehen? „Das ist wie die Scheidung einer Ehe mit Dutzenden von Kindern", klagt ein beteiligter Manager. So werden bis heute noch Lastwagen der Marke Volkswagen in den Fabriken von Ford gefertigt. Abrechnen läßt sich das nur mittels komplizierter doppelter Buchführung.

Dennoch zweifelt niemand daran, daß die Trennung richtig war. Das Joint Venture, bei dem Volkswagen einen Mehrheitsanteil von 51 Prozent hielt, entpuppte sich als Klotz am Bein. Beinahe hätten die Autobauer deshalb den Boom auf dem sechstgrößten Automarkt der Welt verpaßt. „Bei Autolatina war es schwer, Entscheidungen durchzusetzen", sagt Bernd Wiedemann, ehemals zweiter Mann der Autolatina und heute im VW-Vorstand in Wolfsburg für Nutzfahrzeuge zuständig, „wir haben niemals das Optimum erreicht."

Die Probleme begannen zu Beginn der neunziger Jahre. In Südamerika kooperierten zwei Konzerne, die in anderen Teilen der Welt hart konkurrierten. Durch die gegenseitige Lähmung verloren die Partner immer mehr Marktanteile. Bei der Gründung 1987 besaßen die Firmen des deutsch-amerikanischen Joint Ventures in Brasilien noch mehr als 60 Prozent Marktanteil, sechs Jahre später war er auf 45 Prozent geschrumpft. Gerade mal drei neue Autos lancierte Autolatina bis 1990 — alles Modelle, die in Europa und Amerika schon am Auslaufen waren. Schließlich wurde Brasilien mit Senkung der Einfuhrzölle zu einem der wichtigsten strategischen Märkte der internationalen Autokonzerne, und das Ende des Joint Venture war eingeläutet.

„Wir brauchen heute Weltprodukte — und die zeigt man seinen Konkurrenten nicht gerne vorher" sagt de Smedt.

Trotz aller Folgeprobleme sehen die Mutterhäuser ihr Joint Venture nicht als gescheitert an. Während der acht Jahre ihres Bestehens überwiesen die Partnerkonzerne aus Südamerika meist „beträchtliche Gewinne", lautet die Bilanz de Smedts. Mit der Produktion auf gemeinsamen Plattformen unter dem Dach der Autolatina kamen Ford und VW bei minimalen Investitionen profitabel durch die schwierigen achtziger Jahre.

Wirtschaftswoche

---

abrechnen, v.→ **account**

am Auslaufen sein, v→ **to run out**; running out; being phased out

ansehen als, v.→ **consider as**; look at as; regard as

Anteil halten, v.→ **hold participation**, hold share, hold an interest in

Argentinien, n.→ **Argentina**

auflösen, v.→ **dissolve**

Autobauer, n.→ **auto maker**; auto manufacturer; car producer

Automarkt, n.→ **auto(mobile) market**; car market

Automobilgeschichte, n.→ **automobile history**; history of the automobile; automotive history

beginnen, v.→ **begin**; start; commence

beinahe, adv.→ **almost**

bereiten, v.→ **create**; produce

besitzen, v.→ **hold**; possess

Bestehen; n.→ **existence**

beteiligt, adj.→ **concerned**; affected; involved

beträchtlich, adj.→ **considerable**; substantial; big; large; important

Bilanz, n.→ **balance sheet**

bis heute, adv.→ **until today**; until now; until this date

Boom, n.→ **boom**

Brasilien, n.→ **Brazil**

brauchen, v.→ **need** *(Vorsicht: gebrauchen (umgangssprachlich oft auch „brauchen") = „use", „make use of" im Sinne von „verwenden")*

Dach, n.→ **roof**

deshalb, adv.→ **that is why**

deutsch-amerikanisch, adj.→ **German-American**

doppelte Buchführung, n.→ double (entry) bookkeeping

durchkommen, v.→ get through; manage

durchsetzen, v.→ enforce; push through

Dutzend, n.→ dozen

Ehe, n.→ marriage

ehemals, adv.→ formerly

einfach, adj.→ easy; simply; straight-forward

Einfuhrzoll, n.→ import duty; import tariff; import tax

einläuten, v.→ ring in; announce

entpuppen als, sich, v.→ turn out to be

erreichen, v.→ reach; achieve

Europa, n.→ Europe

Fabrik, n.→ factory; plant; industry

fertigen, v.→ manufacture; make; produce

Firma, n.→ firm; company; enterprise; concern

Folgeprobleme, n.→ aftereffect; problems to follow

Gebiet, n.→ area; region

gegenseitig, adj.→ mutual

Gehalt, n.→ salary; wage; remmuneration

gemeinsam, adj.→ joint

gerade mal, adj.→ merely; a more...; only *(der zunehmend im Deutschen auftretende umgangssprachliche Ausdruck läßt sich nur schwer ins Englische übertragen)*

groß, adj.→ big; large; important

Größe, n.→ size

Gründung, n.→ foundation; founding

heute, adv.→ now; nowadays; at this time; today

immer mehr, adv.→ increasingly; more and more

Investition, n.→ investment

Joint Venture, n.→ joint venture

Kind, n.→ child

klagen, v.→ complain; *(vor Gericht)* sue

Klotz am Bein, phr.→ an albatross around one's neck

kompliziert, adj.→ complicated; complex; intricate

Konkurrent, n.→ competitior

konkurrieren, v.→ compete

Konzern, n.→ concern

kooperieren, v.→ cooperate; work together

künftig, adj./adv.→ future; in the future

Lähmung, n.→ paralysis

lancieren; v.→ launch

Lastwagen, n.→ truck *(AE)*; lorry *(BE)*

lauten, v.→ read

leicht, adj.→ easy

Marke, n.→ **brand**; make

Marktanteil, n.→ **market share**

mehr als, adv.→ **over**; more than

Mehrheitsanteil, n.→ **majority participation**; ~ share; ~ interest

meist, adv.→ **mostly**; most of the time

Milliarde, n.→ **billion** *(US)*; 1 000 million *(Brit.)*

minimal, adj.→ **minimal**

Mitarbeiter, n.→ **employee**; worker

Mitte..., adv.→ **mid...**; in the middle

mittels, prep.→ **by means of**

Modell, n.→ **model**

Mutterhaus, n.→ **parent company**

Nachlaßverwalter, n.→ **executor**

neunziger Jahre, adv.→ **nineties**

nicht gerne (tun), v.→ **not want to (do)**

niemand, pron.→ **nobody**; no-one

Nutzfahrzeug, n.→ **utility vehicle**

Optimum, n.→ **optimum**

Partnerkonzern, n.→ **partner concern**

Partnerschaft, n.→ **partnership**

Plattform, n.→ **platform**

Problem, n.→ **problem**; difficulty

Produktion, n.→ **production**; output *(=Produktionsergebnis)*

profitabel, adj., adv.→ **profitable**; profitably

richtig, adj.→ **right**; correct

Scheidung, n.→ **divorce**

Scheitern, n.→ **failure** *(im Gegensatz zu ,,success")*

scheitern, v.→ **fail**

schließlich, adv.→ **finally**; in the end; at last

schrumpfen, v.→ **shrink**

schwer sein, adj.→ **difficult**

sechstgrößter, adj.→ **sixth-largest**; sixth-biggest

Senkung, n.→ **reduction**

sich entschließen, v.→ **decide**; resolve

Südamerika, n.→ **South America**; Latin America

Trennung, n.→ **separation**; division; severance

überweisen, v.→ **transfer**

Umsatz, n.→ **turnover**; sales; receipt

verlieren, v.→ **lose**

verteilen, v.→ **distribute**

vorher, adv.→ **ahead of time**; before; earlier

Vorstand, n.→ **board**; board of directors

während, conj.→ **during**; while

was soll geschehen, phr.→ **what is to become of**; what should happen with

Weltprodukt, n.→ **global product** *(hier bietet sich im Zeitalter der „Globalisierung" eher das Adjektiv „global" als „world" — world product — an)*

wichtig, adj.→ **important**

zahlreich, adj.→ **numerous**; many

zeigen, v.→ **show**

zuletzt, adv.→ **last**

zuständig für, adj.→ **responsible for**; in charge of

zweifeln an, v.→ **doubt**; to have doubts

ÜT: 29 Autolatina: Problematic Divorce

"Factories can be distributed easily—not so employees", says Pierre-Alain de Smedt, President of Volkswagen do Brasil and executor of Autolatina, the biggest joint venture ever in automobile history. "The separation is not easy." In mid-1994 VW and Ford decided to dissolve their strategic partnership in Brazil and Argentina, yet, until this date, the separation has been creating problems. Who is going to pay the future salaries and wages to whom of the 54,000 employees? How are the numerous plants in an area the size of Europe to be distributed? What will be done with the last sales of twelve billion German marks? "This is like the divorce of a marriage with dozens of children", complains one of the managers concerned. Thus, until today, trucks of the Volkswagen brand are being manufactured by Ford in the factories. The accounting for this can be done only by means of complicated double-entry bookkeeping.

Yet, nobody doubts that the separation was right. The joint venture in which Volkswagen held a majority of 51 per cent turned out to be an albatross around everybody's neck. That is why the automakers would have almost missed the boom in the world's sixth-largest automobile market. "At Autolatina it was difficult to enforce decisions", says Bernd Wiedemann, formerly second-in-command at Autolatina and now on the VW board at Wolfsburg, "we never reached the optimum."

The problems began at the beginning of the nineties. Concerns which competed bitterly in other parts of the world cooperated in South America. Due to the mutual paralysis, the partners increasingly lost market shares. At the founding in 1987, the firms of the German-American joint venture in Brazil still had a market share of over 60 per cent; six years later this market share had shrunk to 45 per cent. Merely three new cars were launched by Autolatina until 1990—all of them models already being phased out in Europe and America. Finally, with the reduction of import duties, Brazil became one of the international automobile concerns' most important strategic markets, a fact which rang in the end of the joint venture. "Nowadays we need global products—and one certainly does not want to show these to the competitors ahead of time", de Smedt says.

Despite all the problems that were to follow, the parent companies do not consider their joint venture a failure. During the eight years of its existence the partner concerns in most cases transferred "considerable profits", according to de Smedt's assessment. Producing on joint platforms under the roof of Autolatina, Ford and VW profitably got through the difficult eighties.

OT: 30 Gewaltige Papierberge D: 3

Berater sollen Kunden über jedes nur erdenkliche Risiko aufklären.

Der junge Wertpapierberater schwärmt von einer neuen Anleihe: „Die bringt mehr als zwölf Prozent." Doch sein Kunde ist skeptisch. „Und mein Geld ist wirklich sicher?" Kleinlaut gibt der Berater zu, daß die Anleihe in slowakischen Kronen notiert und deshalb ein Währungsrisiko besteht, das die Rendite schnell auffressen kann.

Eine solche Beratung kann der Bank bald zum Verhängnis werden. Denn mit einer Richtlinie will das Bundesaufsichtsamt für den Wertpapierhandel (BAWe) den Banken genau vorschreiben, über welche Risiken sie ihre Kunden aufklären müssen — ohne daß die Kunden nachfragen. Nur Banken, die schriftliche Dokumente darüber vorlegen, daß sie ausreichend beraten haben, können sich in Zukunft vor Schadenersatzforderungen wegen Fehlberatung schützen.

Nach dem Entwurf des Amtes müssen die Berater auf Konjunktur- und Inflationsrisiken, auf Währungs- und Liquiditätsrisiken sowie bei Auslandsanlagen auf das Transferrisiko hinweisen. Rentensparer sollen nicht nur über den Betrag der Anleihe, sondern auch über die Bonität des Ausstellers, das Kurs-, Zins- und Liquiditätsrisiko sowie über die Gefahren bei Kündigung und Rückzahlungsmodalitäten informiert werden.

„Ein Herunterbeten der Gefahren", glaubt die Hamburger Verbraucherschützerin Hjördis Christiansen, „bringt dem unerfahrenen Kunden gar nichts." Die Anleger könnten abzeichnen und einen Stoß ungelesenen Papiers mit nach Hause nehmen. Dies ist nicht die einzige Ungereimtheit, die der Entwurf, der Ende Oktober in einer öffentlichen Anhörung beraten werden soll, enthält. Während die Anleihekäufer über sieben Risiken informiert werden müssen, haben es Aktiensparer laut BAWe-Regeln nur mit drei besonderen Gefahren zu tun — dem Risiko von Kursschwankungen, der Bonität des Unternehmens und möglichen Liquiditätsengpässen an der Börse.

„Da entsteht ein falsches Bild der Risikostruktur", befürchtet der Frankfurter Rechtsanwalt Sven Zeller. Die gutgemeinten Warnungen könnten schnell ins Gegenteil umschlagen. Am Ende ist der sicherheitsorientierte Anleger von der Vielzahl der Gefahrenhinweise bei Rentenpapieren verwirrt und entscheidet sich für die risikoreichere Aktienanlage.

Wirtschaftswoche

---

abzeichnen, v.→ **sign**; initial

Aktienanlage, n.→ **share investment**

Aktiensparer, n.→ **share saver**

am Ende, adv.→ **in the end**; finally; at last

Amt, n.→ **office**; agency

Anleihe, n.→ **investment**; bond issue; loan

Anleihekäufer, n.→ **investment buyer**

auffressen, v.→ **eat up**

aufklären, v.→ **inform**; clarify; explain

Auslandsanlagen, n.→ **investment abroad**

ausreichend, adj.→ **adequate**; sufficient

Aussteller, n.→ **issuer**

BAWe, abr.→ vgl. **Bundesaufsichtsamt für den Wertpapierhandel** *(bleibt unübersetzt)*

befürchten, v.→ **fear**

beraten, v.→ **discuss**; debate

Beratung, n.→ **counseling**

besondere Gefahr, n.→ **special danger**

Betrag, n.→ **sum**; amount

Bild, n.→ **picture**

Bonität, n.→ **creditworthiness**; financial standing

Börse, n.→ **stock exchange**

bringen (erbringen), v.→ **yield**

Bundesaufsichtsamt für den Wertpapierhandel, n.→ **Federal Supervisory Office for Securities Trading** *(der Terminus bleibt als Eigenname unübersetzt; ggf. Übersetzung in Klammern setzen)*

einzig, adj.→ **only**; sole

enthalten, v.→ **contain**

entscheiden für (sich ~), v.→ **decide**

entstehen, v.→ **come about**

Entwurf, n.→ **draft**; plan

etwas bringen, v.→ **yield**

Fehlberatung, n.→ **miscounseling**

gar nichts, pron.→ **nothing at all**

Gefahr, n.→ **danger**; risk; threat

Gefahrenhinweise, n.→ **hints at dangers**; danger signs

Gegenteil, n.→ **opposite**; contrary

genau, adj.→ **precise**; exact

glauben, v.→ **believe**

gutgemeint, adj.→ **well-meant**

herunterbeten, v.→ **mechanical recitation**

hinweisen auf, v.→ **point to**; emphasize

Inflationsrisiko, n.→ **inflation risk**

kleinlaut, adj.→ **meek**; subdued

Konjunkturrisiko, n.→ **risk of business cycle**; business cycle risk; cyclical risk; economic activity risk

Krone, n.→ **koruna**

Kündigung, n.→ **cancellation**; termination

Kursrisiko, n.→ **exchange rate risk**

Kursschwankung, n.→ **fluctuation in quotation**; price fluctuation

Liquiditätsengpass, n.→ **liquidity squeeze**

Liquiditätsrisiko, n.→ **liquidity risk**; cash risk

mit nach Hause nehmen, phr.→ **take home**

nachfragen, v.→ **ask to do so**

notieren, v.→ **list**; quote

öffentliche Anhörung, n.→ **public hearing**

Rechtsanwalt, n.→ **lawyer**; solicitor

Rendite, n.→ **return on investment**; yield

Rentenpapiere, n.pl.→ **bonds**; fixed-interest securities

Rentensparer, n.→ **bond saver**

Richtlinie, n.→ **guideline**

risikoreicher, adj.→ **riskier**

Risikostruktur, n.→ **risk structure**; structure of risks

Rückzahlungsmodalitäten, n.pl.→ **terms of repayment**

Schadensersatzforderung, n.→ **claim for damages**

schützen vor, v.→ **protect against**

schwärmen von, v.→ **be enthusiastic about**

sicher, adj.→ **safe**; secure

sicherheitsorientiert, adj.→ **safety-oriented**

skeptisch, adj.→ **skeptic(al)**; sceptic(al)

slowakisch, adj.→ **Slovak**

Stoß, n.→ **stack**

Transferrisiko, n.→ **transfer risk**

umschlagen in, v.→ **turn into**

unerfahren, adj.→ **inexperienced**; unexperienced

ungelesen, adj.→ **unread**

Ungereimtheit, n.→ **oddity**

Verbraucherschutz, n.→ **consumer protection**

Verbraucherschützer(in), n.→ **consumer protectionist**

Verhängnis (zum ~ werden), n.→ **ruin** (lead to ~)

verwirrt sein, v.→ **be confused**

Vielzahl, n.→ **multitude**

vorlegen, v.→ **present**; produce; submit

vorschreiben, v.→ **prescribe**

Währungsrisiko, n.→ **currency risk**

Wertpapierberater, n.→ **investment counselor**; securities advisor

Zinsrisiko, n.→ **interest risk**

zu tun haben mit, v.→ **be confronted with**; face; cope with; deal with; be concerned with

zugeben, v.→ **admit**

ÜT: 30 Gigantic Paper Mountains

Counselors to inform customers of all imaginable risks

The young investment counselor is enthusiastic about a new investment: "This one will yield more than 12 percent." Yet, his customer is skeptic. "And my money will be really safe?" Meekly, the counselor admits that the investment is listed in Slovakian korunas and that there is a currency risk which may quickly eat up the return on investment.

Such counseling may rapidly ruin the bank. For, by means of a guideline, the Bundesaufsichtsamt für den Wertpapierhandel (BAWe) (Federal Supervisory Office for Securities Trading) intends to prescribe precisely to the banks which risks they will have to inform their customers of without being asked to do so by the customers. Only banks which present written documents [to the effect] that they have provided adequate counseling, may protect themselves against claims for damages due to miscounseling in the future.

According to the draft of the office, the counselors will have to point to risks of the business cycle and of inflation, currency and liquidity risks as well as the transfer risk in the case of investments abroad. Bond savers should be informed not only of the sum of the investment but also of the issuer's creditworthiness, of the exchange rate, interest and liquidity risks[1] as well as of the dangers in the case of cancellation and of the terms of repayment.

"A mechanical recitation of the dangers", consumer protectionist Hjördis Christiansen believes, "will yield nothing at all for the inexperienced customer." Investors might simply sign the documents and take a stack of unread paper home. This is not the only oddity contained in the draft to be discussed in a public hearing at the end of October. While the investment buyers will have to be informed of seven risks, share savers, according to the BAWe rules are confronted with only three special dangers—risks of fluctuations in quotations, the creditworthiness of the enterprise, and possible liquidity squeezes at the stock exchange.

"This makes for a false picture of the risk structure", Frankfurt lawyer Sven Zeller fears. The well-meant warnings could quickly turn into the opposite. In the end, the safety-oriented investor may be so confused by the multitude of hints at dangers of bonds and may decide for the riskier share investment.

---

[1] Da drei Risiken im Satz genannt werden, muß strikt nach der englischen Grammatik „risk" im Plural stehen.

OT: 31 Kredit aus dem Automaten   D: 2

Amerikanische Banken bieten ihren Kunden die ersten Kreditautomaten an — sogenannte Automated Loan Machines: Wer in New York oder New Orleans einen Kleinkredit für den Möbelkauf braucht, muß nun nicht mehr den mühsamen Weg in seine Filiale zum Kreditsachbearbeiter einschlagen. Auch die oft recht teuren Konsumentenkredite der Kaufhäuser können kaufwütige Amerikaner nun getrost links liegenlassen. Nach Eingabe der Personalausweis-[2] und Sozialversicherungsnummer überprüft die Loan Machine den persönlichen Kreditrahmen des Antragstellers. Danach fehlt nur noch die Unterschrift, die elektronisch auf einer drucksensitiven Schreibunterlage geleistet wird, und schon spuckt das Gerät die gewünschte Summe aus.

Vor mehr als 60 Bankfilialen und Supermärkten in den USA stehen inzwischen die von der Affinity Technology Group of Columbia entwickelten Automaten. Maximal wird ein Kredit von umgerechnet rund 15 000 Mark gewährt. Die Zinsen sind mit weniger als zehn Prozent wesentlich günstiger als der Kauf mit Kreditkarte. Wer bei seiner Kreditkartengesellschaft Ratenzahlungen wünscht, wird mit rund 17 Prozent zur Kasse gebeten.

Die Welt

---

anbieten, v.→ **offer**

Antragsteller, n.→ **applicant**

ausspucken, v.→ **spit out**; eject

Automat, n.→ **automated teller**

Bankfiliale, n.→ **branch** (of a bank)

---

[2] Anmerkung: In den USA gibt es, im Gegensatz zu Deutschland, keine Personalausweise; als Ersatzausweis verwenden viele Amerikaner ihren kreditkartengroßen Führerschein.

31: KREDIT AUS DEM AUTOMATEN

brauchen, v.→ **need**; require

drucksensitiv, adj.→ **pressure-sensitive**

Eingabe, n.→ **input**; entering (of data)

elektronisch, adv.→ **electronically**

entwickeln, v.→ **develop**

fehlen, v.→ **to be missing**

Filiale, n.→ **branch** (office)

Gerät, n.→ **machine**; device; apparatus

getrost, adj.→ **safely**

gewähren, v.→ **grant**; allow

gewünscht, adj.→ **desired**

günstig, adv.→ **favorable**; advantageous

inzwischen, adv.→ **meanwhile**

Kauf, n.→ **purchase**; buy

Kaufhaus, n.→ **department store**

kaufwütig, adj.→ **on a buying spree**

Kleinkredit, n.→ **small loan**

Konsumentenkredit, n.→ **consumer credit**

Kreditautomat, n.→ **automated loan machine**; automatic credit machine; automated credit machine

Kreditbearbeiter, n.→ **credit consultant**; loan officer

Kreditkarte, n.→ **credit card**

Kreditkartengesellschaft, n.→ **credit-card company**

Kreditrahmen, n.→ **credit line**

Kunde, n.→ **customer**

links liegen lassen, v.→ **ignore**; disregard; not pay attention to

maximal, adj.→ **maximum**

Möbelkauf, n.→ **purchase of furniture**

mühsamen, adj. → **laborious**

müssen, v.→ **have to**; must

oft, adv.→ **often**; frequently

Personalausweisnummer, n.→ **identification card number**

persönlich, adv.→ **personally**

Ratenzahlung, n.→ **payment by instalment**

recht teuer, adj.→ **pretty expensive**; rather expensive; relatively dear

rund, adj.→ **about**; around; approximately

Schreibunterlage, n.→ **writing pad**

sogenannt, adj.→ **so-called**

Sozialversicherungsnummer, n.→ **social security number**

stehen, v.→ **is/are to be found**

Summe, n.→ **sum** (of money)

Supermarkt, n.→ **super market**

überprüfen, v.→ **check**; inspect

umrechnen, v.→ **convert**

Unterschrift leisten, v.→ **sign**; execute signature

Unterschrift, n.→ **signature**

Weg einschlagen, v.→ *hier*: **go**

weniger als, adv.→ **less than**

wesentlich, adv.→ **considerably**; substantially; much more

Zinsen, n.→ **interest**

zur Kasse bitten, v.→ **charge**

ÜT: 31 Credit from the Machine

American banks offer their customers the first automatic credit machines, so-called automated loan machines: Those who in New York or New Orleans need a small loan for the purchase of furniture no longer have to take the laborious walk to their bank to see the credit consultant. Americans on a buying frenzy also might just as well safely ignore the often rather expensive consumer credit accounts from department stores. After entering the PIN and social security number, the loan machine checks the applicant's personal credit line. Now the only thing missing is the signature which is electronically written on a pressure-sensitive pad, and the machine spits out the desired sum of money.

Meanwhile, the automated tellers developed by the Affinity Technology Group of Columbia are found outside over 60 bank subsidiaries and supermarkets. The maximum credit extended, when converted, is 15,000 deutschmarks. With less than ten per cent interest, it is much more favorable then purchasing with a credit card. Those who wish installment payments from their credit-card company, will be charged about 17 per cent.

OT: 32 Ein unmoralisches Angebot in den USA? D: 2

Bob Dole greift an. Der Präsidentschaftskandidat der Republikaner, bislang aussichtslos hinter Amtsinhaber Bill Clinton im Rückstand, hat in seiner Not die klassische Wunderwaffe amerikanischer Wahlkämpfe wiederentdeckt; er verspricht drastische Steuersenkungen. Um 15 Prozent will ein Präsident Dole die Abgabenlast seiner Bürger senken. Familien sollen je Kind eine Steuergutschrift von 500 Dollar erhalten.

Ein unmoralisches Angebot? Nicht nur Doles politische Gegner warnen vor einem inflationstreibenden Konsumboom, einer neuen Explosion der Staatsverschuldung. Doch die Republikaner setzen auf ihre Erfolgsbotschaft der achtziger Jahre. Niedrige Steuern, so das alte und neue Credo, werden schon kurzfristig gewaltige Wachstumsreserven in der Volkswirtschaft mobilisieren, weil die entlasteten Bürger mehr arbeiten und sparen werden. Die Geschichte scheint Beleg genug: Konnte nicht Ronald Reagan satte 6,6 Prozent Wirtschaftswachstum vorweisen, als er 1984 überzeugend für eine zweite Amtszeit gewählt wurde?

Die Welt

Abgabenlast, n.→ **tax burden**
Amtsinhaber, n.→ **incumbent**
Amtszeit, n.→ **term of office**
Angebot, n.→ **proposal**; offer
angreifen, v.→ **be on the attack**; attack
aussichtslos, adj.→ **hopeless**
Beleg, n.→ **evidence**
bislang, adv.→ **so far**
Credo, n.→ **credo**
drastisch, adj.→ **drastic**
entlasten, v.→ **relieve**

Erfolgsbotschaft, n.→ **message of success**
erhalten, v.→ **be granted**; receive
Gegner, n.→ **opponent**
gewaltig, adj.→ **gigantic**
inflationstreibend, adj.→ **inflation-inducing**
je, adv.→ **per**
Konsumboom, n.→ **consumption boom**
kurzfristig, adj.→ **in the short run**
mobilisieren, v.→ **mobilize**
Not haben, v.→ **be in despair**

Präsidentschaftskandidat, n.→ **presidential candidate**

Republikaner, n.pl.→ **Republicans** *(politische Partei in den USA)*

Rückstand (im ~ sein), v.→ **lag behind**

satt, adj.→ **healthy**

senken, v.→ **lower; cut**

setzen auf, v.→ **bet on**

Staatsverschuldung, n.→ **national debt**; national indebtedness

Steuergutschrift, n.→ **tax credit**

Steuersenkung, n.→ **tax cut**

überzeugend, adj.→ **convincing**

unmoralisch, adj.→ **immoral**; indecent

versprechen, v.→ **promise**

Volkswirtschaft, n.→ **economy**

vorweisen, v.→ **produce**

Wachstumsreserve, n.→ **growth reserve**

wählen, v.→ **elect**

Wahlkampf, n.→ **election campaign**

warnen, v.→ **warn**

wiederentdecken, v.→ **rediscover**

Wirtschaftswachstum, n.→ **economic growth**

Wunderwaffe, n.→ **miracle weapon**

ÜT: 32 An Immoral Proposal in the USA

Bob Dole on the attack. So far lagging hopelessly behind the incumbent Bill Clinton, the Republican presidential candidate, in his despair, has rediscovered the classic miracle weapon of American presidential campaigns; he promises drastic tax cuts. As President, Dole would cut his citizens' tax burden by 15 per cent. Families would be granted a tax credit of 500 dollars per child.

An immoral proposal? It is not only Dole's political opponents who warn of an inflation-inducing consumption boom—another explosion of the national debt. Yet, the Republicans are betting on their message of success of the eighties. Low taxes, the old and new credo, will mobilize gigantic growth reserves in the economy in the short run, since the relieved citizens will work and save more. History seems to provide sufficient evidence: Was not Ronald Reagan able to produce a healthy 6.6 per cent economic growth when he was convincingly elected for a second term of office in 1984?

OT: 33 Die Haushalte in Kauflaune **D: 3**

Die ungebrochene Konsumlust der privaten Haushalte trägt die US-Konjunktur. Die Verbraucher gaben im zweiten Quartal 3,7 Prozent mehr aus als ein Jahr zuvor.

Der Juli verlief zwar etwas schleppender, die Umsätze des Einzelhandels stiegen nur noch um 0,1 Prozent gegenüber dem Vormonat. Doch schon in den kommenden Wochen dürfte der private Konsum wieder deutlich steigen. Der Index des Verbrauchervertrauens kletterte im Juli auf den höchsten Wert seit Mai 1990.

Grund für den Optimismus: Das Jobwunder in den USA macht sich mittlerweile auch im Portemonnaie der Haushalte bemerkbar. Im ersten Halbjahr stiegen die Löhne und Gehälter mit einer Jahresrate von 3,7 Prozent, der größte Zuwachs seit fünf Jahren.

„Die beschworenen Wachstumsreserven sind pure Spekulation"

Richtig. Seinerzeit erholte sich die US-Wirtschaft freilich von einem brachialen Bremsmanöver, mit dem die Notenbank zweistelligen Inflationsraten den Garaus gemacht hatte. 1982, auf dem Tiefpunkt dieser Stabilisierungskrise, lag der tatsächliche Output der amerikanischen Volkswirtschaft um geschätzte 5,5 Prozent unter ihrem Produktionspotential. Entsprechend kräftig konnte die Wirtschaft anschließend durchstarten.

Derzeit bewegt sich die US-Wirtschaft eher am Rande der Überhitzung, das Wachstum des zweiten Quartals lag mit einer hochgerechneten Jahresrate von 4,2 Prozent deutlich über dem Zuwachs von 2,5 Prozent, den die meisten Volkswirte — und nicht zuletzt Regierung und Notenbank — für mittelfristig erreichbar halten. Selbst wenn die Expansion sich in den kommenden Monaten wieder verlangsamen wird, sind die im Wahlkampf beschworenen Wachstumsreserven pure Spekulation.

Doles Offensive dürfte deshalb nicht nur Bill Clinton beunruhigen. Auch Fed-Chef Alan Greenspan muß bei der Aussicht auf eine höchst expansive Fiskalpolitik angst und bange werden.

Die Welt

angst und bange sein, v.→ **be worried**; to be scared (to death)

anschließend, adv.→ **subsequently**

ausgeben, v.→ **spend**

Aussicht auf, n.→ **in the face of**

bemerkbar (sich ~ machen), v.→ **beginning to be felt**

beschworene Wachstumsreserven, n.pl.→ **supposedly existing growth reserves**

beunruhigen, v.→ **worry**

brachial, adj.→ **brutal**; brachial

Bremsmanöver, n.→ **braking maneuver**

deutlich, adj.→ **significant**

durchstarten, v.→ **pull through**; pick up again

dürfen, v.→ *hier*: **shall**

Einzelhandel, n.→ **retail**(ing)

entsprechend kräftig, adv.→ **in an equally strong manner**

erholen (sich ~), v.→ **recover**

erreichbar, adj.→ **achievable**

Fiskalpolitik, n.→ **fiscal policy**

freilich, adv.→ **however**

Garaus machen, v.→ **kill**

Gehälter, n.pl.→ **salaries**

Grund, n.→ **reason**

Haushalt, n.→ **household**

hochrechnen, v.→ *hier*: **annualize**

Index, n.→ **index**

Inflationsrate, n.→ **inflation rate**

Jahresrate, n.→ **annual rate**

Jahresrate, n.→ **annual rate**

Jobwunder, n.→ **job miracle**

Kauflaune, n.→ **buying mood**

klettern, v.→ **climb**

Konjunktur, n.→ **boom** *(gemeint ist eigentlich „Hochkonjunktur", daher bietet sich das auch bereits in die deutsche Sprache voll integrierte „boom" an)*

Konsumlust, n.→ **passion to consume**

kräftig, adj.→ **strong**

liegen um, v.→ **be at** *(aus stilistischen Gründen wird das Verb in der Übersetzung besser umgangen und in die Konstruktion „was an estimated..." eingebracht)*

Löhne, n.pl.→ **wages**

mittelfristig, adj.→ **in a medium term**

Notenbank, n.→ **central bank**

Offensive, n.→ **offensive**; attack

Output, n.→ **output** *(dieser aus dem Englischen stammende Begriff ist in der deutschen Wirtschafts- und Computersprache mittlerweile voll integriert)*

Portemonnaie, n.→ **wallet**; purse; budget

Produktionspotential, n.→ **productive potential**; production ~

Quartal, n.→ **quarter**

Rand, n.→ **edge**

richtig, adj.→ **correct**

schätzen, v.→ **estimate**

schleppend, adj.→ **sluggish**

seinerzeit, adv.→ **earlier**

Stabilisierungskrise, n.→ **stabilization crisis**

steigen, v.→ **rise**

tatsächlich, adj.→ **actual**; real

Tiefpunkt, n.→ **lowest point**; nadir

tragen, v.→ **support**

Überhitzung, n.→ **overheating**

Umsatz, n.→ **sales**

ungebrochen, adj.→ **uninterrupted**

Verbraucher, n.→ **consumer**

Verbrauchervertrauen, n.→ **consumer confidence**

verlangsamen, v.→ **slow down**

verlaufen, v.→ *hier*: **be**

Volkswirt, n.→ **economist**

Vormonat, n.→ **preceding month**

Wahlkampf, n.→ **election campaign**

Wert, n.→ **value**

Wirtschaft, n.→ **economy**

zuvor, adv.→ **ago**

Zuwachs, n.→ **increase**; growth

zweistellig, adj.→ **double-digit**

| ÜT: 33 Households in Buying Mood |

The uninterrupted passion of the private households to consume supports the US economic boom. During the second quarter, consumers spent 3.7 per cent more than a year ago.

The month of July was somewhat sluggish and retail sales rose only by 0.1 per cent when compared to the preceding month. However, during the weeks to come already, private consumption should rise again significantly. In July, the consumer confidence index climbed to its highest value since May 1990.

The reason for this optimism: In the meantime, the US job miracle also is beginning to be felt in the purses of private households. During the first six months, wages and salaries increased at an annual rate of 3.7 per cent, the largest increase in five years.

"The supposedly existing growth reserves are pure speculation"

Correct. However, earlier the US economy recovered from a brutal maneuver by means of which the central bank had killed the double-digit inflation rates. In 1982, at the lowest point of the stabilization crisis, the actual output of the American economy was an estimated 5.5 per cent below the economy's productive potential. Subsequently, the economy could pull through in an equally strong manner.

At this time, the US economy moves along the edge of overheating; growth at an annualized rate of 4.0 per cent during the second quarter was distinctly higher than the 2.5 per cent increase which most economists—and not least the government and the central bank—deem achievable in a medium term. Even if the expansion is going to slow down again during the months to come, the supposedly existing growth reserves referred to in the election campaign are pure speculation.

As a result, Dole's offensive should not worry only Bill Clinton. Fed Chairman Alan Greenspan should also be worried in the face of a highly expansive fiscal policy.

OT: 34 Survey Says Women Better Business Managers Than Men D: 2

San Francisco—Jean Blomberg, senior vice president for Silicon Valley Bank, burst out laughing when told a new survey shows women make better business managers than men.

"Surprise, surprise! And this is big news, is it?" said Blomberg, who at 48 has worked her way up from teller, through different banks, to head the private-banking division at Silicon Valley Bank in Palo Alto.

The survey of 915 managers—645 men and 270 women—found that women perform slightly better than men in 28 out of 31 categories. The real news, however, is that the results contradict conventional wisdom that men are good at problem solving and leadership while women managers are better primarily at communicating and managing relationships.

Since the survey, by the Foundation for Future Leadership in Washington, D.C., covered not only managers but also their bosses, peers and underlings, the result says more about the perception of men and women as managers.

"Women have always been given high marks for being more skillful than men in terms of the more intuitive things like communicating and relating to people," said Janet Irwin, a management consultant and co-author of the study, released Thursday.

"What was surprising was that the highest marks women got in this study were in the logic-driven side—organizing, planning," Irwin said. She said women are not usually given credit in seven areas. In six—problem-solving, planning, controlling, managing relationships, leading and communicating—women came out ahead by a slight but statistically significant amount, according to the study.

Only in the area of "managing self"—handling pressure and frustration—did men fare better, and not by a statistically significant margin. The results are based on questionnaires answered by more than 6,000 people working at companies of all sizes.

The survey reconfirmed differences in male and female management styles identified by UC-Irvine professor Judith Rosener—who was reviled for her work—in 1990.

Rosener said her original study found that because of the way women and men are socialized, they tend to do things differently as managers. She said she was blasted by people who interpreted her work to say women were deficient.

"Now, all of a sudden, they' re saying 'Look at this. Women can do it.' I've been saying that all the time. The problem has always been that because it was identified as women, it wasn't looked at as leadership," she said.

The Salt Lake Tribune

according to, conj.→ **nach**

amount, n.→ **Wert**; Menge; Maß

big news, n.→ **großartige Neuigkeiten**

blast, v.→ **scharf kritisieren**; angreifen

boss, n.→ **Vorgesetzte(r)**

burst out laughing, v.→ **in Lachen ausbrechen**

business manager, n.→ **Manager**, evtl. Geschäftsführer. *(Hier wird am besten zur Vermeidung von falschen Sinninterpretationen das semantisch sehr breit angelegte AE-Wort beibehalten)*

co-author, n.→ **Co-Autor(in)**; Mitautor(in)

come out ahead, v.→ **vorne liegen**

communicating, n.→ **Kommunikation**

contradict, v.→ **widersprechen**

controlling, n.→ **Controlling**; *(der AE-Ausdruck hat sich inzwischen im Deutschen eingebürgert und bleibt unübersetzt)*

conventional wisdom, n.→ **herkömmliche Erkenntnisse**

cover, v.→ **sich beziehen auf**; behandeln; abdecken

credit (give ~ in), v.→ **gut abschneiden**

deficient, adj.→ **unzulänglich**

fare better, v.→ **abschneiden**

Foundation for Future Leadership, n.→ *etwa*: **Stiftung für zukünftige Unternehmenslei-**

tung; *(bleibt allerdings als Eigenname unübersetzt)*

frustration, n.→ **Frustration**

handle, v.→ **fertigwerden mit; umgehen mit**

head, v.→ **leiten**

identify, v.→ **feststellen**

intuitive, adj.→ **intuitiv**

leadership, n.→ **(Unternehmens)leitung**

leading, n.→ **Führen;** Führung

logic-driven, adj.→ **logikbehaftet**

make, v.→ **abgeben**

manage, v.→ **handhaben**

management consultant, n.→ **Management-Berater(in)**

management style, n.→ **Management-Stil;** Führungsstil

managing self, n.→ **Sich-Selbst-Handhaben**

margin, n.→ **Maß;** *(statt der Übersetzung „nicht um ein statistisch signifikantes Maß" bleibt „margin" hier aus stilistischen Gründen unübersetzt)*

mark, n.→ **(Schul)noten**

news, n.→ **Neuigkeit(en)**

original, adj.→ **ursprünglich**

peer, n.→ **Kollege/Kollegin**

perception, n.→ *hier aus stilistischen Gründen besser zu übersetzen mittels Verb-Konstruktion:* "wie ...gesehen werden",

als nominal, etwa: "aus der Betrachtungsweise / aus der Sicht" *o.ä.*

perform, v.→ *hier ist eine Umschreibung erforderlich, etwa:* "die Leistungen von.... sind/waren..."

pressure, n.→ **Druck**

primarily, adv.→ **vor allem;** vornehmlich; in erster Linie

problem solving, n.→ **Problemlösen**

questionnaire, n.→ **Fragebogen**

reconfirm, v.→ **erneut bestätigen**

relating to people, n.→ **Beziehung zu**

relationship, n.→ **Beziehung**

release, v.→ **veröffentlichen;** herausgeben; bekanntgeben

revile, v.→ **beschimpfen**

senior vice president, n.→ **Seniorvizepräsident(in)**

significant, adj.→ **signifikant**

skillful, adj.→ **geschickt**

slight, adj.→ **klein**

socialize, v.→ **sozialisieren**

surprise, surprise, phr.→ *etwa:* **Welche Überraschung!**

survey, n.→ **Studie;** Untersuchung

teller, n.→ **Schalterangestellte(r)**

tend to, v.→ **neigen zu**

terms (in ~ of), adv.→ *hier:* **in...**

underling, n.→ **Untergebene(r)**

usually, adv.→ **im allgemeinen**; gewöhnlich; gemeinhin

vice president, n.→ **Vizepräsident(in)**

ÜT: 34 Studie erklärt, Frauen sind bessere Manager als Männer

San Francisco — Jean Blomberg, Senior Vizepräsidentin der Silicon Valley Bank brach in Lachen aus, als sie hörte, daß eine neue Untersuchung zeigt, daß Frauen bessere Manager abgeben als Männer.

„Welche Überraschung! Sind das nicht großartige Neuigkeiten?" sagte Blomberg, die sich, jetzt 48, sich von der Schalterangestellten durch verschiedene Banken zur Leiterin der Privatkundenabteilung der Silicon Valley Bank in Palo Alto hochgearbeitet hat.

Die auf 915 Manager — 645 Männer und 240 Frauen — bezogene Studie fand heraus, daß die Leistungen von Frauen in 28 von 31 Kategorien etwas besser waren, als die der Männer. Die wahre Neuigkeit ist allerdings, daß die Ergebnisse den herkömmlichen Erkenntnissen widersprechen, wonach Männer gut im Problemlösen und der Unternehmensleitung sind, während weibliche Manager vor allem besser in der Kommunikation und der Handhabung von Beziehungen sind.

Da die von der Foundation for Future Leadership in Washington, D.C., durchgeführte Studie sich nicht nur auf Manager, sondern auch auf deren Vorgesetzte, Kollegen und Untergebene bezog, sagen die Ergebnisse mehr darüber aus, wie Männer und Frauen als Manager gesehen werden.

„Frauen haben schon immer gute Noten bekommen, weil sie in den eher intuitiven Dingen wie Kommunikation und der Beziehung zu Menschen geschickter sind als Männer", sagte Janet Irwin, Management-Beraterin und Co-Autorin der am Donnerstag veröffentlichen Studie.

„Das Erstaunliche war, daß in der Studie Frauen die besten Noten auf der logikbehafteten Seite, im Organisieren und Planen bekamen", erklärte Irwin. Sie sagte, daß Frauen im allgemeinen nicht gut in sieben Bereichen abschneiden. In sechs — Problemlösen, Planen, Controlling, Handhaben von Beziehungen, Führen und Kommunizieren — liegen die Frauen nach der Studie um einen kleinen aber statistisch signifikanten Wert vorne.

Lediglich im Bereich des „Sich-Selbst-Handhabens" — dem Fertigwerden mit Druck und Frustration — schnitten die Männer besser ab, wenn auch statistisch nicht signifikant.

Die Ergebnisse beruhen auf Fragebögen, die von mehr als 6.000 in Firmen aller Größen beantwortetenden Personen beantwortet wurden. Die Analyse bestätigte erneut Unterschiede zwischen männlichen und weiblichen Management-Stilen, wie sie von Judith Rosener, Professorin an der University of California in Irvine — die 1990 für ihre Arbeit beschimpft worden war — festgestellt wurden.

Rosener erklärte, daß ihre ursprüngliche Studie herausfand, daß wegen der Art, in der Frauen und Männer sozialisiert werden, sie dazu neigen, als Manager die Dinge unterschiedlich zu handhaben. Sie sagte, sie sei von jenen scharf kritisiert worden, die ihre Arbeit so interpretierten, daß Frauen unzulänglich seien.

Sie sagte: „Jetzt sagen sie plötzlich: ‚sieh mal einer an. Frauen können die Leistung bringen'. Das habe ich schon immer gesagt. Das Problem war stets, daß nur die Frauen gesehen wurden und nicht der Führungsstil."

OT: 35 Lufthansa Cargo wird vom Frachtflieger zum Logistik-Dienstleister   D: 3

hb. Frankfurt (eigener Bericht) — Als 1995 die Lufthansa ihr Frachtgeschäft in die *Lufthansa Cargo AG* aufgliederte, da stand für deren Vorstandsvorsitzenden Wilhelm Althen schon fest, daß man mit dem bestehenden 30 Jahre alten Geschäftssystem Probleme bekommen würde, weil bislang die Fracht immer nur als „Abfallprodukt der Passage" angesehen worden sei. Trotz Restrukturierungsmaßnahmen wurde die Cargo AG schnell von der Realität des Marktes eingeholt. Da 75 Prozent der Erträge in US-Dollar oder sonstigen Fremdwährungen, rund 65 Prozent der Kosten jedoch in DM anfallen, mußte die LH-Konzerngesellschaft Währungsverluste hinnehmen. Überkapazitäten verbunden mit ständig sinkenden Margen sorgten zudem dafür, daß in diesem Jahr weltweit kein Cargo-Carrier Geld verdient. Einzig die Integrators, Gesellschaften also, die sowohl Airline als auch Spediteur sind und ihren Kunden eine integrierte Leistung im Versandbereich bis 30 kg anbieten, agieren erfolgreich.

Die Lufthansa Cargo AG wird das laufende Geschäftsjahr mit rund 65 Millionen DM Verlust abschließen. Als weltweit führender Anbieter wird sie ab März '97 die Raten um durchschnittlich 7 Prozent anheben. Aus der Erkenntnis, daß sich die Anforderungen der Kunden grundlegend verändert haben (schnellere Transportzeiten sind aufgrund kürzerer Lebenszyklen der Produkte gefragt, gleichzeitig werden die Industriekonzerne zu globalen Kunden) will Althen nun mit einem neuen Konzept die Lufthansa Cargo AG zu einem Dienstleister mit kompletter Logistikleistung ausbauen. Als führender Logistikanbieter im globalen Luftfrachtmarkt soll das Unternehmen laufzeitdefinierte, modular aufgebaute Servicelinien im Markt anbieten. Zwischen den Industriezentren werden hochfrequente Verbindungen mit kurzen und garantierten Laufzeiten geschaffen. Dazu werden strategische Allianzen mit anderen Fracht-Fliegern auf- und ausgebaut. Damit soll ein nahtloser täglicher Transport nach 70 Bestimmungsorten in 36 Staaten mit wenigen umschlagsstarken Knotenpunkten garantiert werden.

Da die Luftfrachtdienstleister integraler Bestandteil in der Beschaffungs- und Distributionspolitik des Kunden werden sollen, müsse man die Neuausrichtung zusammen mit Speditionen und anderen Dienstleistungspartnern aufnehmen. Als Partner stehen die DHL und einige Speditionsunternehmen schon fest.

In die neue Strategie, die zur Zeit in vier Märkten getestet wird, werden bis zum Abschluß der Implementation im Jahr 2000 rund 200 Millionen DM investiert. Weltweit wird die Lufthansa Cargo als Logistik-Dienstleister ab 1998 auftreten und dann auch wieder, davon ist Althen überzeugt, in die schwarzen Zahlen fliegen. Derzeit hat Lufthansa Cargo am Frachtaufkommen einen Weltmarktanteil von rund 7 Prozent, angestrebt werden mit den Partnern im Jahr 2000 25 Prozent. Fürs kommende Geschäftsjahr jedoch rechnet der Vorstandsvorsitzende noch einmal mit einem Verlust von 40 Millionen DM.

Süddeutsche Zeitung

Abfallprodukt, n.→ **waste product**

abschließen, v.→ **conclude**

Abschluß, n.→ **completion**

agieren, v.→ **operate**; work; act

Allianz, n.→ **alliance**

als..., prep.→ **effective from...**; effective on...

anbieten, v.→ **offer**

Anbieter, n.→ **supplier**

anfallen, v.→ **to be**; incur

Anforderung, n.→ **requirement**

anheben, v.→ **raise**; increase

ansehen als, v.→ **look at as**; consider as; regard as; view as

anstreben, v.→ **aim at**; the aim is; strive for

auch wieder, adv.→ **once again**

aufbauen, v.→ **build up**; enlarge; expand

aufgrund (von), phr.→ **in view of**; due to; because of

aufnehmen, v.→ **absorb**

auftreten als, v.→ **make one's appearance**

aus der Erkenntnis, phr.→ **realizing that**

ausbauen, v.→ **expand into**

ausgliedern, n.→ **branch out**

Beschaffungspolitik, n.→ **procurement policy**

bislang, adv.→ **until now**; so far; hitherto

damit, adv.→ **this is to**

dazu, adv.→ **to do so**

derzeit, adv.→ **at this time**

Dienstleister mit kompletter Logistikleistung, n.→ **full-service logistics company**

Dienstleister, n.→ **service company**; service agent

Distributionspolitik, n.→ **distribution policy**

durchschnittlich, adv.→ **average**

eingeholt werden von der Realität, v.→ **to be brought back to reality**

einzig, adv.→ **only**; exclusively

erfolgreich, adj.→ **successful**

Erträge, n.pl.→ **earnings**

feststehen, v.→ **know well**; realize

feststehen, v.→ **to be designated as**

Fracht, n.→ **freight**

Frachtaufkommen, n.→ **freight volume**

Frachtflieger, n.→ **airfreight carrier**

Frachtgeschäft, n.→ **freight business**

Fremdwährung, n.→ **foreign currency**

führend, adj.→ **leading**

garantiert, adj.→ **guaranteed**

Geld verdienen, v.→ **make money**; earn profits

Geschäftsjahr, n.→ **business year**

Geschäftssystem, n.→ **operations system**

Gesellschaft, n.→ **enterprise**; company; concern; firm; business; business untertaking

gleichzeitig, adj./adv.→ **at the same time**; simultaneously

globaler Kunde, n.→ **global customer**; global client

grundlegend, adj.→ **fundamental(ly)**

hinnehmen, v.→ **absorb**; accept

hochfrequent, adj.→ **high-frequency**

im Durchschnitt, adv.→ **on average**

im Jahr..., adv.→ **in the year...**

Implementation, n.→ **implementation**

Industriekonzern, n.→ **industrial concern**

Industriezentrum, n.→ **industrial center**

integraler Bestandteil, n.→ **integral part**

investieren, v.→ **invest**

Knotenpunkt, . → **hub** *(In der kommerziellen Luftfahrt haben Fluggesellschaften sogenannte „hubs", d.h. Knotenpunkte, von denen aus speichenartig („spokes") andere Flughäfen angeflogen werden. Große Fluggesellschaften haben oft mehrere „hubs" und viele „spokes", so daß große geographische Bereiche bedient werden können.)*

kommendes Geschäftsjahr, n. → **business year to come**

Konzerngesellschaft, n. → **concern**; parent company

Kunde, n. → **client**; customer

laufend, adj. → **current**

Laufzeit, n. → *here:* **transport time**

laufzeitdefiniert, adj. → **time-defined**

Lebenszyklus (der Produkte), n. → **life cycle** (of the products); product life cycle *(feststehender Begriff der Wirtschaftswissenschaften)*

Leistung, n. → **service**(s)

Logistik, n. → **logistics**

Luftfrachtmarkt, n. → **airfreight market**; air-cargo market

man müsse, phr. → **would have to** *(Die deutsche Möglichkeitsform (Konjunktiv) bietet in der Übersetzung Schwierigkeiten. Entweder wird sie im Englischen mittels der Wirklichkeitsform oder, wie im vorliegenden Fall, mittels der Bedingungsform (Konditionalis), „would have to...", wiedergegeben.)*

Marge, n. → **profit** (margin)

Maßnahme, n. → **measure**

modular aufgebaut, adj. → **modular-designed**

nahtlos, adj. → **seamless**

Neuausrichtung, n. → **new orientation**; re-orientation

noch einmal, adv. → **once again**

Passage, n. → **passenger service**; passage

Probleme bekommen, v. → **there will be problems**; get problems; run into problems, difficulties

Rate (hier Frachtrate), n. → **rate** (freight rate)

rechnen (mit), v. → **expect**; reckon with

Restrukturierung, n. → **reorganization**; restructuring; streamlining

rund, adv. → **approximately**; about; roughly

schaffen, v. → **install**

schnell, adj. → *here:* **short**; fast; quick; accelerated; rapid

schwarze Zahlen, n. → **black figures**; in the black

Servicelinie, n. → **service line**

sinken, v.→ fall

sorgen (dafür), v.→ cause; be responsible for

sowohl als auch, conj.→ as well

Spediteur, n.→ forwarding agent; shipping agent

Staat, n.→ country; state; nation

ständig, adv.→ continuously

Standort, n.→ location

strategisch, adj.→ strategic

täglich, adj.→ daily

trotz, adv.→ despite; in spite of

Überkapazität, n.→ overcapacity

überzeugt sein (von), v.→ to be convinced (of)

umschlagstark, adj.→ turnover-intensive

verändern, (sich ~) v.→ change

verbinden mit, v.→ connect with

Verlust, n.→ loss

Versandbereich, n.→ shipping trade; shipping department; forwarding department

Vorstandsvorsitzender, n.→ chairman of the board (of directors) *(Im angloamerikanischen Raum gibt es bei Aktiengesellschaften nur ein Direktorengremium und die Hauptversammlung. Im deutschen Rechtsraum kommt dazu der (im Englischen unbekannte) Aufsichtsrat. Aus diesem Grund müssen bei einer Übersetzung bzw. Übertragung die Unterschiede beachtet werden.)*

Währungsverlust, n.→ currency loss

Weltmarktanteil, n.→ share of the global market

weltweit, adv.→ worldwide; global

wollen, v.→ want to; intend to

zudem, adv.→ moreover; in addition

zur Zeit, adv.→ at this time

zusammen mit, adv.→ together with

ÜT: 35 Lufthansa Cargo: Air Freighter Turns into Logistics Service Enterprise

hb. Frankfurt (staff report)-When, in 1995, Lufthansa branched out its freight business into Lufthansa Cargo AG, Chairman of the Board Wilhelm Althen knew well that, since until then freight has always been seen only as a "waste product of passenger service", there would be problems with the 30-year old operations system. Despite reorganization measures, the Cargo AG was quickly brought back to the reality of the market. Since 75 per cent of the earnings are in US dollars or other foreign currencies while approximately 65 per cent of the costs are, however, in DM, the LH concern had to absorb foreign exchange losses. In addition, overcapacities, together with continuously falling profits, resulted in no worldwide cargo carrier making money this year. Only the integrators, i.e., companies which are airlines and forwarding agents as well and which offer their clients integrated services in the shipping trade up to 30 kg, operate successfully.

Lufthansa Cargo AG will conclude the current business year with a 65 million DM loss. As the worldwide leading supplier it will raise its rates by an average seven per cent effective March 1997. Realizing that the customers' requirements have fundamentally changed (accelerated times of transport are demanded in view of shorter product life cycles; at the same time, industrial concerns become global customers) Althen, with his new concept, wants Lufthansa to expand into a service company which offers the complete range of logistics services. As the leading logistics supplier in the global air freight market, the company is to offer time-defined, modular-designed service lines in the market. High-frequency connections of short and guaranteed transport times will be installed between the industrial centers. To do so, strategic alliances with other freight carriers will be built up and enlarged. This is to guarantee seamless daily transport by means of a few sales-intensive hubs to 70 locations in 36 countries.

Since the airfreight-service agents are to be integral parts of the customer's procurement and distribution policies, the new orientation would have to be implemented together with shipping agents and other services partners. Already designated partners will be DHL and a number of shipping companies.

Until the completion of its implementation in the year 2000, approximately 200 million DM will be invested into the new strategy which is being tested at this time in four markets. Worldwide, Lufthansa Cargo will make its appearance as a logistics company from 1998 on and, Althen is convinced, will then fly again into the black. At this time, Lufthansa has a world-market share of about seven per cent in all freight. Together with its partners the aim for the year 2000 is 25 per cent. For the business year to come, the chairman of the board once again expects a loss of 40 million DM.

| OT: 36 „Jetzt mischen wir mit"   D: 2 |

Industrieminister Murasoli Maran über Reformen und Demokratie in Indien

Maran, 59, gilt als Reformer im Kabinett von Premierminister Gowda. Vor seiner Berufung zum Minister war er im südlichen Madras als Regionalpolitiker tätig. Der ehemalige Journalist ist Produzent und Regisseur einiger preisgekrönter indischer Filme.

Der Sieg von Hindu-Partei und Kommunisten bei den Parlamentswahlen im Mai hat viele Geschäftsleute verunsichert. Hält Indien an den Reformen fest?

MARAN: Es geht längst nicht mehr darum, ob wir Reformen wollen oder nicht. Ob Hindus, Kommunisten oder Demokraten: Die Öffnung wird von allen Parteien unterstützt. Die Akzeptanz ist sogar gestiegen. Nun liegt es an uns, den weiteren zeitlichen Fahrplan vorzugeben.

Seit Monaten sollen Industrien wie Telekommunikation, Kraftwerk- und Straßenbau für ausländische Investoren geöffnet werden, aber es passiert nichts.

MARAN: Doch. Wir haben in den letzten vier Monaten 600 Projekte im Wert von fünf Milliarden Dollar genehmigt. Ich glaube, das belegt unsere Ernsthaftigkeit.

Geschäftsleute kritisieren, daß die Reformen abgebremst werden.

MARAN: Wir sind die größte Demokratie der Welt. Wir brauchen ein bißchen mehr Zeit. Aber Indien ist eine aufstrebende Wirtschaftsmacht und verfügt über einen der größten Märkte der Welt.

China hat genausoviel Potential, und die Wirtschaft wächst schneller.

MARAN: China besitzt keine Demokratie. In China stellt keiner Fragen. Es gibt keine Transparenz, und daran krankt das Land. Demokratische Strukturen sind wichtiger als alles andere. Das müßten Sie doch nach ihren Erfahrungen mit Ostdeutschland wissen.

Ostdeutschland hat aber auch gezeigt, wie notwendig eine schnelle Privatisierung ist. Wie wollen Sie es denn halten?

MARAN: Wir müssen behutsam mit diesem Thema umgehen. Von dieser Frage hängen die Lebensgrundlage und der soziale Frieden ab. Wir würden gerne von den deutschen Erfahrungen mit Ostdeutschland lernen. Aber nicht nur in diesem Bereich würden wir gerne enger mit Deutschland zusammenarbeiten. Indien braucht eine duale Ausbildung und eine Mittelstandsförderung nach deutschem Vorbild.

Deutsche Unternehmer halten sich Indien gegenüber zurück.

MARAN: Ja, sie sehen zu viele Risiken. Aber wer jetzt kommt, sichert sich die besten Stücke vom Kuchen. Vor allem in der Infrastruktur und der Nahrungsmittelindustrie sehe ich herausragende Chancen.

Der Ausbau der Beziehungen mit Asien hat für Indien aber Vorrang.

MARAN: Wir verzeichnen immer mehr Investitionen aus Singapur, Hongkong und Malaysia. Indien muß noch enger an Asien rücken. Historisch hatten wir immer stärkere Beziehungen zu Europa als zu Asien. Jetzt müssen die Asiaten gemeinsam agieren.

Aber einige regionale Wirtschaftsbündnisse wollen Indien nicht einbeziehen.

MARAN: Indien hat die Mitgliedschaft in der Asiatisch-Pazifischen Wirtschaftszusammenarbeit (APEC) beantragt. Darüber wird am Wochenende in Manila entschieden.

Indien konkurriert mit China und Indonesien um Direktinvestitionen. Wo liegen Indiens Stärken?

MARAN: Wir haben die erste Welle von Auslandsinvestitionen in Asien verpaßt. Aber jetzt mischen wir mit. Vor allem in der Informationstechnologie spielen indische Firmen eine wichtige Rolle. Wir stehen im Wettbewerb mit Silicon Valley.

Derzeit droht eher eine Rezession?

MARAN: Einige Zahlen sprechen dafür. Aber bei dem Slow-down handelt es sich nur um eine temporäre Erscheinung. Wir hatten ein Wahljahr. Jetzt holen wir wieder auf, denn insgesamt ist das Wirtschaftsklima gut. Wir rechnen mit einem Wachstum des Bruttosozialproduktes von mindestes acht Prozent.

Wird Indien also der nächste Tiger Asiens?

MARAN: Dafür spricht vieles.

Wirtschaftswoche

abbremsen, v.→ **slow (down)**

abhängen von, v.→ **depend on**

agieren, v.→ **act**

Akzeptanz, n.→ **acceptance**

alles andere, phr.→ **anything else**

Asiatisch-pazifisch, adj.→ **Asian Pacific**

aufholen, v.→ **catch up**

aufstreben, v.→ **rise**

aufstrebend, adj.→ **rising**

Ausbau, n.→ **development**

Ausbildung, n.→ **education** *(kann im Englischen sowohl „Ausbildung" als auch „Bildung" bedeuten. Die Differenzierung des Sinns muß aus dem Kontext hervorgehen.)*

Auslandsinvestition, n.→ **foreign investment**

beantragen, v.→ **apply for**

behutsam, adj.→ **cautiously**; with caution; carefully; with care

belegen, v.→ **prove**

Bereich, n.→ **area**; field; matter

Berufung, n.→ **appointment**

besitzen, v.→ **possess**

Beziehungen, n.→ **relations**; relationship

brauchen, v.→ **need**

Bruttosozialprodukt, n.→ **gross national product** (GNP)

Chance, n.→ **opportunity** *(im Deutschen oft undifferenziert gebraucht; im Englischen in solchen Kontexten eher „günstige Gelegenheit", also „opportunity")*

darum gehen, v.→ **the question is**

Demokrat, n.→ democrat

Demokratie, n.→ democracy

demokratisch, adj.→ democratic

Direktinvestition, n.→ **direct investment**

doch..., adv.→ **this is not correct**

drohen, v.→ **there is a threat of**

dual, adj.→ **dual**

ehemalige(r)(s), adj.→ **former**

eher, adv.→ **rather**

ein bißchen mehr, phr.→ **a little more**

einbeziehen, v.→ **include**; integrate

eng, adv.→ **closely**

enger, adv.→ **more closely**

entscheiden, v.→ **decide**

Erfahrung, n.→ **experience** *(oft im Englischen als kollektive Einzahl verwendet)*

Ernsthaftigkeit, n.→ **seriousness**

Erscheinung, n.→ **phenomenon** *(pl. phenomena)*

es liegt an uns, phr.→ **it is (up) to us**; it is our duty/task

Fahrplan, n.→ **timetable**; schedule

festhalten an, v.→ **continue**; stick to

Film (Kinofilm), n.→ **movie** *(AE)*; film *(BE)*

Förderung, n.→ **promotion**

Frage, n.→ **issue**; question

Fragen stellen, v.→ **ask questions**; pose questions

Frieden, n.→ **peace**

gemeinsam, adv.→ **together**; jointly

genausoviel wie..., adv.→ **equal**; as much as

genehmigen, v.→ **approve**

Geschäftsleute, n. pl.→ **business people**

halten, v.→ **handle**

herausragend, adj.→ **outstanding**

historisch, adj.→ **historically**

im Wettbewerb stehen (mit), v.→ **compete** (with); be in competition (with)

indisch, adj.→ **Indian** *(Wenn man von den Indianern Amerikas spricht, wird „Red Indian" oder, „native American" verwendet)*

Indonesien, n.→ **Indonesia**

Industrieminister, n.→ **minister of industry**; industrial minister *(im AE: „secretary of..."*)

Informationstechnologie, n.→ **information technology**

Infrastruktur, n.→ **infrastructure**

insgesamt, adv.→ **total**

Investition, n.→ **investment**

Journalist, n.→ **journalist**

Kabinett, n.→ **cabinet** *(Terminus ursprünglich aus dem Englischen entlehnt)*

kein, adj.→ **nobody**

Kommunist, n.→ **communist**

konkurrieren (mit), v.→ **compete** (with)

Kraftwerk, n.→ **power plant**

Kraftwerkbau, n.→ **power-plant construction**

kranken an, v.→ **suffer from**

kritisieren, v.→ **criticize**

Kuchen, n.→ **cake**

Land, n.→ **land**; country; nation

längst nicht mehr, adv.→ **by far no longer**

Lebensgrundlage, n.→ **basis of existence**; livelihood

lernen, v.→ **learn**

liegen, v.→ **be situated**

Markt, n.→ **market**

mindestens, adv.→ **at least**

Mitgliedschaft, n.→ **membership**

mitmischen, v.→ **become involved**; get involved

Mittelstand, n.→ **middle class** *(im englischen und amerikanischen Kulturbereich fast ausssschließlich über das Einkommen, nicht nach dem sozialen Stand definiert)*

Nahrungsmittelindustrie, n.→ **food industry**

notwendig, adj.→ **necessary**

ob, conj.→ **whether** (or not)

Öffnung, n.→ **opening**

Ostdeutschland, n.→ **East Germany**

Parlamentswahlen, n.→ **parliamentary elections**; elections for parliament

Partei, n.→ **party**

passieren, v.→ **happen**

Potential, n.→ **potential**

preisgekrönt, adj.→ **prize-winning**

Premierminister, n.→ **prime minister**

Privatisierung, n.→ **privatization**

Produzent, n.→ **producer**

rechnen (mit), v.→ **expect**; reckon with

regional, adj.→ **regional**

Regisseur, n.→ **stage director**

Rezession, n.→ **recession**

Risiko, n.→ **risk**

Rolle spielen, v.→ **play a role** (in)

rücken, an (heran), v.→ **move to**

schnell, adj.→ **quick**; fast

sich handeln um, v.→ *hier:* **be**

sich sichern, v.→ **secure for oneself**; get

sich zurückhalten, v.→ **be reserved toward**

Sieg, n.→ **victory**

slow-down, n.→ **slow-down**

sogar, adv.→ **even**

sozial, adj.→ **social**

sprechen für, v.→ **speak for**; point to the fact; there are indications for

stark, adj.→ **strong**

Stärke, n.→ **strength**

steigen, v.→ **rise**

Straßenbau, n.→ **road construction**

Struktur, n.→ **structure**

Stück, n.→ **piece**

südlich, adj.→ **Southern** *(Großschreibung im Englischen, da nicht die Kompassrichtung sondern ein geographischer Bereich gemeint ist)*

Telekommunikation, n.→ **telecommunications**

temporär, adj.→ **temporary**

Thema, n.→ **topic**; theme; subject; subject matter

Tiger, n.→ **tiger**

Transparenz, n.→ **transparency**

umgehen mit, v.→ **handle**

Unternehmer, n.→ **entrepreneur**

unterstützen, v.→ **support**; promote

verfügen über, v.→ **dispose of**

verpassen, v.→ **miss**

verunsichern, v.→ **worry**

verzeichnen, v.→ **record**; register

vor allem, adv.→ **above all**

vor, adv.→ **prior to**; before

vorgeben, v.→ **set**; fix; determine

Vorrang, n.→ **priority**

wachsen, v.→ **grow**

Wachstum, n.→ **growth**

Wahljahr, n.→ **election year**

weiterer, n.→ **further**, future

Welle, n.→ **wave**

Wert, im ~ von, phr.→ **of a value of**; amounting to; in the value of; valued at

wichtig, adj.→ **important**

wichtiger, adj.→ **more important**

wir würden gerne, phr.→ **we would like very much to**

Wirtschaftsbündnis, n.→ **economic association**; -union

Wirtschaftsklima, n.→ **economic climate**

Wirtschaftsmacht, n.→ **economic power**

wissen müssen, v.→ **ought to know**; should know

Wochenende, n.→ **weekend**

Zahl, n.→ **figure**; number

zeigen, v.→ **demonstrate**; show

Zusammenarbeit, n.→ **cooperation**

zusammenarbeiten, v.→ **cooperate**; work together with

ÜT: 36 "Now we are going to get involved"

Minister of Industry Murasoll Maran on Reforms and Democracy in India

Moran, 59, is considered to be a reformer in the cabinet of Prime Minister Gowda. Prior to being appointed minister, he was active as a regional politician in Southern Madras. The former journalist has been the producer and and stage director of some prize-winning Indian movies.

The parliamentary election victory of the Hindu party and the Communists in May has worried quite a number of business people. Will India continue the reforms?

Maran: By far the question is no longer of whether we want reforms or not. Whether Hindus, Communists, or Democrats: The opening is being supported by all parties. Acceptance has even risen. Now, it is up to us to set the further timetable.

For months it has been said that industries such as telecommunications, power-plant and road construction will be opened to foreign investors, but nothing has happened.

Maran: This is not correct. During the past four months, we approved 600 projects with a value of five billion dollars. I think that proves our seriousness.

Business people criticize that the reforms are being slowed down.

Maran: We are the largest democracy in the world. We need a little more time. But India is a rising economic power and disposes of one of the largest markets of the world.

China has an equal potential and her economy grows faster.

Maran: China does not have a democracy. Nobody asks questions in China. There is no transparancy and that is what the country suffers from. Democratic structures are more important than anything else. You should know that after your experience with East Germany.

But East Germany has also shown how important quick privatization is. How do you intend to handle this?

Maran: We have to handle this topic cautiously. Our basis of existence and social peace depend on this issue. We would like very much to learn from the German experience with East Germany. But we would like to cooperate more closely with Germany not only in this area. India needs the German models of dual education and middle class promotion.

German entrepreneurs are reserved towards India.

Maran: Yes, they see too many risks. But those who come now will secure for themselves the best pieces of the cake. I see oustanding opportunities, particularly in the infrastructure and the food industry.

But India places priority on the development of her relations with Asia.

Maran: We are recording more and more investments from Singapore, Hongkong, and Malaysia. India will still have to move closer to Asia. Historically, we always had stronger relations with Europe than with Asia. Now, Asians have to act together.

But some regional economic associations do not want to include India.

Maran: India has applied for membership in the Asian Pacific Economic Cooperation (APEC). The decision on the application will be made in Manila, this weekend.

India competes with China and Indonesia for direct investments. Where are India's strengths?

Maran: We missed the first wave of foreign investment in Asia. But now we are going to get involved. Indian firms play an important role particularly in information technology. We compete with Silicon Valley.

At this time, is there rather the threat of recession?

Maran: Some figures speak for it. But the slow-down is only a temporary phenomenon. We had an election year. Now, we are catching up again since the total economic climate is good. We expect a GNP growth of at least eight per cent.

Will India, thus, become the next Asian tiger?

Maran: There is much that speaks for it.

OT: 37 Bayerisches Bier in Bombay   D: 2

Erfolgreiche Auslandsinder hoffen auf gute Geschäfte in der alten Heimat. Dabei hat einer wie Kartar Singh Thakral nur schlechte Erinnerungen an Indien. Eine Hungersnot trieb ihn und seinen Vater 1952 von Kalkutta nach Singapur. Heute gehört seine Thakral-Gruppe, in wenigen Jahren entstanden, zu den größten Industriekonglomeraten des Stadtstaates. Thakral handelt mit Haushaltsgeräten in Asien und besitzt Hotels in Australien. Sein Jahresumsatz wird auf 2,3 Milliarden geschätzt.

Ähnlich wie die Auslandschinesen mußten auch 15 Millionen Auslandsinder als eine ethnische Minderheit in Südostasien überleben. Die Thakrals in Singapur, die Händlerfamilie Harilela in Hongkong oder der Immobilientycoon Vichai Plaphongphanich in Bangkok verließen Indien als Flüchtlinge oder Plantagenarbeiter. Aus Pflückern wurden Gärtner, aus Gärtnern manchmal Geschäftsleute. Das Vermögen aller asiatischen Auslandsinder zusammen soll heute etwa 90 Milliarden Mark betragen.

Jetzt hofft Ajit Kumar vom Indian Investment Centre in Delhi, daß ein Teil davon in die alte Heimat fließt: Die Auswanderer „könnten wie die Auslandschinesen in China eine vitale Rolle in der wirtschaftlichen Entwicklung Indiens spielen".

Lange Zeit hatten die Auslandsinder kein Interesse am Land ihrer Väter. Thakral beispielsweise machte Geschäfte überall zwischen Singapur und Moskau, Indien kam nicht vor.

Es muß mehr dahinterstecken als Emotion, wenn die Investitionen der Auslandsinder in Indien in den vergangenen fünf Jahren von fast null auf 2,5 Milliarden Mark anstiegen. Die indische Regierung hat dazu beigetragen: Auslandsinder dürfen seit einiger Zeit in vieler Hinsicht wie Inländer agieren und haben damit Vorteile gegenüber ausländischen Investoren.

Deutsche Unternehmen könnten von den Beziehungen, Kultur- und Sprachkenntnissen der Auslandsinder profitieren. Ein erstes geplantes Projekt:

Vichai Plaphongphanich, Bauunternehmer in Bangkok, will zusammen mit der Münchener Paulaner Brauerei ein Restaurant in Bombay eröffnen.

Wirtschaftswoche

agieren, v. → act
ähnlich wie, adv. → similarly to
ansteigen, v. → rise; increase; grow
asiatisch, adj. → Asian
Asien, n. → Asia
ausländisch, adj. → foreign
Auslandsinder, n. → Indian living abroad
Australien, n. → Australia
Auswanderer, n. → emigrant
Bauunternehmer, n. → owner of a construction company
bayerisch, adj. → Bavarian
beispielsweise, adv. → for example
beitragen, v. → contribute to; help; promote
besitzen, v. → possess; have; own
Beziehungen, n.pl. → relations
Bier, n. → beer
Brauerei, n. → brewery
dahinterstecken, v. → be behind it
die alte Heimat, n. → the old country
dürfen, v. → be permitted; allowed to; may
Emotion, n. → emotion

entstehen, v. → develop
Entwicklung, n. → development
erfolgreich, adj. → successful
Erinnerungen, n.pl. → reminiscences; memories
eröffnen, v. → open
ethnisch, adj. → ethnic; ethnical
fast, adv. → almost
fließen, v. → flow
Flüchtling, n. → refugee
Gärtner, n. → gardener
gegenüber, prep. → compared to
gehören zu, v. → to be part of; belong to
Geschäft(e), n.pl. → business
gute Geschäfte machen, v. → do good business
Geschäftsleute, n.pl. → business people; business persons
handeln mit, v. → trade in; deal with
Händlerfamilie, n. → trading family; family of traders
Haushaltsgerät, n. → household appliance
Heimat, n. → home land; native land; home country; native country

hoffen auf, v.→ **hope for**

Hungersnot, n.→ **famine**

Immobilien, n.pl.→ **real estate**; real property

in den vergangenen Jahren, adv.→ **during the past years**

in vieler Hinsicht, adv.→ **in many ways**

in wenigen Jahren, adv.→ **in a few years**

Indien, n.→ **India**

Industriekonglomerat, n.→ **industrial conglomerate**

Interesse haben an, v.→ **be interested in**

Investition, n.→ **investment**

Investor, n.→ **investor**

Jahresumsatz, n.→ **annual sales**; annual turnover

Konglomerat, n.→ **conglomerate**

könnten, v.→ **might**

könnten... Rolle spielen, v.→ **might play... role**

Kulturkenntnisse, n.pl.→ **cultural knowledge**

Land ihrer Väter, n.→ **land of their fathers**

mehr dahinterstecken, v.→ **be more behind (than)**; be more to it

Minderheit, n.→ **minority**

München, n.→ **Munich**

null, adj.→ **zero**

Pflücker, n.→ **picker**

planen, v.→ **plan**

Plantagenarbeiter, n.→ **plantation worker**

profitieren, v.→ **profit** *(für gewöhnlich finanziell)*; **benefit** *(sowohl material als auch immateriell)*

Projekt, n.→ **project**

Regierung, n.→ **government**; administration (US)

schlecht, adj.→ **bad**; poor

seit einiger Zeit, adv.→ **for some time**

Singapur, n.→ **Singapore**

soll... betragen, v.→ **is said to amount to**

Sprachkenntnisse, n.pl.→ **linguistic knowledge**; language knowledge

Südostasien, n.→ **Southeast Asia**

treiben, v.→ **drive**

überall, adv.→ **everywhere**

überleben, v.→ **survive**

Unternehmen, n.→ **enterprise**; company; firm; concern; business

verlassen, v.→ **leave**

Vermögen, n.→ **property**; assets

vital, adj.→ **vital**

vorkommen, v.→ **occur**

Vorteil haben, v.→ **have an advantage**; possess an advantage

Vorteil, n.→ **advantage**

werden, v.→ **become**

wirtschaftlich, adj.→ **economic**

wollen, v.→ **intend to**; **want to; wish to**

zusammen mit, adj./adv.→ **together with**

ÜT: 37 Bavarian Beer in Bombay

Successful Indians living abroad hope for good business in their original home country although people like Kartar Singh Thakral have only bad memories of India. In 1952, famine drove him and his father from Calcutta to Singapore. Today, his Thakral Group, which developed in a few years, is part of the largest industrial conglomerate of the city state. Thakral is trading in household appliances in Asia and possesses hotels in Australia. Annual sales are estimated at 2.3 billion marks.

Similar to the Chinese abroad, 15 million Indians living abroad had to survive as an ethnic minority in Southeast Asia. The Thakrals in Singapore, the trading family Harilela in Hong Kong, or the real estate tycoon Vichai Plaphongphanich in Bangkok left India as refugees or plantation workers. Pickers became gardeners, gardeners sometimes became business people. Today, the property of all Asian Indians living abroad is said to amount to approximately 90 billion marks.

Now Afit Kumar of the Indian Investment Centre in Delhi hopes that part of it will flow back to the old home country: "Similar to the Chinese living abroad in China", the emigrants "could play a vital role in India's economic development."

For a long time, the Indians living abroad were not much interested in the land of their fathers. Thakral, for example, did business everywhere between Singapore and Moscow; none at all in India.

There must be more behind it than emotion when investment by Indians abroad rose from nearly zero to 2.5 billion marks during the past five years.

The Indian government has contributed its share to this development: For some time, Indians abroad have been permitted to act in many ways like native residents and, thus, compared to foreign investors enjoy advantages.

German enterprises may profit from the relations, cultural and linguistic knowledge of the Indians abroad. A first project planned: Together with the Munich Paulaner brewery, Vichai Plaphongphanich, owner of a Bangkok construction company, intends to open a restaurant in Bombay.

| OT: 38 Auf nach Chalon-sur-Saône | D: 3 |

Der EU-Standortwettbewerb wird zum Subventionswettlauf

(SZ) Hallo Unternehmer, sind Ihnen die Arbeitskosten in Bayern unerträglich geworden? Dann bauen Sie Ihr nächstes Werk in Chalon-sur Saône. Die 100 000-Einwohner-Stadt im französischen Burgund stellt es Ihnen auf die grüne Wiese, während Sie zuschauen. Sie legt Ihnen Gleis- und Straßenanschlüsse, versorgt Sie mit geschulten Mitarbeitern, vermittelt Ihnen Zulieferanten und liest Ihnen Ihre finanziellen Wünsche beinahe von den Lippen ab. Die Generosität und Beflissenheit, mit der die Franzosen ausländische - und besonders gern deutsche - Investoren anlocken, sind bewundernswert. Den auf dem europäischen Binnenmarkt erwünschten Standortwettbewerb beherrschen sie perfekt. Die Frage ist nur, ob solch hohe Subventionen im Spiele sein sollten.

München, 29. November — Die Könner gehören der regionalen Wirtschaftsförderungsbehörde *Aderc* (Agence pour le Developpement Economique de la Region de Chalon-sur-Saône) an und haben ihre Lauscher überall. So hörten sie in der deutschen Kunststoffbranche, daß ein Container-Hersteller einen Standort in Frankreich suchte. Sie machten ihn ausfindig und nahmen ihn unter ihre Fittiche. Um ihm ein Grundstück seiner Wahl bieten zu können, erweiterte der Gemeinderat des Vorortes Crissey das Industriegebiet innerhalb von 24 Stunden. Die Rechnung über die steuerlichen Vorteile gegenüber einer entsprechenden Ansiedlung in Deutschland lagen dem Unternehmer bereits vor, die über die vielfältigen Finanzierungsmöglichkeiten folgte später. Zuschüsse gewährte sogar die nationale Elektrizitätsgesellschaft EDF, der günstige Strompreis verstand sich von selbst. Aderc kümmerte sich um den Notar, die Bankverbindungen und um den Ausbildungsplan für das Personal. 15 Monate nachdem die Aderc-Funktionäre ihren ersten Kontakt geknüpft hatten, erhielt das deutsche Kunststoff-Unternehmen namens *Otto* seine Baugenehmigung.

Wieviel Otto für sein neues Werk selbst berappen mußte, wird nicht verraten. Aber die Burgunder machen bereitwillig eine Musterrechnung auf. Angenommen, die Gesamtinvestition beziffert sich auf 32 Millionen Franc (1 DM entspricht knapp 3,40 Franc), dann sind zu erwarten: verlorene Zuschüsse in der Größenordnung von zwölf bis 14 Millionen Franc, verbilligte Darlehen im Umfang von ebenfalls etwa zwölf Millionen, eine Kapitalbeteiligung von maximal 1,5 Millionen Franc sowie natürlich Steuervergünstigungen. So fällt auf fünf oder sechs Jahre keine Gewerbesteuer an. Die *Ravensburger AG*, die ihre Produktion von Puzzle-Spielen in Chalon konzentriert hat, war so begeistert, daß sie sich zur Werbung für den Standort an der Saône bewegen ließ. Bei gleichem Bruttogewinn, schwärmte der Aufsichtsratsvorsitzende Otto Julius Maier, würden in Frankreich 20 Prozent weniger Steuern abgezogen als in Deutschland, und der dem Unternehmen verbleibende Gewinn liege um 40 Prozent höher.

Derweil kann sich der Fächer der nicht rückzahlbaren Beihilfen noch kräftig weiten. Es locken Prämien von 60 Prozent der Löhne und Gehälter für die Aus- und Weiterbildung, von 50 bis 70 Prozent des Aufwands für Beratung und Marktstudien, sowie von maximal 200 000 Franc pro Kopf für das „Einstellen von Führungskräften". Ist der Stromverbrauch sehr hoch, so liefert die EDF einen Teil gratis. An diesem Subventionssegen beteiligen sich alle Verwaltungsebenen, der Zentralstaat in Paris, das Department und die Kommune.

Am meisten beeindruckt aber, was aus Brüssel kommt. In der Finanzierungsrechnung des 32-Millionen-Betriebes tauchen stark verbilligte Darlehen der Montanunion in Höhe von zehn Millionen Franc und Beihilfen des Europäischen Regionalentwicklungsfonds auf. Ferner bezuschußt die EU den Bau der Werkshallen sowie mit bis zu einem Fünftel der Anschaffungskosten den Maschinenpark.

Alles nach Schema F

Da können Aderes deutsche Kollegen nicht mithalten. Die *Bayerische Landesanstalt für Aufbaufinanzierung (LfA)* etwa offeriert zwar ebenfalls zinsverbilligte Darlehen, Beihilfen, Bürgschaften und Risikokapital. Aber sie schreibt doch wesentlich bescheidenere Zahlen, und bei ihr geht alles nach Schema F. Hierzulande nimmt den ausländischen Unternehmer offenbar niemand an die Hand. Zinssätze, Laufzeiten, Finanzierungsanteile, Darlehensmindest- und -höchstbeträge differieren, je nachdem, ob ein Betrieb erweitert oder neu gegründet werden soll, ob der Antragsteller aus dem Nahrungsmittelhandwerk kommt oder aus dem Gastgewerbe, ob Investitionen in den Umweltschutz oder in High Tech angeregt werden. Die LfA ist für kleine und mittlere Unternehmen gewiß Gold wert, aber ausländische Investoren zu umgarnen, sie mit allen erdenklichen Mitteln ins Land zu locken, das ist nicht ihr Geschäft. Musterrechnungen, zumal farbig broschierte, über Unternehmens-Subventionen aus Brüssel, Bonn, München und, sagen wir, dem Landkreis Kulmbach, sind an Isar und Amper nicht zu erwarten.

Doch ist es ein gutes Vorbild, mit dem Frankreich vorangeht? Die Summen, die in Chalon feilgeboten werden, lassen den Standortwettbewerb auf dem Binnenmarkt zum Subventionswettlauf verkommen. Ein solcher Binnenmarkt ist nicht von Dauer.

Süddeutsche Zeitung

ablesen (von den Lippen), v.→ **read** (~ of the lips)

abziehen, v.→ **deduct**

angenommen, prep.→ **assuming**

anlocken, v.→ **lure**

anregen, v.→ **suggest**

Anschaffungskosten, n.pl.→ **procurement cost**

Ansiedlung, n.→ **settlement**; *hier:* settling *(Gerundium)*

Antragsteller, n.→ **applicant**

Arbeitskosten, n.pl.→ **cost of labor**

auf der grünen Wiese, phr.→ **on the green lawn**; meadows; outside city limits

auf nach, phr.→ **let's go to**

Aufsichtsratsvorsitzender, n.→ **chairman of the supervisory board**

auftauchen, v.→ **record**

Aufwand, n.→ **expenditure**

Ausbildung, n.→ **training**

Ausbildungsplan, n.→ **training schedule**

ausfindig machen, v.→ **locate**

ausländisch, adj.→ foreign

Bankverbindung, n.→ banking connection

Bau, n.→ construction

Baugenehmigung, n.→ building permit

Bayerische Landesanstalt für Aufbaufinanzierung, n.→ Bavarian State Agency of Development Financing

beeindrucken, v.→ impress

beeindruckend, adj.→ impressive

Beflissenheit, n.→ readiness

begeistert, adj.→ enthusiastic

beherrschen, v.→ **master** *(Hier bietet sich eine Nominalkonstruktion an: ... are perfect masters of ...)*

Beihilfe, n.→ subsidy

berappen, v.→ put up

Beratung, n.→ consultancy

bereitwillig, adj.→ readily

bescheiden, adj.→ **lower**; modest

beteiligen (sich ~), v.→ share in

Betrieb, n.→ enterprise

bewegen lassen (sich ~), v.→ be moved to

bewundernswert, adj.→ admirable

beziffern (sich ~ auf), v.→ amount to

bezuschussen, v.→ **support**; subsidize

bieten, v.→ offer

Binnenmarkt, n.→ single market

broschiert, adj.→ **brochured** *(mit Substantiv: brochure)*

Brüssel, n.→ Brussels

Bruttogewinn, n.→ gross earnings

Bürgschaft, n.→ guaranty

Burgund, n.→ Burgundy

Burgunder, n.pl.→ people from Burgundy

Container-Hersteller, n.→ container manufacturer

Darlehen, n.→ loan

Darlehensmindestbetrag, n.→ minimum amount of loan

Dauer (nicht von ~ sein), n.→ will not last

Department, n.→ **department** *(hier: Verwaltungsbezirk)*

derweil, adv.→ at this time

differieren, v.→ differ

ebenfalls, adv.→ also

Einstellen, n.→ **appointment**; hiring

Einwohner, n.pl.→ **populations**; inhabitants *(Bleibt aus stilistischen Gründen unübersetzt („the town of 100,000").)*

Elektrizitätsgesellschaft, n.→ **electricity company**; power company

entsprechen, v.→ be equivalent

entsprechend, adj.→ **respective** *(bleibt aus stilistischen Gründen unübersetzt)*

erdenklich, adj.→ **imaginable**

erhalten, v.→ **be granted**; receive

erwarten, v.→ **expect**

erweitern, v.→ **expand**

erwünscht, adj.→ **desired**

europäisch, adj.→ **European**

Fächer, n.→ **scope**

farbig, adj.→ **colored**

feilbieten, v.→ **offer**

ferner, adv.→ **further**

Finanzierungsanteil, n.→ **financing share**

Finanzierungsmöglichkeit, n.→ **finance opportunities**

Finanzierungsrechnung, n.→ **financing calculation**

Fittiche (unter die ~ nehmen), n.pl.→ **care (take ~ of)**

folgen, v.→ **follow**

Führungskraft, n.→ **executive**

Fünftel, n.→ **one fifth**

Funktionär, n.→ **functionary**

Gastgewerbe, n.→ **innkeeping**

gegenüber, prep.→ **in comparison to**

Gehalt, n.→ **salary**

Gemeinderat, n.→ **community council**

Generosität, n.→ **generosity**

Gesamtinvestition, n.→ **total investment**

Geschäft, n.→ **business**

geschult, adj.→ **trained**

gewähren, v.→ **grant**

Gewerbesteuer, n.→ **trade tax**

Gleisanschluß, n.→ **rail connection**

Gold (~ wert sein), n.→ **gold (be worth ~)**

gratis, adj.→ **free of charge**

Größenordnung, n.→ **size; magnitude; order of magnitude;** *hier:* **of** *(aus stilistischen Gründen durch „of" übersetzt)*

gründen, v.→ **start up**; found

Grundstück, n.→ **building lot**

günstig, adj.→ **low**; favorable

Hand (an die ~ nehmen), n.→ **hand (take by his/her/their ~)**

hierzulande, adv.→ **in this country**

Höchstbetrag, n.→ **maximum amount**

Höhe (in ~ von), n.→ **amounting to**

Industriegebiet, n.→ **business district**; industrial area

innerhalb von, prep.→ **within**

je nachdem, phr.→ **depending on**

Kapitalbeteiligung, n.→ **capital participation**

knapp, adj.→ **almost**; barely; just

knüpfen (Kontakt ~), v.→ **make (~ contact)**

Kommune, n.→ **municipality**

Könner, n.→ **expert**

konzentrieren, v.→ **concentrate**

kräftig, adj.→ **great**

kümmern (sich ~ um), v.→ **take care of**

Kunststoffbranche, n.→ **synthetic fiber industry**

Landkreis, n.→ **county**

Laufzeit, n.→ **credit period**

Lauscher, n.→ **eavesdropper**

legen, v.→ **put**

LfA, abr.→ **Bayerische Landesanstalt für Aufbaufinanzierung**

liefern, v.→ **provide**

locken (ins Land ~), v.→ **lure (~ into the country)**

Lohn, n.→ **wage**

Marktstudie, n.→ **market research**; market study

Maschinenpark, n.→ **machines; machine park**

maximal, adj.→ **maximum**

Mitarbeiter, n.pl.→ **workers**; labor; employees

mithalten, v.→ **compete**

Mittel, n.pl.→ **means**

Montanunion, n.→ **Coal and Steel Union**

München, n.→ **Munich**

Musterrechnung, n.→ **sample calculation**

Nahrungsmittelhandwerk, n.→ **food trade**

namens, adv.→ **by the name of**

Notar, n.→ **notary public**

offenbar, adj.→ **apparent**; obvious

offerieren, v.→ **offer**

Personal, n.→ **workers**

Prämie, n.→ **premium**

pro Kopf, phr.→ **per capita**

Puzzle-Spiel, n.→ **puzzle**

Rechnung (~ aufmachen), n.→ **calculation (make up a ~)**

Rechnung, n.→ **calculation**

Regionalentwicklungsfonds, n.→ **Regional Development Fund**

Risikokapital, n.→ **risk capital**; venture capital

rückzahlbar, adj.→ **to be paid back**

Schema F (nach~), n.→ **standard procedure (according to ~)**

schreiben (Zahlen ~), n.→ **lend (amounts)**

schwärmen für, v.→ **proclaim enthusiastically**

Spiel (im ~ sein), n.→ **play (come into ~)**

Standort, n.→ **location**

Standortwettbewerb, n.→ competition for (industrial) location

stellen, v.→ **put**

steuerlich, adj.→ **tax**

Steuervergünstigung, n.→ **tax privilege**

Straßenanschluß, n.→ **road connection**

Strompreis, n.→ **electricity rate**

Subventionssegen, n.→ **blessing of subsidies**

Subventionswettlauf, n.→ **race for subsidies**

suchen, v.→ **look for**

Summe, n.→ **sum**

Umfang (im ~ von), n.→ vgl.: **Größenordnung**

umgarnen, v.→ **woo**

Umweltschutz, n.→ **environmental protection**

unerträglich, adj.→ **unbearable**

Unternehmer, n.→ **entrepreneur**

verbilligt, adj.→ **cost-reduced**

verbilligt, adj.→ **subsidized**

verbleiben, v.→ **be**; remain

verkommen lassen, v.→ **make deteriorate**

verloren, adj.→ **lost**

vermitteln, v.→ **get**; provide

verraten (nicht ~), v.→ **keep secret**

versorgen mit, v.→ **provide with**

verstehen (sich von selbst ~), v.→ *here*: **understood** (be self-understood)

Verwaltungsebene, n.→ **level of the administration**

vielfältig, adj.→ **multiple**

vorangehen mit, v.→ **present**

Vorbild, n.→ **role model**

vorliegen, v.→ **have**

Vorort, n.→ **suburb**

Vorteil, n.→ **advantage**

Wahl, n.→ **choice**

weiten (sich ~), v.→ **widen**

Weiterbildung, n.→ **further education**

Werbung, n.→ **advertisement**; *hier verbal:* to advertise

Werk, n.→ **factory**

Werkshalle, n.→ **plant building**

wesentlich, adj.→ **substantial**

Wirtschaftsförderungsbehörde, n.→ **agency for regional economic promotion**

Wunsch, n.→ **wish**

Zentralstaat, n.→ **central state**

Zinssatz, n.→ **interest rate**

zinsverbilligt, adj.→ **interest-reduced**

Zulieferant, n.→ **supplier**

zuschauen, v.→ **look on**

Zuschuß, n.→ **subsidy**

ÜT: 38 Let's go to Chalon-sur-Saône

EU Competition for (industrial) location to turn into race for subsidies

(SZ) Hello, entrepreneurs. Has the cost of labor in Bavaria become unbearable to you? If so, your next factory should be built in Chalon-sur-Saône. That town of 100,000 in French Burgundy will put it on a green meadow for you while you are looking on. It will put in the rail and road connections for you, provide you with trained workers, get suppliers for you and almost read your financial wishes off your lips. The generosity and readiness by which the French lure foreign investors—and especially German ones—are admirable. They are perfect masters of the competition for (industrial) locations so much desired in the European single market. The question only is whether such investments should come into play.

Munich, 29 November—The experts are members of the agency for regional economic promotion *Aderc* (*Agence pour le Developpement Economique de la Region de Chalon-sur-Saône*) and have their eavesdroppers everywhere. Thus, they learned in the German synthetic fiber industry that a container manufacturer was looking for a location in France. They located him and took care of him. In order to be able to offer him a (building) lot of his choice, the community council of the suburb of Crissey expanded the business district within 24 hours. The enterprise had already the calculation of the tax advantages that would be incurred in comparison to settling in Germany, that of the multiple finance opportunities followed later. Even the national electricity company EDF granted subsidies and the low electricity rates were self-understood. Aderc took care of the notary public, of the banking connection, and of the training schedule for the workers. Fifteen months after the Aderc functionaries had made first contact, the German synthetics company by the name of Otto was granted its building permit.

How much Otto, itself, had to put up for the new plant is kept secret. But the people from Burgundy readily make up a sample calculation. Assuming the total investment amounts to 32 million Francs (1 deutschmark is equivalent to almost 3.40 Francs), lost subsidies of 12 to 14 million Francs, subsidized loans also amounting to some 12 million, a capital participation of 1.5 million Francs maximum and, of course, tax privileges are to be expected. For example, no trade tax will be incurred over a period of five to six years. Ravensburg AG which has concentrated its puzzle production in Chalon was so enthusiastic that it could be moved to advertise Chalon as a favorable business location. With gross earning being the same, in France 20 per cent less tax would be deducted than in Germany, and the profit for the enterprise would be 40 per cent higher, chairman of the supervisory board Otto Julius Maier enthusiastically proclaimed.

At this time, the scope of subsidies which do not have to be paid back will widen greatly. Enticements are premiums of 60 per cent of wages and salaries for training and further education, of 50 to 70 per cent of the expenditure for consultancy and market research as well as of a maximum of 200,000 Francs per capita for the "appointment of executives". In case electricity consumption proves to be very high, EDF will provide part of it free of charge. All levels of the administration, the central state in Paris, the Department, and the municipality share in this blessing of subsidies.

Most impressive, however, is that which comes from Brussels. The financing calculation of the 32-million enterprise records significantly cost-reduced loans from the Coal and Steel Union amounting to 10 million Francs and financial assistance from the European Regional Development Fund. Furthermore, the EU financially supports the construction of the plant buildings as well as the procurement cost of the machines up to one fifth.

Everything according to standard procedure

In this, Aderc's German collegues are unable to compete. Although the Bayerische Landesanstalt für Aufbaufinanzierung [Bavarian State Agency for Development Financing] (LfA) also offers interest-reduced loans, allowances, guaranties, and risk capital, it lends substantially lower amounts[1], and handles everything by standard procedure. In this country, apparently nobody takes the foreign entrepreneur by his hand. Interest rates, credit periods, financing shares, minimum and maximum amounts of loans differ depending on whether a company is to be expanded or started up, whether the applicant comes from the food trade or from innkeeping, whether investments in environmental protection or in high tech are suggested. Most certainly, LfA is certainly worth gold for small and medium-sized firms, yet, it is not its business to woo foreign investors and to lure them into the country by all means imaginable. Sample calculations, particularly the ones in the form of colored brochures, on company subsidizing from Brussels, Bonn, Munich and, let say the rural county of Kulmbach are not to be expected on the Isar and Amper rivers.

Yet, is it a good role model which France presents? The sums of money which are being offered in Chalon tend to make competition for location in the single market deteriorate to a race for subsidies. Such a single market will not last.

---

[1] „"...sie schreibt wesentlich bescheidenere Zahlen": die Bedeutung dieser Aussage ist in der deutschen Vorlage nicht eindeutig. Wie aus dem vorangehenden Text aber ersichtlich, kann es sich nur um die Gewährung von finanzieller Unterstützung in Gestalt von Darlehen u.ä. handeln. Daher „it lends substantially lower amounts".

| OT: 39   Besonders dubios | D: 3 |

Terminkontrakte sind hochspekulativ. Verlustreich erleben dies jetzt zahlreiche Anleger.

Die bittere Mitteilung kam auf hellgelbem Büttenpapier. „Aufgrund des erneut negativ ausgefallenen Ergebnisses im Handelsmonat August haben die Direktoren des The European Futures Fund entschieden, den Fund zu schließen", lasen aufgeschreckte Anleger in dem Brief von Markus Mossadeghi der Hamburger Trust Asset Management. Sie sollten „nicht dem erhöhten Risiko weiterer Verluste" ausgesetzt werden, begründet der Portfoliomanager den radikalen Schritt.

Für die Empfänger des Briefes ein Desaster: Der Wert ihres Futurefonds schmolz von 1000 Mark zu Beginn des Jahres auf knapp 500 Mark zusammen. Damit klingen frühere Werbeaussagen wie Hohn. Denn die Initiatoren hatten sich großspurig als „Partner fürs Leben" vorgestellt. Mit dem European Futures Fund kann „die Rendite eines Portfolios signifikant gesteigert werden, ohne ein höheres Risiko hinnehmen zu müssen", prahlten sie in einem Faltblatt.

Auch andere Investoren, die über Futurefonds in Terminkontrakte investierten, bangen um ihren Einsatz. Denn die Trends an den Währungs-, Zins- und Aktienmärkten wechseln derzeit hektisch. Das verstärkt die hohen Kursschwankungen der auch als Derivate bezeichneten Futures und Optionen. Mit denen schließen Spekulanten Wetten auf die künftige Entwicklung von Dollar oder Yen, Aktien oder Anleihen ab. Fehlen klare Trends, sind viele der Manager überfordert.

Beispiel HJM New Continental Program. Der Fonds wird von der Oberurseler Gesellschaft HJM Trading Advisors verwaltet und hat allein im August und September jeweils zehn Prozent an Wert verloren. „Der Dollar hat zweimal die Richtung gewechselt", sucht Mark Steindl von HJM nach einer Erklärung.

Wenig Trost auch für Investoren, die der Bad Homburger Stanford & Goldstein Vermögensverwaltung Geld überließen. Der Stanford & Goldstein Future-Fonds büßte im Juli gleich 57 Prozent seines Wertes ein, im September nochmals 76,6 Prozent. „Wie konnte es zu solch katastrophalen Ergebnissen kommen?" fragen sich selbstkritisch die Bad Homburger Vermögensverwalter im monatlichen Rundbrief. Derzeit überarbeiten die Manager ohne Fortune ihr Trendmodell.

Mit Reparaturen wollte sich die Crédit Lyonnais Rouse (CLR) auf Bermuda, eine Tochter des Crédit Lyonnais in Paris, erst gar nicht abgeben. Sie nahm im Sommer den CLR Select Currency-Fund vom Markt. Das Volumen des Fonds sank seit 1992 von 3,5 Millionen Dollar auf rund eine Million US-Dollar. „Eine ausreichende Diversifikation war nicht mehr möglich", erklärt Nicola Minford von CLR in London den Schließungsgrund.

Ähnlich argumentiert Helmut Beyer von der Züricher FFM Finanz AG. Vor zwei Monaten wurde der FFM Multi Fonds liquidiert. „Nichts Außergewöhnliches", behauptet Beyer. Sobald der Anteilswert auf die Hälfte des Ausgabepreises falle und das Volumen unter eine bestimmte Summe sinke, trete bei vielen Futurefonds die Selbstauflösungsklausel in Kraft.

So auch beim eidgenössischen FFM Multi Fonds, der zum Schluß weniger als 500 000 Dollar verwaltete. Wer den Fonds vor zehn Jahren zu 1000 Dollar kaufte, erhielt bei der Auflösung magere 1020 Dollar: zwei Prozent in zehn Jahren. Diesen Ertrag schaffen sogar Sparbuchfans in einem Jahr.

„Die Anleger fallen immer wieder auf marktschreierische Werbung herein", warnt Helmut Kapferer vom Deutschen Finanzdienstleistungs-Informationszentrum in Wiesbaden. Von besonders dubioser Natur sind Terminfonds, die Telefonverkäufer Kunden aufschwatzen.

Deshalb nimmt die Deutsche Hochschulmarketing KG, ein Derivateverwalter in Frankfurt, nur Kundeneinlagen an, nachdem ein ausführliches persönliches Gespräch stattgefunden hat. Die Gelder werden nach dem Financial Leveraged and Optimized Performance Program — kurz Flopp — gemanagt. Auch Flopp hat im August und September gefloppt und rund elf Prozent an Wert verloren. Unter dem Strich aber mehrte sich seit Jahresanfang ein durchschnittliches Kundendepot um 15 Prozent.

Doch diese Art der Derivateverwaltung ist nicht für jedermann geeignet. Die Mindesteinlage beträgt 50 000 Dollar. „Unsere Kunden sind Millionäre", erklärt Gesellschafter Andreas Woitzik. Die Vermögenden versucht er mit den Argumenten der Portfoliotheorie zu gewinnen. Denn durch eine Beimischung von Futures steigt der Ertrag eines Aktiendepots — zumindest in der Modellrechnung. Das will auch die Hamburger Trust Asset Management ihren Kunden glaubhaft machen. Aus dem Debakel mit dem The European Futures Fund haben sie nicht gelernt. Gemeinsam mit ihrer Londoner Mutter Trust Financial Group basteln die Manager schon an einem neuen Fondsangebot.

Wirtschaftswoche

---

abgeben (sich ~ mit), v.→ **bother with**

ähnlich, adj.→ **similar**

Aktiendepot, n.→ **stock portfolio**

Aktienmarkt, n.→ **stock market**

Anleger, n.→ **investor**

Anleihe, n.→ **bond**

annehmen, v.→ **accept**

Anteilswert, n.→ **share value**

Argument, n.→ **argument**

argumentieren, v.→ **reason**; argue

Art, n.→ **type**; nature; kind

aufgeschreckt, adj.→ **frightened up**

aufgrund, conj.→ **due to**

Auflösung, n.→ **dissolution**

aufschwatzen, v.→ **talk into** (doing sth.)

ausfallen, v.→ **be** *(bleibt im Englischen, auch aus stilistischen Gründen, unübersetzt, da eigentlich redundant)*

ausführlich, adj.→ **detailed**

Ausgabepreis, n.→ **issuing price**

ausreichend, adj.→ **sufficient**

außergewöhnlich, adj.→ **unusual**

aussetzen, v.→ **expose to**

bangen, v.→ **be afraid**

basteln an, v.→ *hier:* **concoct**

begründen, v.→ **justify**

behaupten, v.→ **claim**

Beimischung, n.→ **adding**; addition

besonders, adj.→ **particular**

betragen, v.→ **be**; amount to

bezeichnen als, v.→ **call**

bitter, adj.→ **bitter**

Büttenpapier, n.→ hand-made stationery

Debakel, n.→ debacle

Derivat, n.→ derivative

Derivateverwalter, n.→ derivative management firm

derzeit, adv.→ at this time

Desaster, n.→ disaster *(Vorsicht: deutsche Schreibung „e", englische „i")*

Direktor, n.→ director

Diversifikation, n.→ diversification

dubios, adj.→ dubious

durchschnittlich, adj.→ average

eidgenössisch, adj.→ Swiss

einbüssen, v.→ lose

Einsatz, n.→ investment

Empfänger, n.→ those who received; receiver *(aus stilistischen Gründen bietet sich die erste Lösung an)*

entscheiden, v.→ decide

Ergebnis, n.→ result

erhalten, v.→ receive

erleben, v.→ experience

erneut, adj.→ renewed

Ertrag, n.→ return

fallen auf, v.→ drop to

Faltblatt, n.→ leaflet

fehlen, v.→ be missing

Finanzdienstleistungs-Informationszentrum, n.→ financial services information center

floppen, v.→ flop *(Übernahme des seit langem ins D. integrierten englischen Verbs)*

Fondsangebot, n.→ fund offer

Futurefonds, n.→ futures fund

geeignet sein, v.→ be suited; be suitable

Gelder, n.pl.→ funds

gemeinsam mit, adv.→ together with

Gesellschafter, n.→ partner

Gespräch, n.→ interview

gewinnen, v.→ win

glaubhaft machen, v.→ make believe; make believable

gleich, adv.→ promptly

großpurig, adj.→ pretentious

Handelsmonat, n.→ trading month

hektisch, adj.→ hectic

hellgelb, adj.→ light yellow

hereinfallen auf, v.→ fall for

hinnehmen, v.→ accept

Hochschulmarketing, n.→ college marketing *(Vermerk: Eigenname bleibt unübersetzt)*

Hohn, n.→ mockery

Initiator, n.→ initiator

investieren, v.→ invest

jedermann, pron.→ **everybody; anybody**

jeweils, adv.→ **either**; each

klingen, v.→ **sound**

knapp, adj.→ **barely**

kommen zu, v.→ **happen**

Kraft (in ~ treten), n.→ **effect (become effective)**

Kunde, n.→ **customer**

Kundendepot, n.→ **customer deposit**

Kundeneinlage, n.→ **customer's deposits**

künftig, adj.→ **future**

Kursschwankung, n.→ **fluctuation of quotations**

lernen, v.→ **learn**

liquidieren, v.→ **dissolve**

mager, adj.→ **meager**

managen, v.→ **manage** *(Übernahme des seit langem ins D. integrierten englischen Verbs)*

marktschreierisch, adj.→ **hyped-up**

mehren (sich ~ um), v.→ **increase** (~ by)

Millionär, n.→ **millionaire**

Mindesteinlage, n.→ **minimum deposit**

Mitteilung, n.→ **news**; information; message

Modellrechnung, n.→ **model calculation**

monatlich, adj.→ **monthly**

Mutter(gesellschaft), n.→ **parent (company)**

nehmen (vom Markt ~), v.→ **take** (~ off the market)

nochmals (noch einmal), adv.→ **another...** *(normalerweise Zeitadverb: „once again" hier jedoch auf Anzahl bezogen)*

Option, n.→ **option**

Portfoliomanager, n.→ **portfolio manager**

Portfoliotheorie, n.→ **portfolio theory**

prahlen, v.→ **brag**; exaggerate

radikal, adj.→ **radical**

Rendite, n.→ **return on investment**

Reparatur, n.→ **repair** (work)

Richtung, n.→ **direction**

Rundbrief, n.→ **circular**

schaffen, v.→ **realize** *(„realize" hat in den letzten Jahren vielfach die Bedeutung von „verwirklichen", „erzielen", „umsetzen" im Englischen und im Deutschen angenommen, obwohl die eigentliche, richtige Bedeutung „sich bewußt werden", „erkennen" ist.)*

schliessen, v.→ **close**

Schließungsgrund, n.→ **reason for closing**

Schluß (zum ~), n.→ **end** (in the ~)

Selbstauflösungsklausel, n.→ **self-dissolution clause**

selbstkritisch, adj.→ **self-critical**

sinken, v.→ **sink**

Sparbuchfan, n.→ **savings-book fan**

Spekulant, n.→ **speculator**

spekulativ, adj.→ **speculative**

stattfinden, v.→ **take place** *(bleibt aus stilistischen Gründen und wegen Redundanz unübersetzt)*

steigen, v.→ **increase**

steigern, v.→ **increase**

Strich (unter dem ~), n.→ **balance (on ~)**

suchen nach, v.→ **look for**

Telefonverkäufer, n.→ **telephone salesman** *(sowohl im Englischen als auch im Deutschen ist das Wort zweideutig: Verkäufer von Telefonapparaten/jemand, der per Telefon verkauft. Hier handelt es sich um letztere Bedeutung.)*

Terminfond, n.→ **futures fund**

Terminkontrakt, n.→ **futures contract**

Tochter(gesellschaft), n.→ **subsidiary**

Trendmodell, n.→ **trend model**

Trost, n.→ **consolation**

überarbeiten, v.→ **revise**

überfordern, v.→ **leave without a clue**

überlassen, v.→ **put at the disposal of**

Verlust, n.→ **loss**

verlustreich, adj.→ **substantial losses**

Vermögende, n.pl.→ **well-off (persons)**

Vermögensverwalter, n.→ **property manager**

Vermögensverwaltung, n.→ **property management**

verstärken, v.→ **intensify**

verwalten, v.→ **manage**; **administer**

vorstellen (sich ~), v.→ **introduce oneself**

Währungsmarkt, n.→ **currency market**

warnen, v.→ **warn**

wechseln, v.→ **change**

weiter, adv.→ **further**

wenig, adj.→ **little**

weniger als, pron.→ **less than; fewer than**

Werbeaussage, n.→ **advertising statement**

Wert, n.→ **value**

Wette schließen auf, v.→ **bet on**

zahlreiche, adj.→ **many**; **numerous**

Zinsmarkt, n.→ **interest market**

zumindest, adv.→ **at least**

zusammenschmelzen, v.→ **melt**

zweimal, adv.→ **twice**

ÜT: 39 Highly Dubious

Futures Contracts Highly Speculative. Many Investors Now Experience Substantial Loss

The bitter news was broken on light yellow hand-made stationery. "Due to the renewed negative result for the trading month of August, the directors of The European Futures Fund have decided to close the fund", frightened up investors were reading in the letter from Markus Mossadeghi of Hamburg Trust Asset Management. They should "not be exposed to the increased risk of further losses", the portfolio manager justified the radical step.

A disaster for those who received the letter: The value of their futures fund melted from 1,000 Marks at the beginning of the year to barely 500 Marks. This makes earlier advertising statements sound like mockery. The initiators had pretentiously introduced themselves as "partners for life". By means of the European Futures Fund, "the return on investment of a portfolio may be increased significantly without having to accept a higher risk", they bragged in a leaflet.

Other investors, who invested in future contracts by way of future funds are afraid of losing their investment, too. This is because, at this time, the trends in the currency, interest, and stock markets change hectically. This intensifies the strong fluctuation of the quotations of futures and options, also called derivatives. With these, speculators bet on the future development of the dollar or yen, stocks or bonds. If clear trends are missing, many of the managers are left without a clue.

Example: HJM New Continental Program. The fund is being managed by the Oberursel company HJM Trading Advisors and in August and September alone lost ten per cent in value during either month. "The dollar has changed direction twice", Mark Steindl of HJM is looking for an explanation.

Little consolation also for those investors who put money at the disposal of the Bad Homburg Standford & Goldstein property management. In July the Standford & Goldstein Future-Fonds promptly lost 57 per cent of its value, another

76.6 per cent in September. "How could such catastrophic results happen?" the Bad Homburg property managers self-critically ask in their monthly circular. At this time, the hapless managers are revising their trend model.

Crédit Lyonnais Rouse (CLR) on Bermuda, a subsidiary of Crédit Lyonnais in Paris did not even want to bother with repair work. In the summer, it took the CLR Select Currency Fund off the market. Since 1992, the fund volume had sunk from 3.5 million dollars to roughly one million US dollars. "A sufficient diversification was no longer possible", Nicola Minford of CLR in London explains the reason for the closing of the fund.

Helmut Beyer of Züricher FFM Finanz AG reasons along similar lines. Two months ago, the FFM Multi Fonds was dissolved. "Nothing unusual", Beyer claims. As soon as the share value drops to one half of the issuing price and the volume sinks below a specific sum, in many futures funds the self-dissolution clause becomes effective.

This is also the case with the Swiss FFM Multi Fonds which, in the end, managed less than 500,000 dollars. Those who, ten years ago, bought the fund at 1,000 dollars received a meager 1,020 dollars at dissolution—two percent in ten years. Even savings book fans realize this return in a year.

"Time and again, investors fall for the hyped-up advertising", warns Helmut Kapferer of Deutsches Finanzdienstleistungsinformationszentrum (Financial Services Information Center) in Wiesbaden. Of a particular dubious nature are futures funds which customers are talked into buying by telephone salesmen.

As a result, Deutsche Hochschulmarketing KG, a derivatives management firm in Frankfurt accepts customers' deposits only after a detailed personal interview. The funds are being managed in accordance with the Financial Leverage and Optimized Performance Program—FLOPP for short. And in August and September, FLOPP did also flop[1] and lost about 11 per cent in

---

[1] Aus stilistischen Gründen bietet sich hier zur Verdeutlichung und Verstärkung die Zeitform „did flop" an.

value. On balance, however, the average customer deposit has increased by 15 per cent since the beginning of the year.

Yet, this type of derivative management is not suited for everybody. The minimum deposit is 50,000 dollars. "Our clients are millionaires", Andreas Woitzik, one of the partners, explains. He tries to win the well-off with arguments from portfolio theory: Adding futures will cause the return of a stock portfolio to increase at least in the model calculation. And this is also what Hamburg Trust Asset Management tries to make its customers believe. They have not learned anything from the Futures Fund debacle. Together with the London parent company Trust Financial Group, the managers are concocting a new fund offer.

OT: 40 Klare blaue See — D3

Hochkonjunktur und kalter Krieg mit Europa — so will Premierminister John Major seinen Job retten.

Diesmal die Biertrinker? Während der britische Finanzminister Kenneth Clarke vor einem Jahr die Abgaben auf Schnaps um vier Prozent herabsetzte und deshalb die Flasche Whisky um durchschnittlich 27 Pence (ungefähr 65 Pfennig) billiger wurde, gingen die Liebhaber schwächerer geistiger Getränke leer aus. Sie fordern jetzt gleichfalls einen Schluck aus der Pulle — eine Senkung der Biersteuer um 20 Prozent.

Vielleicht haben sie Glück. Denn die Zufriedenheit der Untertanen liegt Clarke dieses Jahr besonders am Herzen. Wenn er am kommenden Dienstag seine Residenz in der Downing Street Nummer 11 verläßt und dabei den bekannten roten Aktenbehälter in die Kameras schwenkt, soll darin nicht nur der Haushalt für das im kommenden April beginnende Rechnungsjahr stecken, sondern auch der Wahlsieg der Konservativen. Es ist die letzte Chance für Clarke und seinen Premier John Major, die Stimmung des Wahlvolks vor der Parlamentswahl im kommenden Frühjahr zugunsten der in Umfragen weit hinter der Labour-Opposition abgeschlagenen konservativen Regierungspartei zu wenden.

Doch viel kann der Finanzminister nicht tun, um Stimmen zu fangen. Die britische Wirtschaft befindet sich allem Anschein nach in der gefährlichen Übergangsphase von solidem Aufschwung zu inflationstreibendem Boom. Wider alles Erwarten hatte Clarke schon vor einigen Wochen den Basiszinssatz um einen Viertelpunkt auf sechs Prozent angehoben, um die Inflation zu bremsen. Weitere Zinserhöhungen werden spätestens nach der Wahl fällig. Große Steuergeschenke sind angesichts dieser Lage nicht zu erwarten, denn die würden die Wirtschaft weiter anheizen. Außerdem ist der Finanzminister immer noch mit seiner Wirtschaftspolitik auf klarem Europa-Kurs, auch wenn er das nicht mehr laut sagen darf. Steuersenkungen, das hat er immer wieder geschworen, müssen mit Ausgabenkürzungen erkauft werden, um das Haushaltsdefizit weiter zu verringern. Das rangiert derzeit mit 3,5 Prozent deutlich über der Maastricht-Hürde von drei Prozent des Bruttoinlandsprodukts.

„Dennoch werden politische Überlegungen wahrscheinlich dazu führen, den Basissteuersatz um einen Prozentpunkt zu verringern", glaubt Alan Davis, Chefvolkswirt der Barclays Bank.

Die Briten kennen nur drei Sätze für die Einkommensteuer: Sie startet bei 20 Prozent für Einkommen bis 3900 Pfund (umgerechnet 9750 Mark), steigt derzeit auf 24 Prozent als Basissatz für Einkommen bis 25 500 Pfund und erreicht danach den Spitzensatz von 40 Prozent.

Clarke hofft, auch ohne tiefen Griff in die Schatulle zum Wahlsieg zu kommen. Der Aufschwung, so der Wunschgedanke, werde die Leute schon davon überzeugen, daß sie bei den Konservativen am besten aufgehoben sind.

Zwar hat sich die Stimmung in der Wirtschaft seit Monaten tatsächlich verbessert, doch schlägt das bislang nicht in die erhoffte Trendwende in der Wählergunst um. „Ich habe so eine Ahnung", meint Charles Bean von der London School of Economics, „daß der Wähler zu der Überzeugung gelangt ist, der Aufschwung finde nicht wegen, sondern trotz der Regierung statt."

Premierminister John Major mag denn auch nicht länger auf seinen Finanzminister und dessen Konjunkturübungen setzen, um im Amt zu bleiben. Er hat eine zweite Front in Europa aufgemacht. Seit der Europäische Gerichtshof in der vergangenen Woche die maximale Wochenarbeitszeit von 48 Stunden auch für die Briten als verbindlich erklärt hat, ist Streit angesagt. Für Major ist die zwangsweise Begrenzung der erlaubten Arbeitsstunden schlicht „Schwachsinn". Deshalb will er den Europa-Gipfel Mitte Dezember in Dublin zum kalten Krieg gegen Europa nutzen und so die wenig von der Gemeinschaft und schon gar nicht von der gemeinsamen europäischen Währung begeisterten Briten auf seine Seite ziehen.

Major lockt die „klare blaue See" zwischen seiner Regierung und der Labour-Konkurrenz. Beide großen britischen Parteien drücken sich seit Monaten vor klaren Aussagen pro oder contra Gemeinschaftswährung. Mit einem eindeutigen Anti-Europakurs zieht der Premierminister nun die nationale Karte im Poker um die Macht. Zwar hat Labour-Chef Tony Blair schon spöttisch vermerkt, die Konservativen wollten offenbar mit dem Slogan „Gegen den Urlaub für alle" in die Wahl ziehen, denn auch die bezahlte Freizeit ist Bestandteil der einheitlichen Europa-Sozialgesetze. Doch weiß Blair so gut wie der Regierungschef, wie groß der Widerwille seiner Landsleute gegen fremde Bürokraten ist, die in der britischen Innenpolitik mitreden wollen.

Das Thema ist bestens geeignet, den Wahlkampf an die Theken der britischen Pubs zu tragen. Und wenn dann auch noch das Bier billiger wird ...

Wirtschaftswoche

Abgaben, n.pl.→ **tax**(es)

abgeschlagen, adj.→ **lag behind**

Ahnung haben, v.→ **have a notion**

Aktenbehälter, n.→ **fileholder**

Amt (im ~ bleiben), n.→ **office** (stay in ~)

angesagt sein, v.→ **be on the agenda**

angesichts, prep.→ **in view of**; in the face of

anheben, v.→ **raise**

anheizen, v.→ **heat up**

Anschein (allem ~ nach), n.→ **indication** (by all indications)

Anti-Europakurs, n.→ **anti-Europe course**

Arbeitsstunden, n.pl.→ **working hours**

aufgehoben sein, adj.→ **to be taken care of**

aufmachen, v.→ **open**

Aufschwung, n.→ **upswing**

Ausgabenkürzung, n.→ **cut in expenditure**

Aussage, n.→ **statement**

außerdem, adv.→ **moreover**; in addition

Basissatz, n.→ **basic rate**

Basissteuersatz, n.→ **basic tax rate**

Basiszinssatz, n.→ **basic interest rate**

begeistert sein, v.→ **be enthusiastic**

Begrenzung, n.→ **limitation**

bei, prep.→ **at**

bekannt, adj.→ **familiar**; known

Bestandteil (~ sein), v.→ **part** (be (a) ~ of)

bestens, adv.→ **perfectly**

bezahlt, adj.→ **paid**

Biersteuer, n.→ **tax on beer**; beer tax

Biertrinker, n.→ **beer drinker**

billig, adj.→ **cheap**

bremsen, v.→ **slow**

Briten, n.pl.→ **the British**; Britons

Bruttoinlandsprodukt, n.→ **gross domestic product**

Bürokrat, n.→ **bureaucrat**

Chefvolkswirt, n.→ **chief economist**

contra, prep.→ **against**

dennoch, adv.→ **nevertheless**

deutlich, adv.→ **clearly**; distinctly

diesmal, adv.→ **this time**

drücken (sich ~ vor), v.→ **shy away** (from)

durchschnittlich, adj.→ **(an) average** (of)

dürfen, v.→ **may**

eindeutig, adj.→ **unequivocal**

einheitlich, adj.→ **uniform**

Einkommen, n.→ **income**

Einkommensteuer, n.→ **income tax**

erhoffen, v.→ **hope for**

erkaufen, v.→ **offset**

erlaubt, adj.→ **allowed**

erreichen, v.→ **reach**

Erwarten (wider ~), n.→ **expectation** (against all expectations)

erwarten, v.→ **expect**

Europa-Gipfel, n.→ **European summit**

Europäischer Gerichtshof, n.→ **European Court of Justice**

fällig werden, v.→ **become due**

fangen (Stimmen ~), v.→ **fetch** (votes)

Finanzminister, n.→ **minister of finance**

fordern, v.→ **claim**

Freizeit, n.→ **free time**

fremd, adj.→ **foreign**

Front, n.→ **front**

Frühjahr, n.→ **spring**

führen zu, v.→ **lead to**

geeignet sein, v.→ **be suited**

geistige Getränke, n.pl.→ **spirits**

gemeinsam, adj.→ **common**

Gemeinschaft, n.→ **community**, *(gemeint ist hier die Europäische Gemeinschaft (EG), jetzt Europäische Union (EU))*

Gemeinschaftswährung, n.→ **common currency**

gleichfalls, adv.→ **too**; also

Glück haben, v.→ **to be lucky; to be fortunate;** *hier:* **succeed**

Griff in die Schatulle, phr.→ **reach into the coffers**

Haushalt, n.→ **budget**

Haushaltsdefizit, n.→ **budget deficit**

herabsetzen, v.→ **reduce**

Herz (am Herzen liegen), n.→ **heart** (be close to one's heart); *hier:* **be concerned with**

Hochkonjunkur, n.→ **boom**; booming economy

Hürde, n.→ **limit**; hurdle

inflationstreibend, adj.→ **inflation-driving**

Innenpolitik, n.→ **internal politics**

kalter Krieg, n.→ **Cold War**

kennen, v.→ **know**

Konjunkturübung, n.→ **cyclical exercise**

Konkurrenz, n.→ **competition**

Konservativen, n.pl.→ **Conservatives** *(gemeint ist die britische konservative Partei)*

Kurs (auf einem ~ sein), n.→ **course** (be on a ~)

Labour-Chef, n.→ **Labour chief**; *(Vorsicht: „chef" bedeutet im Englischen „Koch")*

Labour-Opposition, n.→ **Labour opposition**

Lage, n.→ **situation**

Landsleute, n.pl.→ **countrymen**

leer ausgehen, v.→ **not get anything**

Liebhaber, n.→ **those who favor sb. or sth.**; lover; aficionado

locken, v.→ **lure**

Macht, n.→ **power**

maximal, adj.→ **maximum**

meinen, v.→ *hier:* **say**; think; believe

mitreden, v.→ **have a say**

nutzen, v.→ **use**; utilize; make use of

Parlamentswahl, n.→ **parliamentary elections** *(im Englischen eher Plural, da aus mehreren Wahlen bestehend)*

Pfund, n.→ **pound**

Poker, n.→ **poker**; *(der seit langem im Deutschen befindliche Internationalismus bleibt unübersetzt)*

Premier, n.→ *siehe:* Premierminister

Premierminister, n.→ **prime minister**

pro, prep.→ **for**

Pub, n.→ **pub**; *(das inzwischen aus dem Englischen ins D. entlehnte Wort bleibt unübersetzt)*

Pulle, n.→ **bottle**

rangieren, v.→ **rank**; *hier:* be

Rechnungsjahr, n.→ **fiscal year**

Regierung, n.→ **government**

Regierungspartei, n.→ **government party**; party in power

Residenz, n.→ residence
retten, v.→ save; rescue
Satz, n.→ rate
schlicht, adv.→ simply
Schluck, n.→ draft
Schnaps, n.→ hard liquor
schwächer, adj.→ weaker
Schwachsinn, n.→ stupidity
schwenken, v.→ wave
schwören, v.→ swear
See, n.→ seas
Seite (auf seine ~ ziehen), n.→ side (pull on one's ~)
Senkung, n.→ reduction
setzen auf, v.→ put one's stakes on; bet on
Slogan, n.→ slogan *(das aus dem Englischen ins D. übernommene Wort bleibt unübersetzt)*
solide, adj.→ solid
Sozialgesetz, n.→ social law
spätestens, adv.→ at the latest
Spitzensatz, n.→ top rate
spöttisch, adv.→ mockingly
stattfinden, v.→ take place
stecken in, v.→ contain
steigen, v.→ increase
Steuergeschenk, n.→ tax present
Steuersenkung, n.→ tax reduction
Stimmung, n.→ mood

Streit, n.→ quarrel
Theke, n.→ counter
Thema, n.→ topic
Trendwende, n.→ change in the trend
trotz, prep.→ despite
Übergangsphase, n.→ phase of transition; transitional phase
Überlegung, n.→ consideration
überzeugen, v.→ convince
Überzeugung (zu der ~ gelangen), n.→ conviction (reach the ~)
Umfrage, n.→ poll(s); survey
umrechnen, v.→ convert; *(die Übersetzung des Wortes unterbleibt, da redundant)*
umschlagen in, v.→ turn into
ungefähr, adj.→ about
Untertan, n.→ subject
Urlaub, n.→ furlough; leave; holiday; vacation
verbessern, v.→ improve
verbindlich erklären, v.→ declare binding
verlassen, v.→ leave
vermerken, v.→ remark
verringern, v.→ reduce
Viertelpunkt, n.→ one fourth of a point
Wahl, n.→ election
Wähler, n.→ voter
Wählergunst, n.→ voters' favor

Wahlsieg (zum ~ kommen), n.→ **election victory** (win the election)

Wahlsieg, n.→ **election victory**

Wahlvolk, n.→ **electorate**

wahrscheinlich, adv.→ **probably**

Währung, n.→ **currency**

wegen, prep.→ **due to**

Whiskey, v.→ **whiskey** *(BE-Schreibweise, besonders für in Schottland hergestellten Whiskey. "Whisky" ist die AE und irische Schreibweise.)*

Widerwille, n.→ **aversion**; dislike

Wirtschaft, n.→ **economy**

wissen, v.→ **know**

Wochenarbeitszeit, n.→ **weekly working hours**

Wunschgedanke, n.→ **wishful thinking**

ziehen (in die Wahl ~), n.→ **enter** (~ the elections)

ziehen (Karte ~), n.→ **pull** (~ the card)

Zinserhöhung, n.→ **increase in the interest rate**; interest-rate increase

Zufriedenheit, n.→ **contentment**; happiness

zugunsten von, prep.→ **in favor of**

zwangsweise, adj.→ **obligatory**

zwar, adv.→ *hier:* **indeed**

ÜT: 40 Clear Blue Seas

A booming economy and Cold War with Europe—with that Prime Minister John Major wants to save his job.

This time, the beer drinkers? While a year ago, the British minister of finance, Kenneth Clarke, reduced the tax on hard liquor by four per cent and, thus, the bottle of whiskey became cheaper by an average of 27 pence (about 65 pfennigs), those who favor weaker spirits did not get anything. They, too, now claim a draft from the bottle—a reduction of the tax on beer by 20 per cent.

Perhaps they will succeed because Clarke is very much concerned with the subjects' contentment. Next Tuesday, when he leaves his residence at 11 Downing Street and waves the familiar red file holder to the cameras, it is not only to contain the budget for the upcoming fiscal year but also the election victory of the Conservatives. It is the last opportunity for Clarke and his Prime Minister John Major to reverse the mood of the electorate before the parliamentary elections next spring in favor of the Conservative Government party which, in the polls, lags far behind the Labor opposition.

Yet, the minister of finance cannot do much to fetch votes. By all indications, the British economy seems to be in the dangerous phase of transition from a solid upswing to an inflation-driving boom. Against all expectations, Clarke had, already some weeks ago, raised the basic interest rate by one fourth of a point to six per cent in order to slow inflation. Further increases in the interest rate will become due after the elections, at the latest. In view of this situation, big tax presents are not to be expected since they would continue to heat up the economy. Moreover, the Minister of Finance continues to be on a clear European course with his economic policy, even though he may no longer declare so loudly. Tax reductions, he has sworn again and again will have to be offset by cuts in expenditures in order to further reduce the budget deficit. At this time, with 3.5 per cent the latter clearly is above the Maastricht limit of three per cent of gross domestic product.

"Nevertheless, political considerations will probably lead to a lowering of the basic tax rate by one percentage point," Alan Davis, chief economist at Barclays Bank believes.

The British know only three income-tax rates: it starts at 20 per cent for incomes up to £3,900 (9,750 marks), at this time increases to 24 per cent as the basic rate for incomes up to £25,500, and, thereafter, reaches the top rate of 40 per cent.

Clarke hopes to also win the elections without reaching deeply into the coffers. The upswing, thus his wishful thinking, will be enough to convince the people that they are best taken care of by the Conservatives.

Indeed, for months the mood in the economy has been improving, however, this has so far not turned into the expected change in the trend of the voters' favor hoped for. "I have some kind of notion," says Charles Beau of the London School of Economics, "that the voter has reached the conviction that the upswing takes place not due to the government but despite it."

Consequently, Prime Minister John Major might no longer put his stakes on his Minister of Finance and his cyclical exercises in order to stay in office. He has opened a second front in Europe. Ever since the European Court of Justice last week declared the 48-hour maximum weekly working time also binding for the British, quarrel is on the agenda. To Major the obligatory limitation of working hours allowed simply is "stupidity". Therefore, he wants to use the European Summit in Dublin in mid December for a Cold War against Europe and, thus, pull the Britons, who are so little enthusiastic about the Community and not at all enthusiastic about the common European currency, on his side.

Major is lured by the clear blue seas between his government and the Labor competition. For months, both big British parties have shied away from clear statements for or against the common currency. With an unequivocal anti-Europe course, the prime minister now pulls the national card in the poker game for power. Labor chief Tony Blair did already mockingly remark that, obviously, the Conservatives want to enter the elections with the slogan "Against the furlough for everybody" since paid free time is also part of the uniform European social laws. Yet, Blair knows, as well as the head of government, how strong his countrymen's aversion is against foreign bureaucrats who want to have a say in British internal politics.

The topic is perfectly suited to take the election campaign to the counters of British pubs. And then, if beer also becomes cheaper...

OT: 41 Gebremster Eifer D: 3

Knapp vier Jahre vor Beginn der Expo 2000 zeichnen sich noch immer keine klaren Strukturen für die Weltausstellung in Hannover ab. Sowohl das Engagement der Wirtschaft als auch die Bereitschaft wichtiger Industriestaaten, zur Jahrtausendwende in Deutschland Flagge zu zeigen, halten sich in engen Grenzen. Obwohl Bundeswirtschaftsminister Rexrodt optimistisch verkündet, die Expo komme zügig voran, sind weder so wesentliche Punkte wie die konkrete Bestückung des sogenannten Themenparks noch die Finanzierung und Ausgestaltung des Deutschen Pavillons tatsächlich geklärt.

Es drängt sich nach so manchen Querelen in den letzten Wochen und Monaten vielmehr der Eindruck auf, daß die Verantwortlichen sich bei der verzweifelten Lösung von Einzelproblemen verzetteln. Aktuelles Beispiel: Siemens droht mit Rückzug aus der Planung und Finanzierung des immerhin 300 Millionen Mark teuren Expo-Pavillons. Siemens hatte das Generalmanagement für das deutsche Aushängeschild auf der Weltausstellung übernommen, streitet sich jedoch schon jetzt mit der Bundesarchitektenkammer über die Nachnutzung der noblen Ausstellungshalle. Ein Krisengespräch bei Expo-Generalkommissarin Birgit Breuel soll die Wogen nun glätten.

Frau Breuel stand kürzlich selbst im Mittelpunkt der Kritik. Weil ihre Berichtsvorlage im zuständigen Bonner Haushaltsausschuß offensichtliche Mängel aufwies, wollte man eine noch ausstehende Restrate ihres Etats in Höhe von zwei Millionen Mark sperren. Ein lächerlicher Betrag im Vergleich zu den Milliarden-Investitionen, die die Expo insgesamt auslösen soll. Frau Breuel mußte schließlich einigen Erklärungsbedarf decken, um an das Geld zu kommen, das sie so dringend benötigt, um rund um die Welt weitere Staaten zur Teilnahme an der ersten Weltausstellung auf deutschem Boden zu bewegen.

Dabei dürfte sie noch reichlich Überzeugungsarbeit leisten müssen, denn bis heute haben nicht einmal die Hälfte der eingeladenen 185 Länder definitiv zugesagt. Darunter befinden sich auch die USA, deren Präsident Clinton weiterhin mit einer Zusage zögert. Wie viele andere auch, vermißt wahrscheinlich auch er klare Konzepte, um das schwammige Motto „Mensch-Natur-Technik" mit tragenden Inhalten zu füllen.

DIE WELT

abzeichnen (sich ~), v.→ **seem to be**

aktuell, adj.→ **current**

aufdrängen (sich ~), v.→ **suggest itself**

Ausgestaltung, n.→ **design**

Aushängeschild, n.→ **advertisement**

auslösen, v.→ **cause**

ausstehend, adj.→ **open**

Ausstellungshalle, n.→ **exposition hall**

befinden (sich ~), v.→ **be**

benötigen, v.→ **need**

Bereitschaft, n.→ **readiness**

Berichtsvorlage, n.→ **report**

Bestückung, n.→ **equipment**

Betrag, n.→ **sum**; amount

Boden, n.→ **soil**

Bundesarchitektenkammer, n.→ *(der Begriff bleibt unübersetzt, Übersetzung in Klammern:)* **Federal Chamber of Architects**

Bundeswirtschaftsminister, n.→ **Federal Minister of Economics**

darunter, adv.→ **among**

definitiv, adj.→ **definitively**

dringend, adv.→ **urgently**

drohen, v.→ **threaten**

einladen, v.→ **invite**

Einzelproblem, n.→ **individual problem**

Engagement, n.→ **engagement**; involvement

Erklärungsbedarf, n.→ **need for explanation**

Flagge zeigen, v.→ **make a stand**

füllen, v.→ **fill**

Generalkommissarin, n.→ **general commissioner**

glätten, v.→ **smoothen**

Grenzen (sich in ~ halten), n.→ **limits** (remain/stay within ~)

Hälfte, n.→ **one half**

Haushaltsausschuß, n.→ **budget committee**

Industriestaat, n.→ **industrial nation**

Inhalt, n.→ **content**; meaning

insgesamt, adv.→ **in sum total**

Jahrtausendwende, n.→ turn of the millenium

knapp, adj.→ barely; hardly

kommen an, v.→ get to

Krisengespräch, n.→ crisis talk

Kritik, n.→ criticism

kürzlich, adv.→ shortly

lächerlich, adj.→ ridiculous

leisten, v.→ do

Lösung, n.→ solution

Mangel, n.→ defect; flaw; error

Mittelpunkt (im ~ stehen), n.→ focus (be in the ~)

Motto, n.→ motto

Nachnutzung, n.→ later utilization; later use

nobel, adj.→ noble

offensichtlich, adj.→ obvious

optimistisch, adj.→ optimistic

Pavillon, n.→ pavilion

Querele, n.→ quarrel

Restrate, n.→ remaing rate

Rückzug, n.→ withdrawal

schwammig, adj.→ fuzzy

sperren, v.→ block

streiten (sich ~), v→ quarrel; fight

Teilnahme, n.→ participation

teilnehmen, v.→ participate; take part in

Themenpark, n.→ theme park

tragend, adj.→ meaningful

übernehmen, v.→ accept

Überzeugungsarbeit, n.→ convincing

Verantwortliche(r), n.→ responsible person

Vergleich (im ~ zu), n.→ comparison (in ~ with/to); when compared (with/to)

verkünden, v.→ announce

vermissen, v.→ miss

verzetteln (sich ~), v.→ waste time

verzweifelt, adj.→ desperate

vielmehr, conj./adv.→ rather

vorankommen, v.→ make headway

weiterhin (~ etwas tun), adv.→ continue (~ to do)

Welt (rund um die ~), n.→ world (worldwide)

Weltaustellung, n.→ world exposition

Wirtschaft, n.→ economy

Woge, n.→ wave

zögern, v.→ hesitate

zügig, adj.→ quick

zurückziehen (sich ~), v.→ withdraw

zusagen, v.→ promise to come

ÜT: 41 Slowed-down Zeal

Barely four years before the beginning of Expo 2000, there still do not seem to be clear structures for the Hanover world exposition. The engagement of the economy as well as the readiness of important industrial nations to make a stand in Germany at the turn of the millenium remain in narrow limits. Although Federal Minister of Economics, Rexrodt, optimistically announces that Expo is making quick headway, neither essential points, such as the actual[1] equipment of the so-called theme park, nor the financing and the design of the German pavilion have really been clarified.

After a number of quarrels during the past weeks and months, the impression rather suggests itself that the responsible people waste their time in the desperate solution of individual problems. A current example: Siemens threatens to withdraw from the planning and financing of the Expo pavilion which costs a good 300 million marks. While Siemens had accepted the general management for the German advertising at the world exposition, it quarrels already with the Bundesarchitektenkammer (Federal Chamber of Architects) about the later utilization of the noble exposition hall. A crisis talk with the Expo General Commissioner, Birgit Breuel, is to smoothen the waves.

Shortly, Ms. Breuel herself was the focus of criticism. Because her report to the appropriate Bonn budget committee showed obvious flaws, the committee wanted to block a remaining payment of two million marks still open in her budget. A ridiculous amount when compared to the billions of investments which Expo is to cause in sum total. In order to get

---

[1] „Konkret" hier besser übersetzt durch „actual". Das im Deutschen so häufige Adjektiv/Adverb wird im Englischen kaum in diesem Sinne gebraucht und könnte u.U. zu Mißverständnissen führen („concrete" = „Beton").

to the money which she so urgently needs to motivate additional nations worldwide to participate in the first world exposition on German soil, Ms. Breuel finally had to satisfy some urgent need for explanation.

In doing so, she will probably have to do a lot of convincing, since, until this date, not even one half of the 185 countries invited have definitively agreed to participate. Among them, there is also the USA whose President Clinton still hesitates to promise to come. As do many others, he, too, probably misses clear concepts to fill the fuzzy motto of "man-nature technology" with a meaningful content.

OT: 42 Düstere Aussichten für das Handwerk — D: 2

Abbau der Arbeitsplätze geht unvermindert weiter

Mk. Bonn — Das deutsche Handwerk muß sich im nächsten Jahr auf eine Stagnation einstellen. Damit bleibt die Entwicklung in diesem Bereich weit hinter dem zurück, was der Sachverständigenrat zur Begutachtung der gesamtwirtschaftlichen Entwicklung in der vergangenen Woche für die gesamte Wirtschaft prognostiziert hatte. Die fünf Weisen gingen von einer Wachstumsrate von 2,5 Prozent im nächsten Jahr aus. Bedingt durch die Schwäche am Bau hält der Generalsekretär des Zentralverbandes des Deutschen Handwerks (ZDH), Hanns-Eberhard Schleyer, — gestützt auf eine Anfrage bei 24 500 Unternehmen — in Ostdeutschland „sogar ein negatives Vorzeichen für wahrscheinlich".

Nach den Berechnungen des ZDH war im Herbst im Handwerk lediglich ein leichtes — vor allem saisonbedingtes — Umsatzplus zu verzeichnen. Das Wachstum im Handwerk könnte zum Jahresende 1996 noch unter den vom ZDH prognostizierten minus 1,5 Prozent liegen. 29 Prozent der Befragten in den alten Bundesländern gaben an, daß sich ihre Geschäftslage verschlechtert habe. Die ostdeutschen Handwerksbetriebe schätzen ihre Situation nur wenig günstiger ein: Bei 20 Prozent stellt sich die Geschäftslage schlechter dar als vor einem Jahr. Der Beschäftigungsrückgang im Handwerk wird in diesem Jahr stärker ausfallen als die vom Verband prognostizierten 0,5 Prozent. Der Umfrage zufolge wollen 22 Prozent der westdeutschen Handwerksbetriebe bis zum Jahresende noch Arbeitsplätze abbauen gegenüber nur drei Prozent, die noch Einstellungen planen. Schleyer sprach von einem „traurigen Negativrekord". Auch im Osten erwarten 20 Prozent der Betriebe noch Entlassungen bis zum Jahresende, nur vier Prozent planen Neueinstellungen.

Das Handwerk hat als erste Branche ausdrücklich eine „Bringschuld" für mehr Arbeitsplätze anerkannt, die aus dem Spar- und Beschäftigungspaket der Bundesregierung folge. „Wir haben jetzt eine Bringschuld. Das machen wir auch den Betrieben deutlich", sagte Schleyer. Allerdings verhindere derzeit die äußerst schlechte Konjunktur die Einlösung der Job-Verpflichtung.

DIE WELT

Abbau, n.→ reduction

abbauen, v.→ reduce

anerkennen, v.→ recognize

Anfrage, n.→ survey; *(„Anfrage" ist eigentlich „inquiry"; hier handelt es sich jedoch um eine Anfrage i. S. einer Umfrage)*

angeben, v.→ indicate

Arbeitsplatz, n.→ job

Arbeitsplätze, n.pl.→ staff; jobs

ausdrücklich, adv.→ expressly

ausfallen, v.→ *hier*: be; amount to

ausgehen von, v.→ assume

äußerst, adv.→ extremely

Aussichten, n.pl.→ prospects

Bau, n.→ construction sector

bedingt durch, adj.→ due to

Befragte(r), n.→ interviewee

Begutachtung, n.→ assessment

Berechnung, n.→ calculation

Beschäftigungspaket, n.→ employment package

Beschäftigungsrückgang, n.→ reduction in employment

Branche, n.→ industry; branch

Bringschuld, n.→ *hier*: personal obligation

Bundesland, n.→ federal state; federal land

Bundesregierung, n.→ Federal Government

darstellen (sich ~), v.→ *hier*: be; present oneself

deutlich machen, v.→ point out

düster, adj.→ gloomy

Einlösung, n.→ meeting *(hier stilistisch besser die Gerund-Form von „to meet")*

einstellen auf (sich ~), v.→ *hier*: expect

Einstellung, n.→ hiring *(hier stilistisch besser: „to lure")*

Entlassung, n.→ release; dismissal; discharge; layoff *(hier stilistisch besser: „to release")*

erwarten, v.→ expect

folgen aus, v.→ result from

gegenüber, prep.→ while

Generalsekretär, n.→ general secretary; secretary general

gesamtwirtschaftlich, adj.→ economic *(„gesamt-" bleibt un-*

übersetzt, da in „economic" enthalten)

Geschäftslage, n.→ **business situation**

gestützt auf, adj.→ **based on**

günstig, adj.→ **favorable**

halten für, v.→ **hold for**

Handwerk, n.→ **crafts**

Handwerksbetrieb, n.→ **craft enterprise**

Herbst, n.→ **fall**; *BE*: autumn

Job-Verpflichtung, n.→ **job commitment**

Konjunktur, n.→ **economic situation**

lediglich, adv.→ **only**

leicht, adj.→ **slight**

liegen, v.→ *hier*: **be**; lie;

Negativrekord, n.→ **negative record**

Neueinstellung, n.→ **new hirings**; new recruitment/ appointment *(hier stilistisch besser: „to hire")*

Ostdeutschland, n.→ **East Germany**

Osten, n.→ **East**

prognostizieren, v.→ **predict**

Sachverständigenrat, n.→ **experts' council**

saisonbedingt, adj.→ **seasonal**

schätzen, v.→ **estimate**

schlechter, adj.→ **worse**

Schwäche, n.→ **weakness**

sogar, adv.→ **even**

Sparpaket, n.→ **savings package**

Stagnation, n.→ **stagnation**

traurig, adj.→ **sad**

Umfrage, n.→ **survey**

Umsatzplus, n.→ **increase in sales**

Unternehmen, n.→ **enterprise**

unvermindert, adj./adv.→ **unabated/ly**

Verband, n.→ **association**

verhindern, v.→ **prevent**

verschlechtern (sich ~), v.→ **deteriorate**

verzeichnen, v.→ **record**

Vorzeichen, n.→ **prefix**

Wachstumsrate, n.→ **growth rate**

wahrscheinlich, adj.→ **probable**

Weise (die fünf Weisen), n.→ **wise person** (five Wise Men) *(Die fünf ständigen Wirtschaftsberater der Bundesregierung)*

weit, adj.→ **far**

weitergehen, v.→ **continue**

wenig, adv.→ **slightly**; little

westdeutsch, adj.→ **West German**

Zentralverband, n.→ **central association**

zufolge, prep.→ **according to**

zurückbleiben hinter, v.→ **remain behind**

ÜT: 42 Gloomy Prospects for the Crafts

Job Reduction Continues Unabatedly

Mk. Bonn—Next year, the German trades will have to expect stagnation. Thus, the development in this area remains far behind that which the Experts' Council for the Assessment of Economic Development (Sachverständigenrat zur Begutachtung der gesamtwirtschaftlichen Entwicklung) had predicted last week for the whole of the economy. The five Wise Men assumed the growth rate for next year to be 2.5 per cent. Due to the weakness of the construction sector, Hanns-Eberhard Schleyer, General Secretary of the Central Association of German Crafts (Zentralverband des deutschen Handwerks (ZDH))—based on a survey of 24,500 enterprises—considers "even negative signs" probable for East Germany.

According to the ZDH's calculations, during the fall only a slight—particularly seasonable—increase in sales could be recorded. By the end of 1996, growth in the crafts might even be below the 1.5 per cent predicted by ZDH. 29 per cent of interviewees in the old federal states indicated that their business situation had deteriorated. East German craft enterprises estimated their situation to be only slightly less favorable: For 20 per cent, the business situation was worse than a year ago. This year, the reduction in employment in the crafts will be more than the 0.5 per cent predicted by the Association. According to the survey, 22 per cent of the West German craft companies intend to reduce more staff by the end of the year while only three per cent intend to hire additional personnel. Schleyer spoke of a "sad negative record". Also in the East, 20 per cent of companies expect to release employees by the end of the year, only four per cent plan to hire personnel.

As the first industry to do so, the crafts have expressly recognized their "personal obligation" to create more jobs, a responsibility which results from the Federal Government's savings and employment package. "We now have a personal obligation. And this is what we point out also to the companies", Schleyer said. However, at this time, the extremely poor economic situation prevents us from meeting the job commitments.

OT: 43 Japan: Bankenkrise spitzt sich zu   D: 3

**Regionalinstitut Hanwa muß aufgeben — Erster Fall seit 1945
— Finanzmärkte reagieren gelassen**

rtr Tokio — Das japanische Finanzministerium hat erstmals seit 1945 die Schließung einer in Schieflage geratenen Bank angeordnet. Das Ministerium teilte gestern in Tokio mit, es habe die Auflösung der Hanwa Bank verfügt. Die im Raum Osaka tätige Regionalbank könne nicht mehr aus eigener Kraft weiterarbeiten. Die Notenbank begrüßte ebenso wie Finanzmarkt-Experten das Einschreiten des Staates als Zeichen für eine aktivere Haltung bci der Sanierung des Finanzsystems. Vor der Bankzentrale standen gestern die Hanwa-Kunden bis zu zwei Stunden lang Schlange, um ihre Ersparnisse abzuheben.

Das 1941 gegründete Kreditinstitut zählt mit 658 Mrd. Yen (rund 8,8 Mrd. DM) Bilanzsumme und 850 Angestellten nicht zu den 20 größten Regionalbanken Japans.

Bei einem Kapital von 20,3 Mrd. Yen hat das Institut nach Angabe des Finanzministeriums Problemkredite von 190 Mrd. Yen (rund 2,5 Mrd. DM) in den Büchern stehen. Das Ministerium versprach den Kunden der Bank Schutz. Die Hanwa Bank müsse alle Geschäftstätigkeiten bis auf die Auszahlung von Einlagen beenden. Ein neugegründetes Institut werde die Geschäfte von Hanwa abwickeln.

Wie viele andere Institute auch, ist Hanwa vom Absturz der japanischen Immobilienpreise nach dem Boom der achtziger Jahre schwer getroffen worden. Die großen Bankkonzerne haben Kredite in vielfacher Milliarden-Höhe abgeschrieben, vielen kleinen Banken bereitet das jedoch Probleme. Finanzminister Hiroshi Mitsuzuka sagte, die dritte Bankenpleite seit 1945 sollte keine Zweifel an der Stabilität des Finanzsektors insgesamt wecken.

Notenbankchef Ysuo Matsushita sagte, schnelles Handeln bei Zahlungsunfähigkeit von Banken werde die Funktionsfähigkeit des Finanzsystems verbessern. Auch Finanzmarkt-Experten lobten den Eingriff des Ministeriums. „Das ist der Beginn der Aufräumarbeiten", sagte James McGuinness, Analyst bei der Dresdner Kleinwort Benson International in Tokio. Der Finanzsektor könne nicht ohne weitere Bankzusammenbrüche gereinigt werden.

Der Fall Hanwa zeige auch, daß die Informationspolitik der Finanzinstitute verbessert werden müsse, sagten Experten. Noch vor zwei Wochen hatte die Bank für die sechs Monate zum 30. September einen Verlust von 280 Mio. Yen im ordentlichen Geschäft des Stammhauses geschätzt. Jetzt gestand sie plötzlich einen Fehlbetrag von 33,72 Mrd. Yen ein - mehr als 120 mal soviel.

Die Finanzmärkte nahmen die Bankenpleite gelassen auf. Nur die Aktienkurse einiger anderer Regionalbanken sanken.

DIE WELT

abheben, v.→ **withdraw**

abschreiben, v.→ **write off**

Absturz, n.→ **collapse**

abwickeln, v.→ **wind up**

achtziger Jahre, adv.→ **eighties**; (19)'80s

Aktienkurse, n.pl.→ **stock prices**

Angabe (nach ~), n.→ **according to**

Angestellte(r), n.→ **employee**

anordnen, v.→ **order**

aufgeben, v.→ **give up**

Auflösung, n.→ **liquidation**

Aufräumungsarbeit, n.→ **cleaning up**

Auszahlung, n.→ **payment**

Bankenkrise, n.→ **banking crisis**

Bankenpleite, n.→ **bank failure**

Bankkonzern, n.→ **banking conglomerate**

Bankzusammenbruch, n.→ **bank crash**; bank collapse

beenden, v.→ **end**

begrüßen, v.→ **welcome**

bereiten (Probleme ~), v.→ **have** (problems)

Bilanzsumme, n.→ **balance sheet total**

bis zu, prep.→ **(for) up to**

ebenso wie, adv.→ **in the same way as**

Eingriff, n.→ **intervention**

Einlagen, n.pl.→ **deposits**

Einschreiten, n.→ **intervention**

Ersparnisse, n→ **savings**

erstmals, adv.→ **for the first time**

Fall, n.→ **case**

Fehlbetrag, n.→ **deficit**

Finanzexperte, n.→ **financial expert**

Finanzmarkt, n.→ financial market

Finanzminister, n.→ minister of finance

Finanzministerium, n.→ ministry of finance

Finanzsektor, n.→ financial sector

Finanzsystem, n.→ financial system

Funktionsfähigkeit, n.→ ability to function

gelassen aufnehmen, v.→ receive with calmness

geraten (in Schieflage), v.→ get into the doldrums

Geschäfte, n.pl.→ business transactions

Geschäftstätigkeit, n.→ business activity

gestehen, v.→ confess

gründen, v.→ found

Haltung, n.→ attitude; behavior

Handeln, n.→ action

Immobilien, n.pl.→ real estate

Informationspolitik, n.→ information policy

insgesamt, adj.→ entire

Kapital, n.→ capital

Kraft (aus eigener ~), n.→ under one's own power

Kreditinstitut, n.→ credit institute

loben, v.→ praise

mehr als ...mal soviel, phr.→ more than ... times the amount

mitteilen, v.→ say; inform; state

neugegründet, adj.→ newly founded

Notenbank, n.→ central bank

Notenbankchef, n.→ central bank chief; ~ head, ~ director

ordentliches Geschäft, n.→ regular business

Problemkredit, n.→ ailing credit; problem(atic) credit

Raum, n.→ area

reagieren, v.→ react

reinigen, v.→ clean (up)

Sanierung, n.→ reorganization

schätzen, v.→ estimate

Schieflage, n.→ doldrums

Schlange stehen, v.→ stand in line, queue *(BE)*

Schließung, n.→ closing

Schutz, n.→ protection

seit, conj.→ since

sinken, v.→ drop

Stabilität, n.→ stability

Stammhaus, n.→ parent company

stehen (in den Büchern ~), v.→ have on the books

tätig sein, v.→ operate; be active

treffen, v.→ affect

verbessern, v.→ **improve**

verfügen, v.→ **order**

Verlust, n.→ **loss**

versprechen, v.→ **promise**

vielfach, adj.→ **multi-**; multiple

weiterarbeiten, v.→ **continue working**

zählen zu, v.→ **rank among**

Zahlungsunfähigkeit, n.→ **insolvency**

Zeichen, n.→ **sign**; signal

zeigen, v.→ **show**; demonstrate; illustrate

Zentrale, n.→ **central office**

zuspitzen (sich ~), v.→ **intensify**

Zweifel wecken, v.→ **cast doubt on**

ÜT: 43 Japan: Banking Crisis Intensifies

Regional institute Hanwa forced to give up—First case since 1945—Financial markets react calmly

rtr. Tokyo—For the first time since 1945, the Japanese Ministry of Finance ordered the closing of a bank that has gotten into the doldrums. Yesterday, the ministry said that it has ordered the liquidation of Hanwa bank. The regional bank, they said[1], which operates in the Osaka area, was no longer able to continue working under its own power. In the same way as financial market experts, the central bank welcomed the state intervention as a sign of a more active attitude in the reorganization of the financial system. Yesterday, Hanwa customers were standing in line in front of the bank's central office for up to two hours to withdraw their savings.

With a balance sheet total of 658 billion yen (approximately 8.8 billion DM) and 850 employees, the credit institute, founded in 1941, does not rank among the twenty largest regional banks of Japan.

According to the Ministry of Finance, the institute, with a capital of 20.3 billion yen, has ailing credits amounting to 190 billion yen (about 2.5 billion DM) on its books. The ministry promised protection to the bank's customers. Hanwa Bank will[2] have to end all business activities except payment of deposits. A newly founded institute will wind up the Hanwa business transactions.

As many other institutes[3], Hanwa has been seriously affected by the collapse of Japanese real estate prices after the boom of the eighties. The big bank conglomerates have written off multi-billion credits, many of the small banks

---

[1] Der Konjunktiv, wie hier in der deutschen Fassung, läßt sich im Englischen nur durch Wendungen wie „They said", „It is said that" o.ä. wiedergeben.

[2] Die Verwendung des Konjunktivs ist im Englischen kaum mehr üblich.

[3] Bei der Übersetzung von „wie viele andere Institute auch" entfällt das „auch", da es im Englischen redundant wirkt.

have problems doing so, however. Finance Minister Hiroshi Mitsuzuka said that the third bank failure since 1945 should not cast doubt on the stability of the entire financial sector. Central bank head Ysuo Matsushita said quick action in the case of insolvency of banks will improve the financial system's ability to function. Financial market experts, too, praise the Ministry's intervention. "This is the beginning of the cleaning up,"[4] said James McGuiness, analyst with Dresdner Kleinwort Benson International in Tokyo. The financial sector, he said, could not be cleaned up without further bank crashes.

The Hanwa case also showed, he said, that, according to experts, the information policy of the financial institutes would have to be improved. Only two weeks ago, the bank had estimated a loss of 280 million yen in the regular business of the parent company for the six months until 30 September. Now, it suddenly confessed to a deficit of 33.72 billion yen—more than 120 times the amount.

Financial markets receive the bank collapse with great calmness[5]. Only stock prices of some other regional banks dropped.

---

[4] Hier erweist sich die Übersetzungen von „~arbeiten" wegen der größeren Präzision des Englischen als überflüssig.

[5] Zur Intensivierung erscheint hier die Einführung von „great" angebracht.

OT: 44 Dämpfer für Polens Wachstums-Hoffnungen D: 3

OECD: Boom wird von Schattenwirtschaft getragen

Genf — Als den „aufsteigenden Adler Europas" präsentiert Polens Finanzminister Grzegorz Kolodko sein Land auf internationalen Konferenzen und will damit wohl eine Parallele zum Aufstieg der „Tiger-Staaten" Südostasiens ziehen. Nach rapidem Wachstum in den letzten Jahren gilt Polen heute auch als eines — wenn nicht sogar das — erfolgreichste Reformland im Osten.

Warschau hat große Ziele. Man will bald schon der OECD beitreten und hofft, sich bei weiteren Fortschritten auf dem Weg zur finanziellen Stabilität bis zum Jahr 2000 für die EU-Mitgliedschaft zu qualifizieren.

Die OECD in Paris setzt diesen kühnen Erwartungen in ihrem jüngsten Länderbericht einen Dämpfer auf. Sie weist auf viele fortbestehende Schwachstellen hin. Das Sozialprodukt dürfte nach sieben Prozent im vergangenen Jahr auch 1996 wieder um 5,5 Prozent und 1997 um fünf bis 5,5 Prozent steigen, mehr als zweimal soviel wie in Westeuropa. Dabei kommt aber die bedeutende Schattenwirtschaft, die sich der Statistik entzieht, in diesen Zahlen offenbar nicht zum Vorschein.

Polens Boom wird von Erfolgen im Export getragen, auch hier zum Teil auf illegalen, am Zoll und den Steuerbehörden vorbeilaufenden Wegen. Rund 70 Prozent der Ausfuhren gehen in die EU, allein 38 Prozent nach Deutschland, dem größten Handelspartner. Die Investitionen dürften 1996 um 20 Prozent und der private Verbrauch um sechs Prozent steigen. Für die nächsten drei Jahre hofft man auch auf ausländische Direktinvestitionen im Wert von 15 Mrd. Dollar. Das sind die Pluspunkte. Auf zwei anderen wichtigen Gebieten bleibt Polen aber hinter den Zielen zurück. Die Arbeitslosenquote verharrt trotz hohen Wirtschaftswachstums bei 14 Prozent. Die Schwarzarbeit ist dabei noch höher als beispielsweise in Tschechien (vier Prozent). Auch für 1997 ist keine durchgreifende Besserung in Sicht, da große Geburtenjahrgänge, etwa eine Million jährlich, das Arbeitsalter erreichen. In der Landwirtschaft, die nur gut sechs Prozent zum Sozialprodukt beiträgt, aber noch ein Viertel der Arbeitskräfte beschäftigt, ist früher oder später mit massiver Abwanderung und dadurch zunehmendem Druck auf den Arbeitsmärkten zu rechnen.

Eine weitere Schwachstelle liegt in der hohen Inflation, die Ende 1996 immer noch bei 17 Prozent lag, doppelt so hoch wie in Tschechien und hinter den Zielen zurückblieb.

Ein Grund liegt in der weitverbreiteten Indexierung von Löhnen und Renten, ein anderer in der allzu lockeren Sozial- und Finanzpolitik, ein weiterer im Zustrom von spekulativen Geldern, die durch hohe polnische Zinsen angelockt werden. Warschau hofft, die Inflation bis 1998 unter zehn Prozent zu drücken. Das könne nur bei restriktiverer Finanzpolitik gelingen, warnt die OECD.

Bedenklich stimmen auch die vielen Strukturprobleme, deren Lösung aus politischen Rücksichten verzögert und aufgeschoben worden sind. Nur bei der Sanierung des Bankenwesens sind seit 1993 bedeutende Fortschritte gemacht worden.

DIE WELT

Abwanderung, n.→ **desertion**

Adler, n.→ **eagle**

allzu, adj.→ **rather**

anlocken, v.→ **lure**

Arbeitsalter, n.→ **working age**

Arbeitskräfte, n.pl.→ **work force**; labor force

Arbeitslosenquote, n.→ **unemployment rate**

Arbeitsmarkt, n.→ **labor market**

aufschieben, v.→ **postpone**

aufsteigen, v.→ **rise**

Aufstieg, n.→ **rise**

Ausfuhren, n.pl.→ **exports**

ausländisch, adj.→ **foreign**

Bankwesen, n.→ **banking system**

bedenklich stimmen, v.→ **give rise to worry**

bedeutend, adj.→ **important**; significant

beispielsweise, adv.→ **for example**

beitragen zu, v.→ **contribute to**

beitreten, v.→ **join**

Besserung, n.→ **improvement**

dadurch, adv.→ **thus** *(stets in Kommata)*

Dämpfer aufsetzen, v.→ **put a damper on**

Dämpfer, n.→ **setback**; damper

Druck, n.→ **pressure**

drücken, ~ bis unter..., v.→ **cut, ~ to under...**

durchgreifend, adj.→ **major**

dürfte steigen, v.→ **should rise**

Ende 1996, phr.→ **by the end of 1996**

entziehen, sich ~, v.→ **escape**

Erfolg, n.→ **success**

erfolgreich, adj.→ **successful**

erreichen, v.→ **reach**

Erwartungen, n.pl.→ **expectations**

Finanzpolitik, n.→ **financial policy**

fortbestehen, v.→ **continue**

Fortschritt, n.→ **progress**

früher oder später, adv.→ **sooner or later**

Geburtenjahrgänge, starke ~, n.pl.→ **baby boomers**

Gelder, n.pl.→ **funds**

gelten als, v.→ **be considered to be**

Genf, n.→ **Geneva**

getragen (von), adj.→ **borne** by

groß, adj.→ **important**

Grund, n.→ **reason**

Handelspartner, n.→ **trading partner**; partner in trade

hinweisen auf, v.→ **point to**

hoffen auf, v.→ **hope for**

Hoffnung, n.→ **expectation**

illegal, adj.→ **illegal**

in den letzten Jahren, adv.→ **during the past years**; during the last years

Indexierung, n.→ **indexation**

Inflation, n.→ **inflation**

jüngst, adj.→ **recent**

jüngster Bericht, n.→ **most recent report**

Konferenz, n.→ **conference**; meeting

kühn, adj.→ **daring**

Land, n.→ **nation**; land; country

Länderbericht, n.→ **country report**

Landwirtschaft, n.→ **agriculture**

liegen in, v.→ **be**

locker, adj.→ **lenient**

Löhne, n.pl.→ **wages**

Lösung, n.→ **solution**

massiv, adj.→ **massive**

Mitgliedschaft, n.→ **membership**

Osten, n.→ **East**

Parallele ziehen, v.→ **draw a parallel**

Pluspunkt, n.→ **positive point**

präsentieren, v.→ **present**

qualifizieren, sich ~, v.→ **qualify**

Reformland, n.→ **country of reform**

Rente, n.→ **pension**

restriktiv, adj.→ **restrictive**

Rücksicht, n.→ **consideration**

Sanierung, n.→ reorganization; restructuring; reengineering

Schattenwirtschaft, n.→ shadow economy

Schwachstelle, n.→ weakness

Schwarzarbeit, n.→ moonlighting

Sicht, in ~; n:→ in sight

Sozialpolitik, n.→ social policy

Sozialprodukt, n.→ social product

spekulativ, adj.→ speculative

Statistik, n.→ statistics

steigen, v.→ rise

Steuerbehörden, n.pl.→ revenue authorities

Strukturproblem, n.→ structural problem

Südostasien, n.→ Southeast Asia

Teil, zum ~; adv.→ partly; partially; in part

Tiger-Staaten, n.pl.→ Tiger states

tragen, v.→ bear

Tschechien, n.→ Czech Republic

Verbrauch, n.→ consumption

verharren auf, v.→ remain at

verzögern, v.→ delay

Viertel, n.→ one/a fourth

vorbeilaufen, v.→ bypass

Vorschein, zum ~ kommen, v.→ reflect

Wachstum, n.→growth

warnen, v.→ warn

Warschau, n.→ Warsaw

Weg (auf dem ~ zu), n.→ (on the) way (to)

weitere Fortschritte, n.pl.→ further progress

weitverbreitet, adj.→ wide-spread

Wert, im ~ von, phr.→ amounting to; in the value of, valued at

Westeuropa, n.→ Western Europe

Zahlen, n.pl.→ figures

Ziel, n.→ goal; aim; objective; target

Zinsen, n.pl.→ interest (rate)

Zoll, n.→ customs

zurückbleiben hinter, v.→ lag behind

Zustrom, n.→ influx

ÜT: 44 Setback for Poland's Growth Expectations

OECD: Boom borne by shadow economy

Geneva—Poland's Finance Minister Grzegorz Kolodko presents his nation at international conferences as "Europe's Rising Eagle" and, obviously, wants to draw a parallel to the rise of the "Tiger states" of Southeast Asia with it. After rapid growth during the past years, Poland, today, is considered to be one—if not even the—most successful country of reform in the East.

Warsaw has great goals. They want to soon join the OECD and hope, in case of further progress on the way to financial stability, to qualify for EU membership by the year 2000.

The OECD in Paris, in its most recent country report, puts a damper on these daring expectations. It points to many continuing weaknesses. After seven percent during the past year, the social product should again rise by 5.5 percent in 1996 and by 5 to 5.5 percent in 1997, more than twice that of Western Europe. These figures do, however, obviously not reflect the important shadow economy which escapes statistics.

Poland's boom is borne by success in exports, here also partly on illegal ways which bypass the customs and revenue authorities. Some 70 percent of exports go into the EU, 38 percent alone to Germany, the most important trading partner. In 1996, investments should rise by 20 percent and private consumption by 6 percent. For the coming three years, one hopes for foreign direct investments amounting to $15 billion. These are the positive points. In two other important areas, however, Poland lags behind its goals. Despite the high economic growth, the unemployment rate remains at 14 percent. In this, moonlighting is even higher than, for example, in the Czech Republic (four percent). Also, for 1997, no major improvement is in sight, since large numbers of baby boomers, approximately one million a year, will reach working age. Agriculture which contributes slightly more than six percent to the social product, but still employs one fourth of the workforce, sooner or later will have to reckon with massive desertion and, thus, increasing pressure upon the labor markets.

Another weak point is the high inflation which, by the end of 1996, still was 17 percent, double the rate of the Czech Republic and, thus, lagging behind. One reason is the wide-spread indexation of wages and pensions, another one is the rather lenient social and financial policy, a further one is the influx of speculative funds lured into the country by high Polish interest rates. Warsaw hopes to cut inflation to under ten percent by 1998. The OECD warns that this can only be accomplished by a more restrictive financial policy.

The many structural problems whose solutions have been delayed and postponed for political considerations, also give rise to worry. Significant progress has been made only since 1993 in the reorganization of the banking system.

OT: 45 Siemens Nixdorf kämpft gegen den Preisverfall D: 3

Stärksten Beitrag zum Umsatz leistet PC-Geschäft — Service soll ausgebaut werden — Hoffnung auf Osteuropa — Zahl der Mitarbeiter bleibt konstant

Go. Frankfurt/Main — Zunächst scheut sich Gerhard Schulmeyer, Vorstandsvorsitzender bei Siemens Nixdorf Informationssysteme (SNI), eine Prognose für das Umsatzwachstum abzugeben. Aber dann äußert er sich doch: Mindestens zehn Prozent müßten es im Geschäftsjahr 1996/97 werden. Diese Vorgabe motiviere die Mitarbeiter und sorge für den notwendigen Willen zu weiterem Produktivitätsfortschritt.

Aber nur mit diesen Mitteln sei der starke Preisverfall bei informationstechnischen Produkten nicht aufzufangen. Verstärkt sollen die Sparten Lösungs- und Servicegeschäft ausgebaut werden. Darauf entfallen zur Zeit 27 Prozent (Lösungen) und neun Prozent (Service) vom Umsatz. Diese Strategie wird auch den Personalabbau in Grenzen halten, der in erster Linie im Produktgeschäft (64 Prozent) erforderlich ist. Insgesamt erwartet Schulmeyer, daß die Nettozahl der Mitarbeiter von zur Zeit 34 100 (minus neun Prozent) weitgehend gehalten werden kann. Das bedeutet, daß in den Wachstumssparten unter Umständen aufgestockt werden muß, während im Produktgeschäft eher reduziert wird.

Mit einem Umsatzwachstum von sechs Prozent auf 13,6 Mrd. DM hat das Unternehmen die genannte Vorgabe allerdings im abgelaufenen Geschäftsjahr (30. September) nicht erreicht. Dazu trug vor allem die schwache Konjunkturentwicklung im Inland bei. Es mangelt an Ausrüstungsinvestitionen. Die Internationalisierung des Geschäftes trug dagegen Früchte: Außerhalb Deutschlands stieg der Umsatz deutlich über die Marktentwicklung um 13 Prozent auf 5,1 Mrd. DM. Der Konzern strebt eine Umsatzverteilung von je einem Drittel auf die Regionen Deutschland, das übrige Europa und den Rest der Welt an. Zur Zeit verteilt sich das Geschäft noch im Verhältnis 63 Prozent zu 30 Prozent und zu sieben Prozent auf diese Regionen. Die wachstumsstärksten Länder liegen für Siemens Nixdorf in Osteuropa (plus 184 Prozent). In der Europäischen Union nimmt Italien (plus 81 Prozent) inzwischen nach dem heimischen Markt den zweiten Platz ein. Auch in China hat das Unternehmen mit einem Umsatz von rund 50 Mio. DM inzwischen Fuß gefaßt.

Den stärksten Beitrag zur Umsatzentwicklung leistete das PC-Geschäft mit einem Umsatzplus dem Wert nach von 40 und den Stückzahlen nach von 26 Prozent. Insgesamt entfällt auf diese Sparte rund ein Viertel des Umsatzvolumens.

Das Ergebnis des Unternehmens betrug 52 Mio. DM vor und 29 Mio. DM nach Steuern gegenüber 62 Mio. und 23 Mio. DM im Vorjahr. Der leichte Rückgang geht zu Lasten von 51 Mio. DM Abschreibungen auf die Minderheitsbeteiligung an der in Konkurs gegangenen Kette Escom. Andernfalls, betont Schulmeyer, hätte sich ein Gewinn von 103 Mio. ergeben. Der Gewinn aus dem Verkauf des Geschäftsgebietes Hochleistungsdrucker an Oce' van der Grinten blieb bei den Erträgen unberücksichtigt.

DIE WELT

abgelaufen, adj.→ **expired**

Abschreibung, n.→ **write-off**; depreciation

allerdings, adv.→ **yet**

anderenfalls, adv.→ **otherwise**

anstreben, v.→ **aim at**

auffangen, v.→ **stop**

aufstocken, v.→ **stock up**

ausbauen, v.→ **enlarge**; expand

Ausrüstungsinvestition, n.→ **investment in equipment**

außerhalb, prep.→ **outside**

äußern, sich ~, v.→ **make a statement**

bedeuten, v.→ **mean**

Beitrag, n.→ **contribution**

betonen, v.→ **emphasize**

doch, conj.→ **anyway**

eher, adv.→ **rather**

einnehmen, eine Stelle ~, v.→ **hold** (~ a position)

entfallen auf, v.→ **have a share of**

erforderlich, adj.→ **necessary**

ergeben, hätte sich ~, v.→ there would have been

Ergebnis, n.→ result; business result

erreichen, nicht ~, v.→ fail to reach

Ertrag, n.→ profit

erwarten, v.→ expect

Europa, das übrige ~, n.→ the remainder of Europe

Europäische Union, n.→ European Union

Früchte tragen, v.→ bear fruit

Fuß fassen, v.→ gain a foothold

genannt, adj.→ aforementioned, said

Geschäftsgebiet, n.→ business area

Geschäftsjahr, n.→ fiscal (year)

Gewinn, n.→ profit

Grenzen, in ~ halten, v.→ limit; keep in limits

halten, v.→ maintain

heimisch, adj.→ domestic

Hochleistungsdrucker, n.→ high-performance printer

Inland, im ~, adv.→ domestic

inzwischen, adv.→ meanwhile; in the meantime

kämpfen, v.→ fight

Kette, n.→ chain

Konjunkturentwicklung, n.→ business cycle

Konkurs, in ~ gehen, v.→ go bankrupt

Konzern, n.→ corporation

Lasten, zu ~ gehen, v.→ due to

leicht, adj.→ slight

leisten, einen Beitrag ~, v.→ make a contribution

liegen in, v.→ be in

Linie, in erster ~, adv.→ above all

Lösungsgeschäft, n.→ solutions

mangeln an, v.→ there is a lack of

Marktentwicklung, n.→ market development

Minderheitsbeteiligung, n.→ minority stake

mindestens, adv.→ at least

Mitarbeiter, n.pl.→ work force

Mittel, n./n.pl.→ means

motivieren, v.→ motivate

Nettozahl, n.→ net number

Osteuropa, n.→ Eastern Europe

PC-Geschäft, n.→ PC business

Personalabbau, n.→ personnel reduction; reduction in personnel

Preisverfall, n.→ price decline; price deterioration

Produktgeschäft, n.→ product business

Produktivitätsfortschritt, n.→ progress in productivity

Prognose abgeben, v.→ **make a prognosis**, prognosticate, forecast, predict

Rückgang, n.→ **decline**

scheuen, sich ~, v.→ **shy from**

schwach, adj.→ **weak**

Servicegeschäft, n.→ **services**

sorgen für, v.→ **provide for**

Sparte, n.→ **field**

Steuern, nach ~, n.pl.→ **after taxes**

Stückzahl, n.→ **unit**

Umsatz, n.→ **sales**; turnover

Umsatzplus, n.→ **gain in turnover**

Umsatzverteilung, n.→ **distribution of sales**

Umsatzvolumen, n.→ **sales volume**

Umsatzwachstum, n.→ **growth of sales**

Umständen, unter ~, phr.→ **might**; *(Übersetzung hier durch „might" stilistisch besser, als etwa durch „in the circumstances", das nur punktbezogen ist.)*

unberücksichtigt bleiben, v.→ **remain unconsidered**

Unternehmen, n.→ **company**

Verhältnis, im ~ von, n.→ **at the ratio of**

Verkauf, n.→ **sale**

verteilen, sich ~ auf, v.→ **be distributed**

Vorgabe, n.→ **target**

Vorjahr, n.→ **previous year**

Vorstandsvorsitzender, n.→ **chairman of the board**

Wachstumssparte, n.→ **growth area**

wachstumsstark, adj.→ **of strong growth**

Wert, dem ~ nach, n.→ **valued at**

Wille, n.→ **will**

zunächst, adv.→ **at first**

zur Zeit, adv.→ **at this time**

ÜT: 45 Siemens Nixdorf Fights Price Decline

PC business makes strongest contribution to sales—Service to be expanded—Hopes on Eastern Europe—Workforce to remain constant

Go. Frankfurt/Main—At first, Gerhard Schulmeyer, Chairman of the Board of Siemens Nixdorf Information System (SNI) shies from making a prognosis on the growth of sales. But then he makes a statement anyway: There should be [a growth of] at least 10 percent during fiscal 1996/97. This target motivates the employees and will provide the will necessary for further progress in productivity.

Yet, by such means alone, the severe price deterioration for information-technical products cannot be stopped. [Therefore] the fields of solutions and services are to be enlarged. At this time, they have a share of 27 percent (solutions) and nine percent (services) of sales. This strategy will also limit personnel reductions which are necessary above all in product business (64 percent). In total, Schulmeyer expects that the net number of employees of presently 34,100 (a loss of nine percent) may be maintained. That means that personnel might have to be stocked up in growth areas and rather reduced in product business.

Yet, with a growth in sales of six percent to 13.6 billion DM, the company failed to reach the aforementioned target during the expired fiscal year (30 September). This was mainly due to the weak domestic business cycle. There is a lack of investment in equipment. The globalization of business, however, proved to bear fruit: Outside Germany, sales increased markedly above market development by 13 percent to 5.1 billion DM. The corporation aims at a distribution of sales of one third each to the regions of Germany, the remainder of Europe, and the rest of the world. At this time, business is still distributed at the ratio of 63 percent to 30 percent to seven percent over these regions. For Siemens Nixdorf, the countries of the strongest growth are located in Eastern Europe (an increase of 184 percent). Within the European Union, Italy (an increase of 81 percent) holds the second position after the domestic market. Meanwhile, the company has also gained a foothold in China with sales of about 50 million DM.

The strongest contribution to sales development was made by the PC business with a gain in turnover valued at 40 percent and measured by units 26 per cent. In total, this field accounts for approximately one quarter of the sales volume.

The business result was 52 million DM before and 29 million DM after taxes as compared to 62 million and 23 million DM in the previous year. The slight decline is due to a 51 million DM write-off on the minority stake in the Escom chain which has gone bankrupt. Otherwise, Schulmeyer emphasizes, there would have been profits of 103 million DM. The profit from the sale of the high-performance-printer business to Oce' van der Grinten remained unconsidered in the business results.

OT: 46 Hoffnung auf Asien   D: 3

Triebwerkehersteller BMW Rolls-Royce erwartet Auftragsplus

ehr Dahlewitz — Der 1990 gegründete Flugzeugtriebwerkehersteller BMW Rolls-Royce GmbH, Oberursel, will mittelfristig ein Drittel des Weltmarktes für zivile Antriebe der unteren Schubklasse bedienen. Auf rund 10 000 Stück in den nächsten 15 Jahren beziffert der Vorsitzende der Geschäftsführung, Albert Schneider, das Marktvolumen dieser Schubklasse, die vor allem in Business- und Regionaljets bis 100 Sitzen Verwendung findet. Davon sollen von dem deutsch-britischen Joint-venture 3000 gebaut werden.

„Bislang haben wir 500 Triebwerke als Aufträge fest in den Büchern", so Schneider. 1000 weitere zeichneten sich derzeit konkret ab. Seit 1993 seien sämtliche Bestellungen in diesem Marktsegment an BMW Rolls-Royce gegangen. Gute Chancen rechnet sich Schneider darüber hinaus für einen umfangreichen Auftrag aus China aus, den künftigen 100sitzigen Asienregionaljet, von dem rund 1000 Stück hergestellt werden sollen, exklusiv mit je zwei Triebwerken zu beliefern — Stückpreis 2,5 Mio. Dollar. Die Entscheidung soll in den nächsten zwölf Monaten fallen.

Bis wann das wegen der hohen Vorleistungen noch defizitäre Geschäftsfeld (1995: 651 Mio. DM Verlust vor Steuern, 287 Mio. DM nach Steuern) die Gewinnschwelle erreichen wird, mochte Schneider nicht konkretisieren. Mit dem Jahr 1995 sei jedoch die Maximalbelastung erreicht. Insgesamt hat die Muttergesellschaft BMW bislang 1,5 Mrd. DM Vorleistungen in die Triebwerkstochter (50,5 Prozent) gesteckt. Der Automobilkonzern mit dem rotierenden Propeller als Firmenlogo war im Jahr 1917 als Flugzeugmotorenhersteller gegründet worden, hat dieses Geschäftsfeld aber 1965 vorübergehend verlassen.

Nach Schneiders Darstellung ist BMW Rolls-Royce in der Lage, bereits mit dem Verkauf von Triebwerken Geld zu verdienen und nicht erst mit dem Anlaufen des Ersatzteilgeschäftes. Er räumte ein, daß das Ersatzteilgeschäft die höheren Erträge bringt. Den harten Wettbewerb, dem die Triebwerkshersteller unterliegen, sieht Schneider für sein Unternehmen nicht: „Die beinharte Triebwerkskonkurrenz findet in den großen Triebwerksklassen statt".

BWM Rolls-Royce bietet bislang zwei aus einem selbstentwickelten Kerntriebwerk abgeleitete Varianten an: Die BR 710, die unter anderem an die Business-Jet-Hersteller Gulfstream (USA) und Bombardier (Kanada) geliefert wird, sowie die BR 715, mit denen McDonnell Douglas den Mittelstreckenjet MD95 ausrüstet. Der aktuelle Auftragsbestand wird auf über zwei Mrd. DM beziffert. In diesem Jahr erzielt das Joint-venture erstmals einen — noch geringfügigen — Umsatz aus dem Verkauf dieser Triebwerke, der sich später bei über einer Mrd. DM bewegen soll. Während am Firmensitz in Oberursel Komponenten für die Triebwerksfamilie gefertigt werden, finden am neuen Standort Dahlewitz bei Berlin Entwicklung und Endmontage statt. Derzeit beschäftigt BMW Rolls-Royce 1800 Mitarbeiter, davon 900 in Dahlewitz.

DIE WELT

ableiten, v.→ derive

abzeichnen, sich ~; v→ form up

aktuell, adj.→ at present

anbieten, v.→ offer

Anlaufen, n.→ beginning

Antrieb, n.→ engine

Auftrag, n.→ order

Auftragsbestand, n.→ backlog of orders

Auftragsplus, n.→ increase in orders

ausrechnen, sich ~, v→ reckon with

ausrüsten, v.→ equip

Automobilkonzern, n.→ automobile concern

bauen, v.→ manufacture

bedienen, v.→ supply

beinhart, adj.→ tough-as-nails

bereits, adv.→ already

beschäftigen, v.→ employ

Bestellung, n.→ order

bewegen bei, v.→ is to be

beziffern, v.→ indicate; value at

bislang, adv.→ up to now

Darstellung, nach ~ von, phr.→ according to

darüberhinaus, adv.→ **in addition**; moreover

defizitär, adj.→ **running a deficit**; be in deficit

Drittel, n.→ **one third**

einräumen, v.→ **concede**

Endmontage, n.→ **final assembly**

Entscheidung, n.→ **decision**

Entwicklung, n.→ **development**

Ersatzteilgeschäft, n.→ **spare parts business**

erstmals, adv.→ **for the first time**

Ertrag, n.→ **revenue**

erwarten, v.→ **expect**

erzielen, v.→ **achieve**

exklusiv, adv.→ **exclusively**

fallen, Entscheidung soll ~; v.→ **make**, decision is to be made

fest, adj.→ **firm**

Firmenlogo, n.→ **company logo**

Firmensitz, n.→ **company seat**

Flugzeugmotorenhersteller, n.→ **aircraft-engine manufacturer**

Flugzeugtriebwerk, n.→ **jet engine**, aircraft engine

gehen an, v.→ **go to**

Geld verdienen, v.→ **make money**

geringfügig, adj.→ **minimal**

Geschäftsfeld, n.→ **business area**

Gewinnschwelle, (~ erreichen, v.) n.→ **break-even point**; reach break-even point; break even

gründen, v.→ **found**

hart, adj.→ **fierce**

herstellen, v.→ **manufacture**; make

Hersteller, n→ **manufacturer**, maker, producer

insgesamt, adv.→ **a total of**

je, adv.→ **each**

Kerntriebwerk, n.→ **basic engine**

Komponente, n.→ **component**

konkret, adj.→ **concrete** *(Das Adjektiv bleibt am besten unübersetzt, da es im Englischen redundant wirken würde.)*

konkretisieren, v.→ **narrow down** *(Eigentlich „put into concrete terms", was aber schwerfällig wirkt und den Sachverhalt nicht so genau wie „narrow down" treffen würde.)*

künftig, adj.→ **future**

Lage, in der ~ sein, v.→ **be able to**; be in a position to

liefern, v.→ **supply**

Marktsegment, n.→ **market segment**

Marktvolumen, n.→ **market volume**

Maximalbelastung, n.→ **maximum-cost level**

mittelfristig, adj.→ **in the medium term**

Mittelstreckenjet, n.→ **medium-range jet**

mögen, v.→ (1) **be unable to** *(eigentlich: „vermögen")*; (2) **be unwilling to** *(Der Originaltext läßt offen, ob Bedeutung (1) oder (2) gemeint ist.)*

Muttergesellschaft, n.→ **parent company**

Propeller, n.→ **propeller**

Regionaljet, n.→ **regional jet**

rotieren, v.→ **rotate**

sämtlich, adj.→ **all**

Schubklasse, n.→ **thrust class**

selbstentwickelt, adj.→ **self-developed**

Sitz, n.→ **seat**

sowie, conj.→ **and**; as well as

Standort, n.→ **location**

stattfinden, v.→ **take place**

stecken in, v.→ **invest**

Stück, n.→ **unit**

Stückpreis, n.→ **unit price**

Triebwerk, n.→ **engine**

Triebwerksfamilie, n.→ **engine family**

Triebwerkskonkurrenz, n.→ **aircraft-engine competition**

Triebwerkstochter, n.→ **aircraft-engine subsidiary**

umfangreich, adj.→ **sizable**

unter anderem, prep.→ **among others**

untere, adj.→ **lower**

unterliegen, v.→ **be subjected to**

Variante, n.→ **model**

Verkauf, n.→ **sale**

verlassen, v.→ **leave**

Verwendung finden, v.→ **use**

Vorleistung, n.→ **advance outlay**

Vorsitzender der Geschäftsführung, n.→ **executive chairman**

vorübergehend, adv.→ **temporarily**

Weltmarkt, n.→ **world market**

Wettbewerb, n.→ **competition**

zivil, adj.→ **civilian**

> ÜT: 46 Hopes on Asia

ehr Dahlwitz — Founded in 1990, aircraft engine manufacturer BMW Rolls-Royce GmbH of Oberursel intends to supply one third of the world market for civilian, lower-thrust-class jet engines in the medium term.

The executive chairman, Albert Schneider, indicates the market value of this thrust class, which is used primarily in business and regional jets of up to 100 seats, as approximately 10,000 units during the next 15 years. Of these, the German-British joint venture is to manufacture 3,000.

"So far, we have 500 engines in the books as firm orders", Schneider says. Another 1,000 appear to firm up at this time. Since 1993, all orders in this market segment have gone to BMW Rolls-Royce. In addition, Schneider reckons with a sizable order from China to exclusively equip the future Asia regional jet, of which 1,000 units are to be manufactured, with two engines, at a unit price of 2.5 million dollars. The decision is to be made within the next 12 months.

Schneider was unable to narrow down by when this business area, which is still running a deficit (1995: 651 million DM losses before taxes, 287 million DM after taxes), due to the high advance outlays, will reach break-even point. Maximum cost level, he said, however, was reached in 1995. Up to now, the parent company BMW has invested 1.5 billion DM as preliminary cost in its aircraft subsidiary (50.5 percent). The automobile concern with the rotating propeller as the company logo was founded as an aircraft engine manufacturer in 1917 but had temporarily left this area of business in 1965.

According to Schneider, BMW Rolls-Royce will already be able to make money from the sale of aircraft engines and not only after the beginning of the spare parts business. He conceded that the spare parts business yields a higher revenue. Schneider does not see the fierce competition the aircraft engine manufacturers are subjected to for his company: "The tough-as-nails aircraft engine competition takes place in the big engine classes."

So far, BMW Rolls-Royce offers two models derived from a self-developed basic engine: The BR 710 which, among others, is being supplied to business jet manufacturers Gulfstream (USA) and Bombardier (Canada), and the BR 715 with which McDonnell Douglas equips its medium-range MD 95 jet. At present, orders are valued at over two billion DM. This year, for the first time, the joint venture will achieve a—still small—turnover from the sale of these engines which is to be over a billion DM later. While components for the engine family are being manufactured at the company's seat at Oberursel, development and final assembly will take place at the new location at Dahlwitz near Berlin. At this time, BMW Rolls-Royce employs 1,800 workers, 900 of them at Dahlwitz.

OT: 47 Gras unter Asphalt   D: 3

Kleine und mittlere Unternehmen entwickeln sich zum Motor der russischen Wirtschaft - ein Mittelstand entsteht.

Als Olga und Dschamsched Abbasow Ende vergangenen Jahres das Angebot bekamen, sich an der bankrotten Textilfirma Meta-M zu beteiligen, war die Zeit reif: Seit drei Jahren betrieben die Mathematikerin und ihr aserbaidschanischer Mann ziemlich erfolgreich zwei Lebensmittelläden im Zentrum von Moskau. „Unternehmerische Erfahrung haben wir dabei genug gewonnen, und zudem sind die Handelsspannen stark zurückgegangen", berichtet Dschamsched, „also haben wir beschlossen, in die Produktion einzusteigen".

Gut 170 000 Dollar steckten sie in Kauf und Renovierung des Firmengeländes von Meta-M. Sie entließen den bisherigen Direktor, der erhebliche Schulden zu verantworten hatte. Kaum ein halbes Jahr brauchten sie, um die Klage des Direktors zu widerlegen, die Produktion lohne nicht. Mit dem Nähen von Übergrößen fand das Unternehmen seine Nische und vervierfachte den monatlichen Umsatz von Januar bis Mai auf 24 300 Dollar. Die Mitarbeiterzahl steigt demnächst von 35 auf 45.

Entrepreneure wie die Abbasows sind die Hoffnungsträger der russischen Wirtschaft: Während die Großindustrie bis auf wenige profitable Öl- und Gasunternehmen weiter schrumpft, legen privat geführte Klein- und Mittelbetriebe deutlich zu. Eine knappe Million dieser Firmen (definitionsgemäß bis 200 Mitarbeiter) gibt es bislang. Sie erwirtschaften rund zehn Prozent des offiziellen russischen Bruttosozialprodukts. Damit liegt Rußland zwar weit hinter entwickelten Ländern, wo solche Unternehmen zwischen 30 und 40 Prozent zum Sozialprodukt beitragen. Doch für ein Land, in dem sich allenfalls vor der Revolution von 1917 ein Mittelstand entwickeln konnte, ist das ein vielversprechender Anfang. Zudem verkriechen sich viele kleine Unternehmen aus Angst vor den Steuerbehörden in die Schattenwirtschaft, die nach offizieller Schätzung des KGB-Nachfolgers FSB bis zu 50 Prozent der offiziellen Wirtschaft erreicht. Daß ihre tatsächliche Bedeutung noch weit höher liegt, zeigen die relativ genauen und häufigen Beschäftigungsumfragen: So erhöhten Klein-und Mittelbetriebe die Zahl ihrer Mitarbeiter von 1994 auf 1995 von insgesamt 6,5 Millionen auf 8,8 Millionen Menschen.

„Diese Firmen sind wie Gras unter dem Asphalt", sagt Matthias Kenter, der als Referent für das Institut der deutschen Wirtschaft (IW) in Köln eine umfangreiche Studie über den russischen Mittelstand abgeschlossen hat. „Sie müssen enorme Widerstände überwinden". Neben der hohen Steuerbelastung und unsicheren Rechtslage trifft kleine Unternehmen die schwierige Kreditbeschaffung ganz besonders. „Russische Banken interessieren sich für solche Kleinkunden in der Regel nicht", weiß Kenter. Das können Tatjana Winogradowa und Nadeschda Gorilowa leidvoll bestätigen: Die 45jährige Ökonomin und die 42jährige Taxifahrerin haben im November buchstäblich bei Null begonnen. „Wir hatten einen Hunde- und einen Katzenkorb zu verkaufen und träumten von dem Tiergeschäft, das wir irgendwann einmal eröffnen wollten", erinnert sich Gorilowa. Zufällig hörten sie von einem Kreditprogramm der Londoner Osteuropa-Bank (EBRD), die auf zehn Jahre 300 Millionen Dollar für russische Klein- und Mittelunternehmen bereitgestellt hat. „Unsere Kredite laufen von 50 Dollar bis zu 125 000 Dollar", erläutert Martin Holtmann von der Frankfurter IPC, die seit langem Kleinkreditprogramme in Lateinamerika und Afrika für internationale Geldgeber und nun auch das EBRD-Programm in Rußland realisiert.

Wirtschaftswoche (gekürzt)

abschließen, v.→ **complete**
allenfalls, adj.→ **at best**
Angst, n.→ **fear**
aserbaidschanisch, adj.→ **Azerbaijanian**
Asphalt, n.→ **asphalt**; blacktop
bankrott, adj.→ **bankrupt**
Bedeutung, n.→ **significance**; importance
bereitstellen, v.→ **make available**
berichten, v.→ **say**
Beschäftigungsumfragen, n.→ **employment poll**
beschließen, v.→ **decide**
besonders, adv.→ **especially**; in particular; particularly
betreiben, v.→ **operate**
bisherig, adj.→ **existing**
brauchen, v.→ **need**
Bruttosozialprodukt, n.→ **gross national product**
buchstäblich, adj.→ **literally**
definitionsgemäß, adj.→ **by definition**
demnächst, adv.→ **soon**
deutlich, adj.→ **clearly**
einsteigen, v.→ **enter**
entlassen, v.→ **dismiss**; discharge; release; fire
Entrepreneur, n.→ **entrepreneur**
(*Das aus dem Französischen ins Englische und Deutsche entlehnte Fremdwort wird übernommen.*)
entwickeln, sich ~; v.→ **evolve**
entwickelte Länder, n..pl.→ **developed countries**
Erfahrung, n.→ **experience**
erfolgreich, adj./adv.→ **successful**/ly
erheblich, adj.→ **considerable**
erhöhen, v.→ **increase**; raise
erinnern, sich ~, v.→ **recall**; remember
erläutern, v.→ **explain**
eröffnen, v.→ **open**
erwirtschaften, v.→ **generate**
Firmengelände, n.→ **company premises**
Gasunternehmen, n.→ **gas company**
Geldgeber, n.→ **investor**
genau, adj.→ **precise**
gewinnen, v.→ **gain**
Großindustrie, n.→ **big industries**
gut ... Dollar, adv.→ **slightly more than ... dollar**
Handelsspanne, n.→ **margin**; retail margin
häufig, adj.→ **frequent**
Hoffnungsträger, n.pl.→ **bearers of hope**
hören, v.→ **learn of**; hear of

interessieren, sich ~ für, v.→ **be interested in**

irgendwann, adv.→ **some day**; one day

kaum, adv.→ **barely**

Klage, n.→ **claim**

Kleinkreditprogramm, n.→ **small-loan program**

Kleinkunde, n.→ **small customer**

Kleinunternehmen, n.→ **small enterprise**

Korb, n.→ **basket**

Kreditbeschaffung, n.→ **obtaining loans**

Lateinamerika, n.→ **Latin America**

laufen von ... bis, v.→ **range from ... to**

Lebensmittelladen, n.→ **food store**

leidvoll, adj.→ **sorrowful**

liegen, hinter, v.→ **rank behind**; lag behind

lohnen, sich ~, v.→ **pay off**

Mann = Ehemann, n.→ **husband**

Mathematikerin, n.→ **lady mathematician** *(Im Englischen können die deutschen Feminin-Endungen „-in" nur durch Zusätze wie „woman", „lady" oder „female" wiedergegeben werden.)*

Menschen, n.pl.→ **people**

Mittelstand, n.→ **middle class** *(Obwohl in europäischen Ländern „Mittelklasse" mehr als nur die monetäre Ausstattung, sondern darüber hinaus auch kulturelle und bildungsbedingte Wertvorstellungen beinhaltet, wird „middle class" im Englischen praktisch einzig und allein durch den finanziellen Aspekt definiert.)*

mittleres Unternehmen, n.→ **medium-sized enterprise**

monatlich, adj.→ **monthly**

Moskau, n.→ **Moscow**

Motor, n.→ **driving force**

Nachfolger, n.→ **successor**

nähen, v.→ **sew**; sewing

Nische, n.→ **niche**

Null, bei ~ beginnen, v.→ **start from scratch**

Ökonomin, n.→ **economist**

Ölunternehmen, n.→ **oil company**

privat geführt, adj.→ **privately operated**

realisieren, v.→ **implement**

Rechtslage, n.→ **legal framework**

Referent, n.→ **person in charge**

Regel, in der ~; n→ **as a rule**; in general

reif, adj.→**ripe**

Renovierung, n.→ **refurbishment**

russisch, adj.→ **Russian**

Schattenwirtschaft, n.→ **shadow economy**

schrumpfen, v.→ **shrink**

Schulden, n.pl.→ debts

seit langem, adv.→ for a long time

stecken in, v.→ put into

Steuerbehörden, n.pl.→ tax authorities

Steuerbelastung, n.→ tax burden

Studie, n.→ study

tatsächlich, adj.→ real

Taxifahrerin, n.→ (female) taxi driver; (female) cab driver

Textilfirma, n.→ textile company

Tiergeschäft, n.→ pet store

träumen, v.→ dream

treffen, v.→ affect

Übergröße, n.→ oversize; *hier*: oversized garments

überwinden, v.→ overcome

umfangreich, adj.→ comprehensive

unsicher, adj.→ uncertain

unternehmerisch, adj.→ entrepreneurial

verantworten, v.→ be responsible for

verkriechen, v.→ hide

vervierfachen, v.→ quadruple

vielversprechend, adj.→ promising

weit, adj.→ far

weiter schrumpfen, v.→ continue to shrink

wenige, adj.→ a few

widerlegen, v.→ refute

Widerstand, n.→ obstacle

Zentrum, n.→ center

zudem, adv.→ in addition

zufällig, adv.→ by accident; by chance

zulegen, v.→ grow

zurückgehen, v.→ decline; decrease, drop

ÜT: 47 Grass Under the Asphalt

Small and medium-sized enterprises develop into driving forces of the Russian economy—a middle class arises

When Olga and Dschamsched Abbasow were invited to invest into the bankrupt textile company Meta-M last year, the time was ripe: For three years, the lady mathematician and her Azerbaijanian husband had been operating quite successfully two food stores in the center of Moscow. "We have gained enough entrepreneurial experience in doing so, and, in addition, retail margins have declined considerably", says Dschamsched, "and, thus, we decided to enter production."

They put slightly more than 170,000 dollars into the purchase and refurbishment of the Meta-M company premises. They dismissed the existing director who had been responsible for considerable debts. They barely needed half a year to refute the director's claim that production did not pay off. The company found its niche in sewing oversized garments and quadrupled monthly sales from January to May to 24,300 Dollars. The workforce will soon increase from 35 to 45.

Entrepreneurs such as the Abbasows are the bearers of hope of the Russian economy. While the big industries, except for a few profitable oil and natural gas companies, continue to shrink, privately operated small and medium-sized enterprises clearly grow. There are almost a million enterprises (up to 200 employees by definition) of this type: They generated about ten percent of the official Russian gross national product.

Thus, Russia ranks far behind developed countries where such companies contribute between 30 and 40 percent of the national product. But for a country in which a middle class was able to evolve at best before the 1917 revolution, this means a promising beginning. Moreover, many small enterprises, for fear of the tax authorities, hide in the shadow economy – which, according to official estimates of the KGB successor FSB, amounts to up to 50 percent of the official economy. The fact that its real significance is still much higher is demonstrated by the relatively precise and frequent employment polls: Thus, from 1994 to 1995 small and medium-sized companies increased the number of their employees from a total of 6.5 million to 8.8 million people.

"These companies are like grass under the asphalt", says Matthias Kenter, who, as the person in charge, has just completed a comprehensive study of the Russian middle class for the *Institut der deutschen Wirtschaft* (IW) (Institute of the German Economy), in Cologne. "They have to overcome enormous obstacles." Apart from the high tax burden and uncertain legal framework, the difficulty in obtaining loans especially affects the small companies. "Russian banks, as a rule, are not interested in such small customers", Kenter knows.

Tatjana Winogradowa and Nadeschda Gorilowa can painfully confirm this: The two women, the 45-year-old economist and the 42-year-old taxi driver literally started from scratch in November. "We had a dog basket and a cat basket to sell and dreamed of the pet store which we wanted to open some day", Gorilowa recalls. By accident, they learned of a ten-year credit program of London's East-European Bank (EBRD) which made available 300 million dollars for Russian small and medium-sized companies. "Our loans range from 50 dollars to 125,000 dollars", explains Martin Holtmann of Frankfurt's IPC which, for a long time, has realized small-loan programs in Latin America and Africa for international investors and will soon also handle[1] the EBRD-program in Russia.

---

[1] Aus stilistischen und grammatischen Gründen wurde im letzten Satz ein weiteres Verb („handles") eingefügt.

OT: 48 All eyes on China D: 3

Hong Kong at the end of the 20th century is one of the wonders of the world. What are the prospects of it remaining prosperous, vibrant and free under new management?

HONG KONG'S return to China is surely the last word in media frenzy, with a stunning natural backdrop, a story of the end of one empire and the rise of another, and with telegenic protests by lovers of freedom in the face of Chinese might. Still, some of the thousands of journalists who have come to record events might, if they were honest, be wondering by the end of the week what all the fuss was about.

By July 3rd Hong Kong will be back at work, after an unusually long weekend. The Star Ferry will be chugging across what will again be a manic harbour, jackhammers will be beating out the rhythm of money being made, and frail old women will be back on the streets collecting cardboard boxes for a pittance. For many of Hong Kong's people life will go on much as before, in what will, for a long time, be the most decent place in China.

For this to be said with some confidence (the qualifications, of which there are several, will be examined later) bears testimony not just to the breath-catching, energy-filled city that Hong Kongers have created. It is also testimony to some extraordinary concessions, from a Communist viewpoint, that have been made to the free citizens of Hong Kong.

These concessions appear to rub against every fibre of the Chinese political system, which places rulers above the law and entails the intimate control of ordinary people's lives. They also appear to contradict China's claim to be banishing all traces of foreign humiliation. Schoolchildren in China are taught about the evils of "extra-territoriality", by which foreigners carved out enclaves in pre-Communist China and exempted themselves from Chinese law. By blocking its development, Communist rulers punished Shanghai for nearly 40 years for the disgrace they said that city tolerated during its treaty-port days. Yet now Hong Kong is being granted all the rights of a treaty port, and more.

Hong Kong will not be subject to Chinese law. It will not have to send revenues up to Beijing. It will be no easier for ordinary Chinese citizens to visit Hong Kong or to settle there. The territory will retain its own currency and control its own reserves. The "Hong Kong special administrative region", in other words, will not be ruled by Beijing. "Hong Kong people ruling Hong Kong": this is the official slogan.

The assurances were first laid down in the 1984 Joint Declaration between Britain and China; then echoed in the Basic Law (China's mini-constitution for Hong Kong after the handover), and have been repeated many times since. The assurances go further, to encompass individual rights. Hong Kong people, says the declaration, will enjoy the freedoms of speech, press, assembly and religion. People will have access to the courts, and the right to challenge government decisions. In brief, just about everything denied to Chinese citizens is being promised to Hong Kong.

Nor are they assurances that China can lightly shirk. Hong Kong is an international city and China's behaviour there will inevitably be closely scrutinised. Should China break its promises in Hong Kong, its relations with the rest of the world will suffer. In America, Congress has already passed laws that would give it the right to rescind Hong Kong's trading privileges, if Hong Kong's independence as an economic actor were violated. In 1984 China also agreed to lodge the Joint Declaration with the United Nations, so acknowledging that it should be regarded as an international treaty. Obvious violation of the Joint Declaration would cast doubt on the reliability of China's other treaty commitments.

Of course, China's intention to live up to its promises has yet to be tested. And in truth its concessions are a recognition that, had it taken back Hong Kong's 1,095 square kilometres on Communist terms, China would have inherited a wasteland. One Chinese former official says that his colleagues estimated that 2m people—one-third of the population—would have fled at the prospect of Communist rule, just as their forebears once fled the mainland.

[...]

The Economist (abridged)

access, have ~ to, v.→ **Zugang haben zu**

acknowledge, v.→ **anerkennen**

actor, n.→ **Akteur**

agree, v.→ **sich bereit erklären**; zustimmen; bereit sein

assembly, n.→ **Versammlung**

assurance, n.→ **Versicherung**

backdrop, n.→ **Kulisse**

banish, v.→ **auslöschen**

basic law, n.→ **Grundgesetz**

bear testimony, v.→ **Zeugnis sein für**; Zeugnis ablegen für

beat out the rhythm, v.→ **nach dem Rhythmus schlagen**

behaviour, n→ **Verhalten**

breath-catching, adj.→ **atemberaubend**

brief, in ~, phr.→ **kurz gesagt**

by, prep.→ **am**

cardboard box, n.→ **Pappkarton**

carve out, v.→ **herausschneiden**

challenge, v.→ **in Frage stellen**; herausfordern

chug, v.→ **tuckern**

citizen, n.→ **Bürger**

claim, n.→ **Anspruch**

commitment, n.→ **Verpflichtung**

concession, n.→ **Zugeständnis**

confidence, n.→ **Vertrauen**

contradict, v.→ **widersprechen**

court, n.→ **Gericht(shof)**

currency, n.→ **Währung**

decent, adj.→ **anständig**

deny, v.→ **versagen**

disgrace, n.→ **Schande**; Schmach; Makel

doubt, cast ~ on, v.→ **Zweifel aufkommen lassen**

echoe, v.→ **wiederholen**

empire, n.→ **(Welt)reich**

enclave, n.→ **Enklave**

encompass, v.→ **einschließen**; umfassen

energy-filled, adj.→ **energiegetrieben**

entail, v.→ **nach sich ziehen**; beinhalten; mit sich bringen

estimate, v.→ **schätzen**

evil, n.→ **Verwerfliches**

exempt from, v.→ stellen über; ausnehmen, freistellen

extra-territoriality, n.→ Extraterritorialität

fibre, n.→ Faser

flee, v.→ fliehen

forebear, n.→ Vorfahr

frail, adj.→ gebrechlich

fuss, n.→ Theater; Trubel; Lärm

handover, n.→ Übergabe

harbour, n.→ Hafen

honest, adj.→ ehrlich

humiliation, n.→ Erniedrigung

in the face of, prep.→ angesichts

inevitably, adv.→ unweigerlich

inherit, v.→ erben

intimate, adj.→ privat

jackhammer, n.→ Preßlufthammer; Bohrhammer

joint declaration, n.→ gemeinsame Erklärung

lay down, v.→ festlegen

lightly, adv.→ mit Leichtigkeit; leicht

live up to, v.→ einhalten; entsprechen; Genüge leisten

lodge, v.→ hinterlegen

lover of freedom, n.→ Friedensliebender

mainland, n.→ Festland

management, n.→ Verwaltung

manic, adj.→wirr

media frenzy, n.→ Medienrummel

might, n.→ Macht

mini-constitution, n.→ Miniverfassung

nor, conj.→ *hier*: auch

obvious, adj.→ offensichtlich

official, n.→ Beamter

ordinary, adj.→gewöhnlich

pass (law), v.→ verabschieden *(Gesetz)*

pittance, n.→ Hungerlohn

place, v.→ stellen; setzen; legen

properous, adj.→ florierend; *(hier ist die bessere Übersetzung durch das Verb „florieren" mit vorangestellten Adjektiven „lebhaft" und „frei")*

prospects, n.pl.→ Aussichten; Zukunftsaussichten **(*Vorsicht:* *häufig von Deutschen mit „perspectives" verwechselt, das im Englischen Betrachtungs- oder Sichtweise bedeutet)*

punish, v.→ bestrafen

qualification, n.→ Einschränkung

recognition, n.→ Anerkennung

record, v.→ registrieren

regard as, v.→ ansehen als

reliability, n.→ Verläßlichkeit

rescind, v.→ widerrufen

reserves, n.pl.→ Reserven

retain, v.→ **behalten**; zurückhalten, einbehalten

return, n.→ **Rückgabe**; Rückkehr

revenues, n.pl.→ **Abgaben**; Steuergelder

rise, n.→ **Aufstieg**

rub, v.→ **reiben**

ruler, n.→ **Regierender**

scrutinise, v.→ **beobachten**

settle, v.→ **sich niederlassen**; siedeln

shirk, v.→ **umgehen**

special administrative region, n.→ **Sonderverwaltungsregion**

stunning, adj.→ **gewaltig**

subject, be~ to, v.→ **unterstellt sein**; unterliegen

suffer, v.→ **leiden**

telegenic, adj.→ **telegen**

terms, n.pl.→ **Bedingungen**

testimony, n.→ **Zeugnis**

trace, n.→ **Spur**

treaty port, n.→ **Vertragshafen**

treaty, n.→ **Vertrag**

unusual, adj.→ **ungewöhnlich**

vibrant, adj.→ **lebhaft**

viewpoint, n.→ **Sicht**; Ansicht

violate, v.→ **verletzen**

violation, n.→ **Verletzung**; Bruch

wasteland, n.→ **Ödland**

wonder, n.→ **Wunder**

words, in other ~, phr.→ **mit anderen Worten**

yet, conj.→ **nunmehr**; aber; jedoch; allerdings; immerhin

ÜT: 48 Alle Augen richten sich auf China

Am Ende des 20. Jahrhunderts ist Hongkong eines der Weltwunder. Wie sind die Aussichten, daß es (auch) weiterhin unter der neuen Verwaltung lebhaft und frei floriert?

Hongkongs Rückgabe an China ist mit Sicherheit das letzte Wort im Medienrummel, mit einer gewaltigen natürlichen Kulisse, der Geschichte des Untergangs des einen (Welt)reiches und des Aufstieg eines anderen, und mit den telegenen Protesten der Freiheitsliebenden angesichts der chinesischen Macht. Dennoch könnten einige der Tausende von Journalisten, die gekommen sind, um die Ereignisse zu registrieren, wenn sie ehrlich sind, sich am Ende der Woche fragen, worum es bei dem ganzen Theater ging.

Am 3. Juli wird Hongkong nach ungewöhnlich langem Wochenende wieder zur Arbeit zurückkehren. Die Star-Fähre wird durch einen wieder wirren Hafen tuckern, Preßlufthämmer werden nach dem Rhythmus schlagen, nach dem Geld geprägt wird und gebrechliche alte Frauen werden wieder auf der Straße sein und Pappkartons für einen Hungerlohn sammeln. Für viele Hongkonger wird das Leben am anständigsten Ort in China weitergehen wie bisher.

Um das mit einigem Vertrauen sagen zu können (die Einschränkungen, derer es mehrere gibt, werden später untersucht), bedarf es nicht nur als Zeugnis der atemberaubenden, energiegetriebenen Stadt, welche die Hongkonger geschaffen haben. Sie ist auch Zeugnis einiger außergewöhnlicher Zugeständnisse, aus kommunistischer Sicht, welche Hongkongs freien Bürgern gemacht worden sind.

Diese Zugeständnisse scheinen an allen Fasern des chinesischen politischen Systems zu reiben, welches die Regierenden über das Gesetz stellt und die intime Überwachung des Lebens des einfachen Mannes nach sich zieht. Sie scheinen auch Chinas Anspruch, alle Spuren ausländischer Erniedrigung auszulöschen, zu widersprechen. Schulkindern in China wird das Verwerfliche der „Extraterritorialität" beigebracht, mittels derer die Ausländer im vorkommunistischen China Enklaven herausgeschnitten haben und sich selbst über das chinesische Gesetz gestellt haben. Indem sie Entwicklungen blockierten, bestraften die kommunistischen Herrscher Shanghai über 40 Jahre wegen der Schande, die nach ihrer Ansicht jene Stadt während Ihrer Vertragshafen-Zeit toleriert hat. Allerdings werden Hongkong nunmehr alle Rechte eines Vertragshafens und sogar noch mehr zugestanden.

Hongkong wird nicht chinesischem Recht unterstellt. Es wird keine Abgaben an Bejing leisten müssen. Für gewöhnliche chinesische Bürger wird es nicht einfacher werden, Hongkong zu besuchen oder sich dort niederzulassen. Das Territorium wird seine eigene Währung behalten und über seine eigenen Reserven verfügen. Die „Sonderverwaltungsregion Hongkong" wird, mit anderen Worten, nicht von Bejing regiert werden. „Die Menschen von Hongkong regieren Hongkong." Das ist der offizielle Slogan.

Diese Versicherungen wurden erstmals in der gemeinsamen Erklärung zwischen Großbritannien und China 1984 festgelegt; sie wurden dann in dem Grundgesetz (Chinas Miniverfassung für Hongkong nach der Übergabe) erneuert und sind seitdem viele Male wiederholt worden. Die Versicherungen gehen noch weiter und schließen die Rechte des Einzelnen ein. Die Menschen in Hongkong, so die Erklärung, werden Redefreiheit, Pressefreiheit, Versammlungsfreiheit und Religionsfreiheit haben. Sie werden Zugang zu den Gerichten haben und das Recht, Regierungsentscheidungen in Frage zu stellen. Kurz gesagt, so ziemlich alles, was den chinesischen Bürgern versagt ist, wird Hongkong versprochen.

Es sind auch keine Versicherungen, die China mit Leichtigkeit umgehen kann. Hongkong ist eine internationale Stadt und Chinas Verhalten dort wird unweigerlich genau beobachtet werden. Sollte China seine Versprechen in Hongkong brechen, werden seine Beziehungen zum Rest der Welt darunter leiden. In Amerika hat der Kongress bereits Gesetze verabschiedet, die ihm das Recht einräumen, Hongkongs Handelsprivilegien zu widerrufen, sollte Hongkongs Unabhängigkeit als Wirtschaftsakteur verletzt werden. 1984 erklärte sich China auch bereit, die gemeinsame Erklärung bei den Vereinten Nationen zu hinterlegen und somit anzuerkennen, daß sie als internationaler Vertrag angesehen werden soll. Die Verletzung der gemeinsamen Erklärung würde ganz offensichtlich Zweifel an der Verlässlichkeit der übrigen Vertragsverpflichtungen Chinas aufkommen lassen.

Natürlich muß Chinas Absicht, seine Versprechungen einzuhalten, noch getestet werden. Und in Wahrheit stellen seine Zugeständnisse eine Anerkennung dar, daß falls China Hongkongs 1095 km^2 unter kommunistischen Bedingungen zurückgenommen hätte, China ein Ödland geerbt hätte. Ein ehemaliger chinesischer Beamter erklärt, daß seine Kollegen geschätzt haben, daß zwei Millionen Menschen — ein Drittel der Bevölkerung — angesichts einer möglichen kommunistischen Herrschaft geflohen wären, genauso wie ihre Vorfahren einst vom Festland geflohen sind.

[...]

| OT: 49　Hungary to Shop, American Style | D: 2 |

Opening of 2 Malls in Budapest Heralds New Retailing Era in Eastern Europe

By Robert Muraskin

Special to The Washington Post

BUDAPEST

Andrea Sule has waited months for this moment. She has saved her money, traveled miles to get here and struggled through a mob scene that rivals a Cold War May Day rally. "It's all worth it," she said, sampling perfumes two at a time. "I love it."

The shopping mall, that cherry on the cake of capitalism, has come to Hungary.

The recent opening of Budapest's $100 million Polus Center was marked by a kind of retail hysteria seldom seen in this part of the world. Built on the site of a former Soviet military barracks, the Canadian-Hungarian joint venture drew scores of Hungarians, some of whom waited in line half an hour just to enter stores.

Spurred on by a media blitz, celebrity appearances and a healthy dose of curiosity, they came to check out what Westerns have long taken for granted—100 stores occupying 500,000 square feet of retail space, a 4,500-square-foot indoor skating rink, a multiplex movie theater and 19 eating and drinking establishments, all in one place.

"We've never had an opening as big as this. Anywhere," said Steve Reynolds, marketing manager of Tesco Hungary, a British retail giant whose 55,000-square-foot "hypermarket" anchors the new center. Reynolds estimates that the Tesco store, a combination supermarket and discount center, drew 100,000 people, or 5 percent of Budapest's entire population, during the mall's opening weekend. A similar scene was played out three weeks earlier when Duna Plaza, Hungary's first Western mall, opened its doors to 60,000 Budapest shoppers.

Hungary's new mall openings are a taste of what is to come as retail developers target shoppers in the emerging countries of Central and Eastern Europe. Construction of large shopping complexes is under way in the Czech Republic, Poland, Slovakia, Romania, Ukraine and Croatia, but the majority of attention—and money—has gone towards retail developments in Budapest. Two million people are concentrated here in a country whose economy is widely expected to improve over the next few years.

In addition to the malls that have already opened, a third, Austrian-financed, Budapest mall is slated to open its doors next March. Israeli-based developers Control Centers Group and Ofer Brothers Group, who developed Duna Plaza with a Hungarian partner, have announced plans to build seven malls and retail developments in Hungary.

So how many slick new retail centers can Hungary's 10 million inhabitants—who earn, on average, $155 a month—keep afloat?

"There are enough people in Hungary to fill up 10 malls, but I'm not sure there are enough people spending money to support them," said William Benko, director of Atlantic Property, a commercial real estate agency in Budapest.

"These malls are going through a phase—first a lot of people will come just for the sake of curiosity, but soon the market will drop off and stabilize. Then, over time, as wages start to rise, Hungarians will be able to adequately support some of these malls," Benko said.

Developers, while admitting they've jumped the gun on Hungarian prosperity, say they believe that if they don't buy and begin to develop major land sites in Budapest now, competitors will beat them to the punch, and they will be frozen out later. Announcements of major new retail projects have become a weekly occurrence in the Hungarian press.

The Washington Post (abridged)

adequate, adj.→ **hinreichend**; ausreichend; entsprechend

anchor, v.→ **Kern bilden**; Verankerung darstellen

announce, v.→ **bekanntgeben**; kundtun; ankündigen

another (seven malls)→ weitere (sieben Einkaufszentren)

anywhere, adv.→ *hier*: **nirgendwo**

appearance, n.→ **Auftritt**; Erscheinen

average (on-), adv.→ **durchschnittlich**; im Durchschnitt

beat to the punch, v.→ **zuvorkommen**

celebrity, n.→ **Berühmtheit**; berühmte Person

check out, v.→ **herausfinden**; nachprüfen

cherry on the cake, → *etwa*: **Rosine im Kuchen**

Cold War, n.→ **Kalter Krieg** *(Spannungsverhältnis zwischen West und Ost, Kapitalismus und Kommunismus (Sozialismus) zwischen 1945 und 1989)*

commercial, adj.→ **kommerziell**

competitor, n.→ **Wettbewerber**; Konkurrent

construction, n.→ **Bau**; Entwicklung; Erstellung; Projekt

Croatia, n.→ **Kroatien**

curiosity, n.→ **Neugierde**

Czech Republic, n.→ **Tschechische Republik**

developer, n.→ **Entwickler**

discount center, n.→ *E. Begriff im Dt. bereits seit langem eingebürgert als* "Discount Center"

dose, n:→ **Dosis**; Gabe

draw, v.→ **anziehen** (Menschen -)

drop off, v.→ **nachlassen**; fallen, geringer werden

earn, v.→ **verdienen**

economy, n.→ **Wirtschaft**; Volkswirtschaft; Wirtschaftsleben

emerging economy, n.→ **aufkommende Volkswirtschaft**; sich entwickelnde Volkswirtschaft; aufstrebende Volkswirtschaft

era, n.→ **Ära**; Zeitalter; Zeitspanne

establishment, n.→ **Einrichtung**; (Geschäfts)lokal

estimate, v.→ **schätzen**

expect, v.→ **erwarten**

fill up, v.→ **füllen**

finance, v.→ **finanzieren**

frozen out (be), v.→ **Nachsehen haben**; ausgeschlossen werden

go through a phase, v.→ **Entwicklung durchmachen**; Phase durchlaufen

herald, v.→ **künden**; verkünden; ankünden; ankündigen; ansagen

Hungary, n.→ **Ungarn**

hypermarket, n.→ **Hypermarkt** *(englischer Begriff, hat sich im Dt. als übergroßer Supermarkt eingebürgert (im Frans. schon früher als "hypermarché"))*

improve, v.→ **Aufschwung erfahren**; besser werden

indoor skating rink, n.→ **Rollschuhhalle**

inhabitant, n→ **Einwohner**; Bewohner

Israeli-based, adj.→ **in Israel ansässig**

joint venture, n.→ **gemeinschaftliches Unternehmen**; Gemeinschaftsunternehmen *(im Dt. häufig Verwendung des amerikanischen Begriffes "Joint Venture")*

jump the gun (on), v.→ **etwas zu früh tun**; zu früh rechnen mit

keep afloat, v.→ **über Wasser halten**; am Leben halten

land site, n.→ **Areal**; Landfläche

major, adj.→ **größer(e/s)**, bedeutsamer(e/s), wichtiger(e/s)

majority of attention, n.→ **größter Teil des Interesses**

mall, n.→ großes, überdachtes **Einkaufszentrum**

marked (by), adj.→ **gekennzeichnet** durch; ~ von

marketing manager, n.→ **Marketing Manager** *(englischer, in Dt. als Fachterminus eingebürgerter Begriff)*

May Day, n.→ **Maifeiertag**; 1. Mai

media blitz, n.→ **Medienkampagne** *(im Englischen entlehnt aus dem Deutschen "Blitz(krieg)" des Dritten Reiches als plötzliche, effektive (damals militärische) Aktion)*

military barracks, n.→ (militärische) **Kasernen**

mob scene, n.→ **Menschenmasse**; Menschenansammlung; Menschenauflauf

movie theater, n.→ **Lichtspieltheater**; Kino; Filmtheater

occupy, v.→ **belegen**; einnehmen

occurrence, n.→ **Ereignis**

opening, n.→ **Eröffnung**

over the next few years, adv.→ **innerhalb der nächsten paar Jahre**

over time, adv.→ **mit der Zeit**

play out, v.→ **in Szene setzen**

press, n.→ **Presse**; Zeitungswesen

prosperity, n.→ **Wohlstand**

rally, n.→ **Versammlung**; Aufmarsch; Treffen; Kundgebung

real estate agency, n.→ **Immobilienagentur**

recent, adv.→ **kürzlich**; vor kurzem

retail center, n.→ **Einzelhandelszentrum**

retail development, n.→ **Einzelhandelserschließung**

retail giant, n.→ **Einzelhandelsriese**; Einzelhandelsgigant

retail, v.→ **Einzelhandel betreiben**

retailing, n.→ **Einzelhandel**; Einzelhandel betreiben

rise, v.→ **ansteigen**

rival, v.→ **sich messen mit**, entsprechen

Romania, n.→ **Rumänien**

sample, v.→ **probieren**; testen; ausprobieren

save, v.→ **sparen**; ansparen

scores of, adj.→ **viele**; große (An)zahl

shop, v.→ **einkaufen**

shopper, n.→ **Einkaufslustige(r)**, Kaufwillige(r)

shopping complex, n.→ **Einkaufskomplex**

shopping mall, n.→ **Einkaufszentrum**

site, n.→ **Platz**; Stelle; Ort

skating rink, n.→ **Rollschuhbahn**

slated to open, v.→ **soll öffnen**

slick, adj.→ **schick**

Slowakia, n.→ **Slowakei**

space, n.→ **Fläche**; Raum

spur, v.→ **anspornen**

square foot, n.→ **Quadratfuß**; *(engl. Maßeinheit, entspricht 0,0929 Quadratmeter)*

stabilize, v.→ **s.stabilisieren**

store, n.→ **Geschäft**; Laden; Verkaufseinrichtung

support, v.→ **tragen**; unterstützen

take for granted, v.→ **als selbstverständlich ansehen**

taste of s.th., n.→ **Vorgeschmack**; Geschmack

two at a time, phr. → **zwei auf einmal**

under way (be), v.→ **geplant sein**; in Arbeit sein; sich in Planung(sarbeit) befinden

wages, n.pl.→ **Löhne**

wait in line, v.→ **Schlangestehen**; sich anstellen

Westerners, n.pl.→ **Menschen**, Leute, Personen aus dem Westen *(westliche Hemisphäre, bzw. westlicher politischer Einflußbereich)*; im Westen Lebende

widely, adv.→ **überall**

| ÜT: 49 Einkaufen in Ungarn, amerikanischer Stil |

Eröffnung von 2 Einkaufszentren in Budapest kündet von neuem Einkaufszeitalter in Osteuropa

Von Robert Muraskin

Sonderbericht für die Washington Post

BUDAPEST

Auf diesen Augenblick hat Andrea Sule Monate gewartet. Sie hat ihr Geld gespart, ist Meilen gefahren, um hinzukommen und hat sich durch eine Menschenmasse gekämpft, die sich mit einer Mai-Kundgebung aus Zciten des Kalten Krieges messen kann. „Das ist die Sache wert", sagt sie, und probiert Parfüm, zwei Marken auf einmal, „Das tue ich furchtbar gern."

Das Einkaufszentrum, die Rosine im Kuchen des Kapitalismus, ist nach Ungarn gekommen.

Die kürzliche Eröffnung des 100-Millionen-Dollar teuren Polus Center war von einer in diesem Teil der Welt selten gesehenen Einzehandelshysterie gekennzeichnet. Auf dem Gelände einer ehemaligen sowjetischen Kaserne errichtet, zog das kanadisch-ungarische Joint Venture Massen von Ungarn an, von denen einige eine halbe Stunde in der Schlange gestanden hatten, nur um in die Läden eingelassen zu werden.

Angespornt durch eine Medienkampagne, den Auftritt von Berühmtheiten und einer gesunden Dosis Neugierde, kamen sie, um herauszufinden, was die Menschen im Westen schon lange für selbstverständlich halten — 100 Geschäfte auf 141.600 qm Einzelhandelsfläche, eine überdachte Rollschuhbahn von 1.253 qm, ein Multiplex-Kino sowie 19 Ess-und Trinkeinrichtungen, alles an einem einzigen Ort.

„Eine derart große Eröffnung haben wir noch nie gehabt. Nirgends", sagte Steve Reynolds, Marketing-Manager von Tesco Hungary, eines britischen Einzelhandelsgiganten, dessen 15.576-Quadratmeter-„Hypermarkt" den Kern des neuen Centers bildet. Reynolds schätzt, daß der Tesco-Laden, eine Kombination von Supermarkt und Discount Center während des Eröffnungswochenendes des Einkaufszentrums 100.000 Leute oder 5% der Gesamtbevölkerung von Budapest angezogen hat. Ein ähnliches Spektakel wurde drei Wochen zuvor in Szene gesetzt, als Ungarns erstes westliches Einkaufszentrum, das Duna Plaza, 60.000 Einkaufslustigen seine Tore öffnete.

Ungarns neue Eröffnung von Einkaufszentren geben einen Vorgeschmack von dem, was bevorsteht, wenn diejenigen, welche den Einzelhandel entwikkeln, die Käufer in den aufkommenden Volkswirtschaften Zentral- und Osteuropas ins Ziel nehmen. Große Einkaufskomplexe sind in der Tschechischen Republik, Polen, der Slowakei, Rumänien, der Ukraine und in Kroatien im Bau, wobei der größte Teil des Interesses — und die finanziellen Mittel — sich auf Einzelhandelserschließungen in Budapest konzentrieren. Hier befindet sich eine Konzentration von zwei Millionen Menschen in einem Land, dessen Volkswirtschaft, wie überall erwartet wird, innerhalb der nächsten paar Jahre einen Aufschwung erfahren wird.

Neben den bereits eröffneten Einkaufszentren soll ein drittes, von österreichischer Seite finanziertes Budapester Einkaufszentrum seine Tore im kommenden März öffnen. Die in Israel ansässigen Control Centers Group und Ofer Brothers Group, die das Duma Plaza zusammen mit einem ungarischen Partner entwickelten, haben Pläne bekanntgegeben, weitere sieben Einkaufszentren und Einzelhandelseinrichtungen in Ungarn errichten zu wollen.

Nun, wie viele schicke Einzelhandelszentren vermögen Ungarns 10 Millionen Einwohner — die durchschnittlich $ 155 im Monat verdienen — am Leben zu halten?

„Es gibt genug Leute in Ungarn um 10 Einkaufszentren zu füllen, ich bin aber nicht sicher, daß es genug Leute gibt, die das Geld ausgeben, um sie am Leben zu halten", meinte William Benko, Direktor von Atlantic Property, einer kommerziellen Immobilien-Agentur in Budapest.

„Diese Einkaufszentren machen eine Entwicklung durch — zuerst kommen viele Leute aus reiner Neugierde, aber bald danach läßt der Umsatz nach und stabilisiert sich. Dann werden mit der Zeit, wenn die Löhne zu steigen anfangen, die Ungarn in der Lage sein, einige dieser Einkaufszentren hinreichend zu tragen", sagte Benko.

Während sie zugeben, zu früh mit dem ungarischen Wohlstand gerechnet zu haben, erklären die den Einzelhandel Entwickelnden, daß sie glauben, daß, falls sie nicht jetzt größere Areale in Budapest kaufen und zu entwickeln beginnen, ihnen die Mitbewerber zuvorkommen und sie später das Nachsehen haben werden. Die Ankündigungen neuer größerer Einzelhandelsprojekte sind in der ungarischen Presse zum allwöchentlichen Ereignis geworden.

OT: 50 Business   D: 1

Everywhere in the world people are constantly involved in some sort of business activity. There are persons who produce goods and distribute them among others who are willing to buy their articles. Likewise, services are offered and rendered to those who are ready to pay for such convenience. Business activity is therefore understood to be the creation and distribution of goods and services.

Two aspects of business in this sense of the word are of equal importance: the consumer's diverse wishes and needs and the producer's efforts to satisfy his customer. It takes a complex network of organizations on the producer's side to insure the fulfillment of the consumer's wants. The complicated interplay of individual demand and the producer's work towards adequate supply is called the business system. It varies according to the prevailing social system, such as Communism, Socialism, Capitalism, or Social Market Economy.

Essential factors of a business system are the businessman, the consumer, and the environment which influences and often determines the activities of these groups. No business of any sort can be conducted without a goal of profit or a calculated risk of loss. The business systems of different countries vary with regard to the degree of emphasis put on the idea of profit, and the objectives of businesses within the same social system may do so, too. But even the so-called "non-profit institutions" provide services only within the limits of carefully calculated losses. They cannot be regarded as businesses in the true sense of the word, though, because a business by definition has to be financially self-supporting. This is only possible, if it yields a profit. The profit motive has to be considered as the prerequisite for the functioning of business. Both communist and capitalist societies are aware of this necessary driving-force, although they obviously differ in the question of an individual's right to seek private profit. Profit is not an end in itself, but it may serve as an incentive for businessmen to produce larger quantities more efficiently. It also provides, in the form of taxes, great sums of money for the government (revenue) to be spent to the benefit of the citizens.

As consumers, people constantly demand more, new, better, and cheaper things from business. As businessmen, they try to provide those articles or services because of their expectation of profit. Since consumers continually want their income to increase and prices to decrease, the businessman's problem is to balance these conflicting desires. This he has to achieve, in an ever-changing environment which is characterized by changes in legislation, in labour union activities, and by changes in world-wide affairs.

Success in reaching a business goal such as profit, expansion, or general prosperity can never be guaranteed. Progress can be hindered by obstacles like time limits, limits on funds or manpower, limits on technical equipment, or by the general problems of a competitive economic system. Consequently, the wish to remain in business calls for the continual development of more efficient production methods and new skills in planning.

Adapted from Fink: Fundamental Economic Texts

according to, pr.→ **je nach**; gemäß; entsprechend

achieve, v.→ **erreichen**

adequate, adj.→ **adäquat**; angemessen; ausreichend; hinlänglich; genügend

balance, v.→ **miteinander in Einklang bringen**; ausgleichen

be involved in, v.→ **zu tun haben mit**

benefit, n.→ **Nutzen**; Wohl

calculate, v.→**kalkulieren**

call for, v.→ **verlangen**

citizen, n.→ **Bürger(in)**

competitive, adj.→ *hier*: **auf Wettbewerb ausgerichtet**

conduct, v.→ **betreiben**

conflicting, adj.→ **im Widerspruch zueinander stehend**

consider, v.→ **ansehen** (als)

constantly, adv.→ **ständig**

consumer, n.→ **Verbraucher**

continual, adj.→ **ständig**; stetig

convenience, n.→ **Bequemlichkeit**; Annehmlichkeit

creation, n.→ **Schaffung**; Herstellung

decrease, v.→ **fallen**; abnehmen; nachlassen; sich verringern

degree, n.→ **Maß**; Grad; Ausmaß

demand, n.→ **Nachfrage**

determine, v.→ **bestimmen**

distribute, v.→ **verteilen**

diverse, adj.→ **vielfältig**

driving-force, n.→ **Triebkraft**

efficient, adj.→ **effizient**

effort, n.→ **Anstrengung**

emphasis, n.→ **Betonung**

end in itself, n.→ **Selbstzweck**

environment, n.→ **Umfeld**; Umgebung; Umwelt

equipment, n.→ **Ausrüstung**

essential, adj.→ **wesentlich**

expansion, n.→ **Wachstum**; Expansion; Ausweitung

expectation of profit, n.→ **Hoffnung auf Gewinn**; Gewinnerwartung

funds, n.pl.→ **Geld**; Gelder

goal, n.→ **Ziel**

incentive, n.→ **Anreiz**

increase, v.→ **steigen**; zunehmen

influence, v.→ **beinflussen**

insure, v.→ **sicherstellen**

interplay, n.→ **Zwischenspiel**

labour union, n.→ **Gewerkschaft**

limit, n.→ **Einschränkung**; Beschränkung; Grenze

loss, n.→ **Verlust**

manpower, n.→ **Arbeitskräfte**

motive, n.→ **Streben** (nach); Motiv

needs, n.pl.→ **Bedürfnisse**

network, n.→ **Netz**; Netzwerk

non-profit institution, n.→ **gemeinnützige Einrichtung**

objective, n.→ **Zielvorstellung**; Ziel

obstacle, n.→ **Hindernis**

prerequisite, n.→ **Voraussetzung**; Vorbedingung

prevailing, adj.→ **vorherrschend**

produce, v.→ **erzeugen**

prosperity, n.→ **Wohlstand**

provide, v.→ **erbringen**; bereitstellen

render, v.→ **erbringen**

revenue, n.→ **Einnahme(n)**; Einkommen; Ertrag

satisfy, v.→ **zufriedenstellen**; befriedigen

self-supporting, adj.→ **sich selbsttragend**

service, n.→ **Dienstleistung**

skill, n.→ **Können**; Fertigkeit; Fähigkeit

society, n.→ **Gesellschaft**

supply, n.→ **Angebot**

vary, v.→ **variieren**

yield, v.→ **erzielen** *(Gewinn)*

ÜT: 50 Wirtschaft

Überall in der Welt haben die Menschen ständig mit Wirtschaftsaktivitäten zu tun. So gibt es Leute, die Güter erzeugen und sie unter Anderen, die bereit sind ihre Waren zu kaufen, verteilen. In gleicher Weise werden Dienstleistungen für diejenigen, die bereit sind für solche Bequemlichkeiten zu zahlen, angeboten und erbracht. Unter Geschäftstätigkeit versteht man daher die Schaffung und Verteilung von Gütern und Dienstleistungen.

Zwei Aspekte des Geschäfts sind in diesem Sinne des Begriffes von gleicher Bedeutung: die vielfältigen Wünsche und Bedürfnisse des Verbrauchers und die Anstrengungen des Herstellers, seinen Kunden zufriedenzustellen. Um die Erfüllung der Wünsche des Verbrauchers sicherzustellen, bedarf es eines komplexen Netzes von Organisationen auf der Seite des Herstellers. Das komplizierte Zwischenspiel von Nachfrage des Einzelnen und der Arbeit des Erzeugers auf ein adäquates Angebot hin, nennt man das Wirtschaftssystem. Dieses variiert je nach dem vorherrschenden sozialen System, z.B. Kommunismus, Sozialismus, Kapitalismus oder Soziale Marktwirtschaft.

Die wesentlichen Faktoren eines Wirtschaftssystems sind der Geschäftsmann, der Verbraucher und das Umfeld, welches die Aktivitäten dieser Gruppen beeinflußt und oft bestimmt. Kein Unternehmen, ganz gleich welcher Art, kann ohne das Ziel des Gewinns oder kalkulierten Verlustrisikos betrieben werden. Die Wirtschaftssysteme unterschiedlicher Länder variieren je nach dem Maß der Betonung der Gewinnvorstellung und das gleiche trifft unter Umständen auch auf die Zielvorstellungen der Unternehmen innerhalb des gleichen sozialen Systems zu. Aber selbst die sogenannten "gemeinnützigen Einrichtungen" erbringen Dienstleistungen nur innerhalb der Grenzen der sorgfältig kalkulierten Verluste. Sie können allerdings nicht als Geschäftsunternehmen im wahren Sinn des Wortes angesehen werden, da, per Definition, ein Wirtschaftsunternehmen sich finanziell selbst tragen muß. Das (aber) ist nur möglich, wenn es einen Gewinn erzielt. Das Gewinnstreben muß als die Voraussetzung für das Funktionieren eines Unternehmens angesehen werden.Sowohl kommunistische als auch kapitalistische Gesellschaften sind sich dieser notwendigen Triebkraft bewußt, wenngleich sie ganz offensichtlich in der Frage des Rechtes des Einzelnen, nach privatem Gewinn zu streben, voneinander abweichen. Gewinn ist kein Selbstzweck, er kann aber als Anreiz für Geschäftsleute dienen, größere Mengen effizienter herzustellen. Er stellt auch, in Gestalt von Steuern, große Summen Geldes für den Staat (Einnahmen) für Ausgaben zum Nutzen der Bürger bereit.

Als Verbraucher verlangen die Menschen ständig mehr, neue, bessere und billigere Dinge von der Wirtschaft. Als Geschäftsleute versuchen sie, diese Güter oder Dienstleistungen in der Hoffnung auf Gewinn bereitzustellen. Da (jedoch) die Verbraucher ständig wollen, daß ihre Einkommen steigen und die Preise sinken, ist es das Problem des Geschäftsmannes, die im Widerspruch stehenden Wünsche miteinander in Einklang zu bringen. Und das muß er in einer sich ständig verändernden Umwelt erreichen, die durch Veränderungen in der Gesetzgebung, in den Aktivitäten der Gewerkschaften und im Weltgeschehen gekennzeichnet ist.

Der Erfolg im Erreichen eines Geschäftszieles wie Gewinn, Wachstum oder allgemeinem Wohlstand kann niemals garantiert werden. Der Fortschritt kann durch Hindernisse wie zeitliche Einschränkungen, Beschränkungen von Geld und Arbeitskräften, von technischer Ausrüstung oder durch die allgemeinen Schwierigkeiten eines auf Wettbewerb ausgerichteten Systems beeinträchtigt werden. Infolgedessen verlangt der Wunsch im Geschäft zu bleiben die stetige Entwicklung effizienterer Produktionsverfahren und neueren Könnens in der Planung.

OT: 51 Labour Unions — D: 1

Labour unions, also called trade unions, represent one of the most important groups in modern industrial countries; they play an established role in our economic systems. Like many other economic groups, their primary objective is the welfare of their members. However, they are not only motivated by economic considerations, but have their own internal political objectives, and they have social objectives. Sometimes these other goals conflict with their economic interests.

One of the most important achievements of unions is the maintenance of pressure on employers for wage increases and other economic benefits. Unions have also provided the individual worker with a greater degree of control over his working conditions. Many decisions formerly made exclusively by management are now influenced by unions. Modern economies have thus often shifted from an arrangement in which management provided most of the directive influence over economic activity to an arrangement in which both management and labour direct economic affairs. Some countries have even achieved a certain degree of so-called economic co-determination.

Unions practise collective bargaining which affects wages, employment, and prices. However, wage increases gained by such collective bargaining may or may not be inflationary — they may contribute to price increases or they may contribute to falling prices. Similarly, wage increases may result in an expansion of employment or unemployment. Their effects at any given time will depend also on a number of other factors, for instance how much employment already exists, how much output per worker has changed, whether consumers are willing to pay higher prices for a given amount of a product, and so forth. An evaluation of the economic effects of the demands of the unions for wage increases or the demands of management for wage cuts cannot be done without taking into consideration many other aspects of the complex system of an economy.

The strongest weapon of unions is the strike. Such work stoppages which result from a breakdown of collective bargaining halt production and can be considered an economic loss which may be measured against the gains that result from free collective bargaining. There are occasions when the effects of a work stoppage go far beyond the immediate area of union-management conflict, and the cost exceeds the gains. Some unions also use practices that clearly reduce labour productivity and constitute a danger to the national welfare. Such cases raise some of the most difficult issues of public policy toward labour. Therefore, an important task of public policy has been to help establish an environment in which labour and management will reach a bargain that will be mutually advantageous and fair to the public. Labour unions are of particular importance because of the high number of working people who are organized in them. Unions are also important because they can exert substantial pressure on wages and working conditions, not only for themselves but for all workers; they can create pressures on prices and employment; they exert political power; and they sometimes challenge or sometimes defend basic aspects of a free market economy.

Adapted from Fink: Fundamental Economic Texts

achieve, v.→ **erreichen**; erlangen

achievement, n.→ **Errungenschaft**; Leistung

affair, n.→ **Angelegenheit**

affect, v.→ **sich beziehen auf**; berühren; betreffen; beeinträchtigen

arrangement, n.→ **Ordnung**

at any given time, phr.→ **zu bestimmten Zeiten**

benefit, n.→ **Vorteil**

breakdown, n.→ **Scheitern**

challenge, v.→ **herausfordern**

co-determination, n.→ **Mitbestimmung**

collective bargaining; n.→ **Tarifverhandlung**

conflict, v.→ **im Konflikt stehen mit**

consideration, n.→ **Erwägung**

contribute (to), v.→ **führen** (zu); beitragen (zu)

degree, n.→ **Maß**; Grad

direct, v.→ **steuern**

directive, adj.→ **richtungsweisend**

economic system, n.→ **Wirtschaftssystem**

employer, n.→ **Arbeitgeber**

established, adj.→ **fest**; etabliert

evaluation, n.→ **Bewertung**

exceed, v.→ **hinausgehen** (über)

exclusively, adv.→ **einzig und allein**; nur; ausschließlich

exert (pressure), v.→ **ausüben** (Druck)

expansion, n.→ **Ausweitung**

formerly, adv.→ **früher**

gain, v.→ **erlangen**; erreichen; gewinnen

goal, n.→ **Ziel**

immediate, adj.→ **unmittelbar**

inflationary, adj.→ **inflationär**

internal, adj.→ **intern**

issue, n.→ **Frage**; Problem; Schwierigkeit

labour union, n.→ **Gewerkschaft**

maintenance, n.→ **Aufrechterhaltung**; *(hier „maintenance of pressure" = ständiger Druck)*

motivate, v.→ **motivieren**

mutually, adv.→ **beide Seiten**

objective, n.→ **Ziel**

output, n.→ **Produktion**

play a role, v.→ **Rolle spielen**

pressure, n.→ **Druck**

primary, adj.→ **vornehm**; vorrangig, primär

provide with, v.→ **geben**; versorgen mit; bereitstellen

represent, v.→ **darstellen**

result (in), v→ **führen** (zu)

shift, v.→ **verlagern**

similarly, adv.→ **in ähnlicher Weise**; ähnlich

substantial, adj.→ **stark**; erheblich; maßgeblich

wage cut, n.→ **Lohnkürzung**

wage increase, n.→ **Lohnerhöhung**

weapon, n.→ **Waffe**

welfare, n.→ **Wohlergehen**

work stoppage, n.→ **Arbeitseinstellung**

working conditions, n.pl.→ **Arbeitsbedingungen**

ÜT: 51 Gewerkschaften

Gewerkschaften stellen eine der wichtigsten Gruppen in modernen Industriegesellschaften dar. In unseren Wirtschaftssystemen spielen sie eine feste Rolle. Wie bei anderen Wirtschaftsgruppierungen ist das Wohlergehen ihrer Mitglieder ihr vornehmlichstes Ziel. Sie werden jedoch nicht nur durch ökonomische Erwägungen motiviert, sondern sie haben ihre eigenen internen politischen Ziele und sie haben soziale Zielvorstellungen. Manchmal stehen diese anderen Ziele im Konflikt mit ihren wirtschaftlichen Interessen.

Eine der größten Errungenschaften der Gewerkschaften liegt in dem ständigen Druck, den sie auf die Arbeitgeber bei Lohnerhöhungen und sonstigen wirtschaftlichen Vorteilen ausüben. Auch haben die Gewerkschaften dem einzelnen Arbeiter ein größeres Maß an Kontrolle über seine Arbeitsbedingungen gegeben. Viele der früher einzig und allein von der Geschäftsführung getroffenen Entscheidungen werden heute von den Gewerkschaften beeinflußt. Die modernen Volkswirtschaften haben sich so von einer Ordnung, in der die Geschäftsleitung den größten Teil des richtungsweisenden Einflusses auf die Wirtschaftsaktivität beisteuerte, zu einer Ordnung hin verlagert, in der sowohl das Management als auch die Gewerkschaften die ökonomischen Angelegenheiten steuern. Einige Länder haben sogar ein gewisses Maß von sogenannter ökonomischer Mitbestimmung erreicht.

Die Gewerkschaften führen Tarifverhandlungen, welche sich auf Löhne, Arbeit und Preise beziehen. Allerdings können die in solchen Tarifverhandlungen erlangten Lohnerhöhungen inflationär oder auch nicht inflationär sein — sie können zu Preiserhöhungen, aber auch zu Preissenkungen führen. In ähnlicher Weise vermögen Lohnerhöhungen zur Ausweitung von Beschäftigung oder Arbeitslosigkeit führen. Zu bestimmten Zeiten können ihre Auswirkungen auch auf eine Anzahl anderer Faktoren zurückgehen, zum Beispiel, wieviel Beschäftigung bereits vorhanden ist, wie stark sich die Produktion pro Arbeiter geändert hat, ob die Verbraucher gewillt sind, höhere Preise für eine bestimmte Menge eines Erzeugnisses zu zahlen und so weiter. Die Bewertung der ökonomischen Auswirkungen der Forderungen nach Lohnerhöhung der Gewerkschaften und der Forderungen des Management nach Lohnkürzungen ist ohne die Berücksichtigung vieler anderer Aspekte des komplexen Systems einer Volkswirtschaft nicht möglich.

Die schärfste Waffe der Gewerkschaften ist der Streik. Eine solche Arbeitseinstellung, die das Ergebnis des Scheiterns der Tarifverhandlungen ist, stoppt die Produktion und kann als ökonomischer Verlust angesehen werden, der gegen den in freien Tarifverhandlungen erzielten Gewinn aufgerechnet werden kann. Es gibt Fälle, in denen die Auswirkungen der Arbeitseinstellung weit über den unmittelbaren Bereich des Konflikts zwischen Gewerkschaft und Management hinausgehen und in denen die Kosten den Gewinn übersteigen. Einige Gewerkschaften verwenden auch Praktiken, welche eindeutig die Arbeitsproduktivität verringern und eine Gefahr für das nationale Wohlergehen darstellen. Solche Fälle werfen einige der schwierigsten Fragen im Verhältnis von Politik und Gewerkschaften auf. Daher ist es stets eine wichtige Aufgabe der Politik, ein Umfeld zu schaffen, in dem das Management und die Gewerkschaften eine Übereinkunft erreichen, die für beide Seiten von Vorteil und der Öffentlichkeit gegenüber fair ist. Gewerkschaften sind wegen der großen Zahl von Arbeitenden, die in ihnen organisiert sind, von besonderer Bedeutung. Die Gewerkschaften sind auch wichtig, weil sie einen starken Druck auf Löhne und Arbeitsbedingungen ausüben können, nicht nur für sich selbst, sondern für alle Arbeiter; sie vermögen Druck auf Preise und Beschäftigung auszuüben; sie haben politische Macht; und manchmal fordern sie grundlegende Aspekte der freien Marktwirtschaft heraus oder verteidigen sie.

| OT: 52 Production and Consumption | D: 1 |

If the planes of living are to be improved and poverty to be reduced, the supply of desirable commodities must be increased. But mass production must be accompanied by mass consumption if these commodities and services are to be disposed of in the market.

The production of more goods at lower prices will not only afford the customer a wider choice in his selection of goods, it will also make possible the enjoyment at a lower cost of the necessities of life: food, clothing, and shelter. This will release more of the consumer's income for the so-called higher wants: education, recreation, art, and literature. In this manner the machine can be made to serve the higher needs of men.

For a long time production was the phase of economic activity which received most attention. This was due to the fact that until modern times man was faced with the problem of scarcity. The question was whether we could produce enough to satisfy the needs of mankind. Today, another question is more acute. Can we increase the consuming power of the population sufficiently to keep pace with the increased production? Consumption, especially in the industrialized countries, has not been able to absorb the enormous output of commodities and services made possible by invention, specialization, and technological improvement. Consumption lags, not because the wants of people are satisfied, not because more is being produced than can be consumed, but because the purchasing power of a large number of consumers does not permit them to buy the things they need and want.

Consumption depends on income as well as on economic wants. Effective demand may be defined as desire plus purchasing power. Purchasing power depends on the money income that consumers receive as producers of wealth. Human wants and individual desires cannot be translated into economic demand without the application of purchasing power. The problem then is not only to produce more, but also to increase the purchasing power of the consumer so that he can consume more. This makes the problem of increased consumption one of improved distribution and of increased production.

The problem of improving distribution is based on the existing economic inequality and is, in the first place, a social and political question. The problem of improving consumption is one of education, as well as one of economics. Efficient production and wise distribution are necessary, but they are not sufficient of themselves. Even when he possesses abundant purchasing power, the consumer, in many cases, does not receive adequate satisfaction and does not always get his money's worth. Moreover, the economic wants of many consumers are base and restricted because their tastes are low and their enjoyments of the finer things of life are limited by their ignorance.

As we consume, so we live. Real living means not merely the satisfaction of material desires for food, clothing, and shelter, but also the gratification of higher desires for health, happiness, books, music, and art. With few exceptions man has devoted strenuous efforts to improving himself as a producer, but his education as a consumer has been disregarded. An increase in wages is hailed with joy. It may be evidence of increased efficiency as a producer. Relatively little attention, however, has been devoted to the manner in which these additional funds are spent.

Adapted from Fink: Fundamental Economic Texts

abundant, adj.→ **im Überfluß**

accompany, v.→ **begleiten**

afford, v.→ **bieten**

application, n.→ **Einsatz;** Anwendung

art, n.→ **Kunst**

base (on), v.→ **beruhen** (auf)

base, adj.→ **niederer Art**

commodity, n.→ **Gut**

demand, n.→ **Nachfrage**

devote (to), v.→ **verwenden** (auf); zollen; widmen; entgegenbringen

dispose (of in the market), v.→ **absetzen** (auf dem Markt)

disregard, v.→ **auf der Strecke bleiben**; unbeachtet bleiben

distribution, n.→ **Distribution** *(Hier bietet sich der aus dem E. entlehnte und häufig in der Wirtschaftswissenschaft verwendete Begriff „Distribution" anstelle des deut-*

schen „Verteilen" an); Verteilung; Vertrieb

due to the fact, phr.→ zurückgehend auf die Tatsache, daß

economics, n.pl.→ Wirtschaftswissenschaft

education, n.→ Bildung („Education" ist im Englischen so breit angelegt, daß es Erziehung und Weiter-, Fort- und Ausbildung beinhalten kann. Hier bietet sich Weiterbildung im Sinne einer „Verbrauchererziehung" an.)

efficiency, n.→ Leistungsfähigkeit; Effizienz

effort, n.→ Anstrengung

enjoyment, n.→ Genuß

evidence, to be ~ for, v.→ belegen; beweisen; bezeugen

funds, n.pl.→ finanzielle Mittel

gratification, n.→ Befriedigung

hail, v.→ aufnehmen

human, adj.→ menschlich

ignorance, n.→ Unwissenheit

improve, v.→ hier: verringern (eigentlich: verbessern)

improvement, n.→ Verbesserung

in the first place, adv.→ in erster Linie

individual desires, n.pl.→ Wünsche des Einzelnen

inequality, n.→ Ungleichheit

invention, n.→ Erfindung

keep pace with, v.→ Schritt halten mit

lag, v.→ hinterherhinken

mankind, n.→ der Mensch; die Menschheit; die Menschen

mass consumption, n.→ Massenkonsum

mass production, n.→ Massenproduktion

necessities of life, n.pl.→ lebensnotwendige Dinge

one's money's worth, phr.→ Gegenwert seines/ihres Geldes

plane of living, n.→ Lebensstandard

possess, v.→ haben; besitzen

poverty, n.→ Armut

purchasing power, n.→ Kaufkraft

recreation, n.→ Erholung

release, v.→ freisetzen

restricted, adj.→ beschränkt

satisfaction, n.→ Befriedigung

scarcity, n.→ Knappheit; Mangel

selection, n.→ Auswahl

shelter, n.→ Unterkunft; Obdach

strenuous, adj.→ mühevoll

sufficiently, adv.→ in ausreichendem Maß; genügend

taste, n.→ Geschmacksrichtung; Geschmacksempfindung

translate into, v.→ umsetzen

wants, n.pl.→ **Bedürfnisse**
wise, adj.→ **weise**

with joy, phr.→ **freudig**

ÜT: 52 Produktion und Konsum

Wenn der Lebensstandard verbessert werden und die Armut verringert werden soll, muß das Angebot an wünschenswerten Gütern erhöht werden. Allerdings muß die Massenproduktion auch vom Massenkonsum begleitet sein, wenn diese Massengüter und Dienstleistungen auf dem Markt abgesetzt werden sollen.

Die Herstellung von mehr Gütern zu niedrigeren Preisen bietet dem Kunden nicht nur eine größere Auswahl bei der Wahl seiner Güter, sondern ermöglicht auch den kostengünstigen Genuß der lebensnotwendigen Dinge: Nahrung, Kleidung und Unterkunft. Das setzt mehr des Verbrauchereinkommens für die sogenannten höheren Bedürfnisse wie Bildung, Erholung, Kunst und Literatur frei. Auf diese Weise kann die Maschine in den Dienst der höheren Bedürfnisse des Menschen gestellt werden.

Lange Zeit war die Produktion die Phase ökonomischer Aktivität, der die größte Aufmerksamkeit gewidmet wurde. Das ging auf die Tatsache zurück, daß vor der modernen Zeit der Mensch mit dem Problem der Knappheit konfrontiert wurde. Die Frage war, ob wir genug produzieren könnten, um die Bedürfnisse der Menschen zu befriedigen. Heute ist eine andere Frage akuter. Können wir die Konsumkraft der Bevölkerung in ausreichendem Maße erhöhen, um mit der wachsenden Produktion Schritt zu halten? Besonders in den Industrieländern ist der Konsum nicht in der Lage gewesen, den enormen, durch Erfindungen, Spezialisierung und technische Verbesserungen ermöglichten Ausstoß von Gütern und Dienstleistungen aufzunehmen. Der Konsum hinkt hinterher, nicht etwa, weil die Bedürfnisse der Menschen befriedigt worden sind, nicht etwa, weil mehr hergestellt als verbraucht werden kann, sondern weil die Kaufkraft einer großen Zahl von Verbrauchern ihnen nicht erlaubt, die Dinge zu kaufen, die sie brauchen und wünschen.

Der Konsum ist vom Einkommen sowie von ökonomischen Bedürfnissen abhängig. Eine effektive Nachfrage kann als Wunsch plus Kaufkraft definiert werden. Die Kaufkraft hängt dabei von dem Geldeinkommen ab, das die Konsumenten als Produzenten von Vermögen erhalten. Menschliche Bedürfnisse und die Wünsche des Einzelnen können nicht ohne den Einsatz von Kaufkraft in ökonomische Nachfrage umgesetzt werden. Das Problem ist also, nicht nur mehr zu produzieren, sondern auch die Kaufkraft des Verbrauchers so zu erhöhen, daß er mehr konsumieren kann. Das macht das Problem des erhöhten Konsums zu einem der besseren Distribution und der erhöhten Produktion.

Die Schwierigkeit, die Distribution zu verbessern, beruht auf der bestehenden ökonomischen Ungleichheit und ist, in erster Linie, eine soziale und politische Frage. Das Problem der Konsumverbesserung ist eines der Bildung als auch der Wirtschaftswissenschaft. Eine effiziente Produktion und eine weise Distribution sind erforderlich; sie allein reichen jedoch nicht aus. Selbst wenn der Verbraucher Kaufkraft im Überfluß hat, erhält er in vielen Fällen keine angemessene Befriedigung und bekommt nicht immer den Gegenwert für sein Geld. Dazu sind die ökonomischen Wünsche vieler Konsumenten von niederer Art und beschränkt, weil ihre Geschmacksempfindungen niedrig und ihre Freude an den feineren Dingen des Lebens wegen ihrer Unwissenheit begrenzt sind.

So wie wir konsumieren, so leben wir. Echtes Leben bedeutet nicht nur die Befriedigung materieller Wünsche nach Nahrung, Kleidung und Obdach, sondern auch die Befriedigung hochrangigerer Wünsche, z.B. nach Gesundheit, Glück, Büchern, Musik und Kunst. Mit nur wenigen Ausnahmen hat der Mensch (seine) mühevollen Anstrengungen darauf verwandt, sich selbst als Produzent zu verbessern, seine Erziehung zum Konsumenten ist dabei auf der Strecke geblieben. Eine Lohnerhöhung wird freudig aufgenommen. Sie mag (durchaus) die gesteigerte Leistungsfähigkeit des Produzenten belegen. Verhältnismäßig wenig Aufmerksamkeit wird dagegen der Art und Weise gezollt, wie diese zusätzlichen finanziellen Mittel ausgegeben werden.

OT: 53 Marketing — D: 1

The economic process which supplies us with the numerous and varied goods that are produced is called marketing. It is the pathway along which the factory products and farm produce travel to the consumer. As our society is highly complex, it would be impossible for the consumer to obtain all the commodities he needs or wants, vegetables, clothing, meat, automobiles, and others through his own efforts.

The process of marketing was not always as complicated as it is today. It has grown in complexity with the increase of the division of labour and with the growth of trade and commerce.

During the hunting and fishing stages of man's development, the family was an economic unit and production was for one's own use and not for sale. There was little marketing and trading of goods. With an increasing production and specialization, exchange began to take place. But production was still mostly limited to local consumption; there was only little surplus for sale or exchange.

With the development of handicrafts, people began to specialize in their work. Many things were made not only for one's use but also to be sold. But soon manufacturers could no longer take care of the making and the marketing of the goods which they produced for the market. Tradesmen and merchants brought together producer and consumer. While manufacturers specialized in the making of commodities, merchants specialized in the marketing of them.

The growth of the factory system, increased use of machinery, improved means of transportation, and enlarged market areas during the Industrial Revolution intensified specialization and resulted in an enormous increase in the production of goods. Industrialization brought about a greater diversity of occupations and a further increase in specialization and interdependence. Markets became specialized places of exchange requiring the market specialist.

Marketing is vitally important in the interdependent societies of the twentieth and twenty-first centuries. It is the process by which agricultural products and manufactured goods are made available to the consumers.

53: MARKETING

The work of marketing is carried on by the middlemen of trade: retailers, wholesalers, commission merchants, brokers, and others. Retail marketing is done by different types of organizations: independent retail stores, chain stores, department stores, mail-order houses, direct sales to consumers, and cooperative associations. Some commodities, as well as many securities, are bought and sold on organized exchanges; warehouse receipts for cotton, wheat and certain other commodities are traded on produce exchanges; stocks and bonds are sold and bought on stock exchanges.

The tremendous diversification of production has caused marketing to become a field of its own. Today it comprises so many aspects of business that it is difficult to define it clearly. Some dictionaries need pages to explain it, non-English languages adopt the term without making an attempt to translate it. Marketing in modern times is the function of sales, distribution, advertising and sales promotion, product planning, and market research. It covers the functions in a business that directly involve contact with the consumer and assessment of his needs, and the translation of this information into outputs for sale.

Adapted from Fink: Fundamental Economic Texts

advertising, n.→ **Werbung**

assessment, n.→ **Feststellung**

attempt, n.→ **Versuch**

bonds, n.pl.→ **Schuldverschreibungen**

bring about, v.→ **führen zu**; hervorbringen; zeitigen

broker, n.→ **Makler**

chain-store, n.→ **Kettenladen**

commerce, n.→ **Handel**

commission merchant, n.→ **Kommissionskaufmann**; Kommissionskauffrau

comprise, v.→ **umfassen**

consumption, n.→ **Konsum**; Verbrauch

cooperative association, n.→ **Kooperative**

cover, v.→ **abdecken**

department store, n.→ **Kaufhaus**

division of labour, n.→ **Arbeitsteilung**

exchange, n.→ **Handel** (eigentlich: Austausch)

handicraft, n.→ **Handwerk**

Industrial Revolution, n.→ **Industrielle Revolution**

mail-order house, n.→ **Versandhaus**

manufacturer, n.→ **Erzeuger**; **Hersteller**

marketing, n.→ **Marketing** *(Bleibt unübersetzt, da der Begriff mit seinem AE-Inhalt ins D. entlehnt wurde. Selbst relativ konservative Wörterbücher lassen das AE-Wort unübersetzt. Der Begriff beinhaltet alle „Verkaufsanstrengungen".)*

means of transportation, n.pl.→ **Transportmittel**

means, n.pl.→ **Mittel**

merchants, n.pl.→ **Kaufleute**

middlemen, n.pl.→ **kaufmännisches Hilfsgewerbe**

occupation, n.→ **Beschäftigung**

organized exchange, n.→ **Börse**

pathway, n.→ **Weg**; **Pfad**

produce, n.→ **landwirtschaftliche Produkte**, landwirtschaftliche Erzeugnisse

require, v.→ **bedürfen**; erfordern; benötigen

research, n.→ **Forschung**

retail store, n.→ **Einzelhandelsgeschäft**

retailer, n.→ **Einzelhändler**

sales promotion, n.→ **Verkaufsförderung**

securities, n.pl.→ **Wertpapiere**

stage, n.→ **Stufe**

stock exchange, n.→ **Börse**

stocks, n.pl.→ **Aktien**

surplus, n.→ **Überschuß**

trade, n.→ **Gewerbe**

tradesman, n.→ **Händler**

translation, n.→ **Umsetzung** *(meistens: Übersetzung)*

tremendous, adj.→ **enorm**; riesig, gewaltig

unit, n.→ **Einheit**

varied, adj.→ **unterschiedlich**

vegetables, n.pl.→ **Gemüse**

vitally, adv.→ **lebenswichtig**

warehouse receipt, n.→ **Lagerschein**

wholesaler, n.→ **Großhändler**

ÜT: 53 Marketing

Der ökonomische Prozeß, der uns mit den vielen und unterschiedlichen hergestellten Gütern versorgt, wird Marketing genannt. Marketing ist der Weg, auf dem die Industrieerzeugnisse und landwirtschaftlichen Produkte zum Verbraucher gelangen. Da unsere Gesellschaft äußerst komplex ist, wäre es dem Verbraucher unmöglich, alle Güter, die er benötigt oder haben möchte, z.B. Gemüse, Kleidung, Fleisch, Kraftfahrzeuge und sonstige, mittels seiner eigenen Anstrengungen zu bekommen.

Der Marketingprozeß ist nicht immer so kompliziert wie heute gewesen. Mit der Zunahme der Arbeitsteilung und dem Wachsen von Handel und Gewerbe hat er an Komplexität zugenommen.

Während der Jäger- und Fischerstufen in der Entwicklung des Menschen, war die Familie eine ökonomische Einheit und die Produktion diente nur dem Eigengebrauch und nicht dem Verkauf. Es gab nur wenig Marketing und Handel mit den Gütern. Mit der erhöhten Produktion und Spezialisierung fand Handel statt. Dennoch blieb die Produktion meistens immer noch auf den örtlichen Konsum beschränkt; es gab nur wenig Überschuß für den Verkauf oder Handel.

Mit der Entwicklung des Handwerks fingen die Menschen an, sich in ihrer Arbeit zu spezialisieren. Viele Dinge wurden nicht (mehr) nur für den Eigengebrauch, sondern auch zum Verkauf hergestellt. Bald konnten aber die Erzeuger die Herstellung und den Verkauf[1] der Güter, die sie für den Markt herstellten nicht mehr besorgen. Händler und Kaufleute brachten Produzen-

---

[1] Normalerweise träfe hier als Übersetzung von „Marketing" die Beibehaltung des englischen Terminus zu. Da aber anzunehmen ist, daß zu der beschriebenen Zeit der Inhalt des Wortes „Marketing" noch nicht in seiner heutigen und modernen Breite vorhanden war, bietet sich „Verkauf" wohl als die bessere und sachgemäßere Übersetzung von „Marketing" an.

ten und Konsumenten zusammen. Während die Hersteller sich auf die Erzeugung von Waren spezialisierten, spezialisierten sich die Kaufleute auf deren Verkauf.

Das Wachsen des Fabriksystems, die zunehmende Verwendung von Maschinen, verbesserte Transportmittel und ausgedehntere Märkte während der Industriellen Revolution verstärkten die Spezialisierung und führten zu einem enormen Anwachsen der Güterproduktion. Die Industrialisierung führte zu einer größeren Vielfalt von Tätigkeiten[2] und einem weiteren Anwachsen von Spezialisierung und gegenseitiger Abhängigkeit. Die Märkte wurden zu spezialisierten Orten des Handels, die des Marketingspezialisten bedurften.

In den voneinander abhängigen Gesellschaften des zwanzigsten und einundzwanzigsten Jahrhunderts ist das Marketing von lebenswichtiger Bedeutung. Es stellt den Prozeß dar, durch den landwirtschaftliche Produkte und Industrieerzeugnisse für den Verbraucher bereitgestellt werden.

Die Arbeit des Marketing wird vom kaufmännischen Hilfsgewerbe besorgt, d. h., den Einzelhändlern, Großhändlern, Kommissionskaufleuten, Maklern und anderen. Der Einzelhandel wird von unterschiedlichen Organisationstypen vorgenommen: unabhängige Einzelhandelsgeschäfte, Kettenläden, Kaufhäuser, Versandhäuser, Direktverkauf und Kooperativen. Einige Waren, wie auch viele Wertpapiere, werden an organisierten Börsen ge- und verkauft; Lagerscheine für Baumwolle, Weizen und bestimmte andere Waren werden an Warenbörsen gehandelt; Aktien und Schuldverschreibungen werden an Börsen ge- und verkauft.

---

[2] „Occupation" hier „Tätigkeit". Das Englische macht einen traditionellen Unterschied zwischen dem, was man im Sinne einer Berufsausübung *tut* und dem „Beruf" selbst, der im Englischen als „Profession" auf eine sogenannte „Berufung" zurückgeht, d. h. dem im allgemeinen eine eingehende, meistens akademische Ausbildung unterliegt. Klassische, als „Beruf" im angelsächsischen Raum angesehene Tätigkeiten sind z.B. „Medical Doctors", „Lawyers" und „The Clergy", deren Ausbildungsstätten auch stets von der Universität als „Medical School", „Law School", „Theological Seminary" abgesetzt sind.

Die enorme Diversifikation der Produktion hat Marketing zu einem selbständigen Gebiet werden lassen. Heute umfaßt es soviele Geschäftsaspekte, daß es schwer ist, es klar zu definieren. Einige Wörterbücher[3] brauchen Seiten, um es zu erklären. Nicht-englische Sprachen übernehmen den Begriff ohne einen Versuch der Übersetzung zu machen. In modernen Zeiten ist Marketing die Funktion von Verkauf, Distribution, Werbung und Verkaufsförderung, Produktplanung und Marktforschung. Es deckt die Funktionen in einem Wirtschaftsbetrieb ab, die mit dem direkten Kontakt mit dem Verbraucher zu tun haben, und dessen Bedürfnisse feststellen und diese Informationen in zum Verkauf bestimmte Produktion umsetzen.

---

[3] Wirtschaftslexika, z.B. *Gablers Wirtschaftslexikon* benötigt mehrere Spalten, nicht um den Begriff „Marketing" zu übersetzen, sondern ihn zu erklären.

ÜT: 54 Advertising — D: 1

The business interests of the industrial countries spend billions every year on advertising. That is a tremendous sum of money, but when we consider the great number of business organizations and the variety of goods they produce, and the resulting varied forms of advertising we are confronted with every day, that figure becomes less startling. By means of radio broadcasts, television, newspapers, magazines, billboards, handbills, circulars, pamphlets that come through the mail, or even skywriting, some manufacturer or seller is constantly trying to tell us that his particular product is the best.

Advertising is one of the highly developed of modern arts. It requires the services of talented men and women who are skilled in the preparation of advertising copy. After an advertising programme has been accepted by the owner or management of a business, it often becomes the advertising company's task to sell the product through the various advertising media. The small business, as a rule, prepares its own advertising copy, for newspapers, mailing circulars, flyers, form letters, and so on.

Together with other well-known kinds of advertising and the ones mentioned above, we may classify the types of advertising as: television advertising, radio advertising, space advertising (for instance in newspapers, periodicals), stores direct or direct-mail advertising (such as broadsides, folders, booklets, illustrated letters, envelope stuffers, calendars, catalogues, house publications, and give-aways), position or poster advertising (by street-car, train or bus cards, window cards, billboards, and signs).

Although it would be difficult to lay down absolute rules for the preparation of advertisements, there are certain qualities which characterize an effective advertisement. A good advertisement attracts attention by being placed in a conspicuous spot and favourable environment where it will be readily seen or heard. Clever drawings and pictures and the skilful use of colour, varied kinds of type and a pleasing arrangement make an advertisement stand out. An advertisement aims at holding interest. Therefore it may vary according to the class of buyers for whom it is prepared (men, boys, women, girls, educated or uneducated persons, farmers or industrial workers, young people, old people, and many other groups). On the other hand it may aim to have a universal appeal which is often the case with food products brought to the attention of all classes of people. To hold interest it must develop one central idea clearly and concisely. Exaggerations lead to lack of force, and the intelligent reader or listener is not interested in the advertisement of a product which is claimed to be a miracle-worker. Effective advertisements often have emotional appeal, but they must also appeal to the intelligent customer who is interested in a quality product. In general, it is the personal appeal to comfort, to vanity, to intelligence, to love of luxury and so forth that makes the addressee want to possess the product advertised. Thus, the advertisement creates desire. If an advertisement attracts attention, holds interest and creates desire, the final and most important aim of effective advertising follows almost naturally: the advertisement induces action, it sells the product.

Adapted from Fink: Fundamental Economic Texts

addressee, n.→ **Adressat**

advertising copy, n.→ **Anzeigentext(e)**

appeal, n.→ **Wirkung**; Zugkraft

appeal, v.→ **ansprechen**

be skilled in, v.→ **geschickt sein**

billboard, n.→ **Anschlagwand; Werbebrett**

booklet, n.→ **Büchlein**

broadside, n.→ **Handzettel**

bus card, n.→ **Busbande**

circular, n.→ **Rundschreiben**

concisely, adv.→ **kompakt**

conspicuous, adj.→ **auffällig**

exaggeration, n.→ **Übertreibung**

favourable, adj.→ **günstig**

final, adj.→ **endgültig**

flyer, n.→ **Flugblatt**

folder, n.→ **Faltblatt**

food product, n.→ **Nahrungsmittel**

form letter, n.→ **Formbrief**

give-away, n.→ **Werbegeschenk**

handbill, n.→ **Handzettel**

induce, v.→ **führen zu**

lack of force, n.→ *eigentlich* „Mangel an Kraft", *hier besser*: „Übertreibungen verlieren (schnell) an Kraft"

lay down, v.→ **festlegen**

mass media, n.pl.→ **Massenmedien**

pamphlet, n.→ **Prospekt**

periodical, n.→ **Zeitschrift**; Wochenzeitschrift

poster advertising, n.→ **Posterwerbung**

preparation, n.→ **Erstellung**

quality, n.→ **Eigenschaft**

radio broadcast, n.→ **Rundfunksendung**

rule, n→ **Regel**; Richtlinie; Gesetz

skilful, adj.→ **geschickt**

skywriting, n.→ **"Himmelsreklame"** *(durch Flugzeuge oder Luftschiffe am Himmel entlanggezogene Werbebotschaften)*

space advertising, n.→ **Flächenwerbung**

spot, n.→ **Platz**; Ort; Stelle

startling, adj.→ **bestürzend**

street-car, n.→ **Straßenbahn**

stuffer, n.→ **Briefbeilage**

train card, n.→ **Zugbande**

type, n.→ **Schrifttype**

vanity, n.→ **Eitelkeit**

varied, adj.→ **vielseitig**

variety, n.→ **Vielfalt**

window card, n.→ **Fensterbande**

ÜT: 54 Werbung

Die Wirtschaftsunternehmen der Industrieländer geben jedes Jahr Milliarden für die Werbung aus. Das ist eine ungeheure Summe Geld. Wenn wir uns jedoch die große Anzahl von Wirtschaftsorganisationen und die Vielfalt von Gütern, die sie herstellen, sowie die vielseitigen Formen der Werbung, mit der wir jeden Tag konfrontiert werden, betrachten, erscheint diese Zahl weniger bestürzend. Irgendein Hersteller oder Verkäufer versucht ständig, mittels Rundfunksendungen, Fernsehen, Zeitungen, Zeitschriften, Anschlagwänden, Handzetteln, Rundschreiben, durch die Post versandten Prospekten oder gar Himmelsreklame uns klarzumachen, daß sein Erzeugnis das Beste ist.

Werbung ist eine der hochentwickelten modernen Künste. Sie erfordert die Dienstleistungen talentierter Männer und Frauen, die geschickt in der Erstellung von Anzeigentexten sind. Nachdem ein Werbeprogramm vom Eigentümer oder der Geschäftsleitung eines Wirtschaftsunternehmens akzeptiert worden ist, wird es oft die Aufgabe der Werbeagentur sein, das Produkt über die verschiedenen Werbemedien zu verkaufen. In der Regel erstellen kleinere Unternehmen ihre Werbetexte für Zeitungen, Rundschreiben, Flugblätter, Formbriefe, usw. selbst.

Zusammen mit anderen wohlbekannten Werbearten und den bereits oben erwähnten, können wir die Formen von Werbung einteilen in Fernsehwerbung, Rundfunkwerbung, Flächenwerbung (z.B. in Zeitungen, Zeitschriften), Laden- oder Postdirektwerbung (z.B. Handzettel, Faltblätter, Büchlein, illustrierte Briefe, Briefbeilagen, Kalender, Kataloge, Hausmitteilungen, Werbegeschenke), Platz- oder Posterwerbung (in Straßenbahnen, auf Zug- oder Busbanden, Fensterbanden, Werbebrettern und Schildern).

Obgleich es ziemlich schwierig wäre, absolute Regeln für die Erstellung von Werbung festzulegen, gibt es bestimmte Eigenschaften, die eine wirksame Werbeanzeige auszeichnen. Eine gute Werbeanzeige zieht die Aufmerksamkeit auf sich, wenn sie an einem auffälligen Ort in einem günstigen Umfeld angebracht wird, wo man sie gleich sieht oder hört. Geistreiche Zeichnungen und Bilder und die geschickte Verwendung von Farbe, unterschiedliche Schrifttypen und eine gefällige Anordnung lassen eine Werbeanzeige herausragen. Eine Werbeanzeige zielt darauf, das Interesse aufrechtzuerhalten. Daher mag sie, je nach Art des Käuferkreises, für den sie konzipiert wird (Männer, Jungen, Frauen, Mädchen, gebildete oder ungebildete Personen, Landwirte oder Industriearbeiter, junge Leute, ältere Leute und viele andere Gruppen), variieren. Andererseits kann sie auf einen universellen Anspruch abstellen, was häufig bei Nahrungsmitteln der Fall ist, die allen möglichen Menschen[1] zur Kenntnis gebracht werden sollen. Um das Interesse zu erhalten, muß sie einen zentralen Gedanken klar und kompakt entwickeln. Übertreibungen verlieren (schnell) an Kraft und der intelligente Leser oder Hörer ist an der Werbung für ein Produkt, das vorgibt ein Wundermittel zu sein, nicht interessiert. Wirksame Werbung hat oft eine emotionale Wirkung, sie muß aber auch den intelligenten Kunden ansprechen, der an einem Qualitätsprodukt interessiert ist. Im allgemeinen ist es der persönliche Hinweis auf Komfort, Eitelkeit, Intelligenz, auf die Liebe zum Luxus, usw., welcher den Adressaten dazu bewegt, das beworbene Erzeugnis haben zu wollen. Somit schafft die Werbung Verlangen. Wenn dann eine Werbeanzeige Aufmerksamkeit erregt, das Interesse aufrechterhält und das Verlangen schafft, folgt das entgültigste und wichtigste Ziel einer effektiven Werbung fast ganz natürlich: Die Werbung führt zur Handlung, sie verkauft das Erzeugnis.

---

[1] „Classes" läßt sich hier nur schlecht als „Klasse von Menschen" übertragen, da dies einer Diskriminierung entsprechen könnte. Daher bietet sich „allen möglichen Menschen" an.

OT: 55 Banking   D: 1

Banks, like other economic institutions, have been created out of definite needs. The wide use of money and credit increased the importance of these financial institutions, which do not serve only as depositories of funds, but also as sources of credit. Without the services of the banks it is unlikely that our modern industrial order could function efficiently.

The great banking system of our times is a product of our modern capitalistic society, but some banking practices trace their origin to the Middle Ages. The goldsmiths who made jewellery and other fine articles out of gold and silver, found it necessary to keep strongboxes in which to store their precious metals. Soon other persons came to entrust their money and valuables to the goldsmiths for safekeeping. Some of them withdrew their money after a short time, others left it with the goldsmith bankers for a long period of time. Many depositors withdrew only a portion of their funds at a particular time. With the passage of time the goldsmiths discovered that they were generally in possession of a large store of their depositors' money. Instead of keeping it idle in their strongboxes, they developed the practice of lending it out at interest. At the same time they reserved a certain amount to meet ordinary withdrawals. These practices were an early step in the development of banks as depositories of funds and as sources of credit. Today banks have broadly extended the range of their activities, but these early practices still remain their principal function.

Banks are classified according to the services which they perform. Savings banks are financial institutions which provide for the accumulation of savings in small accounts. They provide the depositor with a means of storing surplus funds and yield interest on those funds. To the community they are a valuable source of credit for business enterprises. Savings banks usually invest their funds in long-term credit instruments, such as bonds and first mortgages. Therefore, most savings banks require their depositors to give notice before making a withdrawal.

In most countries commercial banks mainly serve as a depository of funds and as a source of credit for private individuals, business companies, or other organizations. In our days they have enlarged the scope of their activities and maintain not only checking accounts, but also savings departments, trust departments, and safe-deposit vaults. They are particularly active in granting short-term loans to business in order to provide business with working capital or temporary funds needed for special purposes. Commercial banks also deal in foreign exchange and letters of credit.

The banking functions of an investment bank differ strongly from those of commercial banks. They do not accept checking deposits or maintain savings departments or act as trustees for individuals or estates. They promote industry through the sale of large issues of stocks and bonds to investors. In this way they secure fixed capital for business and governmental projects by means of long-term loans.

Trust companies have the purpose of administering funds or property for the benefit of others. They serve as executors of estates, guardians of minors, trustees for property, and as register and transfer agents for stocks and bonds. They also manage businesses in the interest of others, for instance, when an individual wants his business continued for the benefit of others after his death. Because trust companies carry on other banking activities such as accepting checking and savings deposits, granting short-term and long-term credit, consulting and supervisory services for investors and many others, they are sometimes called "department-store banks".

Building and loan associations provide opportunities for the accumulation of funds through the systematic saving of small sums. Their primary purpose is to enable their members to buy homes.

Adapted from Fink: Fundamental Economic Texts

account, n.→ **Konto**
accumulation, n.→ **Ansammlung**

administer, v.→ **verwalten**
banking, n.→ **Bankwesen**

broad, adj.→ **breit**

building and loan association, n.→ **Bau- und Darlehenskasse**

checking account, n.→ **laufendes Konto**; Girokonto

checking deposits, n.pl.→ **Scheckeinlagen**

commercial bank, n.→ **Geschäftsbank**

consulting services, n.pl.→ **Beratungsdienstleistungen**

department-store bank, n. → **Universalbank**

depository, n.→ **Verwahrer**

economic institution, n.→ **Wirtschaftsinstitution**; ~ einrichtung

enlarge, v.→ **erweitern**

entrust, v.→ **anvertrauen**

estate, n.→ **Nachlaß**

executor, n.→ **Nachlaßverwalter**

extend, v.→ **ausdehnen**

fixed capital, n.→ **Anlagevermögen**

for the benefit of, phr.→ **zum Nutzen von**

foreign exchange, n.→ **Devisen**

funds, n.pl.→ **Gelder**

give notice, v.→ **kündigen**

goldsmith, n.→ **Goldschmied**

grant, v.→ **gewähren**

guardian, n.→ **Vormund**

home, n.→ **(Eigen)heim**

idle, adj.→ **untätig**

interest, n.→ **Zinsen**

invest, v.→ **anlegen**

investment bank, n.→ **Investitionsbank**

issue (~ of stock), n.→ **Emission** (~ von Aktien)

jewellery, n.→ **Schmuck**

letter of credit, n.→ **Akkreditiv**

loan, n.→ **Darlehen**

long-term, adj.→ **langfristig**

maintain (accounts), v.→ **führen** (Konten ~); unterhalten

make a withdrawal, v.→ **Abhebung tätigen**

manage, v.→ **verwalten**

meet, v.→ *im Englischen verkürzt einfach „für" statt „um ... Abhebungen zu ermöglichen"*

minor, n.→ **Minderjähriger**; Minderjährige

mortgage, n.→ **Hypothek**

need, n.→ **Notwendigkeit**

opportunity, n.→ **Möglichkeit**; Gelegenheit; Chance *(Man beachte das "equal opportunities" im AE im Gegensatz zum deutschen "Chancengleichheit".)*

perform, v.→ **erbringen** (Dienstleistungen)

practice, n.→ **Praktik**; Praxis

project, n.→ **Vorhaben**; Projekt

promote, v.→ **fördern**

provide with (a means of...), v.→ **bieten** (ein Mittel)

purpose, n.→ **Zweck**

register agent, n.→ **Registrierstelle**

safe-deposit vault, n.→ **Stahlkammer**

safekeeping, n.→ **sichere Aufbewahrung**

savings bank, n.→ **Sparkasse**

savings, n.pl.→ **Spargelder**

scope, n.→ **Bereich**

secure, v.→ **sichern**

short-term, adj.→ **kurzfristig**

store, n.→ *hier*: **Summe** (Geldes)

store, v.→ **aufbewahren**

strongbox, n.→ **Geldschrank**

supervisory services, n.pl.→ **Aufsichtsdienstleistungen**

surplus funds, n.pl.→ **überschüssiges Geld**

temporary, adj.→ **zeitweise**

trace origin, v.→ **Ursprung geht zurück auf**

transfer agent, n.→ **Übertragungsstelle**

trust company, n.→ **Treuhandgesellschaft**

trust department, n.→ **Treuhandabteilung**

trustee for property, n.→ **Vermögensverwalter**

trustee, n.→ **Treuhänder**

unlikely, adj.→ **unwahrscheinlich**

valuables, n.pl.→ **Wertsachen**

withdraw, v.→ **abheben** (Geld)

working capital, n.→ **Arbeitskapital**

yield, v.→ **erzielen**

ÜT: 55 Bankwesen

Wie (auch) andere Wirtschaftsinstitutionen sind die Banken aus einer eindeutigen Notwendigkeit heraus geschaffen worden. Die breite Verwendung von Geld und Kredit verstärkte die Bedeutung dieser finanziellen Institutionen, die nicht nur als Verwahrer von Geldern, sondern auch als Kreditquellen dienen. Es ist unwahrscheinlich, daß ohne die Dienstleistungen der Banken unsere moderne Industrieordnung in effizienter Weise funktionieren könnte.

Das großartige Bankensystem unserer Tage ist das Produkt der modernen kapitalistischen Gesellschaft, allerdings geht der Ursprung einiger Bankpraktiken auf das Mittelalter zurück. Die Goldschmiede, die Schmuck und andere feine Gegenstände aus Gold und Silber herstellten, hielten es für notwendig, Geldschränke zu haben, in denen sie ihre Edelmetalle aufbewahrten. Bald war es dann so weit, daß (auch) andere Leute ihr Geld und ihre Wertsachen den Goldschmieden zur sicheren Aufbewahrung anvertrauten. Einige von ihnen hoben ihr Geld nach kurzer Zeit wieder ab, andere ließen es lange Zeit bei den Goldschmiedebankiers. Viele Einzahler hoben nur einen bestimmten Teil ihres Geldes zu bestimmten Zeitpunkten ab. Mit der Zeit stellten die Goldschmiede fest, daß sie ganz einfach sich im Besitz einer großen Summe Geldes ihrer Einzahler befanden. Anstatt das Geld in ihren Tresoren untätig zu lassen, entwickelten sie die Praxis der Ausleihe gegen Zinsen. Gleichzeitig behielten sie eine bestimmte Summe für gewöhnliche Abhebungen zurück. Diese Praktiken stellten eine frühe Stufe in der Entwicklung von Banken als Aufbewahrer von Geldern und als Kreditquellen dar. Heute haben die Banken das Spektrum ihrer Aktivitäten breit ausgedehnt, jedoch bleiben diese frühen Praktiken immer noch ihre Hauptfunktion.

Banken werden je nach den Dienstleistungen, die sie erbringen, klassifiziert. Sparkassen sind Finanzinstitutionen, welche für die Ansammlung von Spargeldern auf kleinen Konten sorgen. Sie bieten dem Einzahler eine Möglichkeit, überschüssiges Geld zu hinterlegen und für diese Geldmittel Zinsen zu erzielen. Für die Gemeinschaft stellen sie eine wertvolle Kreditquelle für Wirtschaftsunternehmen dar. Sparkassen legen ihre Geldmittel in langfristigen Kreditinstrumenten, z.B. Schuldverschreibungen und ersten Hypotheken an. Daher verlangen die meisten Sparkassen von ihren Einzahlern eine Kündigung, bevor sie eine Abhebung tätigen können.

In den meisten Ländern dienen Geschäftsbanken dem Zweck der Hinterlegung von Geldmitteln und als Kreditquelle für Privatpersonen, Wirtschaftsunternehmen oder sonstige Einrichtungen. Heutzutage haben sie den Bereich ihrer Aktivitäten erweitert und führen nicht nur laufende Konten[1], sondern unterhalten auch Sparabteilungen, Treuhandabteilungen und Stahlkammern. Sie beschäftigten sich besonders mit der Gewährung von kurzfristigen Darlehen an die Wirtschaft, um diese mit Arbeitskapital oder zeitweisen Geldern für ganz bestimmte Zwecke zu versorgen. Geschäftsbanken handeln auch mit Devisen und Akkreditiven.

Die Bankfunktionen einer Investitionsbank unterscheiden sich stark von denen der Geschäftsbanken. Sie nehmen keine Scheckeinlagen an und unterhalten keine Sparabteilungen, sie sind auch nicht als Treuhänder für Einzelpersonen oder Nachlässe tätig. Sie fördern die Industrie durch den Verkauf von großen Emissionen von Aktien und Schuldverschreibungen an Investoren. So sichern sie die Bereitstellung von Anlagevermögen für die Wirtschaft und staatliche Vorhaben mittels langfristiger Darlehen.

Treuhandgesellschaften dienen dem Zweck der Verwaltung von Geldern oder Vermögen zum Nutzen anderer. Sie sind als Nachlaßverwalter, Vormünder von Minderjährigen, Vermögenstreuhänder sowie als Aktien- und Schuldverschreibungsregistrier- und Übertragungsstellen tätig. Sie

---

[1] „Checking account" wird hier besser mit „laufendem Konto" anstatt „Girokonto" übersetzt, da letzteres vornehmlich in Großbritannien nicht aber in anderen englischsprachigen Ländern, z.B. den USA bekannt ist.

verwalten auch Wirtschaftsunternehmen im Interesse anderer, z.B. wenn jemand möchte, daß sein Unternehmen nach seinem Tod zum Nutzen anderer fortgeführt wird. Da Treuhandgesellschaften auch andere Bankaktivitäten wie z.B. Annahme von Scheck- und Spareinlagen, Gewährung von kurzfristigen und langfristigen Krediten, Beratungs- und Aufsichtsdienstleistungen und viele sonstige Aktivitäten ausüben, werden sie manchmal „Universalbanken"[2] genannt.

Bau-und Darlehenskassen bieten die Möglichkeit der Ansammlung von Geldern durch das Ansparen von kleinen Summen. Ihr Hauptzweck ist es, ihre Mitglieder in die Lage zu versetzen, Eigenheime zu erstehen.

---

[2] Die Übersetzung „Universalbanken" für „department store banks" entspricht nicht ganz der amerikanischen Vorlage, da eine Universalbank unter Umständen noch mehr Aktivitäten ausübt, als dies in einer „department store bank" der Fall ist. Möglicherweise böte sich „Kaufhausbank" an, das allerdings wohl nicht den professionellen Ansprüchen einer Bank genügt.

OT: 56 Problems in World Trade — D: 1

Complications in world trade arise because each country has its own currency or money, its own central bank, and follows its own monetary policy. One of the special problems is the foreign exchange rate. If we want to trade with another country, we have to change our money into that of the other country. We do so in the foreign exchange market. The price we pay in our own money for the foreign money is the rate of exchange. Thus, we might pay 1.80 DM for one U.S. Dollar or 3.00 DM for one British Pound. Difficulties are created by the fluctuations of the foreign exchange rates because of changes in demand and supply. Most governments also intervene in the money market and keep exchange rates steady at an agreed level, through the International Monetary Fund.

Another problem in world trade is the balance of payments, a statistical record of all transactions which the persons, businesses, and government of a country have with the rest of the world during a specific year. It includes the receipts from other nations (from exports or from investments abroad) and the payments to those nations (for imports, foreign aid, investments abroad). This balance of payments might show a surplus or a deficit. In case of a deficit (negative balance) governments often try to regulate exports and imports by exchange control, favouring those imports or exports which help the country's economic development and restricting those which are harmful to it.

A third obstacle to world trade is government interference by tariffs in imports or exports. One reason for such tariffs may be the protecting of new industries that are just getting started. The national policy is to place more importance into economic growth by the development of new industries than into getting goods as cheaply as possible for the consumer. Another reason may be that of providing economic selfsufficiency in time of war. Here, too, national defence is placed ahead of benefit for the consumer. Finally, tariffs may be intended to protect jobs and wages of domestic workers against the competition of foreigners who work for lower wages. This aspect of world trade has become a major factor in our days when many products are made in low-wage countries such as Hongkong, Taiwan, and others.

Modern economies cannot do without and continuously make for the above problems. While national currencies, central banks, monetary policies, and exchange rates complicate world trade, exchange control and tariffs build obstacles to it and work against a free market.

Adapted from Fink: Fundamental Economic Texts

abroad, adv.→ **im Ausland**

agreed level, n.→ **vereinbartes Niveau**

arise, v.→ **entstehen**; vorkommen; auftreten

balance of payments, n.→ **Zahlungsbilanz**

be intended to, v.→ **bestimmt sein zu**

benefit, n.→ **Nutzen**

central bank, n.→ **Zentralbank**

competition, n.→ **Wettbewerb**

consumer, n.→ **Verbraucher**

continuously, adv.→ **ständig**

currency, n.→ **Währung**

defence, n.→ **Verteidigung**

do without, v.→ **können ohne**; auskommen ohne

domestic, adj.→ **einheimisch**

exchange control, n.→ **Wechselkurskontrolle**

favour, v.→ **fördern**

fluctuation, n.→ **Fluktuation** *(hier besser adjektivisch: „fluktuierende Wechselkurse")*

foreign aid, n.→ **Auslandshilfe**; Entwicklungshilfe

foreign exchange market, n.→ **Devisenmarkt**

foreign exchange rate, n.→ **Wechselkurs**

foreign exchange, n.→ **Devisen**

harmful, adj.→ **abträglich**; schädlich

intend, v.→ **bestimmen**

interference, n.→ **Einmischung**

International Monetary Fund (IMF), n.→ **Internationaler Währungsfond** (IWF)

intervene, v.→ **eingreifen**

low-wage country, n.→ **Niedriglohnland**

make for, v.→ **schaffen**

monetary policy, n.→ **Geldpolitik**

obstacle, n.→ **Problem**; Hindernis

policy, n.→ **Politik**

rate of exchange, n.→ **Wechselkurs**

receipts, n.pl.→ **Einnahmen**

record, n.→ **Aufzeichnung**; **Registrierung**

regulate, v.→ **regulieren**

selfsufficiency, n.→ **Autarkie**

surplus, n.→ **Überfluß**; **Überschuß**

tariff, n.→ **Zoll**

trade, v.→ **Handel treiben**

world trade, n.→ **Welthandel**

ÜT: 56 Schwierigkeiten im Welthandel

Komplikationen im Welthandel enstehen, weil jedes Land seine eigene Währung oder sein eigenes Geld, seine eigene Zentralbank besitzt und eine eigene Geldpolitik verfolgt. Dabei stellt der Devision-Wechselkurs eine besondere Schwierigkeit dar. Wenn wir mit einer anderen Nation Handel betreiben wollen, müssen wir unser Geld in das des anderen Landes umtauschen. Das tun wir auf dem Devisenmarkt. Der Preis, den wir in unserer Währung für das ausländische Geld bezahlen, ist der Wechselkurs. So bezahlen wir unter Umständen 1,80 DM für einen U.S. Dollar oder 3,00 DM für ein britisches Pfund. Schwierigkeiten entstehen dabei durch die fluktuierenden Wechselkurse wegen der Veränderungen in Angebot und Nachfrage. Dazu greifen die meisten Regierungen auch in den Geldmarkt ein und halten die Wechselkurse durch den Internationalen Währungsfond auf einem vereinbarten Niveau.

Ein weiteres Problem im Welthandel ist die Zahlungsbilanz, eine statistische Aufzeichnung aller Transaktionen, welche die Personen, Unternehmen und Regierung eines Landes mit der übrigen Welt während eines bestimmten Jahres eingehen. Sie schließt die Einnahmen von anderen Nationen (aus Exporten oder aus Investitionen im Ausland) und die Zahlungen an diese Nationen (für Importe, für Auslandshilfe, für Investitionen im Ausland) ein. Diese Zahlungsbilanz kann einen Überschuß oder ein Defizit ausweisen. Im Falle eines Defizits (negative Zahlungsbilanz) versuchen die Regierungen häufig Exporte und Importe mittels Wechselkurskontrollen zu regulieren, wobei sie jene Einfuhren oder Ausfuhren fördern, die der wirtschaftlichen Entwicklung des Landes dienen oder jene einschränken, die ihr abträglich sind.

Ein drittes Problem im Welthandel ist die Einmischung der Regierung durch Zölle auf Einfuhren und Ausfuhren. Einer der Gründe für die Zölle kann der Schutz neuer Industriezweige sein, die gerade eingerichtet worden sind. Die nationale Politik legt mehr Bedeutung auf Wirtschaftswachstum mittels Entwicklung neuer Industriezweige, als auf die möglichst kostengünstige Beschaffung von Gütern für den Verbraucher. Ein weiterer Grund kann die wirtschaftliche Autarkie in Kriegszeiten sein. Auch hier wird die nationale Verteidigung über den Nutzen für den Verbraucher gestellt. Schließlich können Zölle dazu bestimmt sein, die Arbeitsplätze und Löhne der einheimischen Arbeiter gegenüber dem Wettbewerb der Ausländer, die für niedrigeren Lohn arbeiten, zu schützen. Dieser Gesichtspunkt des Welthandels ist in unserer Zeit, in der viele Erzeugnisse in Niedriglohnländern, wie z.B. Hongkong, Taiwan und anderen hergestellt werden, zu einem bedeutenden Faktor geworden.

Moderne Volkswirtschaften können ohne die oben genannten Probleme nicht leben und schaffen solche Schwierigkeiten ständig. Während (somit) nationale Währungen, Zentralbanken, Geldpolitiken und Wechselkurse den Welthandel komplizieren, errichten Wechselkurskontrollen und Zölle Hindernisse für ihn und arbeiten gegen den freien Markt.

OT: 57 Economic Instability D: 1

Our modern economic order is characterized by instability. While fluctuations in business from good times to bad times were marked even during those days when economies were pre-eminently agricultural, economic instability has become a far more serious problem under our present industrial system. Workers today are totally dependent on their jobs for the necessities of life; and, when a business depression deprives millions of these workers of their livelihoods, the problem assumes grave proportions.

Economists have found that business revolves in a definite course or cycle of four fairly well-defined stages. These stages have been called "prosperity" or "boom", "crisis" or "recession", "depression" or "slump", and "recovery" or "revival". It is believed that they follow each other in an endless course which cannot be measured from any point. During prosperity periods business activity is high, there is a brisk demand for goods, and consequently much buying and selling. Prices for commodities are relatively high and increase as the pace of business becomes faster. Factories and other businesses are working at near capacity, there is a strong demand for workers, and wages are high. The increased business activity and new ventures stimulate the demand for more capital which is provided by the banks which, in turn, charge higher interest rates. A general feeling of optimism leads to misdirected production, overexpansion, rash undertakings, inefficiency, carelessness, or extravagance in business practice besides many other actions detrimental to the boom. With prices continuing to rise it becomes difficult to dispose of the goods produced. Purchasing power does not keep pace with prices. A critical period in the business cycle follows.

The period of crisis is marked by a reduction of production, lower economic activity, discharge of workers, low demand for workers, wage decline, decline of the prices of stocks, and many other inconveniences. Usually the entire population is seized with fear when the cycle enters the depression phase. During that stage production decreases, there is only slight demand for labour, wages are drastically reduced, unemployment becomes a serious issue. Bank reserves are large but there is little demand for funds; interest rates are low. Timidity and caution replace the boldness and enthusiasm of the boom period. As this period merges into the recovery phase, signs of renewed business activity begin to make their appearance. The available supply of goods has been used up and additional supplies must be produced. The influence of the quickened business activity spreads and the feeling of pessimism gives way to one of hope. A growing demand for funds allows the banks to lend at low rates from their reserves accumulated during the depression. Interest rates increase, prices mount, wages rise, employment takes an upward turn. Soon business is in full swing again and recovery merges into prosperity.

Business cycles are rather complex and economists believe that the instability of business cannot be ascribed to one particular cause only. The theories most frequently advanced for such causes are: "natural causes" such as lacking or too much rainfall, sunspots and the like; "underconsumption" which is expressed in terms of overproduction when more goods are produced than wanted; "misdirected production" when too much of one commodity and too little of another is produced; "maldistribution of income" under which the greater part of the profits of industry are received by a relatively small group while the remainder of the people does not have enough purchasing power to buy what is produced; "psychology" making people wave between optimism and pessimism, which attitudes determine their economic behaviour; and the "self-generating theory" under which business cycles are caused by conditions which exist in each phase of the cycle itself.

Adapted from Fink: Fundamental Economic Texts

advance, v.→ **anführen**

ascribe, v.→ **zuschreiben**

assume, v,→ **annehmen**

available, adj.→ **zur Verfügung stehend**

boldness, n.→ **Wagemut**

boom, n.→ **Boom,** *(der amerikanische Begriff ist inzwischen fest "eingebürgert")*

brisk, adj.→ **rege**

business depression, n.→ **Wirtschaftsdepression**

carelessness, n.→ **Sorglosigkeit**

caution, n.→ **Vorsicht**

57: Economic Instability

charge, v.→ berechnen

cycle, n.→ Zyklus

decline, n.→ Fallen

deprive, v.→ berauben

detrimental, adj.→ abträglich

discharge, n.→ Entlassung

dispose of, v.→ absetzen

economic order, n.→ Wirtschaftsordnung

funds, n.pl.→ Geldmittel

give way to, v.→ weichen

grave, adj.→ ernst

inefficiency, n.→ Ineffizienz

instability, n.→ Unsicherheit

interest rate, n.→ Zins; Zinssatz

keep pace with, v.→ Schritt halten mit

labour, n.→ Arbeitskräfte

livelihood, n.→ Lebensunterhalt

maldistribution, n.→ Fehlverteilung

marked, adj.→ charakterisiert

merge, v.→ übergehen in

misdirect, v.→ fehlleiten

mount, v.→ klettern, steigen

necessities of life, n.pl.→ lebensnotwendige Dinge

overexpansion, n.→ übermäßige Ausdehnung

pace of business, n.→ Wirtschaftstempo

pre-eminently, adv.→ vornehmlich

prosperity, n.→ Wohlstand

purchasing power, n.→ Kaufkraft

rash, adj.→ übereilt

recovery, n.→ Erholung

remainder, n.→ Rest

revival, n.→ Wiederbelebung

revolve, v.→ ablaufen

self-generating, adj.→ selbsterzeugend

slump, n.→ Konjunkturtiefpunkt

spread, v.→ sich ausbreiten

sunspot, n.→ Sonnenfleck

terms of, in ~, n.phr.→ *(die Übersetzung des Begriffes entfällt im Deutschen; ihr Sinn ist in „sich ausdrücken als" enthalten.)*

timidity, n.→ Furcht

underconsumption, n.→ Unterkonsum; Mindestkonsum

undertaking, n.→ Unternehmung

venture, n.→ Wirtschaftsvorhaben

| ÜT: 57 Wirtschaftliche Unsicherheit |

Unsere moderne Wirtschaftsordnung wird von Unsicherheit charakterisiert. Während selbst zu Zeiten, als die Volkswirtschaften (noch) vornehmlich landwirtschaftlich waren, Fluktuationen von guten zu schlechten Zeiten geprägt waren, ist die wirtschaftliche Unsicherheit unter unserem gegenwärtigen industriellen System zu einem weit größeren Problem geworden. Für ihre lebensnotwendigen Dinge sind die Arbeiter heute voll und ganz von ihren Arbeitsplätzen abhängig; und, wenn eine Wirtschaftsdepression Millionen dieser Arbeiter ihres Lebensunterhaltes beraubt, nehmen die Probleme ernste Proportionen an.

Die Wirtschaftswissenschaftler haben festgestellt, daß das Wirtschaftsleben nach einem festliegenden Kurs oder Zyklus von vier ziemlich genau definierten Phasen abläuft: Diese Phasen werden „Wohlstand" oder „Boom", „Krise" oder „Rezession", „Depression" oder „Tiefpunkt" und „Erholung" oder „Wiederbelebung" genannt. Es wird angenommen, daß diese Phasen in einem endlosen, an keinem Punkt meßbaren Verlauf einander folgen. Während der Wohlstandsperioden ist die Wirtschaftsaktivität stark, es besteht eine rege Nachfrage nach Gütern und infolgedessen auch ein starker Kauf und Verkauf. Die Preise der Waren sind verhältnismäßig hoch und steigen weiter mit der Beschleunigung des Wirtschaftstempos. Fabriken und sonstige Unternehmen sind fast ausgelastet, es besteht eine starke Nachfrage nach Arbeitskräften und die Löhne sind hoch. Die erhöhte Wirtschaftsaktivität und die neuen Wirtschaftsvorhaben stimulieren die Nachfrage nach mehr Kapital, welches von den Banken bereitgestellt wird, die wiederum höhere Zinsen berechnen. Ein allgemeiner Optimismus führt zu fehlgeleiteter Produktion, übermäßiger Ausdehnung, übereilten Unternehmungen, Ineffizienz, Sorglosigkeit oder Extravaganz in den Geschäftspraktiken neben vielen sonstigen, dem Boom abträglichen Handlungen. Während die Preise weiter steigen, wird es schwierig, die erzeugten Güter abzusetzen. Die Kaufkraft hält nicht Schritt mit den Preisen. Es folgt eine kritische Periode im Konjunkturzyklus.

Die Zeit der Krise wird geprägt von einem Produktionsrückgang, geringerer wirtschaftlicher Aktivität, Entlassung von Arbeitskräften, geringer Arbeitskräftenachfrage, Lohnrückgang, Fallen der Aktienkurse und von vielen anderen Unannehmlichkeiten. Gewöhnlich wird die gesamte Bevölkerung von Angst ergriffen, wenn der Zyklus in die Depressionsphase eintritt. Während dieser Phase läßt die Produktion nach, die Nachfrage nach Arbeitskräften ist nur gering, Löhne sind drastisch reduziert, die Arbeitslosigkeit wird zur ernsten Angelegenheit. Die Bankreserven sind zwar umfangreich, die Nachfrage nach Geldmitteln ist jedoch gering; Zinssätze sind niedrig. Furcht und Vorsicht ersetzen den Wagemut und die Begeisterung der Boomperiode. Wenn diese Periode in die Phase des Wiederaufschwungs übergeht, beginnen Zeichen von erneuter Wirtschaftstätigkeit sichtbar zu werden. Der zur Verfügung stehende Vorrat an Gütern ist aufgebraucht worden und zusätzliche Vorräte müssen hergestellt werden. Der Einfluß der beschleunigten Wirtschaftsaktivität breitet sich aus und der Pessimismus weicht der Hoffnung. Eine wachsende Nachfrage nach Geldmitteln macht es den Banken möglich, aus ihren während der Depression angesammelten Reserven zu niedrigen Zinssätzen Geld zu verleihen. Zinssätze ziehen an, Preise klettern, Löhne steigen, Beschäftigung nimmt zu. Schon bald ist die Wirtschaft wieder im vollen Gange und der Wiederaufschwung geht über in die Wohlstandsphase.

Wirtschaftszyklen sind ziemlich komplex und die Wirtschaftswissenschaftler glauben, daß die Unsicherheit der Wirtschaft nicht einer einzigen Ursache zugeschrieben werden kann. Die am häufigsten angeführten Theorien für solche Ursachen sind: „natürliche Ursachen", wie z.B. zuwenig oder zuviel Regen, Sonnenflecken und ähnliches; „Unterkonsum", der sich als Überproduktion ausdrückt, wenn mehr

Güter als gewünscht erzeugt werden; „fehlgeleitete Produktion", wenn zuviel von einem Gut und zuwenig von einem anderen hergestellt wird; „Einkommensfehlverteilung" unter der der größere Teil der Gewinne der Wirtschaft von einer verhältnismäßig kleinen Gruppe vereinnahmt wird, während der Rest der Bevölkerung nicht genügend Kaufkraft hat, um das, was erzeugt wird, zu erstehen; „Psychologie", die die Menschen zwischen Optimismus und Pessimismus schwanken läßt, Haltungen, welche ihr ökonomisches Verhalten bestimmen; und die „Selbsterzeugungstheorie", unter der Wirtschaftszyklen von den Bedingungen, die in jeder Phase des Zyklus selbst vorhanden sind, verursacht werden.

OT: 58 Big Business   D: 1

The term "big business" took its origin in America in 1901 and was defined as "large mercantile transactions, organizations, etc., often derogatorily".

Throughout the colonial period, England restricted manufacturing in the colonies and thus in America. Later, when machines came into use with what we today call the Industrial Revolution, in the last part of the 18th century, England forbade the exportation of such machines to the colonies. Therefore, manufactured goods in the U.S. had to be imported from Great Britain although the United States had become politically independent in 1783. Only at the beginning of the 19th century, America succeeded in introducing power machinery and in establishing a factory system in the country.

Certain events in the first quarter of the 19th century stimulated American manufacturers and led to the industrialization of the USA. The Napoleonic Wars, an embargo and so-called Non-Intercourse acts declared by the Americans, and the War of 1812 made the import and export of goods extremely difficult. Suddenly the American people were deprived of many things which they had formerly obtained from abroad. They were forced to produce for themselves. Government orders for war material for the War of 1812 stimulated production. The first half of the 19th century was marked by a steady increase in the number of factories, in their output, and in the capital invested in them.

The period following the War of 1812 is that of the greatest increase in population and immigration. Between 1783 and 1820, 250,000 immigrants came from various countries of the world. It is also the time of the greatest increase in the growth of factories and commercial cities, the exploration of and the expansion into the American West, the time of a strong business activity and extension of market areas. It is the period of a feverish railroad construction, of the use of machinery and the development of large-scale production. During this epoch, the United States experienced the greatest rapidity of industrialization, and the tendency toward a concentration of industry first manifested itself. One did not yet speak of Big Business but its symptoms existed. Two tendencies became visible: the concentration in larger production units and the concentration in combination of plants. While the number of business establishments did not continue to increase in number as they had earlier in the century, existing plants expanded greatly and changed from small-scale to large-scale manufacture. The factories grew in size, in number of employees, in capital investment, and, above all, in the total volume and value of their production. From now on the larger unit of production became more and more important. This tendency has lasted until our days.

However, modern economic life, and with it Big Business, is not characterized only by the development of large-scale production but also by the rise of gigantic business organizations, by combinations. In everyday language we sometimes speak of trusts or monopolies, although these expressions do not refer to any combination, because "combination" means, in first line, only that two or more plants or factories unite in one organization. Today, our automobiles, radios, TV sets, household utensils, electricity, heat, indeed most of the goods and services we consume are produced by gigantic combinations. The tendency of business units to group themselves under one management has been called the Combination Movement. This movement is not exclusively American, but it has developed and spread in the U.S. more rapidly than in any other country and from there has strongly influenced the economic structure of other countries.

Adapted from Fink: Fundamental Economic Texts

Big Business, n.→ **Big Business**; Großunternehmen *(siehe auch den Text selbst)*

business establishment, n.→ **Wirtschaftsunternehmen**

combination, n.→ **Zusammenschluß**

Combination Movement, n.→ **Unternehmenszusammenschluß-Bewegung**

commercial city, n.→ **Industriestadt**

declare, v.→ **erlassen**

deprive, v.→ **berauben**

derogatory, adj.→ **abwertend**

embargo, n.→ **Embargo** *(aus dem Englischen ins D. integrierter Begriff)*

establish, v.→ **errichten**; einrichten

58: BIG BUSINESS

event, n.→ Ereignis

exclusively, adv.→ ausschließlich

expansion, n.→ Ausdehnung

experience, v.→ erleben

exploration, n.→ Erforschung

exportation, n.→ Ausfuhr

extension, n.→ Ausweitung

factory system, n.→ Fabriksystem

feverish, adj.→ fieberhaft

forbid, v.→ verbieten; untersagen

group, v.→ gruppieren

household utensil, n.→ Haushaltsgerät

immigration, n.→ Einwanderung, Immigration

industrialization, n.→ Industrialisierung

large-scale manufacture, n.→ siehe: large-scale production

large-scale production, n.→ Massenproduktion

manifest itself, v.→ sich zeigen

mercantile, adj.→ kaufmännisch

monopoly, n.→ Monopol

Non-Intercourse act, n.→ Antiverkehrsgesetz

origin, take ~, v.→ Ursprung haben

output, n.→ Ausstoß

plant, n.→ Fabrik

power machinery, n.→ Kraftmaschine

production unit, n.→ Produktionseinheit

restrict, v.→ beschränken; einschränken; begrenzen

small-scale manufacture, n.→ Kleinproduktion

stimulate, v.→ anregen

succeed in, v.→ gelingen

term, n.→ Begriff; Terminus; Bezeichnung

throughout, prep.→ während der gesamten...

trust, n.→ Trust (*„Trust" hat im Englischen zwei Hauptbedeutungen: „Monopol" und „Treuhänderschaft". Der Begriff ist inzwischen fester Bestandteil der deutschen Wirtschaftssprache geworden, allerdings nur in der ersten Bedeutung (vgl. auch „anti-trust laws" = „Antitrustgesetze").*)

war material, n.→ Rüstungsmaterial; Kriegsmaterial

ÜT: 58 Big Business

Der Begriff „Big Business" nahm 1901 in Amerika seinen Ursprung und wurde als „große kaufmännische Transaktionen, Organisationen, usw., häufig abwertend" definiert.

Während der gesamten Kolonialzeit beschränkte England die Industrieproduktion in den Kolonien und so auch in Amerika. Als dann später in der von uns heute so genannten Industriellen Revolution, während des letzten Teils des 18. Jahrhunderts, Maschinen in Gebrauch kamen, verbot England die Ausfuhr derartiger Maschinen in die Kolonien. Infolgedessen mußten in die USA Industriegüter von Großbritannien importiert werden, obgleich die Vereinigten Staaten 1783 politisch unabhängig geworden waren. Erst zu Beginn des 19. Jahrhunderts gelang es Amerika, Kraftmaschinen einzuführen und im Land ein Fabriksystem zu errichten.

Bestimmte Ereignisse im ersten Viertel des 19. Jahrhunderts regten amerikanische Hersteller an und führten zur Industrialisierung der USA. Die napoleonischen Kriege, ein Embargo und sogenannte, von den Amerikanern erlassene Antiverkehrsgesetze sowie der Krieg von 1812 machten die Ein- und Ausfuhr von Gütern äußerst schwierig. Die Amerikaner mußten plötzlich viele Dinge entbehren, die sie vorher aus dem Ausland erhalten hatten. (Nun) mußten sie selbst produzieren. Dabei stimulierten Regierungsaufträge für Rüstungsmaterial für den Krieg von 1812 die Produktion. Die erste Hälfte des 19. Jahrhunderts war von einem stetigen Wachsen der Zahl von Fabriken, deren Ausstoß und des in sie investierten Kapitals gekennzeichnet.

Die Zeit nach dem Krieg von 1812 war die der größten Bevölkerungszunahme und Einwanderung. Zwischen 1783 und 1820 kamen 250.000 Einwanderer aus den verschiedenen Ländern der Welt. Das ist auch die Zeit der größten Zunahme im Wachstum der Fabriken und Industriestädte, der Erforschung und Ausdehnung in den amerikanischen Westen, die Zeit starker Wirtschaftsaktivität und Ausweitung der Märkte. Es ist die Zeit eines fieberhaften Eisenbahnbaues, der Verwendung von Maschinen und der Entwicklung der Massenproduktion. Während dieses Zeitraumes erlebten die Vereinigten Staaten die schnellste Industrialisierung, und die Tendenz zur Industriekonzentration zeigte sich zum ersten Mal. Man sprach zwar noch nicht von Big Business, die Symptome waren aber bereits vorhanden. Zwei Tendenzen wurden sichtbar: Die Konzentration größerer Produktionseinheiten und die Konzentration von Fabrikzusammenschlüssen. Während die Zahl der Wirtschaftsunternehmen nicht mehr zunahm, wie früher im Jahrhundert, dehnten sich die bereits bestehenden Fabriken stark aus und wechselten von der Kleinproduktion zur Massenproduktion. Die Fabriken nahmen an Größe, Zahl der Beschäftigten, Kapitalinvestition und vor allem am Gesamtvolumen und -wert ihrer Produktion zu. Von da an erlangte die große Produktionseinheit immer mehr an Bedeutung. Diese Tendenz dauert bis heute an.

Allerdings ist das moderne Wirtschaftsleben und mit ihm Big Business nicht nur von der Entwicklung der Massenproduktion geprägt, sondern auch von dem Aufkommen gigantischer Wirtschaftsorganisationen, von Unternehmenszusammenschlüssen. In der Alltagssprache sprechen wir manchmal von Trusts oder Monopolen, obgleich diese Bezeichnungen sich nicht auf jeden Unternehmenszusammenschluß beziehen, da „Unternehmenszusammenschluß" in erster Linie bedeutet, daß zwei oder mehr Herstellungsbetriebe oder Fabriken sich zu einer Einheit zusammenschließen. Heutzutage werden unsere Autos, Radios, Fernsehgeräte, Haushaltsgeräte, elektrischer Strom, Wärme, in der Tat die meisten Güter und Dienstleistungen, die wir verwenden und konsumieren[1] von riesigen Unternehmenszusammenschlüssen hergestellt. Die Tendenz von Wirtschaftseinheiten, sich unter einer einzigen Geschäftsführung zu gruppieren, wird Unternehmenszusammenschluß-Bewegung genannt. Diese Bewegung ist nicht ausschließlich amerikanisch, sie hat sich aber in den USA schneller entwickelt und verbreitet als in irgendeinem anderen Land und hat von dort die Wirtschaftsstruktur anderer Länder stark beeinflußt.

---

[1] Im Englischen wird das Verb „consume" in einer weit breiteren Bedeutung als im Deutschen verwendet. Es schließt die „Verwendung" und den „Gebrauch" und dazu den „Verbrauch" ein. Daher bietet sich hier die Hinzufügung von „verwenden" an.

OT: 59 Computerized Business D: 1

Today industry increasingly works with the computer, and an end to the technical use of this 20th century device is not in sight. Millions of computers are presently in use in Germany, many more of them in other countries, especially in the USA. For some years now, crewless locomotives have been run by electronic computers in America, stock exchanges have installed electronic data systems that answer the brokers' questions, record all floor transactions, supply stock market quotations to the ticker on millions of shares per day. Thousands of companies from the relatively small enterprise such as the motorcycle distributor to the big corporation control their inventories and process their payrolls with computers which record every sale and tell the managers at what time to reorder what quantity or when to pay what sum to whom.

Modern business companies analyze the sales potential of their products, and programme and schedule their production by electronic data processing equipment. Many bankers and brokers consult companies which have specialized in the standardized recording of all kinds of financial details on corporations, sales, cash flows, prices, earnings, stocks, before making investment decisions. Construction companies make use of the computer to develop house plans, prices, and financing arrangements for larger projects. The computer has entered education in the form of computer-assisted instruction. Even large-scale cattle breeding relies on it by analyzing and computing essential animal characteristics as a breeding guide. Modern automobiles are often computer-designed when the engineers feed details, instructions and requirements to the machine in order to exhaust the technically possible choices of the product to be produced.

In the economic history the introduction of machines has frequently led to workers losing their jobs. With the introduction of the computer some managers' positions have been eliminated. But higher-echelon men have not been replaced by this machine; they have simply been reoriented in order to work with the machine and the electronic data processing systems. In computerized management young executives are trained in special courses which are similar to the military's war games: competing teams of executives use computers as aids in determining the possible effects of changes in prices, production figures, styles, advertising, and the like. Having all statistical information available upon call, the computer presents several alternatives which the executive can act upon.

As the man who controls the computer has a great influence in the company, and because businessmen have realized that they have to accept the idea of total information and automation systems in order to remain competitive in modern trade, many companies require computer knowledge and experience from their executives.

Total information and automation systems include data processing, process control, instrumentation, and communications. The invention and application of the computer has revolutionized the way businessmen receive, transmit, process, store, and use information for their day-to-day operation and planning decisions.

The use of the "first generation" computers was based on the idea of saving money through cost and payroll reductions. The "second" and "third generation" computers are used to make money by increasing efficiency through the availability of information and operations research provided by electronic data processing equipment. In the past, the decision whether to use the computer or not was primarily based on the cost of information. It seems that, nowadays, the decision might be based on the cost of NOT having information.

Adapted from Fink: Fundamental Economic Texts

act upon, v.→ **handeln nach**

aid, n.→ **Hilfe**; Unterstützung

application, n.→ **Anwendung**

base on, v.→ **begründen auf**

breeding guide, n.→ **Zuchtanleitung**

broker, n.→ **Makler**

call, upon ~, n.→ **auf Abruf**

cash flow, n.→ **Cashflow** *(Der englische Ausdruck „cashflow" ist in die deutsche Wirtschaftssprache übernommen worden. In seiner Bedeutung entspricht er „den in einem Unternehmen vorhandenen Geldmitteln für Dividenden, dem Kauf neuer Ausrüstung, etc."; im allgemeinen „Gewinn nach Steuern zuzüglich bargeldloser Belastungen, z.B. Abschreibungen".)*

cattle breeding, n.→ **Viehzucht**

choice, n.→ **Wahlmöglichkeit;** Wahl; Auswahl

communications, n.pl.→ **Kommunikation**

compute, v.→ **berechnen**

computer knowledge, n.→ **EDV-Kenntnisse** *(Heute spricht man im Englischen vielfach von „computer literacy" im Sinne der „Fähigkeit mit dem Computer umzugehen".)*

computer-assisted, adj.→ **computergestützt**

computer-designed, adj.→ **vom Computer entworfen**

computerize, v.→ **computerisieren**

construction company, n.→ **Baufirma**

consult, v.→ **konsultieren;** um Rat fragen

control, v.→ **kontrollieren**

crewless, adj.→ **führerlos**

data processing, n.→ **Datenverarbeitung**

day-to-day operation, n.→ **Tagesgeschäft**

determine, v.→ **feststellen;** festlegen; bestimmen

device, n.→ **Maschine;** Gerät; Instrument

earnings, n.pl.→ **Einkünfte**

echelon, n.→ **Ebene**

economic history, n.→ **Wirtschaftsgeschichte**

education, n.→ **Bildung und Ausbildung** *(Im Englischen umfaßt der Begriff beide Aspekte (Bildung und Ausbildung), die im Deutschen im allgemeinen getrennt werden. Hier ist sicher der beide Aspekte beinhaltende Wortsinn gemeint.)*

electronic data processing equipment, n.→ **elektronische Datenverarbeitungsanlage**

electronic data processing, n.→ **elektronische Datenverarbeitung**

eliminate, v.→ **wegfallen;** beseitigen, eliminieren

executive, young ~, n.→ **junge Führungskraft** *(Führungsnachwuchs)*

exhaust, v.→ **ausschöpfen;** erschöpfen

feed, v.→ **eingeben**

financing arrangement, n.→ **Finanzierungsmodell**

floor transaction, n.→ **Transaktion auf dem (Börsen)parkett**

higher-echelon men, n.pl.→ **Führungskräfte**

idea, n.→ **Vorstellung;** Gedanke

increasingly, adv.→ **zunehmend**

instruction, n.→ **Anweisung, Lehren;** Unterricht(en)

instrumentation, n.→ **Instrumentierung**

invention, n.→ **Erfindung**

inventory, n.→ **Lagerbestand**

large-scale, adj.→ **massen~**

like, the ~, interj.→ **Ähnliches**

operations research, n.→ **Operations Research** *(Der Terminus ist inzwischen als aus dem Englischen entlehnter Begriff zum festen Bestandteil der deutschen Fachsprache geworden.)*

payroll reduction, n.→ **Belegschaftsverringerung**

payroll, n.→ **Lohnliste**

primarily, adv.→ **vornehmlich**

process control, n.→ **Prozeßsteuerung**

process, v.→ **verarbeiten**

production figures, n.pl.→ **Produktionszahlen**

realize, v.→ **erkennen**

receive, v.→ **empfangen**

record, v.→ **aufzeichnen**

rely on, v.→ **sich stützen auf**

reorient, v.→ **neuorientieren; umorientieren**

replace by, → **ersetzen**

requirement, n.→ **Erfordernis**

revolutionize, v.→ **revolutionieren**

schedule, v.→ **terminieren**

sight, in ~, n.→ **in Sicht**

stock market quotation, n.→ **Aktiennotierungen**

stocks, n.pl.→ **Aktien**

store, v.→ **speichern**

style, n.→ **Stilrichtung**

ticker, n.→ **Ticker** *(automatische Kursübermittlungsanlage; Begriff wurde aus dem amerikanischen Englisch entlehnt)*

transmit, v.→ **übertragen**

war game, n.→ **Kriegsspiel**

ÜT: 59 Computerisierte Wirtschaft

Heute arbeitet die Industrie zunehmend mit dem Computer und ein Ende für die Verwendung dieser Maschine des zwanzigsten Jahrhunderts ist nicht in Sicht. Millionen von Computern werden derzeit in Deutschland verwendet, weit mehr in anderen Ländern, vor allem in den USA. Seit einigen Jahren schon werden führerlose Lokomotiven von elektronischen Computern in Amerika betrieben, die Börsen haben elektronische Datensysteme installiert, welche die Fragen der Makler beantworten, alle Transaktionen auf dem Parkett aufzeichnen, die Aktiennotierungen an die Ticker für Millionen von Aktien täglich liefern. Tausende von Unternehmen, von der relativ kleinen Firma, wie z.B. dem Motorradhändler bis zur großen Kapitalgesellschaft überwachen ihre Lagerbestände und verarbeiten ihre Lohnlisten mittels Computern, die jeden Verkauf registrieren und den Managern mitteilen, wann neue Bestellungen in welcher Menge nachzubestellen sind oder wann eine bestimmte Summe an wen zu zahlen ist.

Moderne Wirtschaftsunternehmen analysieren das Verkaufspotential ihrer Produkte und programmieren und terminieren ihre Produktion mit elektronischen Datenverarbeitungsanlagen. Viele Bankiers und Makler konsultieren Firmen, die sich auf die standardisierte Aufzeichnung aller Arten von finanziellen Einzelheiten bezüglich Aktiengesellschaften, Umsätzen, Cashflows, Preisen, Einkünften, Aktien spezialisiert haben, bevor sie (ihre) Investitionsentscheidungen treffen. Baufirmen verwenden den Computer, um Baupläne für Häuser, Preise und Finanzierungsmodelle für größere Projekte zu entwickeln. In die Bildung und Ausbildung ist der Computer in Gestalt des computergestützten Lehrens eingegangen. Sogar die Massenviehzucht stützt sich auf den Computer, indem wichtige Merkmale der Tiere als Zuchtanleitung analysiert und berechnet werden. Moderne Autos werden oft vom Computer entworfen, wenn die Ingenieure der Maschine Einzelheiten, Anweisungen und Erfordernisse eingeben, um die technisch machbaren Wahlmöglichkeiten für das herzustellende Produkt auszuschöpfen.

In der Wirtschaftsgeschichte hat die Einführung von Maschinen häufig dazu geführt, daß Arbeiter ihre Arbeitsplätze verloren haben. Mit der Einführung des Computers sind einige Stellen von Managern weggefallen. Allerdings sind Führungskräfte durch diese Maschine nicht ersetzt worden; sie sind lediglich neuorientiert worden, um mit der Maschine und elektronischen Datenverarbeitungssystemen umzugehen. Im computerisierten Management wird der Führungsnachwuchs in besonderen Kursen ausgebildet, die den Kriegsspielen der Militärs ähnlich sind: im Wettbewerb stehende Teams von Führungskräften verwenden Computer als Hilfe bei der Feststellung möglicher Auswirkungen von Veränderungen in Preisen, Produktionszahlen, Stilrichtungen, Werbung und ähnlichem. Da alle statistische Information auf Abruf zur Verfügung steht, bietet der Computer mehrere Alternativen nach denen die Führungskraft handeln kann.

Da derjenige, der den Computer kontrolliert, einen großen Einfluß im Unternehmen hat, und da Geschäftsleute erkannt haben, daß sie die Vorstellung der totalen Information und totalen Automationssysteme akzeptieren müssen, um im modernen Handel konkurrenzfähig zu sein, fordern viele Firmen von ihren Führungskräften EDV-Kenntnisse und -Erfahrungen.

Totale Informations- und Automationssysteme umfassen Datenverarbeitung, Prozeßsteuerung, Instrumentierung und Kommunikation. Die Erfindung und Anwendung des Computers hat die Art revolutioniert, in der Geschäftsleute Informationen für ihr Tagesgeschäft und Planungsentscheidungen empfangen, übertragen, verarbeiten, speichern und verwenden.

Die Verwendung der „ersten Generation" von Computern basierte auf der Vorstellung der Einsparung durch Kosten- und Belegschaftsverringerung. Die Computer der „zweiten" und „dritten" Generation werden dazu verwandt, um mit erhöhter Effizienz durch die Verfügbarkeit von Informationen und Operations Research, welche durch die elektronischen Datenverarbeitungsanlagen bereitgestellt werden, Gewinn zu erzielen. In der Vergangenheit war die Entscheidung, den Computer zu verwenden oder nicht zu verwenden vornehmlich mit den Kosten der Information begründet. Es scheint, als ob heute möglicherweise diese Entscheidung mit den Kosten begründet wird, die entstehen, wenn diese Informationen NICHT vorhanden sind.

PT: 1 Prüfungstext D/E, Fremdsprachenkorrespondenten

Industrie- und Handelskammer (Nordrhein-Westfalen)

Übersetzung Deutsch/Englisch (Bearbeitungszeit: 60 Minuten)

Deutschland ist für die Amerikaner einer der wichtigsten Handelspartner. Als Abnehmer amerikanischer Güter steht die Bundesrepublik hinter Kanada, Japan, Mexiko und Großbritannien an fünfter Stelle. Unter den Lieferanten amerikanischer Importgüter war Deutschland 1990 sogar an vierter Position.

Doch amerikanische Manager müssen nicht nur hinsichtlich Deutschlands, sondern auch im Blick auf den Europäischen Binnenmarkt umdenken. Der traditionelle Export nach Europa verliert langfristig an Bedeutung. Das heißt konkret: Amerikanische Unternehmen errichten in immer stärkerem Umfang Produktionsstätten im Ausland. Viele US-Firmen fanden in Asien — nicht nur in Japan, sondern auch in China — sowie in Europa riesige Verbraucher-Potentiale. Würden diese Märkte nur mit amerikanischen Waren aus dem Export beliefert, dann könnten die US-Anbieter modischen und technischen Trends nur unzureichend folgen. Aber mit einer Produktion vor Ort glauben sie, flexibler reagieren zu können.

Mit der Ausfuhr von Waren, die in den USA produziert werden — das ist die Meinung vieler amerikanischer Unternehmer — können sie Auslandsmärkte nur bis zu einem bestimmten Punkt erobern. Falls sie höhere Marktanteile anstreben, ist die Produktion vor Ort, nahe am Markt, unbedingt erforderlich.

Handelsblatt

Abnehmer, n.→ **buyer**; purchaser

Anbieter, n.→ **supplier**

anstreben, v.→ **aim at**

Ausfuhr, n.→ **export**

Ausland (im ~), adv.→ **abroad**

Auslandsmarkt, n.→ **foreign market**

Bedeutung, n.→ **importance**

erforderlich, adj.→ **necessary**

erobern, v.→ **conquer**

errichten, v.→ **errect**; establish

Europäischer Binnenmarkt, n.→ **European Single Market**

Großbritannien, n.→ **Great Britain**

Güter, n.pl.→ **goods**

Handelspartner, n.→ **trading partner**; partner in trade

hinsichtlich, prep.→ **in terms of**; concerning

Importgut, n.→ **import good**

in Blick auf, prep.→ **in terms of**; in view of

konkret, adj.→ **in real terms**

langfristig, adv.→ **in the long run**; in the long term; long-term

Lieferant, n.→ **supplier**

Meinung, n.→ **opinion**

modisch, adj.→ **fashionable**

nahe (~ am), adv.→ **close to**

Produktion vor Ort, phr.→ **production at location**

Produktionsstätte, n.→ **production facility**

produzieren, v.→ **make**; manufacture; produce

riesig, adj.→ **gigantic**

sogar, adv.→ **even**

stehen (an Stelle), v.→ **rank**

umdenken, v.→ **rethink**

Umfang, n.→ **extent**

unbedingt, adv.→ **absolutely**

Unternehmen, n.→ **enterprise**; company; firm; business

Unternehmer, n.→ **entrepreneur**

unzureichend, adj.→ **insufficient**

Verbraucher-Potential, n.→ **consumer potential**

verlieren, v.→ **lose**

PT: 1 Lösungsvorschlag D/E-Übersetzung

For the Americans, Germany is one of the most important trading partners. As a buyer of American goods, the Federal Republic ranks fifth behind Canada, Japan, Mexico, and Great Britain. Among the suppliers of American import goods, Germany even held the fourth position in 1990.

Yet, American managers will have to rethink, not only in terms of Germany, but also in view of the European Single Market. In the long run, traditional exports to Europe are losing importance. In real terms this means: American enterprises increasingly set up production facilities abroad. Many US firms discovered gigantic consumer potentials in Asia—not only in Japan but also in China—as well as in Europe. If these markets were supplied with American export goods only, US suppliers could keep up with fashionable and technical trends only insufficiently. By producing there, they believe to be able to react more flexibly.

By exporting goods made in the USA—so many American entrepreneurs believe—foreign markets can be conquered only up to a certain point. If they are aiming at higher market shares, production there, i.e. close to the market, will be absolutely necessary.

PT: 2 Übersetzung E/D, Fremdsprachenkorrespondenten

Industrie- und Handelskammer (Nordrhein-Westfalen)

Übersetzung Englisch/Deutsch (Bearbeitungszeit: 60 Minuten)

There was never really any chance that privatisation in the former German Democratic Republic would take place without controversy. Numerous complaints have come from workers, potential investors, entrepreneurs and former owners that their interests have not been adequately protected by the Treuhand. Nonetheless, the German privatisation agency has achieved a massive amount within three years and, generally, gets high marks from the professionals.

The Treuhand was confronted in early 1990 with 8,000 combines—state industrial monopolies—owning some 45,000 factories and employing 4m workers, the bulk of the east German workforce. By the end of November 1992, 12,515 companies had been formed from the original core of the former Communist state. In 9,338 cases, both ownership and legal status have been altered to suit western practices. It has provided Bonn with privatisation earnings of DM 38bn and brought agreements to invest DM 165bn and safeguard 1.4m jobs.

The Treuhand had to contend with 16,700 claims for restitution from former owners and had agreed two-thirds of these by the end of November. So far, 2,052 companies have been put into liquidation with the loss of more than 200,000 jobs.

Financial Times

achieve, v.→ **erreichen**; durchführen

adequately, adv.→ **angemessen**; hinreichend; ausreichend

agency, n.→ **Behörde**

agree, v.→ **bewilligen**; zugestehen; genehmigen

agreement, n.→ **Vereinbarung**; Vertrag

alter, v.→ **ändern**

bulk, n.→ **Großteil**

by the end of, adv.→ **bis Ende…**

claim, n.→ **Anspruch**

combine, n.→ **Kombinat**; Konzern

complaint, n.→ **Klage**; Beschwerde

confronted (be ~ with), v.→ **sich gegenübersehen**; konfrontiert sein mit

contend with, v.→ **befassen mit**; sich abgeben mit

controversy, n.→ **Streit**; Kontroverse,

entrepreneur, n.→ **Unternehmer**

former, adj.→ **ehemalig**

German Democratic Republic (GDR), n.→ **Deutsche Demokratische Republik (DDR)**

high marks, n.pl.→ **gute Noten**

interests, n.pl.→ **Interessen**; Rechte

invest, v.→ **investieren**

job, n.→ **Arbeitsplatz**

legal status, n.→ **Rechtsstatus**

liquidation, n.→ **Auflösung**

loss, n.→ **Verlust**

nonetheless, conj.→ **dennoch**; trotzdem; nichtsdestoweniger

own, v.→ **besitzen**

owner, n.→ **Eigentümer**; Besitzer

ownership, n.→ **Eigentumsrechte**; Besitz

practice, n.→ **Praktik**; Praxis

privatisation, n.→ **Privatisierung**

professionals, n.pl.→ **Fachleute**

protect, v.→ **schützen**, wahrnehmen

provide, v.→ **liefern**

restitution, n.→ **Rückgabe**; Rückerstattung

safeguard, v.→ **sichern**; schützen *(hier besser: nominale Übersetzung durch „… Sicherung von…")*

state, adj.→ **volkseigen**; staatlich; staatseigen

suit, v.→ **passen**; anpassen; *hier*: zur Anpassung

take place, v.→ **stattfinden**

Treuhand, n.→ **Treuhand** *(von der Bundesregierung mit der Abwicklung der Wirtschaftsunternehmen der ehemaligen Deutschen Demokratischen Republik beauftragte Behörde)*

workforce, n.→ **Arbeiterschaft**

PT: 2 Lösungsvorschlag E/D-Übersetzung

Eine Privatisierung ohne Streit hat in der ehemaligen Demokratischen Republik nie eine Chance gehabt. Von Arbeitern, potentiellen Investoren, Unternehmern und ehemaligen Eigentümern wurden zahlreiche Klagen vorgebracht, daß ihre Interessen von der Treuhand nicht angemessen gewahrt worden sind. Dennoch hat die deutsche Privatisierungsbehörde innerhalb von drei Jahren eine große Zahl (von Privatisierungen) erreicht und bekommt im allgemeinen von den Fachleuten gute Noten.

Anfang 1990 sah sich die Treuhand 8.000 Kombinaten — volkseigenen Industriemonopolen — gegenüber, welche rund 45.000 Fabriken besaßen und vier Millionen Arbeiter, den Großteil der ostdeutschen Arbeiterschaft, beschäftigten. Bis Ende November 1992 waren aus dem ursprünglichen Kern des ehemaligen kommunistischen Staates 12.515 Betriebe geschaffen worden. In 9.338 Fällen wurden zur Anpassung an westliche Praktiken sowohl die Eigentumsrechte als auch der Rechtsstatus geändert. Das hat Bonn Privatisierungseinnahmen von 38 Milliarden DM geliefert und Investitionsvereinbarungen in Höhe von 165 Milliarden DM sowie die Sicherung von 1,4 Millionen Arbeitsplätzen gebracht.

Die Treuhand mußte sich mit 16.700 Ansprüchen früherer Eigentümer auf Rückgabe befassen und hatte bis Ende November zwei Drittel davon bewilligt. Bis jetzt wurden 2.052 Unternehmen mit einem Verlust von 200.000 Arbeitsplätzen aufgelöst.

PT: 3 Übersetzung D/E, Fremdsprachenkorrespondenten

Industrie- und Handelskammer (Nordrhein-Westfalen)

Übersetzung Deutsch/Englisch (Bearbeitungszeit: 60 Minuten)

Rezession im britischen Einzelhandel — das bedeutet Läden, in denen sich das Verkaufspersonal langweilt. In vielen Schaufenstern sind Sonderangebote und Preissenkungen zu sehen — manchmal bis zu 50 Prozent. Die Kunden wissen nicht, was die Zukunft bringt. Deshalb haben viele den Kauf von Elektrogeräten zurückgestellt, besonders da das alte Gerät ja noch funktioniert. Sie meinen oft, eine solche Anschaffung sei zu groß, vor allem dann, wenn sie befürchten müssen, den Arbeitsplatz zu verlieren.

Tausende von Einzelhändlern haben in dieser Situation vergeblich versucht, ihre Lage durch drastische Preissenkungen zu verbessern. Artikel wurden zu besonders günstigen Preisen angeboten und an Kunden verkauft, die ohnehin einen Anzug, einen Kühlschrank oder einen Rasenmäher brauchten. Die Händler haben ihren Umsatz oder Marktanteil dadurch nicht erhöhen können. Oft war das Gegenteil der Fall. Einige große Textilgeschäfte vermeiden diese Verluste, indem sie ihre Angebote nur für wenige Waren und ganz bestimmte Kundengruppen machen. Manche, besonders einige gut geführte Unternehmen im Lebensmittelhandel, waren dabei so erfolgreich, daß sie die Rezession gar nicht bemerkt haben. Auch für die Niedrigpreisketten sind die letzten zweieinhalb Jahre eine Zeit des Wachstums gewesen.

Frankfurter Allgemeine Zeitung

Anschaffung, n.→ **acquisition**

Anzug, n.→ **suit**

Arbeitsplatz, n.→ **job**

bedeuten, v.→ **mean**

befürchten, v.→ **to be afraid**; fear

bemerken, v.→ **notice**; take notice of

besonders, adv.→ **especially**; particularly

bestimmte, adj.→ **certain**

brauchen, v.→ **need**

dadurch, adv.→ *hier*: **that way**

deshalb, adv.→ **that is why**

drastisch, adv.→ **drastically**

drastische, adj.→ **drastical**

Einzelhandel, n.→ **retailing**; retail trade

Einzelhändler, n.→ **retailer**

Elektrogerät, n.→ **electrical appliance**

erfolgreich, adj.→ **successful**

Fall (der ~ sein), → **be the case**; *hier*: take place (stattfinden)

Gegenteil, n.→ **opposite**

günstig, adj.→ **favourable**

gut geführte, adj.→ **well-managed**

ja noch funktioniert, phr.→ **does still work** *(Durch die Verwendung von „ja" im Deutschen kommt eine besondere Betonung zum Ausdruck, die im Englisch durch den Einsatz des Hilfsverbs „to do" ähnlich wiedergegeben werden kann.)*

Kauf, n.→ **purchase**

Kühlschrank, n.→ **refrigerator**

Kunde, n.→ **customer**

Kundengruppe, n.→ **group of customers**

Laden, n.→ **shop**; store

Lage, n.→ **lot** *(eigentlich „Los")*; situation

langweilen (sich ~), v.→ **to be bored**

Lebenmittelhandel, n.→ **grocery business**; grocery trade; food trade

Marktanteil, n.→ **market share**

meinen, v.→ **think**; believe

Niedrigpreiskette, n.→ **discount chain**

ohnehin, adv.→ **anyway**

Preissenkung, n.→ **price reduction**; price cut

Preissenkungen, n.pl.→ *hier*: **slashing of prices**; price cuts; price reductions

Rasenmäher, n.→ **lawn mower**

Rezession, n.→ **recession**

Schaufenster, n.→ **shop window**

Sonderangebot, n.→ **special offer**

Textilgeschäft, n.→ **textile store**; clothing store

Umsatz, n.→ **sales**

Unternehmen, n.→ **company**

verbessern, v.→ **improve**; enhance

vergeblich, adv.→ **in vain**

verkaufen an, v.→ **sell to**

Verkaufspersonal, n.→ **sales assistants**

Verlust, n.→ **loss**

vermeiden, v.→ **avoid**

versuchen, v.→ **try**; attempt

vor allem dann, phr.→ **most of all if**; especially if; particularly if

Waren, n.pl.→ **goods**; merchandise

Zeit des Wachstums, n.→ **time of growth**

Zukunft (was die ~ bringt), phr.→ **what the future holds**

zurückstellen, v.→ **postpone**

PT: 3   Lösungsvorschlag D/E-Übersetzung

Recession in British retailing—that means shops where the sales assistants are bored. Special offers and price reductions can be seen in shop windows—sometimes [price cuts] of up to 50 per cent. The customers do not know what the future holds for them. That is why many have postponed the purchase of electrical appliances, especially since the old one does still work. Many think that such an acquisition is too large, most of all if they have to be afraid of losing their job.

In this situation, thousands of retailers have tried in vain to improve their lot by drastically slashing prices. Goods were offered at very favourable prices and sold to customers who needed a suit, a refrigerator, or a lawn mower anyway. Merchants could not increase sales or market share that way. Often, the opposite took place. Some huge textile stores avoid these losses by applying the special offers only to a few goods and to certain groups of customers. Some [stores], especially several well-managed companies in the grocery business, were so successful, that they did not even notice the recession. Also for the discount chains, the past two-and-a-half years have been a time of growth.

PT: 4 Übersetzung E/D, Fremdsprachenkorrespondenten

Industrie- und Handelskammer (Nordrhein-Westfalen)

Übersetzung Englisch/Deutsch (Bearbeitungszeit: 60 Minuten)

Claims for thefts and fires in homes cost insurers £503 million in the first half of this year, 9.6 per cent higher than in the second half of last year. It is the second time the cost of claims in a half year has risen above £500 million. In the first half of 1992, theft and fire claims totalled £529 million, 4.9 per cent higher than in the first six months of this year.

Theft claims pushed costs up most sharply. These amounted to £389 million in the six months to June 1993, up 10.2 per cent on the second half of 1992, but down 1.9 per cent on the first half of 1992. The average home burglary claim was £900, a rise of 1.5 per cent, compared with the first half of 1992. Fire claims in homes totalled £114 million, 7.5 per cent up on the second half of 1992, but 12.5 per cent down on the first half of 1992, when claims totalled £133 million.

Mark Boleat, the Association of British Insurers director general, said: "At £503 million, the cost of insurance claims for thefts and fires in homes is far too high. It is, however, encouraging that the total is lower than in the same period last year and seasonal variations may help to explain the increase over the second half of 1992." He gave a warning that policyholders could face further rises in premiums if "business is not satisfactory".

The Daily Telegraph

association, n.→ **Verband**; Vereinigung

burglary, n.→ **Einbruch**; Einbruchsdiebstahl

claim, n.→ **Schadensanspruch**; Schadensersatzanspruch

director general, n.→ **Generaldirektor**

encouraging, adj.→ **ermutigend**

face, v.→ **rechnen mit**; sich gegenübersehen; konfrontiert sein mit

insurer, n.→ **Versicherer**

policyholder, n.→ **Inhaber von Policen**; Versicherungsnehmer

premium, n.→ **Versicherungsprämie**

push up, v.→ **ansteigen lassen**; hochtreiben

rise, n.→ **Erhöhung**; Anstieg

rise, v.→ **steigen**; ansteigen

satisfactory, adj.→ **zufriedenstellend**

theft, n.→ **Diebstahl**

PT: 4 Lösungsvorschlag E/D-Übersetzung

Schadensersatzansprüche wegen Diebstählen und Bränden in Wohnhäusern in der ersten Hälfte dieses Jahres kosteten die Versicherer £503 Millionen, 9,6% mehr als in der zweiten Hälfte des vergangenen Jahres. Dies ist das zweite Mal, daß die Kosten für Schadensersatzansprüche in einem halben Jahr über £500 Millionen gestiegen sind. In der ersten Hälfte von 1992 machten die Schadenansprüche für Diebstahl und Feuer insgesamt £529 Millionen aus, 4,9% mehr als für die ersten sechs Monate dieses Jahres.

Diebstahlsschadensersatzansprüche ließen die Kosten am schärfsten ansteigen. In den sechs Monaten bis Juni 1993 beliefen sie sich auf £389 Millionen, 10,2% höher als in der zweiten Hälfte von 1992, aber 1,9% niedriger als in der ersten Hälfte von 1992. Der durchschnittliche Schadensersatzanspruch für Wohnungseinbruch war £900, ein Anstieg von 1,5% verglichen mit der ersten Hälfte von 1992. Schadensersatzansprüche für Wohnungsbrände beliefen sich insgesamt auf £114 Millionen, 7,5% höher als im zweiten Halbjahr 1992, allerdings 12,5% niedriger als im ersten Halbjahr 1992 als die Schadensersatzansprüche insgesamt £133 Millionen ausmachten.

Mark Boleat, Generaldirektor der Association of British Insurers (Verband der britischen Versicherer) erklärte: „Mit £503 Millionen liegen die Kosten für Schadensansprüche aus Diebstählen und Wohnungsbränden bei weitem zu hoch. Es ist aber ermutigend, daß die Gesamtkosten niedriger sind als im gleichen Zeitraum des letzten Jahres und saisonale Abweichungen könnten helfen, den Anstieg während des zweiten Halbjahres 1992 zu erklären." Er warnte, daß die Inhaber von Policen (Versicherten) mit weiteren Prämienerhöhungen rechnen müßten, falls „die Geschäftsentwicklung nicht zufriedenstellend ist."

PT: 5 Übersetzung E/D, Dolmetscher und Übersetzer

Iudustrie- und Handelskammer zu Düsseldorf

Schriftliche Prüfung für Dolmetscher und Übersetzer

Übersetzung Englisch/Deutsch (Bearbeitungszeit: 60 Minuten)

One of the most reliable principles in financial markets, as in other walks of life, is the reversion to the mean. Markets may rocket or plunge but, in the long run, they always move back towards the underlying trend.

Since its peak in December 1989, the Japanese equity market has halved. Over the same period, the US equity market has risen 150 per cent. Neither pattern remotely resembles the long-run average. On the face of it, two of the world's most important asset classes are out of kilter.

But while reversion to the mean is a splendid principle, it is short on specifics. It tells you nothing about when the correcting move will happen, or from what level. Plenty of intelligent market participants in Japan think the Nikkei has further to fall. Some of their US counterparts, Alan Greenspan not withstanding, think the opposite about the Dow.

Anyone quarrelling with either view might recall one awkward fact. In recent years, the locals in both markets have, typically, been right while outsiders have been wrong. So, let us shift the perspective slightly. Never mind when either market will revert to trend.

If you based your decision on the trend to date, there would be no contest. In the past 10 years, the Dow has outperformed the Nikkei (leaving aside currencies) by 230 per cent. Over 20 years, it has outperformed by 100 per cent.

Financial Times

average, n.→ **Durchschnitt**

awkward, adj.→ **peinlich**; ungelegen; umständlich

base, v.→ **basieren auf**; gründen auf; begründen auf

contest, n.→ **Streit**

counterpart, n.→ **Gegenspieler**; Gegenstück

currency, n.→ **Währung**

date, to ~, adv.→ **heutig**; heute

Dow (Jones), n.→ **Dow Jones** *(US-amerikanischer Aktienindex)*

equity, n.→ **Kapital**

face, on the ~ of, phr.→ **auf den ersten Blick**

halve, v.→ **halbieren**; sich halbieren

kilter, to be out of ~, phr.→ **aus dem Lot sein**; aus dem Gleichgewicht sein

leave aside, v.→ **nicht zu reden von**

level, n.→ **Niveau**

local, n.→ **Eingeweihte(r)**; Ortsansässige(r); vor Ort Befindliche(r)

long-run, adj.→ **langfristig**

mean, n.→ **Mittelwert**

move, n.→ **Bewegung**

never mind, v.→ **sich nicht stören an**

Nikkei, n.→ **Nikkei** *(japanischer Aktienindex)*

notwithstanding, conj.→ *hier*: mit Ausnahme von; ungeachtet

opposite, n.→ **Gegenteil**

outperform, v.→ **besser sein als**

outsider, n.→ **nicht Eingeweihte(r)**

participant, n.→ **Teilnehmer**

pattern, n.→ **Muster**

peak, n.→ **Höhepunkt**; Gipfel

plenty, adj.→ **viel(e)**

plunge, v.→ **fallen**

quarrel with, v.→ **sich schwertun mit**; Schwierigkeiten haben mit

recall, v.→ **sich erinnern an**

reliable, adj.→ **verläßlich**

remotely, adv.→ **entfernt**

resemble, v.→ **ähneln**; ähnlich sein

reversion, n.→ **Rückkehr**; Umkehr

revert, v.→ **zurückkehren**

rise, v.→ **steigen**; zunehmen

rocket, v.→ **raketenartig ansteigen**

run, in the long ~, adv.→ **langfristig**; auf Dauer

shift, v.→ **verschieben**

slightly, adv.→ **leicht**; geringfügig

specifics, n.pl.→ **Daten**; genaue Angaben; *hier*: Genauigkeit, Präzision

splendid, adj.→ **großartig**

trend, underlying ~, n.→ **Grundtrend**; Grundtendenz

underlying, adj.→ **zugrundeliegend**, grundlegend; grundsätzlich

view, n.→ **Sicht**; Meinung

walk of life, n.→ **Lebensbereich**

years, in recent ~, adv.→ **in den letzten Jahren**

PT: 5 Lösungsvorschlag E/D-Übersetzung

Eines der verläßlichsten Prinzipien in Finanzmärkten, wie auch in anderen Lebensbereichen, ist die Rückkehr zum Mittelwert. Märkte mögen raketenhaft steigen oder fallen, langfristig bewegen sie sich stets zum zugrundeliegenden Trend zurück.

Seit seinem Höhepunkt im Dezember 1989 hat sich der japanische Aktienmarkt halbiert. Über den gleichen Zeitraum ist der US-Aktienmarkt um 150% gestiegen. Keines dieser Entwicklungsmuster ähnelt dem langfristigen Durchschnitt. Auf den ersten Blick sind zwei der bedeutendsten Vermögenswertklassen aus dem Lot.

Während jedoch die Rückkehr zum Mittelwert ein tolles Prinzip ist, entbehrt es der genaueren Daten. Es sagt nichts darüber aus, wann die Korrekturbewegung einsetzt, oder von welchem Niveau aus. Viele intelligente Marktteilnehmer in Japan sind der Ansicht, daß der Nikkei weiter fallen wird. Einige ihrer US-Gegenspieler, mit Ausnahme von Alan Greenspan, denken das Gegenteil vom Dow.

Jeder, der sich mit den beiden Ansichten schwertut, sollte sich an eine peinliche Tatsache erinnern. In den vergangen Jahren haben typischerweise diejenigen vor Ort recht gehabt, während die Außenseiter unrecht hatten. Lassen Sie uns somit die Betrachtungsweise etwas ändern. Stören Sie sich nicht daran, wenn einer der beiden Märkte zum Trend zurückkehrt.

Wenn Sie Ihre Entscheidung auf dem heutigen Trend basierten, gäbe es keinen Wettbewerb. In den vergangenen 10 Jahren hat der Dow um 230% über dem Nikkei (von Währungen nicht zu reden) gelegen. Über einen Zeitraum von 20 Jahren ist er um 100% besser gewesen.

PT: 6 Prüfungstext D/E, Fremdsprachenkorrespondenten

Industrie- und Handelskammer zu Dortmund

Übersetzung Deutsch/Englisch (Bearbeitungszeit: 60 Minuten)

Nach der Fusion der beiden New Yorker Großbanken Manufacturers Hanover Corp. und Chemical Banking Corp. wird in Amerika nun mit einer ganzen Welle von Bankfusionen gerechnet. Dafür sprechen mehrere Gründe: Erstens gibt es in der Bankindustrie große Überkapazitäten, so daß ein Konsolidierungsprozeß überfällig erscheint. Wie bei der Fusion von Chemical und Manufacturers lockt die potentiellen Partner die Aussicht auf erhebliche Einsparungen. Zweitens zeichnet sich ab, daß der amerikanische Kongreß demnächst eine Reform des amerikanischen Bankwesens beschließt; unter anderem dürfte den Banken in diesem Zuge eine Ausweitung in alle amerikanischen Bundesstaaten erlaubt werden. Viele Banken suchen nach einem Partner, um sich für die „Eroberung des amerikanischen Kontinents" zu rüsten. So hat gerade der Aufsichtsrat der Ameritrust Corp., Cleveland (Ohio), den Weg für Fusionsverhandlungen freigegeben. In den vergangenen Monaten hatte die National City Corp., ebenfalls Cleveland, schon zweimal ein Zusammengehen mit Ameritrust angeregt, war aber zurückgewiesen worden. National City hat Aktiva von 24 Milliarden, Ameritrust von 11 Milliarden Dollar.

Drittens sind viele amerikanische Banken finanziell angeschlagen und damit Kandidaten für eine Übernahme.

abzeichnen (sich ~), v.→ there are indications

Aktiva, n.pl.→ assets

angeschlagen, adj.→ hurting

anregen, v.→ suggest

Aufsichtsrat, n.→ executive board *(strenggenommen gibt es im angloamerikanischen Raum keinen Aufsichtsrat, sondern nur ein "board of directors"; bei einem deutschen Unternehmen würde sich als Übersetzung eher "supervisory board" anbieten.)*

Aussicht, n.→ prospects

ausweiten, v.→ expand

Ausweitung, n.→ expansion

Bankindustrie, n.→ banking industry

Bankwesen, n.→ banking system

beschließen, v.→ decide (on)

Bundesstaat, n.→ federal state

demnächst, adv.→ soon

Einsparungen, n.pl.→ savings

erheblich, adj.→ considerable

erlauben, v.→ allow; permit

Eroberung, n.→ conquest

erscheinen, v.→ appear

freigeben (Weg ~), v.→ open (the way)

Fusion, n.→ merger

Fusionsverhandlungen, n.pl.→ merger negotiations

Großbank, n.→ big bank

Kongreß, n.→ Congress

Konsolidierungsprozeß, n.→ process of consolidation

locken, v.→ lure; attract

Milliarde, n.→ billion *(BE auch: 1,000 million)*

rechnen mit, v.→ reckon with

Reform, n.→ reform

rüsten (sich ~), v.→ arm

suchen, v.→ seek

überfällig, adj.→ overdue

Überkapazität, n.→ over-capacity

Übernahme, n.→ takeover

unter anderem, conj.→ among other things

Welle, n.→ wave

Zug (in diesem ~), n.→ in the course of this

zurückweisen, v.→ reject

Zusammengehen, n.→ going-together

zweimal, adv.→ twice

PT: 6 Lösungsvorschlag D/E-Übersetzung

After the merger of the two big New York banks Manufacturers Hanover Corp. and Chemical Banking Corp., America reckons with a whole wave of bank mergers. Several reasons speak for this: First, there are large overcapacities in the banking industry so that a process of consolidation appears to be overdue. In the same way as in the merger of Chemical and Manufacturers, potential partners are lured by the prospects of considerable savings. Second, there are indications that the American Congress will soon decide on a reform of the American banking system; in the course of this, among other things, banks will most certainly be allowed to expand into all American federal states. Many banks are seeking partners in order to be armed for the "conquest of the American continent". Thus, the executive board of Ameritrust Corp., Cleveland (Ohio), has just opened the way for merger negotiations. During the past months, National City Corp., also of Cleveland, had twice suggested a going-together with Ameritrust but had been rejected. National City has assets of 24 billion, Ameritrust of 11 billion dollars.

Third, many American banks are financially hurting and, thus, candidates for takeovers.

PT: 7 Übersetzung E/D, Fremdsprachenkorrespondenten

Industrie- und Handelskammer zu Dortmund

Diktattext als Übersetzung Englisch/Deutsch (Bearbeitungszeit: 60 Minuten)

What the rest of the world does about energy and the environment will be irrelevant if China gets it wrong. A quarter of the world's people live in China. It is the world's largest coal producer and the third largest oil producer; and it uses these fossil fuels in energy hardware which is inefficient and environmentally damaging. Damage inflicted by smoke and sulphur emissions have long been evident in Chinese cities. The global effect of China's carbon dioxide emissions could vitiate any control efforts elsewhere.

So much is known, and viewed with mounting alarm by environmental diplomats. Less well known is China's own concern. In a speech to an energy efficiency symposium in Hong Kong, the director of China's National Environmental Protection Agency recently spelled out China's policy on energy and the environment. It represents a staggering undertaking.

"By the year 2000 China's energy production will be 50 per cent more than that of 1989 and its GNP will be doubled," he said. "In other words, China has to raise the efficiency of its present energy consumption by at least 50 per cent so as to ensure the desired economic growth. Energy conservation and efficiency is an avenue of equal importance to energy development and constitutes a major element in China's new energy strategy."

alarm, n.→ Bestürzung

avenue, n.→ Weg; Möglichkeit

by at least, prep.→ um mindestens

by the year..., prep.→ bis zum Jahr...

carbon dioxide, n.→ Kohlendioxyd

coal producer, n.→ Kohleförderer

concern, n.→ Besorgnis

constitute, v.→ darstellen

consumption, n.→ Verbrauch

control, n.→ Steuerung

damage, n.→ Schaden

damaging, adv.→ schädlich

desired, adj.→ gewünscht

diplomat, n.→ Vertreter

economic growth, n.→ Wirtschaftswachstum

efficiency, n.→ Wirtschaftlichkeit

effort, n.→ Bemühung

emission, n→ Emission

energy conservation, n.→ sparsamer Umgang mit Energie, Energieeinsparung

energy development, n.→ Energieentwicklung

energy hardware, n.→ Energieanlagen

ensure, v.→ sicherstellen

environment, n.→ Umwelt

environmentally, adv.→ umwelt~

equal, adj.→ genauso; gleich

evident, adj.→ deutlich sichtbar

fossil fuels, n.→ fossile Brennstoffe

get wrong, v.→ falsch machen

global, adj.→ weltweit

GNP (gross national product), n.→ BSP (Bruttosozialprodukt)

in other words, phr.→ mit anderen Worten

irrelevant, adj.→ bedeutungslos

major ~, adj.→ Haupt~

mounting, adj.→ zunehmend

oil producer, n.→ Ölproduzent

policy, n.→ Politik

raise, v.→ erhöhen

represent, v.→ darstellen

smoke, n.→ Rauch

spell out, v.→ klar und deutlich darlegen

staggering, adj.→ gewaltig; umwerfend

strategy, n.→ Strategie

sulphur, n.→ Schwefel

undertaking, n.→ Vorhaben; Unternehmung

use, v.→ benützen

view, v.→ beobachten

vitiate, v.→ zunichte machen; beeinträchtigen

world's people, n→ Weltbevölkerung

PT: 7 Lösungsvorschlag E/D-Übersetzung

Was der Rest der Welt in Sachen Energie und Umwelt tut, ist bedeutungslos, solange China es falsch macht.

Ein Viertel der Weltbevölkerung lebt in China. Das Land ist der größte Kohleförderer der Welt und der drittgrößte Ölproduzent; und es benützt diese fossilen Brennstoffe in Energieanlagen, die ineffizient und umweltschädlich sind. Durch Rauch und Schwefelemissionen verursachte Schäden sind seit langem in chinesischen Städten deutlich sichtbar. Die weltweiten Auswirkungen der Kohlendioxyd-Emissionen Chinas könnten jegliche Steuerungsbemühungen anderenorts zunichtemachen.

Soviel ist bekannt und wird mit zunehmender Bestürzung von Umweltvertretern beobachtet. Weniger bekannt dagegen ist Chinas eigene Besorgnis. In einer Rede vor einem Symposium zur Energiewirtschaftlichkeit in Hongkong, führte der Leiter der National Environmental Protection Agency (Nationale Umweltschutzbehörde) Chinas die Energie- und Umweltpolitik Chinas klar und deutlich aus. Sie stellt ein gewaltiges Vorhaben dar.

„Bis zum Jahr 2000 wird Chinas Energieerzeugung 50% höher sein als im Jahre 1989 und sein BSP wird sich verdoppeln," erklärte er. „Mit anderen Worten, China wird die Effizienz seines gegenwärtigen Energieverbrauchs um mindestens 50% erhöhen müssen, um das gewünschte Wirtschaftswachstum sicherzustellen. Der sparsame Umgang mit der Energie und ihre Wirtschaftlichkeit ist ein Weg, der genauso wichtig wie die Energieentwicklung ist und ein Hauptelement in der neuen Energiestrategie Chinas darstellt."

PT: 8 Übersetzung E/D, Fremdsprachenkorrespondenten

Industrie- und Handelskammer zu Dortmund

Übersetzung Englisch/Deutsch (Bearbeitungszeit: 60 Minuten)

Paris was host of one of the world's largest ever food shows in the autumn. The SIAL attendance was well up on previous years, reaching 80 000. Just under half the visitors came from countries other than France, making it a truly international event. The show still maintains the magic it always commanded and the organisers claim that the calibre of visitors and exhibitors is second to none.

As ever, the exhibition had well-dressed displays showing off the best of produce from over 80 countries. Nearly 400 new products were presented.

It was good to see that, despite all the legislation and pressure from Brussels, UK companies could still inject some fun into the industry. For example, Camps, the Scottish ice cream company, had proudly produced Scotch Whisky and oats ice cream just for the show. But they had commercially developed a diet ice cream which was absolutely delicious with about 4% fat.

The national pavilions were beautifully decorated with each country promoting its products. Turkey was boasting about its massive olive production and launching its new olive paste. Between 200-300 black olives go into each jar. The strong olive taste is masked by its saltiness – definitely an <u>acquired taste</u>! The black paste—a poor man's caviar—is being promoted as an <u>hors d'oeuvre</u>.

acquired taste — gewöhnungsbedürftig
hors d'oeuvre — Vorspeise
(Anmerkung: Diese beiden Begriffe waren im Prüfungstext angegeben)

Food Manufacture International

acquired taste, n.→ gewöhnungsbedürftiger Geschmack

as ever, adv.→ wie schon immer
attendance, n.→ Besuch

autumn, n.→ **Herbst** *(AE: fall)*

be up, v.→ **höher sein**; größer sein

boast, v.→ **anpreisen**; angeben mit

calibre, n.→ **Niveau** *(AE: caliber)*; Kaliber

command, v.→ **verfügen über**

commercially, adv.→ **kommerziell**; *hier besser:* „für den Verkauf"

definitely, adv.→ **mit Sicherheit**; sicherlich; gewiß

delicious, adj.→ **köstlich**

diet, n.→ **Diät**

display, n.→ **Display**

event, n.→ **Ereignis**

exhibitor, n.→ **Aussteller**

fat, n.→ **Fett(gehalt)**

hors d'oeuvre, n.→ **Vorspeise** *(aus dem Französischen)*

host, n.→ **Gastgeber**(in)

ice cream, n.→ **Speiseeis**

industry, n.→ **Branche**; Industriezweig

inject, v.→ **bringen in**; injizieren

jar, n.→ **(Einmach)glas**

just under, adv.→ **knapp weniger**; knapp unter

largest ever, phr.→ **das größte, das es je gegeben hat**

launch, v.→ **(in den Markt) einführen**; lancieren

legislation, n.→ **Gesetzgebung**

magic, n.→ **Zauberkraft**

maintain, v.→ **bewahren**; aufrechterhalten

mask, v.→ **überdecken**; kaschieren

massive, adj.→ **stark**; massiv

oats, n.pl. → **Hafer(flocken)**

organiser, n.→ **Veranstalter**; Organisator

present, v.→ **zur Schau stellen**

pressure, n.→ **Druck**

previous year, n.→ **vorangegangenes Jahr**

produce, n.→ **landwirtschaftliches Erzeugnis**

promote, v.→ **werben** *für (der Fachbegriff der Werbeleute ist „(ein Produkt) bewerben")*

proudly, adv.→ **stolz**; mit Stolz

saltiness, n.→ **Salzigkeit**

second to none, adj.→ **einmalig**

show off, v.→ **zeigen**; vorführen

show, n.→ **Ausstellung**; Schau

taste, n.→ **Geschmack**

truly, adv. → **wirklich**

visitor, n.→ **Besucher**

well-dressed, adj.→ **gut ausgerichtet**

PT: 8 Lösungsvorschlag E/D-Übersetzung

Im Herbst war Paris die Gastgeberin der größten Lebensmittelausstellung, die es je gegeben hat. Gegenüber den vorangegangenen Jahren war der Besuch der SIAL weit stärker und erreichte 80 000. Knapp weniger als die Hälfte der Besucher kamen aus anderen Ländern als Frankreich, was die Ausstellung zu einem wirklich internationalen Ereignis machte. Die Ausstellung hat immer noch den Zauber, über den sie schon immer verfügte und die Veranstalter behaupten, daß das Niveau der Besucher und Aussteller einmalig sei.

Wie schon eh und je, wies die Ausstellung gut ausgerichtete Displays auf, in denen die besten landwirtschaftlichen Erzeugnisse aus über 80 Ländern gezeigt wurden. Fast 400 neue Erzeugnisse wurden zur Schau gestellt.

Trotz aller Gesetzgebung und allem Druck aus Brüssel, tat es gut zu sehen, daß Firmen aus dem Vereinigten Königreich immer noch eine Menge Spaß in die Branche zu bringen vermögen. So hatte, zum Beispiel, Camps, die schottische Speiseeisfirma, eigens für die Ausstellung stolz schottisches Whisky-Hafer-Speiseeis hergestellt. Sie hatte aber auch für den Verkauf ein ganz köstliches Diätspeiseeis mit ca. 4% Fettgehalt entwickelt.

Die nationalen Pavillons waren wunderschön dekoriert und jedes Land warb für seine Erzeugnisse. Die Türkei pries ihre große Olivenproduktion an und führte ihre neue Olivenpaste in den Markt ein. Jedes Glas enthält 200-300 schwarze Oliven. Der strenge Olivengeschmack wird durch die Salzigkeit überdeckt — mit Sicherheit gewöhnungsbedürftig! Für die schwarze Paste — den Kaviar des armen Mannes — wird als Vorspeise geworben.

PT: 9 Übersetzung D/E, Fremdsprachenkorrespondenten

Industrie- und Handelskammer

Übersetzung Deutsch/Englisch (Bearbeitungszeit: 60 Minuten)

Die Schweizer Fluggesellschaft Swissair will bis Ende 1996 insgesamt 1600 Stellen abbauen. Wie das Unternehmen bekanntgab, sollen 400 Angestellte vorzeitig in den Ruhestand geschickt werden, 900 Stellen sollen durch natürliche Abgänge aufgelöst und 300 Leute entlassen werden. Mit dieser Maßnahme reagiert die Gesellschaft auf die desolate Ertragslage: Im ersten Halbjahr 1995 wies Swissair einen Nettoverlust von 86 Millionen Franken aus im Vergleich zu 48 Millionen Franken Verlust in der Vorjahresperiode.

Ganz überraschend kam die Ankündigung der Swissair zum geplanten Stellenabbau nicht. Daß sich die Schweizer Fluggesellschaft in einer äußerst prekären Lage befindet, war allenthalben bekannt. Nur hatte man nicht einen so erheblichen Stellenabbau erwartet und gleichzeitig einen derart großen Verlust für das erste Halbjahr 1995. Konzernchef O. Loepfe machte einerseits das hohe Kostenniveau in der Schweiz dafür verantwortlich, aber auch den starken Schweizer Franken, der dem Unternehmen einen Ertragsausfall von 90 Millionen Franken im vergangenen Halbjahr beschert habe. Als weiteren Grund nannte Loepfe die Nichtmitgliedschaft der Schweizer in der EU und damit „weniger Marktzugang". Die Swissair als private Gesellschaft beziehe auch keine Staatszuschüsse wie andere Konkurrenten.

Süddeutsche Zeitung

abbauen, v.→ **cut**; eliminate

Abgang, n.→ **attrition**; loss; resignation

allenthalben bekannt, adv.→ **common knowledge**; known everywhere

Angestellt(r), n.→ **employee**

Ankündigung, n.→ **announcement**

auflösen, v.→ **eliminate**; abolish

äußerst, adv.→ **extremely**

ausweisen, v.→ **incur**; sustain; have

befinden (sich ~ in), v.→ **be in**

bescheren, v.→ **cause**

beziehen, v.→ **get**; receive

derart, adv.→ **such**

desolat, adj.→ **desolate**

einerseits, adj.→ **on the one hand**

entlassen, v.→ **dismiss**; discharge; fire; release

erheblich, adj.→ **considerable**

Ertragsausfall, n.→ **loss in earnings**

Ertragslage, n.→ **revenue situation**; earnings situation

geplant, adj.→ **projected**; planned

Gesellschaft, n.→ **company**; *hier*: „airline"

gleichzeitig, adj.→ **at the same time**; simultaneous

Grund, n.→ **cause**

Halbjahr, erstes ~, n.→ **first half of ...**; first six months of

insgesamt, adj.→ **a total of**

Konkurrent, n.→ **competitor**

Konzernchef, n.→ **chief executive officer**

Kostenniveau, n.→ **level of cost**

Marktzugang, n.→ **market access**; access to the market

Maßnahme, n.→ **measure**

nennen, v.→ **name**

Nettoverlust, n.→ **net loss**

Nicht-Mitgliedschaft, n.→ **non-membership**

prekär, adj.→ **precarious**

reagieren, v.→ **react**

Ruhestand, n.→ **retirement**

schicken, v.→ **send**

Staatszuschuß, n.→ **state subsidy**

Stelle, n.→ **job**

Stellenabbau, n.→ **reduction in jobs**

überraschend, adj.→ **surprising**

verantwortlich machen, v.→ **hold responsible**

Vergleich (im ~ zu), n.→ **compared to**; in comparison to

Vorjahr(esperiode), n.→ **previous year**

vorzeitig, adj.→ **early**

wie das Unternehmen bekannt gab, phr.→ **according to**

PT: 9 Lösungsvorschlag D/E-Übersetzung

By the end of 1996, the Swiss airline Swissair intends to cut a total of 1,600 jobs. According to the company, 400 employees are to be sent into early retirement, 900 jobs are to be eliminated by natural attrition, and 300 people are to be dismissed. With this measure, the company reacts to its desolate revenue situation: During the first half of 1995, Swissair incurred a net loss of 86 million Swiss francs compared to a loss of 48 million francs during the previous year.

The announcement by Swissair of the planned reduction in jobs was not entirely surprising. It was common knowledge that the Swiss airline was in an extremely precarious situation. Yet, such a considerable cut in jobs, and, at the same time, such a big loss during the first six months of 1995 had not been expected. On the one hand, O. Loepfe, chief executive officer of the corporation, blamed the high level of cost in Switzerland but also the strong Swiss franc which caused the enterprise a loss of 90 million francs in earnings during the past six months. As a further cause, Loepfe named the non-membership of the Swiss in the EU and, thus, "reduced market access". Also, Swissair, as a private airline does not get any state subsidies as do other competitors.

PT: 10 Übersetzung D/E, Dolmetscher und Übersetzer

Industrie- und Handelskammer

Übersetzung Deutsch/Englisch (Bearbeitungszeit: 60 Minuten)

Mit dem Siegeszug des Containers ist der Güterumschlag im Hafen zu einem industriellen Massengeschäft geworden. Für die Umschlagsbetriebe selbst und die Häfen hat dies weitreichende Folgen: Der Kapitalbedarf wächst unaufhörlich, und das Dienstleistungsangebot der einzelnen Häfen wird immer austauschbarer. Vorbei sind die Zeiten, wo Fahrtrouten gleichsam wie Erbhöfe abgesteckt werden konnten. „Unsere Wettbewerber sitzen heute überall in Europa, besonders aber in Rotterdam, Antwerpen oder Bremerhaven", sagt Peter Dietrich. Auch die Mittelmeerhäfen sind inzwischen zu ernstzunehmenden Konkurrenten herangewachsen. Denn wer Container von Fernost oder Amerika nach Wien oder Budapest verschiffe, könne diese Behälter auch in Genua, Triest oder Marseille löschen lassen.

Für den Wettbewerb brauchen Häfen eine moderne Infrastruktur (Straßen, Hafenbecken, Kaimauern, Gleisanschlüsse) sowie eine vergleichbare Suprastruktur (Kräne, Schuppen, Flächenbefestigung). Entscheidend für die Wettbewerbsfähigkeit sei jedoch die „Qualität der Anbindung ans Hinterland", meint der Chef des größten deutschen Umschlagbetriebs. Das Wohl und Wehe der Häfen hänge daher auch von einer sinnvoll ausgewogenen Standortpolitik ab. Hier werde in dem Bemühen, die eigenen Häfen zu einem Magnet für eine Vielzahl wirtschaftlicher Aktivitäten zu machen, oft des „Guten zuviel getan".

Frankfurter Allgemeine Zeitung

abstecken, v.→ **claim**; stake a claim

Antwerpen, n.→ **Antwerp**

ausgewogen, adj.→ **balanced**

austauschbar, adj.→ **interchangeable**

Bemühen, n.→ **attempt**; try; endeavor

besonders, adv.→ **particularly**

brauchen, v.→ **need**; require

Chef, n.→ **head**

Container, n.→ **container**

Dienstleistungsangebot, n.→ **(range of) service offers**

entscheidend, adj.→ **decisive**; crucial; essential

Erbhof, n.→ **hereditary estate**

ernstzunehmend, adj.→ **to be taken seriously**

Fahrtroute, n.→ **(travel) route**

Fernost, n.→ **Far East**

Flächenbefestigung, n.→ **area reinforcement**

Folgen, n.pl.→ **consequences**; ramifications

Genua, n.→ **Genoa**

Gleisanschluß, n.→ **railroad/railway connection**

Guten zuviel, des, phr.→ **too much of a good thing**

Güterumschlag, n.→ **transshipment**

Hafen, n.→ **harbor**; port

Hafenbecken, n.→ **habor basin**

Hinterland, n.→ **hinterland** *(RHD definiert dieses aus dem Deutschen stammende Wort u.a. so: "the land lying behind a coastal region".)*

Infrastruktur, n.→ **infrastructure**

inzwischen, adv.→ **in the meantime**; since (then); meanwhile

Kaimauer, n.→ **quay**

Kapitalbedarf, n.→ **need for capital**

Konkurrent, n.→ **competitor**

Kran, n.→ **crane**

löschen lassen, v.→ **to have ... unloaded**

Marseille, n.→ **Marseilles**

Massengeschäft, n.→ **bulk trade**

Mittelmeerhafen, n.→ **Mediterranean port**

Schuppen, n.→ **shed**

Siegeszug, n.→ **growing success**

sinnvoll, adv.→ **meaningfully**; sensibly

sitzen, v.→ *hier*: **to be located**; sit

Standortpolitik, n.→ **location policy**

Straße, n.→ **road**; highway *(ausserhalb der Stadt)*; street *(innerhalb der Stadt)*

Suprastruktur, n.→ **superstructure**

Triest, n.→ **Trieste**

überall in, adv.→ **all over**

Umschlagsbetriebe, n.pl.→ **transshipping companies**

unaufhörlich, adv.→ **continuously**

vergleichbar, adj.→ *hier*: **adequate**

verschiffen, v.→ **dispatch** *(AE)*; despatch *(BE)*

vorbei sind die Zeiten, phr.→ **gone are the times**

weitreichend, adj.→ **far-reaching**

Wettbewerber, n.(pl).→ **competitor**; competitors

Wettbewerbsfähigkeit, n.→ **competitiveness**

Wien, n.→ **Vienna**

wirtschaftliche Aktivitäten, n.pl.→ **commercial activities**

Wohl und Wehe, phr.→ (the) **ups and downs**

PT: 10 Lösungsvorschlag D/E-Übersetzung

With the growing success of the container, the transshipment of goods in harbors has become an industrial bulk trade. This has far-reaching consequences for the transshipping companies themselves and the harbors: the need for capital rises continuously and the range of service offers of the individual harbors becomes increasingly interchangeable. Gone are the times when travel routes could simply be claimed like hereditary estates. "Today, our competitors are located all over Europe, particularly, however, in Rotterdam, Antwerp or Bremerhaven", says Peter Dietrich. In the meantime, also the Mediterranean ports have grown into competitors to be taken seriously. Because, whoever dispatches containers from the Far East or America to Vienna or Budapest can also have these containers unloaded in Genoa, Trieste, or Marseilles.

In order to compete, ports need a modern infrastructure (roads, harbor basins, quays, railroad connections) as well as an adequate superstructure (cranes, sheds, area reinforcements). According to the head of the largest German transshipment company, however, the "quality of the connection to the hinterland" is decisive for competitiveness. He said that the ups and downs of the ports thus also depend on a meaningfully balanced location policy, and that, in the attempt to turn one's own harbors into a magnet for a multitude of commercial activities, often "too much of a good thing" is being done.

PT: 11 Übersetzung D/E, Fremdsprachenkaufleute

Industrie- und Handelskammer

Übersetzung Deutsch/Englisch (Bearbeitungszeit: 60 Minuten)

Amerikas drittgrößter Auto-Konzern, der in jüngster Zeit einen steilen Aufschwung erlebt, will seinen Absatz außerhalb Amerikas innerhalb der nächsten zehn Jahre auf rund eine Million Stück steigern. Das hat Konzern-Chef Robert Eaton angekündigt. Für das Jahr 2000 peilt Chrysler an, den Auslandsabsatz von derzeit rund 250 000 auf dann 500 000 zu steigern.

1990 hatte Chrysler in seinem internationalen Geschäft noch weniger als 80 000 Autos verkauft. Wie Chrysler-Präsident Robert Lutz erläuterte, will Chrysler die ausländischen Märkte vor allem durch Exporte aus Amerika beliefern. Denn dies erlaube es, die Fabriken in Amerika optimal auszulasten und damit die Kosteneffizienz zu verbessern, zumal Amerika derzeit ohnehin gegenüber vielen Standorten Kostenvorteile habe. Demgegenüber seien Mitbewerber wie General Motors und Ford, die über große Kapazitäten in Europa verfügen, mit hohen Fixkosten belastet, die ihre Flexibilität und Rentabilität einschränkten, meint Lutz.

Wie Lutz weiter darlegte, will Chrysler in Einzelfällen aber auch im Ausland Produktionen aufbauen, beispielsweise um „Local Content"-Richtlinien zu genügen. Als Beispiel nannte Lutz das Gemeinschaftsprojekt, mit der BMW AG in Brasilien eine Motorenfabrik zu bauen. Dieses Projekt sei auch insofern beispielhaft, als BMW eine ähnliche Philosophie wie Chrysler habe: Kein Interesse an „großen Lösungen" wie einer Fusion oder Übernahme, wohl aber Interesse an kleinen, begrenzten Projekten.

Absatz, n.→ sales

ähnlich, adj.→ similar

ankündigen, v.→ announce

anpeilen, v.→ aim at

aufbauen, v.→ establish

Aufschwung, n.→ upturn

Auslandsabsatz, n.→ foreign sales

auslasten, v.→ make use of

außerhalb, adv.→ outside

Auto-Konzern, n.→ auto company

bauen, v.→ build

begrenzt, adj.→ limited

beispielhaft, adj.→ examplary

beispielsweise, adv.→ for example

belasten mit, v.→ burden with

beliefern, v.→ supply

Brasilien, n.→ Brazil

darlegen, v.→ point out

demgegenüber, adv.→ by contrast

derzeit, adv.→ currently; at this time

einschränken, v.→ reduce

Einzelfall, n.→ individual case

erlauben, v.→ allow

erläutern, v.→ explain

erleben, v.→ experience

Fabrik, n.→ factory

Fixkosten, n.pl.→ fixed costs

Flexibilität, n.→ flexibility

Fusion, n.→ merger; fusion

Gemeinschaftsprojekt, n.→ joint venture

genügen, v.→ comply with; meet

innerhalb, adv.→ within

insofern... als, adv.→ also

Kapazität, n.→ capacity

Konzern-Chef, n.→ company chief executive

Kosteneffizienz, n.→ cost efficiency

Kostenvorteil, n.→ cost advantage

local content, n.→ *(der aus dem Englischen stammende Ausdruck wird beibehalten)*

Lösung, n.→ solution

meinen, v.→ say; state; indicate

Mitbewerber, n.→ competitor

nennen, v.→ quote; name; indicate

ohnehin, adv.→ anyway

optimal, adj.→ optimal

Philosophie, n.→ philosophy

Produktionen, n.pl.→ production facilities

Rentabilität, n.→ profitability

Richtlinie, n.→ guideline

rund, adj.→ some; roughly; about

Standort, n.→ location

steigern, v.→ increase

steil, adj.→ strong

Übernahme, n.→ takeover
verbessern, v.→ improve
verfügen über, v.→ dispose of
weniger, adj.→ fewer

wohl aber, phr.→ but rather
Zeit, in jüngster ~, adv.→ recently
zumal, adv.→ all the more

PT: 11 Lösungsvorschlag D/E-Übersetzung

America's third largest auto company, which has recently experienced a strong upturn (in business), wants to increase sales outside America by some one million units within the next ten years. This was announced by Robert Eaton, the company's chairman. For the year 2000, Chrysler aims to increase foreign sales from some 250,000 currently to 500,000 (then).

In 1990, Chrysler had sold fewer than 80,000 cars in its international business operations. As Chrysler President Robert Lutz explained, Chrysler wants to supply foreign markets, above all, by exporting from America. Because this would allow making optimal use of factories in America, thus improving cost efficiency; this all the more since America currently has cost advantages compared with many (other) locations. By contrast, said Lutz, competitors such as General Motors and Ford, which dispose of large capacities in Europe, are burdened with high fixed costs reducing their flexibility and profitability.

As Lutz further pointed out, Chrysler wants to establish production facilities abroad in individual cases, for example, to comply with local-content guidelines. As an example, Lutz quoted the joint venture with BMW AG to build an engine plant in Brazil. This project is also examplary with regard to BMW having a similar philosophy as Chrysler: no interest in "large-scale solutions" such as a merger or takeover, but rather in small, limited projects.

PT: 12 Übersetzung E/D, Fremdsprachenkaufleute (Engl.)

INDUSTRIE UND HANDELSKAMMER

Übersetzung Englisch/Deutsch (Bearbeitungszeit: 60 Minuten)

Lonrho is getting cold feet about its planned 1.7 billion rand (£230 million) purchase of Tavistock from JCI of South Africa, the *Observer* has learned. The conglomerate, which signed a deal to buy JCI's coal-mining interests earlier this month, now believes the price tag may be too high.

Lonrho is understood to be planning to offer JCI less than the agreed price set in the memorandum of understanding signed between the two parties earlier this month. This would be Lonrho's biggest purchase for five years. It would create one of the world's largest coal producers with annual production of more than 20 million tonnes. If JCI, South Africa's first black-controlled mining house, refuses to accept a lower offer, the deal will be scuppered.

Two months ago a proposed £1.8bn merger between JCI and Lonrho also collapsed when differences over valuation proved insurmountable. It is understood that some Lonrho shareholders believe that Lonrho has agreed to pay too much for the asset, which has an annual output of 11.5m tonnes of coal. Lonrho's bankers Deutsche Morgan Grenfell are now engaged in a detailed investigation of the South African coal mines. The deal is subject to this investigation, which will be completed in the next fortnight.

Lonrho's share price fell following the announcement of the Tavistock deal. The transaction has also drawn criticism from former Lonrho chief executive Tiny Rowland, who took out national press advertisements finding fault with Lonrho's strategy shortly after the memorandum was signed.

accept, v.→ **annehmen**; akzeptieren

agreed, adj.→ **vereinbarte**

annual, adj.→ **jährlich**

believe, v.→ **glauben**; denken

black-controlled mining house, n.→ **von Schwarzen kontrolliertes Bergbauunternehmen**

coal producer, n.→ **Kohleförderer**; Kohleproduzent

coal-mining, adj.→ **kohlefördernd**

collapse, v.→ **kollabieren**; (in sich) zusammenstürzen

conglomerate, n.→ **Konglomerat**; Mischkonzern

deal, n.→ **Vertrag**; Geschäft; Abkommen

differences, n.pl.→ **Differenzen**; Meinungsverschiedenheiten

earlier this month, phr.→ **im Laufe dieses Monats**; zuvor in diesem Monat

for, prep.→ **seit** *(mit Zeitdauer)*

get cold feet, phr.→ **kalte Füße bekommen**

interests, n.pl.→ **Beteiligungen**

learn, v.→ *hier*: **erfahren**; *(„the Observer has learned" = „der Observer hat erfahren"; im Deutschen vielleicht besser: „nach Informationen des Observers")*

memorandum of understanding, n.→ **Übereinkunftserklärung**

merger, n.→ **Fusion**; Verschmelzung; Zusammenschluß

offer, n.→ **Angebot**

party, n.→ *hier*: **(Vertrags)Partei**

price tag, n.→ *hier*: **Preis**; *eigentlich*: Preisschild; Preisetikett

proposed, adj.→ **geplant**

purchase, n.→ **Kauf**; Akquisition

refuse, v.→ **ablehnen**; sich wiegern

scupper, v.→ **über den Haufen werfen**; zunichtemachen

sign, v.→ **unterzeichnen**; unterschreiben

South Africa, n.→ **Südafrika**

to be understood..., v.→ **soll (angeblich)...**; es heißt, daß... *(„It is understood", „... is understood to..." sind typische Phrasen, die in Presseartikeln verwendet werden, wenn die Quelle der Information nicht genannt werden soll oder kann. Meistens bieten sich Übersetzungen wie „Es heißt, daß..." oder „... soll...." an.)*

tonne, n.→ **Tonne** (1000 kg) *(Im Englischen kennt man auch noch andere „Tonnen": So kann eine „ton" in den USA 907 kg entsprechen, während in Großbritannien 1016 kg gemeint sind. Eine andere Bezeichnung für „tonne" ist „metric ton", die 1000 kg entspricht.)*

valuation, n.→ **Bewertung** *(Gemeint ist hier eine Unternehmensbewertung, die den finanziellen Wert eines zum Verkauf oder zur Übernahme anstehenden Betriebes ermitteln soll.)*

PT: 12 Lösungsvorschlag E/D-Übersetzung

Nach Informationen des *Observer*, bekommt Lonrho kalte Füße wegen seines geplanten Kaufs der Tavistock vom südafrikanischen Unternehmen JCI für 1,7 Milliarden Rand (£230 Millionen). Das Konglomerat, welches im Laufe dieses Monats bereits ein Abkommen unterzeichnet hat, die Kohleförderungsbeteiligungen von JCI zu kaufen, glaubt jetzt, daß der Preis zu hoch sein könnte.

Lonrho soll vorhaben, JCI weniger anzubieten als den in einer Übereinkunftserklärung vereinbarten Preis, die von beiden Parteien in diesem Monat bereits unterzeichnet wurde. Dies wäre für Lonrho die größte Akquisition der letzten fünf Jahre. Sie würde einen der weltgrößten Kohleförderer mit einer jährlichen Produktion von mehr als 20 Millionen Tonnen schaffen. Falls JCI, Südafrikas erstes von Schwarzen kontrolliertes Bergbauunternehmen, die Annahme eines niedrigeren Angebotes ablehnt, würde das Geschäft (dadurch) über den Haufen geworfen.

Vor zwei Monaten kollabierte ebenfalls eine geplante Fusion zwischen JCI und Lonrho im Wert von £1,8 Milliarden, als sich die Meinungsverschiedenheiten bezüglich der Bewertung als unüberwindlich erwiesen. Es heißt, daß einige der Lonrho-Aktionäre glauben, Lonrho habe sich bereit erklärt, zuviel für das Objekt, das eine jährliche Förderung von 11,5 Millionen Tonnen Kohle aufweist, zu bezahlen. Das Geschäft steht und fällt mit dieser Untersuchung, die innerhalb der nächsten vierzehn Tage abgeschlossen sein wird.

Der Aktienkurs von Lonrho fiel nach der Bekanntgabe des Tavistock-Geschäftes. Die Transaktion wurde auch von dem ehemaligen leitenden Geschäftsführer Tiny Rowland kritisiert, der kurz nachdem die Erklärung unterzeichnet worden war, Anzeigen in der nationalen Presse schalten ließ, die die Strategie von Lonrho bemängelten.

PT: 13 Übersetzung E/D, Fremdsprachenkorrespondenten

INDUSTRIE UND HANDELSKAMMER

Übersetzung Englisch/Deutsch (Bearbeitungszeit: 60 Minuten)

Car sales charter for a good citizen

Much of the European motor industry was left peering through a cloud of exhaust smoke yesterday, trying to determine the exact nature of an agreement limiting Japanese car sales in the EC.

At first glance the long-sought and much-hailed agreement has the effect of limiting to about 2.43m the number of cars Japan is likely to be selling in the EC in 1999, when a seven-year transitional period towards a completely open market runs out.

That global figure is for cars from all sources, including EC-based Japanese "transplants", and would give Japanese cars a total market share of just over 15 per cent in 1999 on the basis of an estimated 15.1m market. However, on closer examination the agreement provides for unrestricted market access to EC-produced cars, and expresses merely the "expectation" that EC production of Japanese cars will not exceed 1.2m at the expiry of the transition period.

As far as limiting imports to the EC from Japan itself, it provides only for Japan to "monitor" exports to the EC as a whole in accordance with a forecast level of exports in 1993 of 1.23m.

Add in the fact that "sub-ceilings" are being allowed for markets where there have previously been bilateral restrictions on Japanese imports, and the scene appears set not so much for a comprehensive agreement but for wrangling and special pleading for much of the transition period. Ironically, the wrangling is likely to be not so much between Europe and Japan, but between those countries with a vested interest in EC-built Japanese cars having the widest possible market access.

Source: Financial Times

accordance, (in ~ with), phr.→ in Übereinstimmung mit

add in, v.→ hinzufügen

agreement, n.→ Vereinbarung; Abkommen; Vertrag

allow, v.→ zugestehen; einräumen; erlauben

bilateral, adj.→ bilateral; zweiseitig

citizen, n.→ Bürger

comprehensive, adj.→ umfassend

EC, n.→ EG = *Europäische Gemeinschaft; (jetzige Bezeichnung: „EU" = Europäische Union)*

EC-based, adj.→ in der EG niedergelassen

EC-produced, adj.→ in der EG hergestellt

estimate, v.→ schätzen

examination (close ~), n.→ genau(ere) Betrachtung

exceed, v.→ überschreiten

exhaust smoke, n.→ Abgas(e)

expectation, n.→ Erwartung

expiry, n.→ Ablauf

express, v.→ zum Ausdruck bringen; ausdrücken

forecast export level, n.→ prognostiziertes Exportniveau; vorausgesagte Exporthöhe

glance (at first ~), n.→ Blick (auf den ersten ~)

interest (vested ~), n.→ Interesse (berechtigtes ~)

likely (be ~ to), v.→ *hier*: vermutlich tun

long-sought, adj.→ langersehnt

market access, n.→ Marktzugang

market share, n.→ Marktanteil

merely, adv.→ lediglich; bloß; nur

monitor, v.→ überwachen; kontrollieren

motor industry, n.→ Autoindustrie

much-hailed, adj.→ hochwillkommen geheißen

nature, n.→ Inhalt; Art; Wesen

peer through, v.→ krampfhaft schauen durch

pleading, n.→ Bitten

previously, adv.→ vorher

provide for, v.→ vorsehen; bieten

restriction, n.→ Beschränkung

run out, v.→ auslaufen; ablaufen

sales charter, n.→ Verkaufscharta

scene (set the ~ for), v.→ Szene herrichten

sub-ceiling, n.→ Untergrenze

transitional period, n.→ Übergangszeitraum

transplant, n.→ *hier*: „transplantierte Produktionsstätten"

unrestricted, adj.→ uneingeschränkt

wrangling, n.→ Gerangel; Streit; Streiterei; Zank

PT: 13 Lösungsvorschlag E/D-Übersetzung

Automobilverkaufscharta für einen guten Bürger

Ein großer Teil der europäischen Autoindustrie mußte gestern krampfhaft durch eine Abgaswolke schauen, um zu versuchen, den genauen Inhalt einer Vereinbarung festzustellen, die japanischen Autoverkäufe in der EG begrenzt.

Auf den ersten Blick bewirkt die langersehnte und hochwillkommen geheißene Vereinbarung, die Anzahl der vermutlich von Japan in der EG verkauften Kraftfahrzeuge auf 2,43 Millionen im Jahre 1999 zu beschränken, wenn eine Übergangszeit von sieben Jahren bis zu einem vollständig offenen Markt ausläuft.

Diese globale Zahl gilt für Autos jeglicher Herkunft, einschließlich der in der EG niedergelassenen „transplantierten Produktionsstätten" und würde japanischen Automobilen im Jahre 1999 einen Gesamtmarktanteil von knapp über 15% auf der Grundlage eines geschätzten Marktes von 15,1 Millionen einräumen. Bei genauer Betrachtung sieht allerdings die Vereinbarung einen uneingeschränkten Marktzugang für in der EG hergestellte Autos vor und bringt lediglich die „Erwartung" zum Ausdruck, daß die EG-Produktion von japanischen Automobilen beim Ablauf des Übergangszeitraumes 1,2 Millionen nicht überschreiten wird.

Was die Begrenzung der Importe in die EG aus Japan selbst angeht, so sieht sie lediglich vor, daß Japan seine Exporte in die EG insgesamt in Übereinstimmung mit dem prognostizierten Exportniveau von 1993 in Höhe von 1,23 Millionen „überwachen" wird.

Wenn man die Tatsache hinzufügt, daß „Untergrenzen" für solche Märkte zugestanden werden, in denen vorher bereits bilaterale Beschränkungen japanischer Importe bestanden, dann sieht es so aus, als ob die Szene nicht so sehr für ein umfassendes Abkommen hergerichtet ist, sondern (eher) für Rangelei und besonderes, inständiges Bitten. Ironischerweise wird das Gerangel wahrscheinlich nicht so sehr zwischen Europa und Japan stattfinden, sondern zwischen jenen Ländern, die ein berechtigtes Interesse daran haben, daß in der EG hergestellte japanische Autos den größtmöglichen Marktzugang haben sollten.

PT: 14 Übersetzung D/E, Fremdsprachenkorrespondenten

INDUSTRIE UND HANDELSKAMMER

Übersetzung Deutsch/Englisch (Bearbeitungszeit: 60 Minuten)

Handelskammern gibt es im Vereinigten Königreich schon seit rund 200 Jahren. Anders als in Deutschland kann jeder, der will, einen Partner suchen, um eine Kammer zu gründen und Mitglieder anwerben. Niemand weiß daher, wie viele Handelskammern es in Großbritannien gibt. Im Kammerverband sind nur die 150 größten Kammern zusammengeschlossen.

Die Hauptfunktion der Kammern besteht darin, „als Stimme der Wirtschaft" die Interessen der Mitglieder gegenüber den Kommunen oder gegenüber der Regierung in London zu vertreten. Sie müssen sich völlig selbständig finanzieren, und ihr Serviceangebot entspricht dem Bedarf. Die Mitgliedsbeiträge, die sich nach der Anzahl der Beschäftigten richten, variieren erheblich. Der niedrigste Beitrag für kleinere Firmen liegt bei ca. £ 50 im Jahr.

Die Kammern bieten ihren Mitgliedern eine weite Palette an Informationen, etwa über Bezugsquellen für bestimmte Produkte, über Fragen der Gesundheit und Sicherheit am Arbeitsplatz und anderes. Sie geben auch Auskunft über Kreditwürdigkeit, die sie allerdings nicht selbst prüfen. Sie bieten sich ihren Mitgliedern zudem als Ratgeber für Import- und Exportfragen an und stellen Ausfuhrdokumente aus, etwa um zu bescheinigen, daß es sich bei der Exportware um Produkte handelt, die in Großbritannien hergestellt wurden.

entspricht dem Bedarf = needs-orientated (Vokabel im Prüfungstext angegeben)

(Handelsblatt)

anders als, adv.→ other than

anwerben, v.→ recruit

Anzahl, n.→ number

Arbeitsplatz, n.→ workplace; place of work

Ausfuhrdokument, n.→ export document

Auskunft geben, v.→ inform

ausstellen (Dokument), v.→ issue

Bedarf entsprechen, v.→ be needs-orientated *(AE = oriented)*

bescheinigen, v.→ certify

bestehen in, v.→ be

Bezugsquelle, n.→ source of supply

erheblich, adv.→ considerably

Exportware, n.→ export goods

finanzieren, v.→ finance

gegenüber, prep.→ toward(s); to

gründen, v.→ found

handeln (sich ~ um), v.→ be

Handelskammer, n.→ chamber of commerce *(Im deutschen Sprachraum meistens „Industrie- und Handelskammer", im englischen Sprachraum nur wie hier angegeben.)*

Hauptfunktion, n.→ main function

herstellen, v.→ make

Kammer, n.→ chamber

Kammerverband, n.→ association of chambers

Kreditwürdigkeit, n.→ creditworthiness

liegen bei, v.→ be

Mitglied, n.→ member

Mitgliedsbeitrag, n.→ membership dues

niedrig, adj.→ low

Palette, n.→ range

prüfen, v.→ verify

Ratgeber, n.→ adviser; advisor

richten (sich ~ nach), v.→ be in accordance with

selbständig, adj.→ independently

Serviceangebot, n.→ offer of services

Sicherheit, n.→ safety

Stimme, n.→ voice

suchen, v.→ look for; seek

variieren, v.→ vary

Vereinigtes Königreich, n.→ United Kingdom

vertreten, v.→ represent

Wirtschaft, n.→ business; economy

zusammenschließen, v.→ unite

PT: 14 Lösungsvorschlag D/E-Übersetzung

There have been chambers of commerce in the United Kingdom for about 200 years. Other than in Germany, anybody who desires to do so may look for a partner in order to found a chamber and recruit members. As a result, nobody knows, how many chambers of commerce there are in Great Britain. Only the 150 most important chambers are organized in the Association of Chambers (of Commerce).

The main function of the chambers is to represent, "as the voice of business", the interests of the members towards the municipalities or towards the Government in London. They have to finance themselves completely independently and the services they offer are needs-orientated. Membership dues, which are in accordance with the number of employees, vary considerably. The lowest dues for smaller firms are approximately £50 a year.

The chambers offer their members a wide range of information, e.g., on sources of supply for products, on questions of health and safety at the work place, etc. They also provide information on creditworthiness which, however, they do not verify themselves. In addition, they make themselves available to their members as advisers in matters of import and export and issue export documents, e.g., to certify that the export goods are products made in Great Britain.

PT: 15 Übersetzung E/D, Fremdsprachenkorrespondenten

INDUSTRIE UND HANDELSKAMMER

Übersetzung Englisch/Deutsch (Bearbeitungszeit: 60 Minuten)

Foreign investment has been essential to Canada's development as a nation and our continued prosperity. The development of the fur trade, the construction of the national railroads and the creation of our energy, automotive and mining industries were all financed with foreign help, initially mostly from Britain and later from the United States. Given our small population, relative to our size and potential, foreign investment is essential to maintain and enhance our competitive advantages. Total foreign investment in Canada reached approximately $490 billion in 1992.

Foreigners hold over $202 billion in Canadian bonds, about a third of all Canadian bond holdings. Federal and provincial governments are active participants in the international bond market, seeking vital capital to help build our highways, hospitals and schools.

Foreign direct investment, through shares in corporations or ownership of subsidiary firms constitutes the second-largest form of investment in Canada after bonds, at nearly $130 billion. The United States continues to be the largest net investor in Canada ($105 billion) followed by Japan ($93 billion) and the United Kingdom ($29 billion). In recent years, direct investment from Germany, Hong Kong and Switzerland has risen markedly.

Investment Canada

automotive, adj.→ **Automobil~**; kraftfahrzeugbezogen

bond holdings, n.pl.→ **Rentenbestände**

bond, n.→ **Anleihe**

competitive advantage, n.→ **Wettbewerbsvorteil**

constitute, v.→ **darstellen**

corporation, n.→ **Kapitalgesellschaft**; Aktiengesellschaft

development, n.→ **Entwicklung**

enhance, v.→ **verstärken**

essential, adj.→ **von wesentlicher Bedeutung**

federal government, n.→ **Bundesregierung**

fur trade, n.→ **Pelzhandel**

given, adj.→ **angesichts**; in Anbetracht

initially, adv.→ **anfänglich**; zu Beginn; am Anfang

investment, n.→ **Investition**; Anlage

markedly, adv.→ **deutlich**

net, adj.→ **netto**

prosperity, n.→ **Wohlstand**

share, n.→ **Aktie**

subsidiary firm, n.→ **Unternehmenszweigniederlassung**; Firmen~; Tochtergesellschaft

vital, adj.→ **lebenswichtig**

PT: 15 Lösungsvorschlag E/D-Übersetzung

Ausländische Investitionen sind für die Entwicklung Kanadas als Nation und unseren dauerhaften Wohlstand von wesentlicher Bedeutung gewesen. Die Entwicklung des Pelzhandels, der Bau der nationalen Eisenbahnen sowie die Schaffung unserer Energie-, Automobil- und Bergbauindustrien, sind alle mit fremder Hilfe finanziert worden, am Anfang meistens durch Großbritannien und später durch die Vereinigten Staaten. Angesichts unserer im Vergleich zur Größe und dem Potential (des Landes) kleinen Bevölkerung, sind ausländische Investitionen von großer Bedeutung, um (unsere) Wettbewerbsvorteile zu erhalten und zu verstärken. 1992 erreichte die ausländische Gesamtinvestition in Kanada ungefähr $490 Milliarden.

Ausländer besitzen über $202 Milliarden in kanadischen Anleihen, d.h. ca. ein Drittel aller kanadischen Rentenbestände. Die Bundes- und Provinzregierungen sind aktive Teilnehmer am internationalen Anleihenmarkt, wo sie lebenswichtiges Kapital zum Aufbau unserer Straßen, Krankenhäuser und Schulen suchen.

Nach Anleihen, stellen ausländische Direktinvestitionen mittels Aktien in Kapitalgesellschaften oder Besitz von Zweigniederlassungen von Unternehmen mit fast $130 Milliarden die zweitgrößte Investitionsform in Kanada dar. Die Vereinigten Staaten bleiben weiterhin der größte Nettoanleger in Kanada ($105 Milliarden), gefolgt von Japan ($93 Milliarden) und dem Vereinigten Königreich ($29 Milliarden). In den letzten Jahren sind die Investitionen von Deutschland, Hongkong und der Schweiz deutlich gestiegen.

PT: 16 Übersetzung D/E, Fremdsprachenkorrespondenten

INDUSTRIE UND HANDELSKAMMER

Übersetzung Deutsch/Englisch (Bearbeitungszeit: 60 Minuten)

In Großbritannien ist ein erbitterter Preiskrieg auf dem Markt für Autobenzin ausgebrochen. Alle Ölgesellschaften kündigten deutliche Preisnachlässe an ihren Tankstellen an, nachdem als erstes der größte Tankstellenbetreiber in Großbritannien, Esso, am Mittwoch Preissenkungen bekanntgegeben hatte. Esso wehrt sich zwar gegen den Vorwurf, einen Preiskrieg angezettelt zu haben. Der Konzern behauptet, er reagiere lediglich auf die veränderte Nachfrage der Kunden. Aber Essos Entscheidung, an seinen 2.100 Tankstellen das Benzin genauso billig anzubieten wie der günstigste Wettbewerber, hat einen erbitterten Kampf unter den Gesellschaften ausgelöst.

Der wirkliche Grund für die Strategie von Esso dürfte der harte Wettbewerb der Ölgesellschaften gegen die Supermärkte sein. In Großbritannien bieten Sainsbury, Tesco, Asda und Safeway neben ihren Supermärkten an eigenen Tankstellen Benzin zu billigsten Preisen an. Immer mehr Konsumenten nutzen diese Möglichkeit zum Billigtanken. Der Marktanteil der Supermärkte im Benzinverkauf ist mittlerweile auf bis zu 25 Prozent gestiegen. Sainsbury allein hat einen Marktanteil von 4 Prozent und Tesco von 7 Prozent. Esso hingegen mußte in den vergangenen Jahren Einbußen seines Marktanteils hinnehmen und hat mittlerweile im Markt für Autobenzin nur noch einen Marktanteil von einem Sechstel und im Diesel-Markt von einem Fünftel.

Frankfurter Allgemeine Zeitung

anbieten, v.→ **offer**

ankündigen, v.→ **announce**

anzetteln, v.→ **start**

auslösen, v.→ **start**

Autobenzin, n.→ *BE* = **petrol**; *AE* = gasoline; gas

behaupten, v.→ **claim**

billig (genauso ~ wie), adj.→ **at as low a price as**

billig, adj.→ **low-price**; low-priced; inexpensive; cheap

Billigtanken, n.→ **low-price fill-up**; ~ gassing up *(AE)*

deutlich, adj.→ **marked**; distinct; clear

Diesel-Markt, n.→ **Diesel market**; market for Diesel

Einbuße, n.→ **loss**

Entscheidung, n.→ **decision**

erbittert, adj.→ **bitter**; embittered

Fünftel, n.→ **(one) fifth**

Großbritannien, n.→ **Great Britain**

günstig, adj.→ **favorable**

hart, (harter Wettbewerb), adj.→ **fierce** (~ competition)

hinnehmen, v.→ **accept**; take

Konsument, n.→ **consumer**

Kunde, n.→ **customer**

lediglich, adv.→ **merely**; only

Marktanteil, n.→ **market share**

Nachfrage, n.→ **demand**

neben, prep.→ **in addition to**

nutzen, v.→ **make use of**; use

Ölgesellschaft, n.→ **oil company**

Preiskrieg, n.→ **price war**

Preisnachlaß, n.→ **price cut**; price reduction

Preissenkung, n.→ **price cut**; price reduction

Sechstel, n.→ **(one) sixth**

steigen, v.→ **rise**

Tankstelle, n.→ BE = **filling station**; petrol ~; petrol pump; *AE* = gasoline station; gas ~; gas pump

Tankstellenbetreiber, n.→ **filling station operator** *(BE)*; **gas station operator** *(AE)*

Vorwurf, n.→ **reproach**; accusation

wehren (sich ~), v.→ **defend oneself**; hier aber: **reject**

Wettbewerber, n.→ **competitor**

PT: 16 Lösungsvorschlag D/E-Übersetzung

In Great Britain, a bitter price war has started in the petrol market. All oil companies announced marked price reductions at their filling stations, after, at first, on Wednesday, Esso, Great Britain's largest filling station operator had announced price reductions. On the one hand, Esso rejects the accusation of having started a price war. The concern claims that it reacts solely to the changed customer demand. On the other hand, Esso's decision to offer petrol at its 2,100 filling stations at as low a price as the most favorable competitor, has started a bitter fight among the companies.

The real reason for the Esso strategy very likely is the fierce competition of the oil companies against the supermarkets. In Great Britain, Sainsbury, Tesco, Asda, and Safeway, in addition to their supermarkets, offer petrol at lowest prices at their own filling stations. An increasing number of consumers make use of this possibility of a low-price fill-up. Meanwhile, the supermarkets' market share in petrol sales has risen to up to 25 per cent. Sainsbury alone holds a market share of four per cent, Tesco of seven per cent. Esso, however, had to accept losses in its market share during the past years and, meanwhile, has merely a market share of one sixth in the petrol market and of one fifth in the Diesel market.

Quellenangaben

Bücher

Fink, H.	**Econotexts I, A Collection of Introductory Economic Texts** 2. Auflage, Verlag Oldenbourg München, 1996
Fink/Hambusch	**Fundamental Economic Texts** 5. Auflage, Bad Homburg v.d.H., 1989
Krugman/Obstfeld	**International Economics: Theory and Policy** Second Edition HarperCollins Publischers Inc., 1991
Stoner, J.	**Management** Second Edition Prentice-Hall, Inc., Englewood Cliffs, N.J., 1982

Zeitschriften/Zeitungen

Die Welt

Financial Times

Frankfurter Allgemeine Zeitung

Frankfurter Rundschau

Handelsblatt

Investment Canada

Süddeutsche Zeitung

The Economist

The Daily Telegraph

The Washington Post

The Salt Lake Tribune

Wirtschaftswoche

Literaturliste (Wörterbücher, etc.)

Hinweis: Verwendet werden sollte möglichst stets die neueste verfügbare Auflage.

Einsprachige allgemeine Wörterbücher

DEUTSCH

Duden	**Duden: Großes Wörterbuch der deutschen Sprache** 6 Bände, 1976 *Für den allgemeinen und speziellen deutschen Sprachgebrauch.*
Duden	**Deutsches Universalwörterbuch** Mannheim, 1989
Duden	**Fremdwörterbuch**
Heysel	**Allgemeines Fremdwörterbuch** Georg Oldens Verlag, Hildesheim, Nachdruck der Ausgabe von 1922
Küpper, Heinz	**PONS: Wörterbuch der deutschen Umgangssprache** Klett Verlag, 1988
Makensen, L.	**Deutsches Wörterbuch in drei Bänden** Rororo-Verlag
Wahrig	**Deutsches Wörterbuch** Bertelsmann Lexikon Verlag, neuste Auflage

Alle deutschsprachigen Wörterbücher sind wichtig für die Klärung von Sachverhalten in der deutschen Sprache vor der Übersetzung in eine Fremdsprache.

ENGLISCH

Flexner	**The Random House Dictionary of the English Language** 2nd Edition, unabridged, Random House, 1987 *Für den Alltagsgebrauch des Übersetzers. Umfassender Korpus (ca. 315.000 Einträge auf mehr als 2.200 Seiten), der in hohem Maß selbst fachsprachliche Lexik (z. B. aus der Wirtschaft, den Naturwissenschaften, usw.) enthält und für die Klärung von Sachverhalten, mehr aber noch als Synonym bzw. Antonym- und Stilwörterbuch von Bedeutung ist.*
N.N.	**Webster's New World Dictionary** 4th College Edition, Prentice-Hall *Ähnlich wie Random House jedoch erheblich weniger umfangreich dafür sprachlich moderner, da häufiger revidiert.*
N.N.	**6,000 Words Supplement to Webster's Third New International Dictionary Unabridged** Merriam-Webster, 1976
N.N.	**Webster's Third New International Dictionary Unabridged** Merriam-Webster *Noch umfassender als der Random House, allerdings auch mehr als 10 Jahre älter.*

Einsprachige Fachwörterbücher

ENGLISCH

Barron's Business Guides:

    Dictionary of Accounting Terms

    Dictionary of Advertising and Direct Mail Terms

    Dictionary of Banking Terms

    Dictionary of Business Terms

    Dictionary of Finance and Investment Terms

    Dictionary of Real Estate Terms

    Dictionary of Insurance Terms

Law Dictionary

Dictionary of Economics

Erschienen bei "Barron's Educational Series, Inc." *Nachschlagwerke zu den verschiedensten Gebieten der Wissenschaft und Wirtschaftswissenschaften. Eignen sich hervorragend zur Klärung und Verdeutlichung von Sachverhalten und bieten viele Synonyme bzw. Antonyme. Sehr umfassend und professionell.*

Baxter/Rees — **Penguin Dictionary of Economics**
4th edition, Penguin Books, 1988
Bietet viel zur Information über britische Wirtschaftssachfragen und Sachverhalte in Wörterbuchform. Handlich und kostengünstig.

Chapman — **American Slang — A New Dictionary of American Slang**
Harper & Row, 1986
Enthält nicht nur den allgemeinen Slang Amerikas, sondern auch den der Wirtschafts- und Geschäftswelt. Leider, wie bei so vielen Wörterbüchern, zeitlich im Rückstand, besonders was die Geschäftsterminologie angeht.

Fink, H. — **Econoterms — A Glossary of Economic Terms**
5. Auflage, R. Oldenbourg Verlag, München und Wien, 1994
Besteht aus einer Sammlung gängiger wirtschaftswissenschaftlicher und in der Wirtschaft gebräuchlicher (vor allem USA) Termini, die besonders auch im Hochschulstudium auftreten. Angehängt ist eine Sammlung von Wirtschaftsslang neuerer Provenienz.

Giordano, A. — **Concise Dictionary of Business Terminology**
Prentice-Hall, Englewood Cliff,
Einsprachiges, einfach und präzise definierendes Wirtschaftswörterbuch, zeitlich noch im Rahmen liegend.

Harrap's	**Harrap's Dictionary of Business and Finance** Harrap's Reference, London, 1988 *Wie O'Neill.*
Hayakawa, S. I.	**Choose the Right Word** Harper & Row, Publishers, New York, 1987 *Synonymwörterbuch mit umfangreichen Anwendungserläuterungen.*
Manser, Martin	**The Chamber's Book of Business Quotations** W. & R. Chambers Ltd., Edinburgh, 1987 *Bietet eine Fülle von geistreichen, aphorismenartigen Zitaten aus dem Wirtschaftsleben. Eignet sich als Nachschlagwerk für den mit solchen Sprichwörtern nicht vertrauten Übersetzer.*
Mathews	**A Dictionary of Americanisms** *Historisches und etymologisches Wörterbuch zur amerikanischen Herkunft von Wörtern. Wichtig zur Klärung von amerikanisch-historischen Sachverhalten, auch im Wirtschaftsbereich.*
O'Neill, M.	**Banking and Financial English** München, 1991 *Knappe Sammlung von Vokabeln des Bereichs Banken und Finanzen. Eignet sich als Ergänzung zu Fachwörterbüchern.*
Oxford	**Advanced Learner's Dictionary** *Sehr allgemeines (Schul-) Wörterbuch als "quick reference" praktisch, da kompakt. Der eigentliche wirtschaftliche Terminologiebereich fehlt.*
Oxford	**Concise Oxford Dictionary—New Edition** Oxford-Clarendon Press
Partridge/Beale	**A Dictionary of Slang and Unconventional English** 1400 Seiten, Routledge, London und New York, 1984 *Seit seinen ersten Erscheinen 1937 ist Eric Partridges Standardwerk immer wieder öberarbeitet worden (seit 1978 von Paul Beale). Es enthält in erster Linie britischen und australischen Slang aber auch amerikanischen. Neben den Bedeutungen und Erklärungen finden sich hier Angaben zu Alter und*

	Herkunft eines Ausdrucks. Für Übersetzer ist das Buch als Nachschlagwerk für alten und weniger gebräuchlichen Slang geeignet, da es wie viele Wörterbücher zeitlich rückständig ist.
Pons	(Die großen Wörterbücher) Pons/Klett Verlag
Reuters	**Dictionary of International, Economic and Financial Terms** Reuters Verlag, 1989
Rodale, J. I.	**The Synonym Finder** Warner Books, New York, 1986 *Enthält über 1 Million Synonyme ohne weitere Erläuterungen oder Anwendungsbeispielen. Eignet sich besonders für Stilvariationen, Präzisierung von Wortgut und semantische Verdeutlichung.*
Roget	**Roget's 21st Century Thesaurus** *Ähnlich wie Rodale. Sehr günstige Taschenbuchausgabe.*
Roget	**Roget's II, The New Thesaurus** Expanded edition, Boston, 1988 *Wie Rodale.*
Spears, R. A.	**Dictionary of American Slang and Colloquial Expressions** Ernst Klett Verlag, 1989 „*The entries represent the language of the underworld, the nursery, the college campus, California beaches, urban black streets, and Wall Street. We hear from prisoners, surfers, junkies, Valley Girls, weight lifters, and just plain country folks. Fad words, metaphors, wordplay, and various figures of speech make up the body of the dictionary.*" *Enthält einen Verweisindex (phrase-finder index) mit dem sich ein aus mehreren Wörtern bestehender Ausdruck schnell lokalisieren läßt.*

Tulea, T.	**Foreignism, A Dictionary of Foreign Expressions Commonly (and Not so Uncommonly) Used in English** New York/London, 1988 *Wichtig für Fremdwörter im Englischen, über die sich der Übersetzer im allgemeinen nicht klar bzw. bewußt ist („pitfalls").*
Wallace/Flynn	**Collins' Business English Dictionary** Collins, London, 1984 *Wie O'Neill aber umfangreicher und spezieller; allerdings zeitlich noch rückständiger.*

Zweisprachige allgemeine Wörterbücher

Brough/Messinger	**Langenscheidts Handwörterbuch Englisch** Teil I: Englisch-Deutsch, Teil II: Deutsch-Englisch, 2 Bände oder beide Teile in einem Band, völlige Neubearbeitung, Langenscheidt Verlag, 1994 *Diese Bücher sollte der Übersetzer als Anfangswerkzeug besitzen. Für Preis und Umfang recht passabel. Keines der Handwörterbücher ersetzt das Fachwörterbuch.*
Dudenredaktion	**Duden-Oxford, Großwörterbuch Englisch**, Deutsch-Englisch, Englisch-Deutsch, 2. Auflage, Dudenverlag, 1999 *Recht aktuelles und umfassendes (ca. 300.000 Einträge) allgemeinsprachliches Wörterbuch für den täglichen Gebrauch, das in Zusammenarbeit mit der Oxford University Press entstand.*
Neubert/Gröger	**Großes Handwörterbuch Englisch-Deutsch** Neuauflage, Verlag Langenscheidt, 1991
Muret-Sanders	**Langenscheidts Großwörterbuch: Der Kleine Muret-Sanders** Teil I: Englisch-Deutsch, Teil II Deutsch-Englisch, Verlag Langenscheidt *Reduzierte Fassung des Großen Muret-Sanders, allerdings modernisiert, neueren Datums und zeitan-*

	gepaßter. Wohl das für den Übersetzer günstigste (auch preislich) Wörterbuch.
Muret-Sanders	**Langenscheidts Enzyklopädisches Wörterbuch Englisch: Der Große Muret-Sanders** Teil I: Englisch-Deutsch in zwei Bänden, Teil II: Deutsch-Englisch in zwei Bänden, Verlag Langenscheidt, 1976 *Wohl umfassendstes zweisprachige Wörterbuch, das sehr viel enthält jedoch zeitlich im großen Rückstand und recht teuer ist.*

Zweisprachige Fachwörterbücher

Arthur Andersen & Co.GmbH	**Wörterbuch der deutsch/englischen Fachausdrücke des Rechnungswesens und des Geschäftsverkehrs** 2. Auflage, Schäffer Verlag, 1981
Becker/Jelali/Booth	**Lexikon der Englischen Redewendungen—Idioms: Englisch-Deutsch** 511 Seiten, Bechtermünzer Verlag, Eltville am Rhein, 1989 *Enthält über 30.000 Begriffe und Redensarten, i.d.R. unter dem jeweiligen Verb eingeordnet (z. B. befinden sich unter „to run" 6 1/2 Spalten mit Anwendungen).*
Booth/Gerritzen	**Lexikon der Englischen Umgangssprache—Slang: Englisch-Deutsch** 508 Seiten, Bechtermünzer Verlag, Eltville am Rhein, 1989 *Enthält (im Gegensatz zu Schmid, B.) nur Erklärungen (häufig gesäubert) und weniger deutsche Entsprechungen, daher besser zum Verständnis eines englischen Slangausdrucks geeignet als für dessen Übersetzung.*

Eichborn, R. von	**Der Grosse Eichborn — Wirtschaft, Recht, Verwaltung, Verkehr, Umgangssprache** Deutsch/Englisch, 1399 Seiten, Siebenpunkt Verlag, 1986
Eichborn, R. von	**Wirtschaftswörterbuch** Band I: Englisch/Deutsch, 4. Auflage, 1118 Seiten Band II: Deutsch/Englisch, 4. Auflage, 1133 Seiten, Econ Verlag, 1974 *Von Eichborns Werke sind veraltet, obwohl sie in Deutschland immer noch als maßgeblich und geläufig angesehen werden. Relativ teuer, umfangreich, müßten auf den Stand der Zeit gebracht werden.*
Goede, G. W.	**Wirtschaftsenglisch Lexikon** Englisch-Deutsch, 1283 Seiten, R. Oldenbourg Verlag, München/Wien, 1993 *Wirtschaftswörterbuch neueren Datums, dem allerdings sehr viel fehlt, eher Zusammenstellung aus anderen Wörterbüchern.*
Grossmann, T.	**Kaufmännisches Grundwörterbuch für Schule und Praxis**, Teil 1: Deutsch-Englisch Fachverlag T. H. Grossmann, Stuttgart *Zwar für den Schulgebrauch gedacht, enthält aber eine Menge Standardvokabular aus der niederen betriebswirtschaftlichen Ebene.*
Hamblock/Wessels	**Großwörterbuch Wirtschaftsenglisch** Band I: Deutsch/Englisch, 1600 Seiten, 1989 Band II: Englisch/Deutsch, 1598 Seiten, 1990 Cornelson Verlag Schwann-Girardet, Düsseldorf, 1989/90 *Wie Goede.*
Info-Service Europa	**Euro-Wörterbuch der Bankbegriffe, Geld, Bank und Börse: Deutsch, Englisch, Französisch, Italienisch, Spanisch** Deutscher Sparkassenverlag, Stuttgart und München, 1994 *Besonders wichtig für das Bankenwesen, modern und neuesten Datums. Enthält Terminologie, die vor allen Dingen von deutschen Banken verwendet wird.*

Koschnick, W.	**Encyclopedic Dictionary Marketing—Enzyklopädiches Wörterbuch Marketing Englisch/Deutsch** Band I: Teil 1 (A - K), Teil 2 (L - Z), insgesamt 1760 Seiten, K. G. Saur Verlag, München, 1994 *Enthält Definitionen, Übersetzungen und sehr ausführliche Erklärungen zu ca. 20.000 Marketing-Begriffen.*	
Kube, Clemens	**Wörterbuch der Werbung und des Marketings/Dictionary of Advertising and Marketing — Deutsch-Englisch, Englisch-Deutsch** Hueber Verlag, München, 1986 *Spezialwörterbuch zu Werbung und Marketing, ähnlich Koschnick.*	
N.N.	**Glossar zur Arbeitsmarkt und Berufsforschung Englisch Deutsch, Deutsch Englisch** Institut für Arbeitsmarkt und Berufsforschung der Bundesanstalt für Arbeit, Nürnberg *Erscheint in regelmäßigen (relativ kurzen) Abständen. Wichtig für Übersetzer, die mit Arbeitsrecht, -bedingungen und Berufsfeld befaßt sind. Enthält die in Regierungskreisen und im Behördenverkehr verbreiteten Übersetzungen der deutschen bürokratischen Terminologie der angesprochenen Bereiche.*	
Renner-Sachs	**Wirtschaftssprache Englisch-Deutsch, Deutsch-Englisch** Hueber, Sprachen der Welt, München *Eignet sich besonders für diejenigen, die sich mit Wirtschaftssprache und -terminologie vertraut machen wollen. Weniger Wörterbuch als Übungsbuch.*	
Ritter	**Grundwortschatz wirtschaftswissenschaftlicher Begriffe Deutsch-Englisch, Englisch-Deutsch**, UTB, Band 674 *Kleine, vor Jahren begonnene Sammlung von wirtschaftlichen Grundbegriffen. Teilweise nicht sehr präzise und im Definitionsteil nicht sehr ergiebig.*	
Rudolf	**Handbuch der englischen Wirtschaftssprache** Langenscheidt Verlag, 1986	

Salízites, H.-J.   **Lexikon der englischen Wirtschafts- und Rechtssprache**
Band 1: Englisch-Deutsch, ca. 10 000 Begriffe auf 369 Seiten, R. Oldenbourg Verlag, München/ Wien, 1994
Nicht sehr umfangreich, enthält viel überflüssiges da allgemeines Wortgut (z. B. „oil" oder „old age"). Zum Teil ungenau oder sogar falsch. Modernes Wortgut fehlt.

Schäfer, W.   **Financial Dictionary — Fachwörterbuch Finanzierung, Banken, Börse**
Teil I: Englisch-Deutsch, Teil II: Deutsch-Englisch, 2. Auflage, Beck-Wirtschaftsberater, München, 1992

Schäfer, W.   **Wirtschaftswörterbuch**
Band I: Deutsch-Englisch, 6. Auflage, 1003 Seiten, 2000;
Band II: Englisch-Deutsch, 6. Auflage, 936 Seiten, 1998,
Verlag Franz Vahlen, München
Schäfer ist wohl die angesehenste Autorität in der Wirtschaftssprache. Die Wörterbücher sind äußerst umfassend, tiefgründig, sprachlich bereichernd, zum Teil sogar philologisch und etymologisch informativ. Das zweibändige Wirtschaftswörterbuch gehört zu dem unbedingt erforderlichen Handwerk des Übersetzers und Dolmetschers.

Schmid, B.   **American Slang: Wörterbuch der amerikanischen Umgangssprache**
528 Seiten, Eichborn Verlag, 1997
Enthält einen reichen Fundus (ca. 10.000 Begriffe) an aktuellem amerikanischen Slang aller Schattierugen, wie er in Filmen, Romanen oder in Fernsehprogrammen vorkommt. Schmid beschränkt sich nicht auf eine Erklärung eines Ausdrucks, vielmehr versucht er, eine möglichst gute Entsprechung im Deutschen dem Leser zur Verfögung zu stellen. Außerdem finden sich häufig Beispielsätze mit „Übersetzungen".

Schulze, H. H.	**Computerenglisch — Ein Wörterbuch, Deutsch-Englisch, Englisch-Deutsch** Rororo Verlag, 1987 *Erforderlich als schnelles Nachschlagwerk in Taschenbuchform für den Wirtschaftsinformatikbereich.*
Sester/Sester	**Englisch für Kaufleute** Neubearbeitung, Langenscheidt Verlag, 1991 *Einfach gehaltenes, gut lesbares Werk, das teilweise Fachterminologie in Texten enthält. Gute Einführung in die Wirtschaftssprache der Kaufleute; praktisch in Lesebuchform.*
Wadham, Freyd	**Englisches Wirtschaftsalphabet: English Economic Terms with Definitions and General Vocabulary** Fachverlag T. H. Grossmann, Stuttgart *Wie Grossmann.*

Anhang

Industrie- und
Handelskammer
zu Düsseldorf

**Verordnung
über die Prüfung zum anerkannten Abschluss
Geprüfter Fremdsprachenkorrespondent/Geprüfte Fremdsprachenkorrespondentin**

Vom 23. Dezember 1999

Auf Grund des § 46 Abs. 2 des Berufsbildungsgesetzes vom 14. August 1969 (BGBl. I S. 1112), der zuletzt durch Artikel 35 der Verordnung vom 21. September 1997 (BGBl. I S. 2390) geändert worden ist, in Verbindung mit Artikel 56 des Zuständigkeitsanpassungs-Gesetzes vom 18. März 1975 (BGBl. I S. 705) und dem Organisationserlass vom 27. Oktober 1998 (BGBl. I S. 3288) verordnet das Bundesministerium für Bildung und Forschung nach Anhörung des Ständigen Ausschusses des Bundesinstituts für Berufsbildung im Einvernehmen mit dem Bundesministerium für Wirtschaft und Technologie:

§ 1
Ziel der Prüfung

(1) Zum Nachweis von Kenntnissen, Fertigkeiten und Erfahrungen, die durch die berufliche Fortbildung zum Fremdsprachenkorrespondenten erworben worden sind, kann die zuständige Stelle Prüfungen nach den §§ 2 bis 10 durchführen.

(2) Durch die Prüfung ist festzustellen, ob der Prüfungsteilnehmer die notwendigen Qualifikationen erworben hat, um folgende Aufgaben eines Fremdsprachenkorrespondenten wahrzunehmen:
1. Übersetzen, Aufbereiten und Wiedergeben geschriebener und gesprochener wirtschaftsbezogener Texte aus der und in die Fremdsprache;
2. Selbständiges Formulieren und Gestalten fremdsprachiger üblicher Geschäftsbriefe und anderer unternehmensbezogener Schriftstücke;
3. Mündliche Kommunikation in der Fremdsprache.

(3) Die erfolgreich abgelegte Prüfung führt zum anerkannten Abschluss Geprüfter Fremdsprachenkorrespondent/Geprüfte Fremdsprachenkorrespondentin.

§ 2
Zulassungsvoraussetzungen

(1) Zur Prüfung ist zuzulassen,
1. wer mit Erfolg abgelegte Abschlussprüfung in einem anerkannten kaufmännischen, verwaltenden oder dienstleistenden Ausbildungsberuf sowie fremdsprachliche Kenntnisse und Fertigkeiten nachweist

oder
2. wer nachweist, dass er hinreichende fremdsprachliche und kaufmännische Kenntnisse und schreibtechnische Fertigkeiten erworben hat. Dieser Nachweis erfolgt in der Regel durch eine Teilnahmebestätigung über entsprechende Qualifizierungsmaßnahmen oder eine vergleichbare öffentlich-rechtliche Prüfung.

(2) Die nachzuweisenden Kenntnisse und Fertigkeiten gemäß Absatz 1 müssen den Anforderungen der in § 3 Abs. 2 beschriebenen Kommunikationssituationen genügen.

(3) Abweichend von Absatz 1 kann zur Prüfung auch zugelassen werden, wer durch Vorlage von Zeugnissen oder auf andere Weise glaubhaft macht, dass er Kenntnisse, Fertigkeiten und Erfahrungen erworben hat, die eine Zulassung zur Prüfung rechtfertigen.

§ 3
Gliederung der Prüfung

(1) Die Prüfung gliedert sich in die Handlungsbereiche
1. Übersetzung,
2. Korrespondenz,
3. Mündliche Kommunikation.

(2) Den Handlungsbereichen liegen folgende Kommunikationssituationen zugrunde:
1. Allgemeine Unternehmenskommunikation,
2. Anfragen zu Produkten und Dienstleistungen sowie zu Unternehmen ausarbeiten und beantworten,
3. Angebote einschließlich Lieferungs- und Zahlungsbedingungen bearbeiten,
4. Aufträge einschließlich Transport und Ver-

sicherung bearbeiten,
5. Zahlung und Inkasso vor- und nachbereiten,
6. Störungen geschäftlicher Transaktionen klären,
7. Absatzmärkte erschließen und pflegen.

Die Kommunikationssituationen sind auf der Grundlage kaufmännischer und interkultureller Qualifikationen zu bewältigen.

(3) Die Prüfung ist schriftlich und mündlich nach Maßgabe von § 4 durchzuführen.

(4) Die Prüfung im Handlungsbereich „Mündliche Kommunikation" ist erst nach erfolgreichem Abschluss der Prüfung in den Handlungsbereichen „Übersetzung" und „Korrespondenz" durchzuführen.

§ 4
Prüfungsanforderungen

(1) Im Handlungsbereich „Übersetzung" ist zu prüfen in den Qualifikationsschwerpunkten:
1. Übersetzen eines wirtschaftsbezogenen fremdsprachigen Textes von ca. 1 200 Zeichen in die deutsche Sprache (Hauptsprache) – Bearbeitungszeit: 60 Minuten;
2. Übersetzen eines wirtschaftsbezogenen deutschen Textes (Hauptsprache) von ca. 1 200 Zeichen in die Fremdsprache – Bearbeitungszeit: 60 Minuten.

(2) Im Handlungsbereich „Korrespondenz" ist zu prüfen in den Qualifikationsschwerpunkten:
1. Verfassen eines fremdsprachigen Geschäftsbriefes nach Angaben in deutscher Sprache (Hauptsprache) – Bearbeitungszeit: 45 Minuten;
2. Beantworten einer fremdsprachigen Korrespondenz in der Fremdsprache nach Angaben zu Inhalt und Form in deutscher Sprache (Hauptsprache) – Bearbeitungszeit: 60 Minuten;
3. Schriftliche Zusammenfassung in der deutschen Sprache (Hauptsprache) einer einfachen wirtschaftsbezogenen Nachricht, die in der Fremdsprache zweimal zu Gehör gebracht wird – Bearbeitungszeit: 30 Minuten.

(3) Im Handlungsbereich „Mündliche Kommunikation" ist zu prüfen in den Qualifikationsschwerpunkten:
1. Gespräch in der Fremdsprache über wirtschaftsbezogene Themen nach schriftlicher Vorgabe in der Fremdsprache;
2. Geschäftstelefonat in der Fremdsprache über einen in deutscher Sprache (Hauptsprache) vorgegebenen Sachverhalt. Die Prüfung im Handlungsbereich „Mündliche Kommunikation" soll insgesamt (einschließlich Vorbereitung) nicht länger als 30 Minuten dauern.

§ 5
Prüfung in zwei Fremdsprachen

(1) Die zuständige Stelle kann die Prüfung auch in zwei Fremdsprachen durchführen. In diesem Fall ist der Prüfungsteilnehmer in den Handlungsbereichen gemäß § 4 Abs. 1 und 3 in einem Qualifikationsschwerpunkt seiner Wahl in der ersten Fremdsprache und in dem anderen Qualifikationsschwerpunkt in der zweiten Fremdsprache zu prüfen. Im Handlungsbereich gemäß § 4 Abs. 2 sind alle Qualifikationsschwerpunkte in beiden Fremdsprachen zu prüfen.

(2) Die Durchführung der Prüfung in der jeweiligen Fremdsprache obliegt dem für diese Sprache errichteten Prüfungsausschuss. Es können auch doppelfremdsprachliche Prüfungsausschüsse errichtet werden.

§ 6
Deutsch als Fremdsprache

Prüfungsteilnehmer, deren Hauptsprache nicht Deutsch ist, können in Deutsch als Fremdsprache geprüft werden. Eine Prüfung in zwei Fremdsprachen gemäß § 5 ist dann nicht möglich.

§ 7
Anrechnung anderer Prüfungsleistungen

Von der Prüfung in einzelnen Handlungsbereichen und Qualifikationsschwerpunkten gemäß § 4 ist der Prüfungsteilnehmer auf Antrag freizustellen, wenn er vor einer zuständigen Stelle, einer öffentlich-rechtlichen oder staatlich anerkannten Bildungseinrichtung oder vor einem staatlichen Prüfungsausschuss eine Prüfung in den letzten fünf Jahren vor Antragstellung bestanden hat, die den Anforderungen dieser Handlungsbereiche oder Qualifikationsschwerpunkte entspricht. Eine vollständige Freistellung ist nicht möglich.

§ 8
Bestehen der Prüfung

(1) Die Qualifikationsschwerpunkte in den einzelnen Handlungsbereichen sind gesondert zu bewerten. Aus der Bewertung der jeweiligen Qualifikationsschwerpunkte ist der Durch-

schnittswert für eine Benotung des Handlungsbereiches zu bilden. Bei der Bewertung ist die in den Anlagen aufgeführte Punktebewertungsskala zu verwenden. Die Prüfung ist bestanden, wenn der Prüfungsteilnehmer in allen Qualifikationsschwerpunkten gemäß § 4 wenigstens ausreichende Leistungen erzielt hat.

(2) Über das Bestehen der Prüfung ist ein Zeugnis gemäß der Anlage 1, im Fall einer Prüfung in zwei Fremdsprachen gemäß der Anlage 2 auszustellen, aus dem die in den Qualifikationsschwerpunkten der einzelnen Handlungsbereiche erzielten Punktebewertungen sowie die Benotung der Handlungsbereiche hervorgehen müssen.

(3) Falls für eine Prüfung in zwei Fremdsprachen kein doppelfremdsprachlicher Prüfungsausschuss errichtet wurde, stellt der für die jeweilige Fremdsprache errichtete Prüfungsausschuss die Prüfungsleistungen in dieser Fremdsprache fest. Das Zeugnis wird von den Vorsitzenden beider Prüfungsausschüsse unterschrieben.

§ 9
Wiederholung der Prüfung

(1) Eine schriftliche Prüfung in den Handlungsbereichen gemäß § 3 Abs. 1 Nr. 1 und 2, die nicht bestanden ist, kann insgesamt zweimal wiederholt werden. Eine mündliche Prüfung im Handlungsbereich gemäß § 3 Abs. 1 Nr. 3, die nicht bestanden ist, kann zweimal wiederholt werden.

(2) Besteht ein Prüfungsteilnehmer die Prüfung in zwei Fremdsprachen gemäß § 5 nicht, kann er für die Wiederholungsprüfung die Prüfung in nur einer Fremdsprache beantragen. Eine Anrechnung ausreichender Prüfungsleistungen in der abgewählten Fremdsprache auf eine spätere Prüfung in dieser Sprache ist nicht möglich.

(3) In der Wiederholungsprüfung ist der Prüfungsteilnehmer von der Prüfung in einzelnen Handlungsbereichen und Qualifikationsschwerpunkten zu befreien, wenn er mit seinen Leistungen darin in einer vorangegangenen Prüfung mindestens ausreichende Leistungen erzielt hat und er sich innerhalb von zwei Jahren, gerechnet vom Tage der Beendigung der nicht bestandenen Prüfung an, zur Wiederholungsprüfung angemeldet hat. Der Prüfungsteilnehmer kann beantragen, auch bestandene Prüfungsleistungen zu wiederholen. In diesem Fall gilt das letzte Ergebnis.

§ 10
Übergangsvorschriften

(1) Mit dem Inkrafttreten dieser Verordnung treten die Rechtsvorschriften der zuständigen Stellen über die Prüfung zum Fremdsprachenkorrespondenten, zum Fremdsprachlichen Korrespondenten, zum Fremdsprachlichen Wirtschaftskorrespondenten und zum Fremdsprachenkundigen Korrespondenten außer Kraft.

(2) Begonnene Prüfungsverfahren können nach den bisher geltenden Regelungen zu Ende geführt werden.

§ 11
Inkrafttreten

Diese Verordnung tritt am 1. Mai 2000 in Kraft.

Bonn, den 23. Dezember 1999

Die Bundesministerin für Bildung und Forschung

E. Bulmahn

Industrie- und
Handelskammer
zu Düsseldorf

Prüfungsordnung für die Prüfung von
Dolmetschern und Übersetzern
der Industrie- und Handelskammer zu Düsseldorf

Aufgrund des Beschlusses des Berufsbildungsausschusses vom 08. Juni 1994 ändert die Industrie- und Handelskammer zu Düsseldorf als zuständige Stelle nach § 46 Abs. 1 in Verbindung mit § 41 Satz 2 bis 4 und § 58 Abs. 2 Berufsbildungsgesetz (BBiG) vom 14. August 1969 (Bundesgesetzblatt I S. 1112), zuletzt geändert durch das Gesetz vom 20. Dezember 1993 (Bundesgesetzblatt I S. 2256), die Prüfungsordnung für die Prüfung von Dolmetschern und Übersetzern wie folgt:

I. Abschnitt
Prüfungsausschüsse

**§ 1 Zweck der Prüfung
Errichtung der Prüfungsausschüsse**

(1) In der Prüfung soll der Bewerber nachweisen, daß er die sprachlichen und fachlichen Kenntnisse besitzt, die für die Tätigkeit eines Dolmetschers und/oder Übersetzers, vor allem in der Wirtschaft, erforderlich sind.

(2) Für die Abnahme der Prüfungen errichtet die Industrie- und Handelskammer zu Düsseldorf, im folgenden Kammer genannt, Prüfungsausschüsse für die Sprachen Englisch, Französisch und Spanisch.

(3) Sofern die Errichtung entsprechender Prüfungsausschüsse möglich ist, können auch Prüfungen in anderen Sprachen abgenommen werden.

§ 2 Zusammensetzung und Berufung

(1) Der Prüfungsausschuß besteht aus mindestens drei Mitgliedern. Die Mitglieder müssen für die Prüfungsgebiete sachkundig und für die Mitwirkung im Prüfungswesen geeignet sein.

(2) Dem Prüfungsausschuß müssen als Mitglieder Beauftragte der Arbeitgeber und der Arbeitnehmer in gleicher Zahl sowie mindestens ein Lehrer einer berufsbildenden Schule angehören.
Mindestens zwei Drittel der Gesamtzahl der Mitglieder müssen Beauftragte der Arbeitgeber und der Arbeitnehmer sein. Die Mitglieder haben Stellvertreter.

(3) Die Mitglieder und stellvertretenden Mitglieder werden von der Kammer längstens für fünf Jahre berufen (§ 37 Abs. 3, Satz 1 BBiG).

(4) Die Arbeitnehmermitglieder werden auf Vorschlag der im Bezirk der Kammer bestehenden Gewerkschaften und selbständigen Vereinigungen von Arbeitnehmern mit sozial- oder berufspolitischer Zwecksetzung berufen.

(5) Lehrer von berufsbildenden Schulen werden im Einvernehmen mit der Schulaufsichtsbehörde oder der von ihr bestimmten Stelle berufen.

(6) Werden Mitglieder nicht oder nicht in ausreichender Zahl innerhalb der von der Kammer gesetzten angemessenen Frist vorgeschlagen, so beruft die Kammer insoweit nach pflichtgemäßem Ermessen.

(7) Die Mitglieder und stellvertretenden Mitglieder der Prüfungsausschüsse können nach Anhören der an ihrer Berufung Beteiligten aus wichtigem Grund abberufen werden.

(8) Die Tätigkeit im Prüfungsausschuß ist ehrenamtlich. Für bare Auslagen und für Zeitversäumnis ist, soweit eine Entschädigung nicht von anderer Seite gewährt wird, eine angemessene Entschädigung zu zahlen, deren Höhe von der Kammer mit Genehmigung der obersten Landesbehörde festgesetzt wird.

(9) Von Absatz (2) darf nur abgewichen werden, wenn anderenfalls die erforderliche Zahl von Mitgliedern des Prüfungsausschusses nicht berufen werden kann.

§ 3 Befangenheit

(1) Bei der Zulassung und Prüfung dürfen Prüfungsausschußmitglieder nicht mitwirken, die mit dem Prüfungsbewerber verheiratet oder verheiratet gewesen oder mit ihm in gerader Linie verwandt oder verschwägert oder durch Annahme als Kindes statt verbunden oder in der Seitenlinie bis zum dritten Grade verwandt oder bis zum zweiten Grade verschwägert sind, auch wenn die Ehe, durch welche die Schwägerschaft begründet ist, nicht mehr besteht.

(2) Mitwirken sollen ebenfalls nicht Angehörige der Stelle, in der der Prüfungsbewerber tätig ist, und die Dozenten eines vom Prüfungsbewerber zur Vorbereitung auf diese Prüfung besuchten Lehrgangs, soweit nicht besondere Umstände eine Mitwirkung zulassen oder erfordern.

(3) Prüfungsausschußmitglieder die sich befangen fühlen, oder Prüfungsteilnehmer, die die Besorgnis der Befangenheit geltend machen wollen, haben dies der Kammer mitzuteilen, während der Prüfung dem Prüfungsausschuß.

(4) Die Entscheidung über den Ausschluß von der Mitwirkung trifft die Kammer, während der Prüfung der Prüfungsausschuß.

(5) Wenn infolge Befangenheit eine ordnungsgemäße Besetzung des Prüfungsausschusses nicht möglich ist, kann die Kammer die Durchführung der Prüfung einem anderen Prüfungsausschuß, erforderlichenfalls einer anderen Kammer übertragen. Das gleiche gilt, wenn eine objektive Durchführung der Prüfung aus anderen Gründen nicht gewährleistet erscheint.

§ 4 Vorsitz, Beschlußfähigkeit, Abstimmung

(1) Der Prüfungsausschuß wählt aus seiner Mitte einen Vorsitzenden und dessen Stellvertreter. Der Vorsitzende und sein Stellvertreter sollen nicht derselben Mitgliedergruppe angehören.

(2) Der Prüfungsausschuß ist beschlußfähig, wenn zwei Drittel der Mitglieder mindestens drei, mitwirken. Er beschließt mit der Mehrheit der abgegebenen Stimmen. Bei Stimmengleichheit gibt die Stimme des Vorsitzenden den Ausschlag.

§ 5 Geschäftsführung

(1) Die Kammer regelt im Einvernehmen mit dem Prüfungsausschuß dessen Geschäftsführung, insbesondere Einladungen, Protokollführung und Durchführung der Beschlüsse.

(2) Die Sitzungsprotokolle sind vom Protokollführer und vom Vorsitzenden zu unterzeichnen. § 21 Abs. 7 bleibt unberührt.

§ 6 Verschwiegenheit

Die Mitglieder des Prüfungsausschusses haben über alle Prüfungsvorgänge gegenüber Dritten Verschwiegenheit zu bewahren. Dies gilt nicht gegenüber dem Berufsbildungsausschuß. Ausnahmen bedürfen der Einwilligung der Kammer.

II. Abschnitt
Vorbereitung der Prüfung

§ 7 Prüfungstermine

(1) Die Prüfungen finden nach Bedarf statt.

(2) Die Kammer gibt die Termine einschließlich der Anmeldefristen in geeigneter Weise bekannt.

(3) Wird die Prüfung mit einheitlichen überregionalen Prüfungsaufgaben durchgeführt, sind einheitliche Prüfungstage von den beteiligten Kammern anzusetzen, soweit die Durchführbarkeit sichergestellt werden kann.

§ 8 Zulassungsvoraussetzungen

Zu den Prüfungen werden deutsche und nichtdeutsche Bewerber zugelassen, die den Erwerb gehobener fremdsprachlicher wirtschaftsbezogener Kenntnisse (erlangt z. B. durch längeren Auslandsaufenthalt oder ausreichende wissenschaftliche oder praktische Tätigkeit) nachweisen.

§ 9 Anmeldung zur Prüfung

(1) Die Zulassung ist bei der Kammer schriftlich, gegebenenfalls unter Verwendung des vorgeschriebenen Vordrucks, innerhalb der bekanntgegebenen Anmeldefristen zu beantragen.

(2) Dem Antrag sind beizufügen:

a) Lebenslauf (tabellarisch) mit den Angaben über Bildungsgang, Berufstätigkeit, Auslandsaufenthalt und Tätigkeit im Ausland sowie berufliche und außerberufliche Tätigkeit auf fremdsprachlichem Gebiet,

b) Zeugnisse (Abschriften, Fotokopien) der besuchten Schulen sowie über abgelegte Prüfungen,

c) Bescheinigungen und Zeugnisse (Abschriften, Fotokopien) über die bisherige berufliche Tätigkeit,

d) Erklärung darüber, ob sich der Bewerber schon früher einer Fremdsprachenprüfung unterzogen hat und gegebenenfalls vor welcher Institution und mit welchem Ergebnis.

§ 10 Prüfungsgebühr

Die Prüfungsgebühr ist an die Kammer nach Aufforderung zu entrichten. Ihre Höhe bestimmt sich nach der Gebührenordnung der Kammer.

§ 11 Entscheidung über die Zulassung

(1) Über die Zulassung zur Prüfung entscheidet die Kammer. Hält sie die Zulassungsvoraussetzungen gemäß § 8 nicht für gegeben, so entscheidet der Prüfungsausschuß.

(2) Die Entscheidung über die Zulassung ist dem Prüfungsbewerber rechtzeitig unter Angabe der Prüfungstage und -orte einschließlich der erlaubten Arbeits- und Hilfsmittel mitzuteilen.

(3) Die Zulassung kann vom Prüfungsausschuß, wenn sie auf Grund von gefälschten Unterlagen oder falschen Angaben ausgesprochen wird, widerrufen werden.

III. Abschnitt
Durchführung der Prüfung

§ 12 Gliederung und Form der Prüfung

(1) Die Prüfung besteht aus einem schriftlichen und einem mündlichen Teil.

(2) Die Aufgaben des schriftlichen Teils sind unter Aufsicht anzufertigen.

(3) Andere als von der Kammer gestellte Hilfsmittel dürfen nicht benutzt werden.

§ 13a Prüfungsanforderungen für „Dolmetscher und Übersetzer"

(1) Der schriftliche Prüfungsteil umfaßt:

a) Aufsatz in der Fremdsprache über eines von drei zur Wahl gestellten Themen aus Wirtschaft, Geschichte, Politik oder Kultur des betreffenden Landes (Zeit: 120 Min.).

b) Übersetzung eines schwierigen fremdsprachlichen Textes ins Deutsche, etwa 20 Zeilen.

c) Übersetzung eines schwierigen deutschen Textes in die Fremdsprache, etwa 20 Zeilen (Zeit für b) und c): insgesamt 120 Min.).

zu b) und c):
Die Benutzung eines Wörterbuches kann zugelassen werden.

d) Diktat eines schwierigen fremdsprachlichen Textes (etwa 15 Zeilen, Zeit: bis zu 20 Min.).

e) Abfassung eines Berichtes in deutscher Sprache über einen in der Fremdsprache vorgetragenen schwierigen Text. Dem Prüfungsteilnehmer ist das Aufzeichnen von Stichworten gestattet; sie sind dem Bericht beizufügen (Vortragszeit: etwa 10 Min., Bearbeitungszeit: 60 Min.).

f) Abfassung eines Berichtes in der Fremdsprache über einen in deutscher Sprache vorgetragenen schwierigen Text. Dem Prüfungsteilnehmer ist das Aufzeichnen von Stichworten gestattet; sie sind dem Bericht beizufügen (Vortragszeit: etwa 10 Min., Bearbeitungszeit: 60 Min.).

(2) Der mündliche Prüfungsteil umfaßt:

a) Gespräche in der Fremdsprache über Wirtschaft, Geschichte, Politik oder Kultur des fremden Landes.

b) Deutsche Wiedergabe eines schwierigen fremdsprachlichen Referates. Dem Prüfungsteilnehmer ist das Aufzeichnen von Stichworten gestattet; sie sind abzugeben.

c) Fremdsprachliche Wiedergabe eines schwierigen deutschen Referates. Dem Prüfungsteilnehmer ist das Aufzeichnen von Stichworten gestattet; sie sind abzugeben.

d) Dolmetschen schwieriger Verhandlungen zwischen zwei Partnern (Die mündliche Prüfung soll in der Regel 60 Min. nicht überschreiten).

Ferner können verlangt werden:

e) Übersetzung schwieriger Texte aus der Fremdsprache.

f) Übersetzung schwieriger Texte in die Fremdsprache.

(3) Prüfungsteilnehmer, die innerhalb der letzten 12 Monate vor Zulassung zur Dolmetscher- und Übersetzerprüfung bestanden haben, sind von den Prüfungsarbeiten nach § 13a Abs. 1 a)–d) und Abs. 2 a), e) und f) befreit.

§ 13b Prüfungsanforderungen für „Übersetzer"

(1) Der schriftliche Prüfungsteil umfaßt:

a) Aufsatz in der Fremdsprache über eines von drei zur Wahl gestellten Themen aus Wirtschaft, Geschichte, Politik oder Kultur des betreffenden Landes (Zeit: 120 Min.).

b) Übersetzung eines schwierigen fremdsprachlichen Textes ins Deutsche, etwa 20 Zeilen.

c) Übersetzung eines schwierigen deutschen Textes in die Fremdsprache, etwa 20 Zeilen (Zeit für b) und c): insgesamt 120 Min.).

zu b) und c):
Die Benutzung eines Wörterbuches kann zugelassen werden.

d) Diktat eines schwierigen fremdsprachlichen Textes (etwa 15 Zeilen, Zeit: bis zu 20 Min.).

(2) Der mündliche Prüfungsteil umfaßt:

a) Gespräche in der Fremdsprache über Wirtschaft, Geschichte, Politik oder Kultur des fremden Landes.

Ferner können verlangt werden:

b) Übersetzung schwieriger Texte aus der Fremdsprache

c) Übersetzung schwieriger Texte in die Fremdsprache (Die mündliche Prüfung soll in der Regel 30 Min. nicht überschreiten).

§ 13c Prüfung von Nichtdeutschen

Auf Nichtdeutsche, die ihre Prüfung in der deutschen Sprache ablegen wollen, werden die vorstehenden Vorschriften sinngemäß angewendet.

§ 14 Prüfungsaufgaben

(1) Der Prüfungsausschuß beschließt auf der Grundlage der Prüfungsanforderungen die Prüfungsaufgaben.

(2) Der Prüfungsausschuß ist gehalten, überregional erstellte Prüfungsaufgaben zu übernehmen.

§ 15 Nicht-Öffentlichkeit

(1) Die Prüfungen sind nicht öffentlich. Vertreter der obersten Landesbehörden und der Kammer sowie die Mitglieder und stellvertretenden Mitglieder des Berufsbildungsausschusses können anwesend sein. Der Prüfungsausschuß kann im Einvernehmen mit der Kammer andere Personen als Gäste zulassen.

(2) Angehörige der Stelle, in der der Prüfungsbewerber tätig ist, und die Dozenten eines vom Prüfungsbewerber besuchten Lehrgangs zur Vorbereitung auf diese Prüfung dürfen bei der Prüfung ihrer eigenen Prüfungsbewerber nicht als Gäste zugelassen werden.

(3) Bei der Beratung über das Prüfungsergebnis dürfen keine Gäste anwesend sein.

§ 16 Leitung und Aufsicht

(1) Die Prüfung wird unter Leitung des Vorsitzenden vom gesamten Prüfungsausschuß abgenommen.

(2) Bei schriftlichen Prüfungen regelt die Kammer im Einvernehmen mit dem Prüfungsausschuß die Aufsichtsführung, die sicherstellen soll, daß der Prüfungsteilnehmer die Arbeiten selbständig und nur mit den erlaubten Arbeits- und Hilfsmitteln ausführt.

(3) Über den Ablauf der schriftlichen Prüfung ist eine Niederschrift zu fertigen.

§ 17 Ausweispflicht und Belehrung

Die Prüfungsteilnehmer haben sich auf Verlangen des Vorsitzenden oder des Aufsichtsführenden über ihre Person auszuweisen. Sie sind vor Beginn der Prüfung über den Prüfungsablauf, die zur Verfügung stehende Zeit, die erlaubten Arbeits- und Hilfsmittel, die Folgen von Täuschungshandlungen und Ordnungsverstößen zu belehren.

§ 18 Täuschungshandlungen und Ordnungsverstöße

(1) Prüfungsteilnehmer, die sich einer Täuschungshandlung oder einer erheblichen Störung des Prüfungsablaufs schuldig machen, kann der Aufsichtsführende von der Prüfung vorläufig ausschließen.

(2) Über den endgültigen Ausschluß und die Folgen entscheidet der Prüfungsausschuß nach Anhören des Prüfungsteilnehmers. In schwerwiegenden Fällen, insbesondere bei verbreiteten Täuschungshandlungen, kann die Prüfung für nicht bestanden erklärt werden. Das gleiche gilt bei innerhalb eines Jahres nachträglich festgestellten Täuschungen.

§ 19 Rücktritt, Nichtteilnahme

(1) Der Prüfungsbewerber kann nach erfolgter Anmeldung rechtzeitig vor Beginn der Prüfung durch schriftliche Erklärung zurücktreten. In diesem Fall gilt die Prüfung als nicht abgelegt.

(2) Tritt der Prüfungsbewerber nach Beginn der Prüfung zurück, so können bereits erbrachte, in sich abgeschlossene Prüfungsleistungen nur anerkannt werden, wenn ein wichtiger Grund für den Rücktritt vorliegt (z. B. Krankheitsfall, nachgewiesen durch ärztliches Attest).

(3) Erfolgt der Rücktritt nach Beginn der Prüfung oder nimmt der Prüfungsbewerber an der Prüfung nicht teil, ohne daß ein wichtiger Grund vorliegt, so gilt die Prüfung als nicht bestanden.

(4) Über das Vorliegen eines wichtigen Grundes entscheidet der Prüfungsausschuß.

IV. Abschnitt

Bewertung, Feststellung und Beurkundung des Prüfungsergebnisses

§ 20 Bewertung

(1) Die Prüfungsleistungen gemäß den Prüfungsanforderungen nach §§ 13a und 13b sowie die Gesamtleistungen sind – unbeschadet der Gewichtung von einzelnen Prüfungsleistungen aufgrund der Entscheidung des Prüfungsausschusses – wie folgt zu bewerten:

Eine den Anforderungen in besonderem Maße entsprechende Leistung
= 100 – 92 Punkte – Note 1 = sehr gut

eine den Anforderungen voll entsprechende Leistung
= unter 92 – 81 Punkte – Note 2 = gut

eine den Anforderungen im allgemeinen entsprechende Leistung
= unter 81 – 67 Punkte – Note 3 = befriedigend

eine Leistung, die zwar Mängel aufweist, aber im ganzen den Anforderungen noch entspricht
= unter 67 – 50 Punkte – Note 4 = ausreichend

eine Leistung, die den Anforderungen nicht entspricht, jedoch erkennen läßt, daß die Grundkenntnisse vorhanden sind
= unter 50 – 30 Punkte – Note 5 = mangelhaft

eine Leistung, die den Anforderungen nicht entspricht und bei der selbst die Grundkenntnisse lückenhaft sind
= unter 30 – 0 Punkte – Note 6 = ungenügend.

(2) Soweit eine Bewertung der Leistungen nach dem Punktsystem nicht sachgerecht ist, ist die Bewertung nur nach Noten vorzunehmen. Bei programmierter Prüfung ist eine der Prüfungsart entsprechende Bewertung vorzunehmen.

(3) Jede Prüfungsleistung ist von den Mitgliedern des Prüfungsausschusses getrennt und selbständig zu beurteilen und zu bewerten. Für die Beurteilung und Bewertung der schriftlichen Prüfungsleistungen kann der Prüfungsausschuß eines oder mehrere seiner Mitglieder beauftragen. Falls eine programmierte Prüfung stattfindet, kann die Bewertung der Prüfungsleistungen maschinell erfolgen.

§ 21 Feststellung des Prüfungsergebnisses

(1) Der Prüfungsausschuß stellt gemeinsam die Ergebnisse der einzelnen Prüfungsleistungen sowie das Gesamtergebnis der Prüfung fest.

(2) Bei Prüfungsteilnehmern der Dolmetscher und Übersetzerprüfung, die von einem Teil der Prüfungsarbeiten gemäß § 13 a Abs. 3 befreit sind, werden die entsprechenden Noten der Übersetzerprüfung übernommen.

(3) Die Prüfung ist nicht bestanden, wenn im schriftlichen Prüfungsteil eine Aufgabe mit „ungenügend" oder zwei Aufgaben mit „mangelhaft" bewertet wurden oder die Durchschnittsnote des schriftlichen Prüfungsteiles unter „ausreichend" liegt; zur mündlichen Prüfung wird der Prüfungsteilnehmer nicht mehr zugelassen.

(4) Die Prüfung ist ferner nicht bestanden, wenn im mündlichen Prüfungsteil eine Einzelleistung mit „ungenügend" oder zwei Einzelleistungen mit „mangelhaft" bewertet wurden oder die Durchschnittsnote des mündlichen Prüfungsteils unter „ausreichend" liegt.

(5) Wird im Laufe einer Dolmetscher und Übersetzerprüfung festgestellt, daß lediglich den Anforderungen des § 13 a Abs. 1 e) und f) bzw. § 13 a Abs. 2 b) bis d) nicht entsprochen wurde, so kann die Prüfung als Übersetzerprüfung gewertet werden. Das gleiche gilt, wenn in den Fächern des § 13 a Abs. 1 a)–d) und e) oder f) je eine Einzelleistung mit der Note „mangelhaft" bewertet wurde.

(6) Unbeschadet des § 24 Abs. 2 Satz 1 kann der Prüfungsausschuß bestimmen, daß in bestimmten Prüfungsfächern (§§ 13 a und 13 b) eine Wiederholungsprüfung nicht erforderlich ist.

(7) Über den Verlauf der Prüfung einschließlich der Feststellung der einzelnen Prüfungsergebnisse ist eine Niederschrift zu fertigen. Sie ist von den Mitgliedern des Prüfungsausschusses zu unterzeichnen.

(8) Der Prüfungsausschuß soll dem Prüfungsteilnehmer am letzten Prüfungstag mitteilen, ob er die Prüfung „bestanden" oder „nicht bestanden" hat. Hierüber ist dem Prüfungsteilnehmer unverzüglich eine vom Vorsitzenden zu unterzeichnende Bescheinigung auszuhändigen.

§ 22 Prüfungszeugnis

(1) Über die bestandene Prüfung erhält der Prüfungsteilnehmer von der Kammer ein Zeugnis.

(2) Das Prüfungszeugnis enthält:
- die Bezeichnung „Prüfungszeugnis"
- die Personalien des Prüfungsteilnehmers
- die Bezeichnung der Prüfungsart
- das Gesamtergebnis der Prüfung und die Ergebnisse der einzelnen Prüfungsleistungen

- das Datum des Bestehens der Prüfung
- die Unterschrift des Vorsitzenden des Prüfungsausschusses und des Beauftragten der Kammer mit Siegel.

§ 23 Nicht bestandene Prüfung

(1) Bei nicht bestandener Prüfung erhält der Prüfungsteilnehmer von der Kammer einen schriftlichen Bescheid mit den Einzelnoten. Darin ist ferner anzugeben, welche Prüfungsleistungen in einer Wiederholungsprüfung nicht mehr wiederholt zu werden brauchen (§ 21 Abs. 6).

(2) Auf die besonderen Bedingungen der Wiederholungsprüfung gem. § 24 ist hinzuweisen.

V. Abschnitt

Wiederholungsprüfung

§ 24 Wiederholungsprüfung

(1) Eine nicht bestandene Prüfung kann zweimal wiederholt werden.

(2) Hat der Prüfungsteilnehmer bei nicht bestandener Prüfung in einem Prüfungsteil mindestens ausreichende Leistungen erbracht, so ist dieser Teil auf Antrag des Prüfungsteilnehmers nicht zu wiederholen, sofern dieser sich innerhalb von zwei Jahren – gerechnet vom Tage der Beendigung der nicht bestandenen Prüfung an – zur Wiederholungsprüfung anmeldet. Das gleiche gilt, wenn nach Bestimmung des Prüfungsausschusses gem. § 21 Abs. 6 in bestimmten Prüfungsfächern eine Wiederholung nicht erforderlich ist.

(3) Die Prüfung kann frühestens zum nächsten Prüfungstermin wiederholt werden.

(4) Die Vorschriften über die Anmeldung und Zulassung (§§ 8–11) gelten sinngemäß. Bei der Anmeldung sind außer dem Ort und Datum der vorangegangenen Prüfung anzugeben.

VI. Abschnitt

Schlußbestimmungen

§ 25 Rechtsmittel

Maßnahmen und Entscheidungen der Prüfungsausschüsse sowie der Kammer sind bei ihrer schriftlichen Bekanntgabe an den Prüfungsbewerber bzw. -teilnehmer mit einer Rechtsmittelbelehrung zu versehen.

§ 26 Prüfungsunterlagen

Nach Abschluß der Prüfung ist dem Prüfungsteilnehmer auf Antrag Einsicht in seine Prüfungsunterlagen zu gewähren. Die schriftlichen Prüfungsarbeiten sind zwei Jahre, die Anmeldungen und Niederschriften gem. § 21 Abs. 7 sind 10 Jahre aufzubewahren.

> Diese Dolmetscher/Übersetzerprüfung bzw. Übersetzerprüfung ist durch Erlaß des Kultusministers des Landes Nordrhein-Westfalen staatlich anerkannt.

Düsseldorf, den 9. Juni 1994

Industrie- und Handelskammer zu Düsseldorf

Der Präsident   Der Hauptgeschäftsführer

gez. Albrecht Woeste   gez. Joachim Kreplin

Raum für Notizen:

Index

A

a year, adj./adv. 55
Abbau, n. 77, 233
abbauen, v. 233, 364
abbremsen, v. 186
Abgaben, n.pl. 219
Abgabenlast, n. 165
abgeben (sich ~ mit), v. 210
abgelaufen, adj. 249
abgeschlagen, adj. 219
abhängen von, v. 186
abheben, v. 237
ability, n. 31, 49, 96
ablehnen, v. 147
ableiten, v. 255
ablesen (von den Lippen), v. 200
Abnehmer, n. 340
abrechnen, v. 152
abroad, adv. 317
ABS, n. 77
Absatz, n. 371
abschließen, v. 178, 262
Abschluß, n. 178
abschreiben, v. 237
Abstand, (mit ~), adj./adv. 67
Abstand, (mit ~), adv. 70
abstecken, v. 367
Abstimmung, n. 147
Abstrich, n. 77
Absturz, n. 237

abundant, adj. 294
abuse, n. 86
Abwanderung, n. 243
abwickeln, v. 62, 237
abzeichnen (sich ~), v. 228, 355
abzeichnen, v. 158
abziehen, v. 200
access, have ~ to, v. 269
accompany, v. 294
accomplishment, n. 106
accordance, (in ~ with), phr. 96
according to, conj. 173
account for, v. 55, 130
account, n. 310
accumulation, n. 310
accustomed to, v. 142
achieve, v. 284, 289, 343
achievement, n. 113
achtziger Jahre, adv. 237
acknowledge, v. 269
acquaint, v. 96
act upon, v. 333
action, n. 86, 116, 119
activity, n. 130
actor, n. 269
actually, adv. 49
add in, v. 377
addieren (sich...zu), v. 62
address, v. 86
addressee, n. 305
adjustment, n. 139

Adler, n. 243
administer, v. 310
adopt, v. 125, 142
advance, v. 322
advantage, n. 15, 21, 142
advantageous, adj. 135
advertising, n. 299
advice, n. 86
affair, n. 289
affect, v. 86, 125, 130
afford, v. 15, 294
Afrika, n. 70
against, adj. 130
agency, n. 343
aggregate, adj. 139
agieren, v. 178, 186, 194
ago, adv. 21
agree on, v. 135
agreed, adj. 373
agreement, n. 343, 377
ähnlich wie, adv. 194
ähnlich, adj. 77, 210, 371
aid, n. 96, 333
aid, v. 106
aim at, v. 96
Aktenbehälter, n. 219
Aktienanlage, n. 158
Aktiendepot, n. 210
Aktienkurse, n.pl. 237
Aktienmarkt, n. 210
Aktiensparer, n. 158
Aktiva, n.pl. 355

aktuell, adj. 228, 255
Akzeptanz, n. 186
alarm, n. 358
allenfalls, adj. 262
allerdings, adv. 70, 249
alles andere, phr. 186
alliance, n. 142
Allianz, n. 178
allow, v. 21, 377
allzu, adj. 243
als..., prep. 178
alter, v. 343
Altersgruppe, n. 70
always, adv. 31
am Ende, adv. 158
ambition, n. 106
amount, n. 37, 173
Amt (im ~ bleiben), n. 219
Amt, n. 158
Amtsinhaber, n. 165
Amtszeit, n. 77, 165
anbieten, v. 162, 178, 255, 387
Anbieter, n. 178, 340
anderenfalls, adv. 249
anders als, adv. 381
anerkennen, v. 233
anfallen, v. 178
Anfang (des Jahres), phr. 77
Anforderung, n. 178
Angabe (nach ~), n. 237
angeben, v. 233
angeblich, adv. 77
Angebot, n. 165
angehören (Gewerkschaft ~), v. 77

angenommen, prep. 200
angesagt sein, v. 219
angeschlagen, adj. 355
angesichts, prep. 70, 219
Angestellte(r), n. 237, 364
Angestellter(r), n. 62
angreifen, v. 165
Angst, n. 262
anheben, v. 178, 219
anheizen, v. 219
ankündigen, v. 147, 371, 387
Ankündigung, n. 364
Anlaß sein, phr. 77
Anlaufen, n. 255
Anleger, n. 62, 210
Anleihe, n. 158, 210
Anleihekäufer, n. 158
anlocken, v. 200, 243
anmahnen, v. 77
Anmahnung, n. 77
annehmen, v. 210
announce, v. 277
annual, adj. 373
anordnen, v. 237
anpeilen, v. 371
anprangern, v. 70
anregen, v. 200, 355
Anschaffung, n. 346
ansehen als, v. 152, 178
Ansiedlung, n. 200
Anspruch haben (auf), v. 77
ansteigen, v. 194
anstreben, v. 178, 249, 340
Anteil halten, v. 152

Anteilswert, n. 210
Antragsteller, n. 162, 200
Antrieb, n. 255
Antwerpen, n. 367
anwerben, v. 381
Anzahl, n. 381
anzetteln, v. 387
Anzug, n. 346
appeal, n. 305
appeal, v. 305
application, n. 333
apply, v. 125, 135
appreciate, v. 139
appreciation, n. 139
approach, n. 42, 106, 116
approval, n. 116
Arbeitsalter, n. 243
Arbeitskraft, n. 70
Arbeitsmarkt, n. 67, 243
Arbeitsplatz, n. 77, 233, 346, 381
Arbeitsplätze, n.pl. 233
Arbeitsstunden, n.pl. 219
Argentinien, n. 152
Argument, n. 210
Armut, n. 70
around the world, phr. 130
arrangement, n. 122, 289
art, n. 294
Art, n. 210
as ever, adv. 360
ascribe, v. 322
asiatisch, adj. 194
Asien, n. 70, 194
Asphalt, n. 262

assembly line, n. 86
assembly, n. 269
assessment, n. 106, 299
asset, n. 135
assistant, n. 86
associate, n. 113
associate, v. 122
assumption, n. 106
assurance, n. 269
attempt, n. 26, 299
attempt, v. 42
attendance, n. 360
attitude, n. 116
attribute, n. 49
auch wieder, adv. 178
auf nach, phr. 200
aufbauen, v. 371
aufdrängen (sich ~), v. 228
auffangen, v. 249
auffressen, v. 158
aufgeben, v. 237
aufgehoben sein, adj. 219
aufgeschreckt, adj. 210
aufgrund (von), phr. 62, 178
aufgrund, conj. 210
aufhäufen, v. 62
aufholen, v. 186
aufklären, v. 158
auflösen, v. 152, 364
Auflösung, n. 210, 237
aufmachen, v. 219
aufnehmen, v. 178
aufrufen, v. 70
aufschieben, v. 243

aufschwatzen, v. 210
Aufschwung, n. 219, 371
aufsteigen, v. 243
Aufstieg, n. 243
aufstocken, v. 249
aufstreben, v. 186
aufstrebend, adj. 186
auftauchen, v. 200
Auftrag, n. 77, 255
Aufwand, n. 200
aus der Erkenntnis, phr. 178
Ausbau, n. 186
ausbauen, v. 178, 249
Ausbildung, n. 200
ausdrücklich, adv. 233
ausfallen, v. 233
ausfindig machen, v. 200
Ausfuhr, n. 340
Ausfuhren, n.pl. 243
ausführlich, adj. 210
Ausgabepreis, n. 210
ausgeben, v. 169
ausgehen (von), v. 70, 233
Ausgestaltung, n. 77, 228
ausgewogen, adj. 367
ausgleichen, v. 62
ausgliedern, n. 179
Auskunft geben, v. 381
Ausland (im ~), adv. 340
ausländisch, adj. 77, 194, 201, 243
Auslandsabsatz, n. 371
Auslandsinder, n. 194
Auslandsmarkt, n. 340

auslasten, v. 371
auslaufen, v. 77
auslösen, v. 228, 387
Ausmaß, n. 62
ausreichend, adj. 210
ausrüsten, v. 255
Aussage, n. 219
ausscheiden, v. 62
außergewöhnlich, adj. 210
außerhalb, adv. 371
außerhalb, prep. 249
äußerst, adv. 233, 364
aussetzen, v. 210
Aussicht auf, n. 169
Aussicht, n. 355
Aussichten, n.pl. 233
aussichtslos, adj. 165
ausspucken, v. 162
ausstehend, adj. 228
ausstellen (Dokument), v. 381
Aussteller, n. 158
aussuchen (sich), v. 77
Australien, n. 194
auswählen, v. 77
Auswanderer, n. 194
ausweisen, v. 364
ausweiten, v. 355
Ausweitung, n. 355
Auszahlung, n. 237
Autobauer, n. 152
Autobenzin, n. 387
Auto-Konzern, n. 371
Automat, n. 162
autumn, n. 361
available, adj. 37, 322

avenue, n. 358
average, n. 352
aviation, n. 142
avoid, v. 122
aware, be ~ of, v. 116

B

BA, abbrev. 142
backdrop, n. 269
Bäcker, n. 147
bangen, v. 210
banish, v. 269
bank deposit, n. 135
Bankenkrise, n. 237
Bankenpleite, n. 237
Bankfiliale, n. 162
banking, n. 310
bankrott, adj. 262
Bankwesen, n. 243, 355
Bankzusammenbruch, n. 237
base, adj. 294
base, v. 37, 294, 333, 352
Baseballprügel, n. 77
Baseballschläger, n. 77
basic law, n. 269
basis, n. 96
Basissatz, n. 219
Basissteuersatz, n. 219
Basiszinssatz, n. 219
basteln an, v. 210
Bau, n. 201, 233
bauen, v. 255, 371
bayerisch, adj. 194
be good for, v. 21
be intended to, v. 317

be involved in, v. 284
be required, v. 135
be skilled in, v. 305
be up, v. 361
beantragen, v. 186
bear testimony, v. 269
beat out the rhythm, v. 269
beat to the punch, v. 277
Bedarf entsprechen, v. 381
bedenklich stimmen, v. 243
bedeuten, v. 249, 346
Bedeutung, n. 262, 340
bedienen, v. 255
bedingt durch, adj. 233
beeindrucken, v. 201
beeindruckend, adj. 201
beenden, v. 237
befassen (sich ~ mit), v. 147
befinden (sich ~), v. 228
befinden (sich), v. 364
Beflissenheit, n. 201
Befragte(r), n. 233
befürchten, v. 158, 346
begeistert, adj. 201
beginnen, v. 152
begrenzt, adj. 371
Begrenzung, n. 219
begründen, v. 210
begrüßen, v. 237
Begutachtung, n. 233
behaupten, v. 210, 387
behave, v. 42, 116
bei, prep. 219
Beihilfe, n. 201

beinahe, adv. 152
beinhart, adj. 255
beispielhaft, adj. 371
beispielsweise, adv. 194, 243, 371
Beitrag, n. 249
beitragen (zu), v. 70, 243
beitragen, v. 194
beitreten, v. 243
bekämpfen, v. 70
bekannt, adj. 219
beklagen, v. 62
bekräftigen, v. 147
belasten mit, v. 371
Beleg, n. 165
belegen, v. 186
beliefern, v. 371
believe, v. 373
bemerken, v. 346
Bemühungen, n.pl. 77
benefit, n. 284, 289, 317
benefits, n.pl. 86
benötigen, v. 228
bequem, adj. 70
berappen, v. 201
beraten, v. 158
Beratung, n. 158, 201
Berechnung, n. 233
Bereich, n. 186
bereiten (Probleme ~), v. 237
bereiten, v. 152
bereits, adv. 255
Bereitschaft, n. 228
bereitstellen, v. 262
bereitwillig, adj. 201
Bericht, n. 70

berichten, v. 67, 262
Berichtsvorlage, n. 228
Berufung, n. 186
beschäftigen, v. 70, 255
Beschäftigte, n.pl. 77
Beschäftigungserfolge, n.pl. 67
bescheiden, adj. 201
bescheinigen, v. 381
bescheren, v. 364
beschließen, v. 70, 262, 355
Beschluß, n. 148
beschworene Wachstumsreserven, n.pl. 169
Beseitigung, n. 70
besitzen, v. 152, 186, 194
besondere Gefahr, n. 158
besonders, adj. 210
besonders, adv. 367
Besserung, n. 243
Bestandteil (~ sein), v. 220
bestehen in, v. 381
Bestellung, n. 255
bestens, adv. 220
bestimmte, adj. 346
Bestückung, n. 228
beteiligen (sich ~), v. 201
beteiligt, adj. 152
betonen, v. 249
betrachten als (= sehen als), v. 77
Betrag, n. 158, 228
betragen, v. 210
betreiben, v. 262

betreten, v. 77
Betrieb, n. 201
Betriebsinhaber, n. 148
beunruhigen, v. 169
Bewaffnung, n. 77
beware, v. 142
bewegen bei, v. 255
bewegen lassen (sich ~), v. 201
beyond, prep. 96
bezahlt (voll vom Arbeitgeber bezahlt), adj. 77
bezahlt, adj. 220
bezeichnen als, v. 62, 210
beziehen, v. 364
Beziehungen, n.pl. 194
beziffern (sich ~ auf), v. 201
beziffern, v. 255
Bier, n. 194
Biersteuer, n. 220
Biertrinker, n. 220
bieten, v. 201
Big Business, n. 328
big deal, n. 55
big news, n. 173
Bilanz, n. 152
Bilanzsumme, n. 237
bilateral, adj. 125, 142, 377
Bild, n. 158
billboard, n. 305
billig (genauso ~ wie), adj. 387
billig, adj. 70, 220, 387
Billigtanken, n. 387
billion, n. 55, 122

Binnenmarkt, n. 201
bis heute, adv. 152
bis zu, prep. 237
bisherig, adj. 262
bislang, adv. 165, 179, 255
bitter, adj. 210
blast, v. 173
blendend, adj. 78
Blick (auf), n. 78
blue-collar worker, n. 86
boast, v. 361
Boden, n. 228
boldness, n. 322
bond, n. 15, 122, 384
bonds, n.pl. 299
booklet, n. 305
Boom, n. 152
borrow, v. 49, 122
Börse, n. 158
boss, n. 173
brachial, adj. 169
Branche, n. 62, 78, 233
Brasilien, n. 152, 371
brauchen, v. 152, 163, 186, 262, 346, 367
Brauerei, n. 194
breakdown, n. 289
bremsen, v. 220
Bremssystem, n. 78
brief, in ~, phr. 269
bring to court, v. 122
bringen (erbringen), v. 158
brisk, adj. 322
Briten, n.pl. 220
broad, adj. 311

broadside, n. 305
brochure, n. 96
broker, n. 299, 333
broschiert, adj. 201
Brötchen, n.pl. 148
Brüssel, n. 201
Bruttosozialprodukt, n. 186, 262
buchstäblich, adj. 262
Bühne (über die ~ gehen), v. 78
building and loan association, n. 311
building, n. 49
bulk, n. 130, 343
Bundesland, n. 233
Bundesstaat, n. 355
Bundeswirtschaftsminister, n. 228
Bürgschaft, n. 201
Burgund, n. 201
Bürokrat, n. 220
bus card, n. 305
business, n. 7, 31
by and large, phr. 125
by at least, prep. 358
by the end of, adv. 343
by the year..., prep. 358
by, prep. 269

C

calculate, v. 284
call for, v. 284
call, upon ~, n. 333
capacity, n. 106
capital, n. 2, 49
capture, v. 143
cardboard box, n. 269

career day, n. 96
carelessness, n. 322
carve out, v. 269
cattle breeding, n. 333
cause, n. 113
cause, v. 139
caution, n. 322
central bank, n. 130, 317
chain-store, n. 299
challenge, v. 269, 289
champion, n. 143
change, n. 119
charge, v. 26, 130, 323
cheap, adj. 86, 130
check (cheque), n. 135
check out, v. 277
checking account, n. 311
Chef, n. 78, 367
Chefhändler, n. 62
child labor, n. 86
choice, n. 334
chug, v. 269
circular, n. 305
citizen, n. 269, 284, 377
claim, n. 269, 343, 349
clarity, n. 143
clear, v. 135
climate, n. 117
clout, n. 55
clue, n. 130
coal producer, n. 358, 374
coerce, v. 106
colleague, n. 96
come from, v. 113
come out ahead, v. 173
command, v. 361

commerce, n. 299
commercial, adj. 277
commitment, n. 269
commodity, n. 294
common, adj. 26
community, n. 49
compel, v. 143
compensate, v. 125
competition, n. 317
competitive, adj. 42, 284
competitor, n. 55, 277
complaint, n. 343
complete, adj. 37
comprehensive, adj. 377
comprise, v. 299
compute, v. 334
concern, n. 358
concession, n. 269
concisely, adv. 305
condition, n. 37
condition, v. 125
conduct oneself, v. 7
conduct, v. 106, 284
confidence, n. 269
conflict, v. 289
consent, n. 143
consent, v. 143
consider, v. 86, 284
consideration, n. 15, 289
conspicuous, adj. 305
constantly, adv. 284
constitute, v. 358, 384
constraint, n. 106, 125
construction site, n. 86
consult, v. 334
consumer, n. 284, 317

consumption, n. 299, 358
contain, v. 42, 49
Container, n. 367
contend with, v. 343
contest, n. 352
continual, adj. 284
continually, adv. 86
continuous, adj. 96
continuously, adv. 317
contra, prep. 220
contradict, v. 173, 269
contribute, v. 96
control, n. 358
control, v. 334
controlling, n. 173
convert, v. 119
cope, v. 122
corporation, n. 7, 49, 384
court, n. 269
cover, v. 37, 55, 173, 299
crane operator, n. 86
creditor, n. 122
Credo, n. 165
crewless, adj. 334
Croatia, n. 277
curiosity, n. 277
currency, n. 119, 130, 269, 317, 352
customs quota, n. 26
customs union, n. 125
cycle, n. 323

D

Dach und Fach (unter ~ sein), phr. 148

Dach, n. 152
dadurch, adv. 243, 346
dagegen, conj. 148
daheim, adv. 70
dahinterstecken, v. 194
daily volume, n. 130
damage, n. 358
damaging, adv. 358
damit, adv. 179
damit, conj. 148
Dämpfer aufsetzen, v. 243
Dämpfer, n. 243
darin, prep. 70
darlegen, v. 371
Darlehen, n. 201
Darstellung, nach ~ von, phr. 255
darum gehen, v. 186
darunter, adv. 228
dastehen, v. 78
date back, v. 125
date, to ~, adv. 352
Dauer (nicht von ~ sein), n. 201
Dauer, n. 78
dazu, adv. 179
dazukommen, v. 70
de facto, adj. 55
deal with, v. 37, 96
deal, n. 135, 143, 374
Debakel, n. 211
debt, n. 122
decent, adj. 269
decision maker, n. 43
declare, v. 328
decline, n. 323

default, n. 122
defence, n. 317
Defensive (in der ~ sein), v. 78
deficient, adj. 173
definitely, adv. 361
definitiv, adj. 228
defizitär, adj. 256
degree, n. 86, 284, 289
delay, n. 135
delicious, adj. 361
deliver, v. 55, 86
demand, n. 284, 294
demgegenüber, adv. 371
demnächst, adv. 262, 355
Demokrat, n. 187
Demokratie, n. 187
demokratisch, adj. 187
demonstrieren, v. 78
demotion, n. 117
denken an, v. 78
dennoch, adv. 220
deny, v. 269
department store, n. 299
Department, n. 201
depend on, v. 86
deplete, v. 86
depository, n. 311
depreciate, v. 139
depreciation, n. 130, 139
deprive, v. 323, 328
derart, adv. 364
deregulation, n. 143
Derivat, n. 211
derogatory, adj. 328
derweil, adv. 201

derzeit, adv. 70, 179, 211, 371
describe, v. 43
deshalb, adv. 152, 346
design, v. 43, 143
designed, adj. 143
desired, adj. 43, 358
desolat, adj. 364
detailed, adj. 96
determination, n. 119
determine, v. 2, 21, 43, 49, 96, 284, 334
detrimental, adj. 323
deutlich machen, v. 233
deutlich, adj. 169, 262, 387
deutlich, adv. 220
developer, n. 277
development, n. 96, 384
devote (to), v. 294
dick, adj. 78
die alte Heimat, n. 194
Dienstleistung, n. 70
Dienstleistungsangebot, n. 367
Dienstleistungsarbeitsplätze, n.pl. 67
diesjährig, adj. 78
diesmal, adv. 220
diet, n. 361
differieren, v. 201
differing, adj. 43
diplomat, n. 358
direct, adj. 139
direct, v. 106, 289
directly, adv. 113
Direktinvestition, n. 187
Direktor, n. 211

discharge, n. 323
discount center, n. 277
discretion, n. 106
disgrace, n. 269
dismissal, n. 117
display, n. 361
dispose of, v. 323
distinguish, v. 49
distribute, v. 2, 106, 284
diverse, adj. 284
diversify, v. 15
dividend, n. 49
doch, conj. 249
doch..., adv. 187
dollar, n. 135
domestic, adj. 122, 139, 317
doppelte Buchführung, n. 153
Dow (Jones), n. 352
drängen auf, v. 78
drastisch, adj. 165
drastisch, adv. 346
drastische, adj. 346
draußen, adv. 78
draw, v. 277
dringend, adv. 228
Drittel, n. 256
driving-force, n. 285
drohen, v. 187, 228
drop off, v. 277
drop, v. 119, 143
Druck, n. 243
Druck, unter ~ kommen, v. 78
drücken (sich ~ vor), v. 220

drücken, ~ bis unter..., v. 244
drücken, v. 78
dual, adj. 187
dubios, adj. 211
due to the fact, phr. 295
Dunkelziffer, n. 71
durchgreifend, adj. 244
Durchschnitt, n. 78
durchschnittlich, adj. 78, 211, 220
durchschnittlich, adv. 179
durchsetzen, v. 153
durchstarten, v. 169
dürfen, v. 148, 169, 194, 220
dürfte steigen, v. 244
düster, adj. 233
Dutzend, n. 153

E

e.g., abr. 31
earlier this month, phr. 374
earn, v. 49, 86, 277
earnestly, adv. 55
earnings, n.pl. 334
ebenfalls, adv. 148, 201
ebenfalls, conj. 78
ebenso wie, adv. 237
echelon, n. 334
echoe, v. 269
economic system, n. 290
economy, n. 277
EC-produced, adj. 377
educate, v. 97
education, n. 295

effective, adj. 122
efficiency, n. 295, 358
efficient, adj. 2, 16, 50, 285
efficiently, adv. 43
effort, n. 43, 122, 285, 295, 358
Ehe, n. 153
ehemalig, adj. 71
ehemalige(r)(s), adj. 187
ehemals, adv. 153
eher, adv. 187, 249
eidgenössisch, adj. 211
ein bißchen mehr, phr. 187
einbeziehen, v. 187
Einbuße, n. 387
einbüssen, v. 211
eindeutig, adj. 220
einerseits, adj. 364
einfach, adj. 153
einfahren (Gewinn ~), v. 78
Einfluß, n. 78
Einfuhrzoll, n. 153
Eingabe, n. 163
eingeholt werden von der Realität, v. 179
Eingriff, n. 237
einheitlich, adj. 220
einigen, sich, v. 78
Einkommen, n. 220
Einkommensteuer, n. 220
einladen, v. 71, 228
Einlagen, n.pl. 237
einläuten, v. 153
einnehmen, eine Stelle ~, v. 249

einräumen, v. 256
Einsatz, n. 211
einschränken, v. 371
Einschreiten, n. 237
einsetzen, v. 62
Einsparungen, n.pl. 355
Einspruch einlegen, v. 148
einsteigen, v. 262
einstellen auf (sich ~), v. 233
Einstellen, n. 201
einstellen, v. 78
Einzelfall, n. 371
Einzelhandel, n. 169, 346
Einzelhändler, n. 346
Einzelproblem, n. 228
einzig, adj. 158
einzig, adv. 179
either... or..., conj. 26
either...or, adj. 50
elected, adj. 31
eliminate, v. 125, 334
embargo, n. 26, 328
embody, v. 125
Emotion, n. 194
emphasis, n. 285
empire, n. 269
employ, v. 50, 56
employee, n. 37, 50, 86, 97
employer, n. 56, 86, 290
enclave, n. 269
encouraging, adj. 349
end (to this ~), phr. 97
end in itself, n. 285
end, n. 43

Ende 1996, phr. 244
Endmontage, n. 256
eng, adv. 187
enger, adv. 187
enhance, v. 384
enjoyment, n. 295
enlarge, v. 311
ensure, v. 86, 97, 358
entdecken, v. 62, 71
enterprise, n. 86
entfallen auf, v. 249
entgegenstehen, v. 67
enthalten, v. 158
entlassen, v. 62, 262, 364
entlasten, v. 165
entpuppen als, sich, v. 153
entrepreneur, n. 343
entrust, v. 311
Entscheid, n. 78
entscheiden für (sich ~), v. 158
entscheiden, v. 187, 211
Entscheidung, n. 148, 256, 387
entsprechen, v. 201
entsprechend kräftig, adv. 169
entstehen, v. 158, 194
entwickeln, v. 163
Entwicklung, n. 194, 256
Entwurf, n. 158
entziehen, sich ~, v. 244
environment, n. 7, 285, 358
environmentally, adv. 358

equal, adj. 358
equal, v. 139
equilibrium, n. 139
equipment, n. 50, 285
equity, n. 352
equivalent, n. 43
Erbhof, n. 367
erbittert, adj. 387
erdenklich, adj. 202
Erfahrung, n. 187, 262
erfassen, v. 71
Erfolg, n. 244
erfolgreich, adj. 179, 194, 244, 262, 346
Erfolgsbotschaft, n. 165
erforderlich, adj. 249, 340
ergeben, hätte sich ~, v. 250
Ergebnis, n. 78, 211, 250
Erhalt, n. 78
erhalten, v. 165, 202, 211
erheblich, adj. 262, 355, 364
erheblich, adv. 381
erhoffen, v. 220
erhöhen, v. 262
erholen (sich ~), v. 169
erkaufen, v. 220
erklären, v. 62
erlauben, v. 355, 371
erlaubt, adj. 220
erläutern, v. 262, 371
erleben, v. 211, 371
erleiden, v. 62
Erneuerung, n. 78
erneut, adj. 211

Ernsthaftigkeit, n. 187
erobern, v. 340
Eroberung, n. 355
eröffnen, v. 78, 194, 262
erreichbar, adj. 169
erreichen, nicht ~, v. 250
erreichen, v. 62, 78, 153, 220, 244
errichten, v. 340
Ersatz, n. 78
Ersatzteilgeschäft, n. 256
erscheinen als, v. 78
erscheinen, v. 355
Erscheinung, n. 187
erstmals, adv. 237, 256
Ertrag, n. 211, 250, 256
Erträge, n.pl. 179
Ertragsausfall, n. 364
Erwachsene, n.pl. 71
erwarten, v. 202, 220, 233, 250, 256
erweitern, v. 202
erwirtschaften, v. 262
erwünscht, adj. 202
erzielen, v. 256
erzwingen, v. 148
es liegt an uns, phr. 187
essential, adj. 285, 384
establish, v. 7, 125, 328
established, adj. 290
estate, n. 311
estimate, v. 269, 277, 377
ethnisch, adj. 194
etwa, adv. 71
etwas bringen, v. 158
Europa, n. 153

europäisch, adj. 202
evade, v. 122
evaluation, n. 106, 290
event, n. 329, 361
ever since, adv. 21
evident, adj. 358
evil, n. 269
exaggeration, n. 305
examine, v. 31, 143
exceed, v. 32, 43, 139, 290, 377
except when, prep. 32
excessive, adj. 86
exchange rate, n. 119, 130, 135, 139
exchange, n. 135, 299
exclusively, adv. 290, 329
execute, v. 97, 135
executor, n. 311
exert (pressure), v. 290
exert, n. 32
exhaust smoke, n. 377
exhibitor, n. 361
exklusiv, adv. 256
expansion, n. 285, 290, 329
Expansionsplan, n. 78
expect, v. 277
expectation, n. 377
expendable, adj. 117
expenditure, n. 106
expensive, adj. 56, 97, 130
experience, n. 86
experience, v. 329
expiration date, n. 135
expiry, n. 377

exploit, v. 125
exploited, adj. 86
exploration, n. 329
exportation, n. 329
Exportware, n. 381
express, v. 43, 377
extend, v. 311
extension, n. 329
extent, n. 125
extract, v. 50

F

Fabrik, n. 153, 371
face, on the ~ of, phr. 352
face, v. 37, 56, 349
Fächer, n. 202
Fachleute, n.pl. 78
Fahrplan, n. 187
Fahrtroute, n. 367
fail to do sth., v. 97
fail, to ~ sb., v. 143
failure, n. 56
Fall, n. 237
fallen (auf), v. 78
fallen auf, v. 211
fällig werden, v. 220
Faltblatt, n. 211
familiar, adj. 26
famous, adj. 43
fangen (Stimmen ~), v. 220
farbig, adj. 202
fare better, v. 173
fare, n. 143
fascinating, adj. 37
fast, adv. 194

fastish, adj. 56
fat, n. 361
favorable, adj. 130
favour, v. 317
favourable, adj. 305
fax, n. 56
feed, v. 334
feel, n. 117
Fehlbetrag, n. 62, 237
fehlen, v. 163, 211
Feiertag, n. 78
feilbieten, v. 202
female, adj. 86
Ferien, n. 148
fern von, adv. 71
ferner, adv. 202
Fernost, n. 367
fertigen, v. 153
fest, adj. 256
festhalten an, v. 187
festsitzen, v. 71
feststehen, v. 179
feverish, adj. 329
few, adj. 32
fibre, n. 270
Filiale, n. 163
fill up, v. 277
Film (Kinofilm), n. 187
final, adj. 305
finance, v. 277
finanzieren, v. 381
Finanzminister, n. 220, 238
Finanzpolitik, n. 244
Finanzsektor, n. 238
Firma, n. 78, 153
Firmengelände, n. 262

Firmenlogo, n. 256
Firmenmitteilung, n. 62
Firmensitz, n. 256
Fiskalpolitik, n. 169
Fittiche (unter die ~ nehmen), n.pl. 202
fixed costs, n.pl. 56
Fixkosten, n.pl. 371
Flagge zeigen, v. 228
flee, v. 270
Flexibilität, n. 371
fließen, v. 194
flight, n. 143
Flüchtling, n. 194
flurry, n. 130
flyer, n. 305
folder, n. 305
folgen aus, v. 233
folgen, v. 202
Fondsangebot, n. 211
for another, phr. 16
for the benefit of, phr. 311
for, prep. 374
forbid, v. 329
fordern, v. 71, 220
Forderung, n. 78
Förderung, n. 187
forebear, n. 270
foreign currency fluctuation, n. 122
foreign currency, n. 135
foreign exchange trading/trade, n. 131
foreign exchange, n. 311, 317
foreign-exchange market, n. 131

form letter, n. 305
former, adj. 343
formerly, adv. 290
fortbestehen, v. 244
Fortschritt, n. 244
forward rate, n. 135
Fracht, n. 179
Frachtaufkommen, n. 179
Frage, n. 187
Fragen stellen, v. 187
frail, adj. 270
Fraktion, n. 148
framework, n. 21, 37
freigeben (Weg ~), v. 355
freilich, adv. 169
Freizeit, n. 220
Freizeitkürzung, n. 78
fremd, adj. 220
Fremdwährung, n. 179
frequently, adv. 37
Frieden, n. 187
from within, adv. 97
Front, n. 220
frozen out (be), v. 277
Früchte tragen, v. 250
früher oder später, adv. 244
Frühjahr, n. 220
frustration, n. 174
führen zu, v. 220
führend, adj. 179
Führungskraft, n. 202
fulfill, v. 135
füllen, v. 228
funds, n.pl. 285, 295, 311, 323

Fünftel, n. 202, 387
Funktionär, n. 78, 202
Funktionsfähigkeit, n. 238
fur trade, n. 384
Fusion, n. 355, 371
Fusionsverhandlungen, n.pl. 355
Fuß fassen, v. 250
fuss, n. 270
future, adj. 97
Futurefonds, n. 211
futures, n.pl. 135

G

gain, n. 32, 43
gain, v. 143
gainer, n. 32
game theory, n. 43
gar (sogar), adv. 79
gar nichts, pron. 159
garantiert, adj. 179
Garaus machen, v. 169
Gärtner, n. 194
Gastgewerbe, n. 202
GATT, n. 125
Gebiet, n. 153
Geburtenjahrgänge, starke ~, n.pl. 244
geeignet sein, v. 211, 220
Gefahr, n. 159
Gegenseite, n. 79
gegenseitig, adj. 153
Gegenteil, n. 159, 346
Gegenüber, n. 79
gegenüber, prep. 194, 202, 233, 381

Gegner, n. 165
Gehalt, n. 153, 202
Gehälter, n.pl. 169
gehen an, v. 256
gehören zu, v. 194
geistige Getränke, n.pl. 220
gelassen aufnehmen, v. 238
Geld verdienen, v. 179, 256
Gelder, n.pl. 211, 244
Geldgeber, n. 262
gelten als, v. 244
geltend (... geltende rund 40 Dollar pro Stunde für Löhne ...), adj. 79
Gemeinderat, n. 202
gemeinsam mit, adv. 211
gemeinsam, adj. 153, 220
gemeinsam, adv. 187
genannt, adj. 250
genau, adj. 159, 262
genausoviel wie..., adv. 187
genehmigen, v. 187
General Agreement on Tariffs and Trade, n. 125
Generalsekretär, n. 71, 233
Generosität, n. 202
generosity, n. 143
Genf, n. 244
Genua, n. 367
genügen, v. 371
geological, adj. 50
geplant, adj. 364
gerade mal, adj. 153

Gerät, n. 163

geraten (in Schieflage), v. 238

geringfügig, adj. 256

Gerücht, n. 62

Geschäft(e), n.pl. 194

Geschäft, n. 62, 148, 202

Geschäftsfeld, n. 256

Geschäftsführer, n. 148

Geschäftsgebiet, n. 250

Geschäftsjahr, n. 179, 250

Geschäftslage, n. 234

Geschäftsleute, n.pl. 194

Geschäftswelt, n. 62

geschult, adj. 202

Gesellschaft, n. 179, 364

Gesellschafter, n. 211

gesellschaftlich, adj. 71

Gesetz werden, v. 148

Gespräch, n. 211

gestalten, v. 79

gestehen, v. 238

gestern, adv. 71

gestützt auf, adj. 234

get wrong, v. 358

getragen (von), adj. 244

getrost, adj. 163

gewähren, v. 163, 202

gewaltig, adj. 165

Gewerbesteuer, n. 202

Gewerkschaft, n. 79

Gewinn, n. 79, 250

gewinnen, v. 79, 211, 262

Gewinnschwelle, (~ erreichen, v.) n. 256

gewünscht, adj. 163

give notice, v. 311

give way to, v. 323

give-away, n. 305

given, prep. 139

glance (at first ~), n. 377

glätten, v. 228

glauben, v. 159

glaubhaft machen, v. 211

gleich, adv. 211

gleichfalls, adv. 220

gleichzeitig, adj. 179, 364

gleichzeitig, adj./adv. 179

Gleisanschluß, n. 202, 367

global, adj. 358

globaler Kunde, n. 179

Glück haben, v. 220

GNP (gross national product), n. 358

GNP, n. 139

go back to, v. 107

go through a phase, v. 277

go up, v. 131

goal setting, n. 107

goal, n. 107, 285, 290

Gold (~ wert sein), n. 202

goldsmith, n. 311

govern, v. 32, 87, 135

gram, n. 56

grant, v. 87, 311

gratification, n. 295

gratis, adj. 202

grave, adj. 323

gray area, n. 26

greatly, adv. 32

Greece, n. 56

Grenzen (sich in ~ halten), n. 228

Grenzen, in ~ halten, v. 250

Griff in die Schatulle, phr. 220

groß, adj. 153, 244

Großbank, n. 355

Großbritannien, n. 340, 387

Größe, n. 153

großpurig, adj. 211

group, v. 329

growth, n. 113

Grund, n. 169, 244, 364

gründen, v. 202, 238, 256, 381

Grundstück, n. 202

Gründung, n. 153

Gruppe, n. 79

guardian, n. 311

günstig, adj. 202, 234, 346, 387

gut ... Dollar, adv. 262

gut geführte, adj. 346

gute Geschäfte machen, v. 194

Guten zuviel, des, phr. 367

Güter, n.pl. 340

gutgemeint, adj. 159

H

Hafen, n. 367

Hafenbecken, n. 367

hail, v. 295

Halbjahr, erstes ~, n. 364

INDEX

Hälfte, n. 228
halten für, v. 234
halten, v. 187, 250
Haltung, n. 238
halve, v. 352
Hand (an die ~ nehmen), n. 202
handbill, n. 305
Handel, n. 71
handeln (sich ~ um), v. 381
handeln mit, v. 194
Handeln, n. 238
Handelskonzern, n. 62
Handelsmannschaft, n. 63
Handelsmonat, n. 211
Handelspartner, n. 244, 340
Handelsspanne, n. 262
handicraft, n. 299
handle, v. 37, 43, 56, 87, 174
Händler, n. 63
handover, n. 270
Handwerk, n. 234
Handwerksbetrieb, n. 234
harbour, n. 270
harmful, adj. 7, 317
hart, adj. 256, 387
häufig, adj. 262
Haushalt, n. 71, 169, 221
head, v. 174
headquartered, adj. 125
heavy, adj. 56
heel, n. 87
Heimat, n. 194

heimisch, adj. 250
heiß, adj. 79
hektisch, adj. 211
hellgelb, adj. 211
helm, at the ~, phr. 87
help, v. 22
hence, adv. 32, 56
herabsetzen, v. 221
herald, v. 277
herauspicken, v. 79
herausragend, adj. 187
Herbst, n. 234
hereinfallen auf, v. 211
herstellen, v. 256, 381
herunterbeten, v. 159
Herz (am Herzen liegen), n. 221
Hessen, n. 148
heute, adv. 153
high marks, n.pl. 343
high producer, n. 117
hinnehmen, v. 179, 211, 387
Hinweis (auf), n. 79
hinweisen auf, v. 159, 244
historisch, adj. 187
hoch, adj. 71
Hochkonjunkur, n. 221
Höchstbetrag, n. 202
hoffen auf, v. 195, 244
Hoffnung, n. 244
Hoffnungsträger, n.pl. 262
Höhe (in ~ von), n. 202
Hohn, n. 211
hold, v. 107
home, n. 311

honest, adj. 270
hören, v. 79, 262
host, n. 361
hourly wage, n. 87
huge, adj. 122
human beings, n.pl. 43
human, adj. 295
humiliation, n. 270
hunderte von, adj. 71
Hungary, n. 277
Hungersnot, n. 195
Hürde, n. 221
hurt, v. 16, 32

I

ice cream, n. 361
idea, n. 16, 56, 87, 334
identify, v. 174
idle, adj. 311
ignorance, n. 295
illegal, adj. 244
im Jahr..., adv. 179
im Wettbewerb stehen (mit), v. 187
imagination, n. 107
immediate, adj. 117, 290
immer (für ~), adv. 71
immer mehr, adv. 153
immigrant, n. 87
Immobilien, n.pl. 195, 238
impact on, v. 26
implement, v. 43
Importgut, n. 340
importing, n. 16
impose, v. 122

improve, v. 97, 107, 278, 295

improvement, n. 32, 295

in a sense, phr. 43

in Blick auf, prep. 340

in den vergangenen Jahren, adv. 195

in other words, phr. 37, 358

in principle, n./adv. 27

in such a way as to, phr. 3

in terms of, phr. 43

in the face of, prep. 270

in vieler Hinsicht, adv. 195

in wenigen Jahren, adv. 195

incentive, n. 32, 285

income, n. 50

increase, v. 285

increasingly, adv. 334

indeed, adv. 27

Index, n. 169

Indexierung, n. 244

Indien, n. 71, 195

individual, n. 50, 107, 113

Indonesien, n. 187

indoor skating rink, n. 278

induce, v. 305

induction, n. 97

Industriegebiet, n. 202

Industrieminister, n. 187

Industriestaat, n. 71, 228

Industriezentrum, n. 179

industry, n. 32, 87, 361

inefficiency, n. 113, 323

inefficient, adj. 56

inequality, n. 295

inevitably, adv. 270

Inflation, n. 244

inflationary, adj. 290

Inflationsrate, n. 169

Inflationsrisiko, n. 159

inflationstreibend, adj. 221

influence, v. 285

information, n. 43

Infrastruktur, n. 187, 367

ingenuity, n. 107

Inhalt, n. 228

inherit, v. 270

initially, adv. 384

Initiator, n. 211

inject, v. 361

Inland, im ~, adv. 250

innerhalb von, prep. 202

innerhalb, adv. 371

input, n. 50, 87

insgesamt, adj. 238, 364

insgesamt, adv. 187, 228, 256

insist, v. 125

insofern... als, adv. 371

instability, n. 323

Institut, n. 67

instruction, n. 117, 334

instrument, n. 27

insure, v. 285

insurer, n. 349

intend, v. 317

intended to promote free trade, phr. 125

interbank rate, n. 131

interest (vested ~), n. 377

interest rate, n. 139, 323

interest, n. 50, 122, 311

interests, n.pl. 343, 374

interference, n. 317

internal, adj. 290

Internationale Arbeitsorganisation, n. 71

Internet, n. 97

interplay, n. 285

intervene, v. 317

intervention, n. 22, 87

intimate, adj. 270

intuitive, adj. 174

invention, n. 295, 335

inventory, n. 50, 335

invest, v. 37, 50, 311, 343

investieren, v. 179, 211

Investition, n. 153, 187, 195

Investor, n. 195

involve, v. 27, 43, 107

inzwischen, adv. 163, 250, 367

irgendwann, adv. 263

irrelevant, adj. 358

Israeli-based, adj. 278

issue (~ of stock), n. 311

issue, n. 87, 290

item, n. 56, 87

J

Jahr (vergangenes ~), adv. 79

Jahresrate, n. 169

Jahrhundertwende, n. 79

Jahrtausendwende, n. 229
japanisch, adj. 63
jar, n. 361
je nachdem, phr. 202
je, adv. 165, 256
jeder, adj. 79
jeopardize, v. 8
jeweils, adv. 212
jewellery, n. 311
job content, n. 113
job context, n. 113
job, n. 32, 343
Jobwunder, n. 169
Joint Venture, n. 153
jointly, adv. 107
Journalist, n. 187
judge, v. 113, 143
jump the gun (on), v. 278
Junge, n. 71
jüngst, adj. 244
jüngste(r/s), adj. 71

K

Kaimauer, n. 367
kalter Krieg, n. 221
Kammer, n. 381
Kampf (zum Kampf aufrufen), v. 71
kämpfen, v. 250
Kapazität, n. 371
Kapital, n. 238
Kauf, n. 79, 163, 346
Kaufhaus, n. 163
Kauflaune, n. 169
kaufwütig, adj. 163

kaum, adv. 263
keen, to be ~, v. 143
keep afloat, v. 278
keep pace with, v. 295, 323
kein, adj. 188
keineswegs, conj. 67
kennen, v. 221
Kerntriebwerk, n. 256
Kette, n. 250
Kind, n. 153
Kinderarbeit, n. 71
Klage, n. 263
klagen, v. 153
Kleinkredit, n. 163
Kleinkreditprogramm, n. 263
Kleinkunde, n. 263
kleinlaut, adj. 159
klettern, v. 169
klingen, v. 212
Klotz am Bein, phr. 153
knapp, adj. 148, 202, 212, 229
knüpfen (Kontakt ~), v. 203
Kölner, adj. 67
kommen an, v. 229
kommen zu, v. 212
Kommune, n. 203
Kommunist, n. 188
Komponente, n. 256
Konferenz, n. 71, 244
Konglomerat, n. 195
Kongreß, n. 355
Konjunktur, n. 169, 234
Konjunkturrisiko, n. 159
konkret, adj. 340

Konkurrent, n. 153, 364, 367
Konkurrenz, n. 79, 221
konkurrieren (mit), v. 188
konkurrieren, v. 79, 153
Könner, n. 203
könnten, v. 195
könnten... Rolle spielen, v. 195
Konsumboom, n. 165
Konsument, n. 387
Konsumlust, n. 169
kontrollieren, v. 63
konzentrieren, v. 203
Konzern, n. 63, 79, 153, 250
Konzernchef, n. 364
Konzern-Chef, n. 371
Korb, n. 263
Kostenniveau, n. 364
Kostensenkung, n. 79
Kraft (aus eigener ~), n. 238
kräftig, adj. 169, 203
Kraftwerk, n. 188
Kran, n. 367
kranken an, v. 188
Kreditbeschaffung, n. 263
Kreditkarte, n. 163
Kreditkartengesellschaft, n. 163
Kreditrahmen, n. 163
Krisengespräch, n. 229
Kritik, n. 229
kritisieren, v. 188
Krone, n. 159
Kuchen, n. 188

INDEX

Kühlschrank, n. 346
kühn, adj. 244
Kulturkenntnisse, n.pl. 195
kümmern (sich ~ um), v. 203
Kunde, n. 163, 180, 212, 346, 387
Kundendepot, n. 212
künftig, adj. 153, 212, 256
Kurs (auf einem ~ sein), n. 221
Kursrisiko, n. 159
Kursschwankung, n. 212
kurzfristig, adj. 165
kürzlich, adv. 229

L

labor force, n. 87
labor laws, n.pl. 87
labor market, n. 97
labor union, n. 16, 32, 87
labor, n. 3, 16, 50, 87
laborer, n. 87
labour union, n. 285, 290
labour, n. 323
lächerlich, adj. 229
Laden, n. 346
lag, v. 295
Lage, in der ~ sein, v. 256
Lage, n. 221, 346
Lähmung, n. 153
Land ihrer Väter, n. 195
land site, n. 278
land, n. 50
Land, n. 71, 148, 188, 244

Landkreis, n. 203
Landsleute, n.pl. 221
Landwirtschaft, n. 71, 244
längerfristig, adj. 79
langfristig, adj. 67
langfristig, adv. 340
längst nicht mehr, adv. 188
langweilen (sich ~), v. 346
large-scale manufacture, n. 329
large-scale production, n. 16, 329
large-scale, adj. 335
largest ever, phr. 361
Lasten, zu ~ gehen, v. 250
Lastwagen, n. 153
laufen von ... bis, v. 263
laufend, adj. 180
Laufzeit, n. 180, 203
laufzeitdefiniert, adj. 180
Lauscher, n. 203
lauten, v. 153
law, n. 27
lay down, v. 270, 306
leadership, n. 174
leading, n. 174
learn, v. 43, 374
least of all, adv. 143
leave aside, v. 352
Lebensmittelladen, n. 263
lediglich, adv. 234, 387
legal status, n. 343
legen, v. 203
legislation, n. 361

leicht, adj. 154, 234, 250
leidvoll, adj. 263
leisten, einen Beitrag ~, v. 250
leisten, v. 229
Leistung, n. 180
lend, v. 50, 122
lender, n. 50
lernen, v. 188, 212
less than, adj./adv. 57
letter of credit, n. 311
letter, n. 57
level, n. 38, 87, 98, 352
liberalise, v. 57
Liebhaber, n. 221
Lieferant, n. 79, 340
liefern, v. 203, 256
liegen bei, v. 79, 381
liegen in, v. 244, 250
liegen, hinter, v. 263
liegen, v. 188, 234
lift, v. 143
lightly, adv. 270
like, the ~, interj. 335
linear programming (LP), n. 44
Linie, in erster ~, adv. 250
link, n. 107
link, v. 131
liquidation, n. 343
liquidieren, v. 212
Liquiditätsengpass, n. 159
Liquiditätsrisiko, n. 159
livelihood, n. 323
load, v. 44
loan, n. 311

INDEX

lobby, n. 8
loben, v. 238
locate, v. 98
location, n. 50
locken (ins Land ~), v. 203
locken, v. 221, 355
locker, adj. 244
Lockerung, n. 148
lodge, v. 270
logic-driven, adj. 174
Logistik, n. 180
Lohn, n. 79, 203
Löhne, n.pl. 170, 244
lohnen, sich ~, v. 263
Lohnkürzung, n. 79
Long-Position, n. 63
long-run, adj. 352
long-sought, adj. 377
long-term, adj. 311
loss, n. 285, 343
losses, n.pl. 32
Lösung, n. 229, 244, 371
Lösungsgeschäft, n. 250
low, adj. 38, 87
lowering, n.. 139
loyalty, n. 98

M

Macht, n. 221
Mädchen, n. 71
mager, adj. 212
magic, n. 361
mainland, n. 270
maintain (accounts), v. 311
major ~, adj. 358

major, adj. 22, 113, 131, 278
majority of attention, n. 278
make a dent in sth., v. 32
make aware of, v. 107
make cheaper, v. 131
make for, v. 317
make, v. 174
male, adj. 87
manage, v. 50, 174, 311
management, n. 270
manager, n. 50
manchmal, adv. 71
Mangel, n. 229
mangeln an, v. 250
manic, adj. 270
manifest itself, v. 329
Mann = Ehemann, n. 263
manner, n. 50
manpower, n. 285
Manufaktur, n. 71
Marge, n. 180
mark, n. 174
Marke, n. 154
marked, adj. 323
markedly, adv. 384
market access, n. 377
market share, n. 377
marketplace, n. 119
Markt, n. 188
Marktanteil, n. 154, 346, 387
marktschreierisch, adj. 212
Marseille, n. 367
mask, v. 361
Massengeschäft, n. 367

massiv, adj. 244
massive, adj. 361
Maßnahme, n. 71, 180, 364
maximal, adj. 163, 203, 221
May Day, n. 278
mean, n. 352
mean, this does not ~, phr. 22
mean, v. 32, 50
means of transportation, n.pl. 300
means, n.pl. 107, 300
meant to, v. 44
measurable, adj. 38, 107
measure, n. 44, 143
mehr als ...mal soviel, phr. 238
mehr als, adv. 154
mehr dahinterstecken, v. 195
mehren (sich ~ um), v. 212
Mehrheit, n. 148
meinen, v. 221, 346, 371
Meinung, n. 340
meist, adv. 154
member, n. 98
memorandum of understanding, n. 374
Menge (ganze), phr. 63
Menschen, n.pl. 263
mental effort, n. 107
mercantile, adj. 329
merchants, n.pl. 300
merely, adv. 125, 377
merge, v. 323
merklich, adj. 71

INDEX

method, n. 44
might, n. 270
Milliarde, n. 63, 154, 355
Millionär, n. 212
Minderheit, n. 195
mindestens, adv. 188, 250
mineral, n. 50
minimal, adj. 154
misdirect, v. 323
misleading, adj. 135
mit nach Hause nehmen, phr. 159
mit sofortiger Wirkung, phr. 63
Mitarbeiter, n. 63, 154, 203, 250
Mitarbeiter, n.pl. 203, 250
Mitbewerber, n. 371
mitbringen, v. 79
Mitglied, n. 381
Mitgliederzahl, n. 79
Mitgliedschaft, n. 188, 244
Mitgliedsstaat, n. 71
mithalten, v. 203
mitmischen, v. 188
mitreden, v. 221
Mitte..., adv. 154
mitteilen, v. 63, 238
Mittel (mit allen Mitteln), n. 71
Mittel, n./n.pl. 250
Mittel, n.pl. 203
mittelfristig, adj. 170, 256
Mittelpunkt (im ~ stehen), n. 229

mittels, prep. 154
Mittelstreckenjet, n. 256
mobilisieren, v. 165
Modell, n. 154
modisch, adj. 340
modular aufgebaut, adj. 180
monatlich, adj. 212, 263
monitor, v. 107, 125, 377
monopoly, n. 57, 329
Montanunion, n. 203
Moral, n. 63
morgen, adv. 71
mortgage, n. 311
Moskau, n. 263
motivate, v. 290
motive, n. 285
motivieren, v. 250
Motor, n. 263
Motto, n. 229
mount, v. 323
mounting, adj. 358
move, n. 352
mühsamen, adj. 163
München, n. 195, 203
müssen, v. 163
Mutter(gesellschaft), n. 212
Mutterhaus, n. 154
mutually, adv. 290

N

Bestehen 152
nach wie vor, adv. 71
nach, prep. 148
Nachfolger, n. 79, 263

Nachfrage, n. 79, 387
nachfragen, v. 159
Nachlaßverwalter, n. 154
NAFTA, n. 125
nahe (~ am), adv. 340
nähen, v. 263
Nahrungsmittelhandwerk, n. 203
Nahrungsmittelindustrie, n. 188
nahtlos, adj. 180
namens, adv. 203
nation-state, n. 22
nature, n. 113, 377
near future, n. 135
neben, adv. 63
neben, prep. 72, 387
necessities of life, n.pl. 323
need be, v. 87
need not, v. 87
need, n. 311
needs, n. 285
needs, n.pl. 285
Negativrekord, n. 234
nehmen (unter Vertrag ~), v. 80
nehmen (vom Markt ~), v. 212
nennen, v. 364, 371
net, adj. 384
Netherlands, n. 57
Nettoverlust, n. 364
Nettozahl, n. 250
network, n. 285
Netz (soziales ~), n. 80
Neueinstellung, n. 80, 234

neugegründet, adj. 238

neunziger Jahre, adv. 154

never mind, v. 352

newcomer, n. 98

news, n. 174

newspaper, n. 98

nicht gerne (tun), v. 154

nicht zu erfassen, phr. 72

niedrig, adj. 72, 381

Niedrigpreiskette, n. 346

niemand, pron. 154

Nische, n. 263

Niveau, n. 72

no such thing as, phr. 57

nobel, adj. 229

noch einmal, adv. 180

nonbank financial institutions, n.pl. 131

nonetheless, conj. 27, 343

nor, conj. 270

Not haben, v. 165

notably, adv. 122

Notar, n. 203

Notenbank, n. 170, 238

Notenbankchef, n. 238

notieren, v. 159

notwendig, adj. 188

notwithstanding, conj. 352

null, adj. 195

Null, bei ~ beginnen, v. 263

nutzen, v. 148, 221, 387

Nutzfahrzeug, n. 154

O

ob, conj. 188

objective, n. 285, 290

obstacle, n. 57, 107, 285, 317

obvious, adj. 270

occupation, n. 300

occupy, v. 27, 87, 278

occur, v. 38, 98

occurrence, n. 278

offenbar, adj. 72, 203

offensichtlich, adj. 229

Offensive, n. 170

offer, n. 374

offerieren, v. 203

official, n. 270

öffnen, v. 148

Öffnung, n. 188

Öffnungszeiten, n. 148

offset, v. 126

oft, adv. 163

ohnehin, adv. 346, 371

oil producer, n. 358

Ökonomin, n. 263

Ölgesellschaft, n. 387

Ölunternehmen, n. 263

opening, n. 278

operation, n. 44

opportunity, n. 122

opposite, adj. 139

opposite, n. 352

optimal, adj. 371

optimistisch, adj. 229

Optimum, n. 154

option, n. 136

Option, n. 212

order, v. 87

ordinary, adj. 270

organize, v. 32

organized exchange, n. 300

orientation, n. 98

original, adj. 174

Ostblock, n. 72

Ostdeutschland, n. 188, 234

Osten, n. 234, 244

ostensible, adj. 27

Osteuropa, n. 250

outcome, n. 38

outperform, v. 352

output, n. 139, 290, 329

outside agent, n. 98

over the next few years, adv. 278

over the years, adv. 22, 44

over time, adv. 120, 278

overexpansion, n. 323

overshooting, n. 139

overvalue, v. 107

overzealous, adj. 27

owe, v. 122

own, v. 343

owner, n. 343

P

packaging, n. 87

Palette, n. 381

pamphlet, n. 306

panacea, n. 44

Panikverkauf, n. 63

parity, n. 139

Partei, n. 188

INDEX

participant, n. 131, 352
participation, n. 107
participative, adj. 107
particular, adj. 88, 98
Partnerkonzern, n. 154
Partnerschaft, n. 154
part-time, adj. 88
party, n. 374
pass the board of examinations, phr. 88
passieren, v. 188
past, n. 88
pathway, n. 300
pattern, n. 352
Pavillon, n. 229
pay, n. 88
payroll, n. 335
PC-Geschäft, n. 250
pea, n. 88
peak, n. 352
peer through, v. 377
peer, n. 117, 174
penalty, n. 117
people, n. 33, 98
perform, v. 174
performance, n. 113, 117
Personal, n. 203
Personalkosten, n.pl. 80
persönlich, adv. 163
personnel, n. 44
perversity, n. 143
Pflücker, n. 195
Pfund, n. 221
Phase, n. 80
Philosophie, n. 371
pittance, n. 270
pivotal, adj. 88

place on, v. 122
place, v. 270
planen, v. 195
plant, n. 50, 329
Plantagenarbeiter, n. 195
Plattform, n. 154
play a role, v. 290
play out, v. 278
play, n. 107
pleading, n. 377
plenty, adj. 352
plunge, v. 352
Pluspunkt, n. 244
policy, n. 107, 318, 358
political, adj. 22
politician, n. 33
pool, n. 98
Portemonnaie, n. 170
Portfoliomanager, n. 212
Portfoliotheorie, n. 212
position, n. 98
possess, v. 295
post office, n. 57
postal business, n. 57
postal service, n. 57
postpone, v. 122
Potential, n. 188
pound, n. 136
poverty, n. 295
practice, n. 311, 343
prahlen, v. 212
praise, n. 117
Prämie, n. 203
präsentieren, v. 244
preferential, adj. 126
preisgekrönt, adj. 188

Preiskrieg, n. 387
Preisnachlaß, n. 387
Preissenkung, n. 346, 387
Preissenkungen, n.pl. 346
Preisverfall, n. 250
prekär, adj. 364
preliminary, adj. 108
Premierminister, n. 188, 221
premium, n. 349
preparation, n. 306
present, adj. 98
present, v. 361
presentation, n. 98
press, n. 278
pressure group, n. 33
pressure, n. 88, 174, 290, 361
prevailing, adj. 285
previously, adv. 377
price at, v. 57
primarily, adv. 98, 126, 174, 335
private sector, n. 57
private, adj. 98
privatisation, n. 343
Privatisierung, n. 188
privotal role, n. 131
pro Kopf, phr. 203
pro, prep. 221
probably, adv. 16, 57
problem solving, n. 174
Problem, n. 154
Problemkredit, n. 238
procedure, n. 27, 38, 108
process, v. 335

produce, n. 300
produce, v. 285
Produktion, n. 154
Produzent, n. 80, 188
professionals, n. 343
profitabel, adj., adv. 154
prognostizieren, v. 80, 234
progress, n. 44, 108
project, n. 311
Projekt, n. 195
promise, n. 136
promote, v. 143, 312, 361
promotion, n. 117
Propeller, n. 257
proposal, n. 143
propose, v. 57, 143
proposed, adj. 374
prosper, v. 33
prosperity, n. 22, 278, 285, 323, 384
protect, v. 143, 343
protection, n. 88
proudly, adv. 361
provide for, v. 3, 143, 377
provide, v. 17, 33, 38, 50, 117, 285, 343
provision, n. 126
prüfen, v. 381
public, adj. 98
public, n. 143
Pulle, n. 221
punish, v. 270
punishment, n. 108
purchase, n. 374
purchase, v. 51

purchasing power, n. 17, 139, 295, 323
purport, v. 143
purpose, n. 27, 312
pursue, v. 98
put out of business, v. 126
Puzzle-Spiel, n. 203

Q

qualifizieren, sich ~, v. 244
quality, n. 306
quantify, v. 108
quarrel with, v. 352
Quartal, n. 170
quarter, n. 57
Querele, n. 229
questionnaire, n. 174
quick, adj. 44
quota amount, n. 27
quota, n. 126
quotas, n.pl. 22
quote, v. 136

R

radikal, adj. 212
raise, v. 139, 358
Rand, n. 170
range (from... to), v. 38
rangieren, v. 221
Rasenmäher, n. 346
rash, adj. 323
Rate (hier Frachtrate), n. 180
rate, n. 126
Ratgeber, n. 381

Raum, n. 238
reach beyond, v. 120
reagieren, v. 238, 364
realisieren, v. 263
reality, n. 44
realize, v. 98, 136, 335
recall, v. 113, 352
receipts, n.pl. 318
receive, v. 335
recent, adv. 278
rechnen (mit), v. 180, 188
rechnen mit, v. 355
Rechnung, n. 203
Rechnungsjahr, n. 221
Rechtslage, n. 263
recognise, v. 143
recognition, n. 113, 270
recognize, v. 51
reconfirm, v. 174
record, v. 270, 335
recovery, n. 323
recreation, n. 295
recruitment, n. 98
recurrence, n. 38
red tape, n. 27
reden (mit sich reden lassen), v. 80
refer to, v. 108
Referent, n. 263
Reform, n. 355
regard as, v. 143, 270
Regierung, n. 63, 195, 221
Regierungschef, n. 148
Region, n. 72
regional, adj. 188

Regionaljet, n. 257
Regisseur, n. 188
regulate, v. 143, 318
regulation, n. 8, 27, 122
reif, adj. 263
reinigen, v. 238
relationship, n. 44, 88, 114, 174
release, v. 174, 295
relevant, adj. 33
reliability, n. 270
reliable, adj. 38, 352
rely on, v. 335
remainder, n. 323
remote, adj. 57
remotely, adv. 352
render, v. 285
Rendite, n. 159, 212
renewable, adj. 88
Renovierung, n. 263
rent, n. 51
Rentabilität, n. 371
Rente, n. 244
Rentenpapiere, n.pl. 159
Rentensparer, n. 159
repair, n. 88
Reparatur, n. 212
replaceable, adj. 88
reply, n. 143
represent, v. 290, 358
Republikaner, n.pl. 166
require, v. 44, 88, 108, 143, 300
required, to be ~, v. 88
requirement, n. 335
rescind, v. 270
research, n. 108, 300

resemble, v. 352
reserves, n.pl. 270
Residenz, n. 222
resolve, v. 108
resource, n. 98
resources, n.pl. 3
responsibility, n. 114
rest, n. 108
Restrate, n. 229
restrict, v. 329
restricted, adj. 295
restriction, n. 377
restriktiv, adj. 244
result from, v. 114
result, n. 44
result, v. 88
résumé, n. 98
retail, n. 131
retailer, n. 300
retten, v. 222
return, n. 271
revenues, n.pl. 44, 271
reversion, n. 352
revert, v. 352
revile, v. 174
revival, n. 323
revolve, v. 323
reward, n. 108, 114
rewards, n.pl. 117
Rezession, n. 188, 346
richtig, adj. 154, 170
Richtlinie, n. 159, 371
Richtung, n. 212
riesig, adj. 340
rise, n. 139, 271, 349
rise, v. 279, 349, 352

Risiko, n. 188
risikoreich, adj. 159
risk, take..., v. 51
risk, v. 58
rival, v. 279
robot, n. 88
Rolle spielen, v. 188
Romania, n. 279
room, n. 58
rotieren, v. 257
route, n. 143
rub, v. 271
rücken, an (heran), v. 188
Rückgang, n. 251
Rücksicht, n. 244
Rückstand (im ~ sein), v. 166
rückzahlbar, adj. 203
Rückzahlungsmodalitäten, n.pl. 159
Rückzug, n. 229
Ruhestand, n. 364
ruler, n. 271
run out, v. 377
rund, adj. 80, 163, 371
rund, adv. 180
Rundbrief, n. 212
Runde, n. 80
russisch, adj. 263
rüsten (sich ~), v. 355

S

Sachsen-Anhalt, n. 149
saisonbedingt, adj. 234
salaries, n.pl. 3, 51
salary, n. 88, 114

sales charter, n. 377
saltiness, n. 361
samstags, adv. 149
sämtlich, adj. 257
Sanierung, n. 238, 245
satisfaction, n. 114, 295
satisfy, v. 88, 285
satisfying, n. 88
satt, adj. 166
Satz, n. 222
save, v. 279
savings bank, n. 312
savings, n.pl. 44, 312
scarce, adj. 17
scarcity, n. 295
Schaden, n. 63
Schadensersatzforderung, n. 159
schädlich, adj. 72
schaffen, v. 67, 180
Schallgrenze, n. 80
Schattenwirtschaft, n. 245, 263
schätzen, v. 170, 234, 238
Schaufenster, n. 346
schedule, v. 335
Scheidung, n. 154
Scheitern, n. 154
scheitern, v. 154
Schema F (nach~), n. 203
scheuen, sich ~, v. 251
schicken, v. 364
Schieflage, n. 238
Schlange stehen, v. 238
schlecht, adj. 195, 234
schleppend, adj. 170

schlicht, adv. 222
schliessen, v. 212
schließlich, adv. 154
Schließung, n. 238
Schließungsgrund, n. 212
Schluck, n. 222
Schluß (zum ~), n. 212
Schnaps, n. 222
schnell, adj. 180, 188
schreiben (Zahlen ~), n. 203
Schreibunterlage, n. 163
schrumpfen, v. 154, 263
Schubklasse, n. 257
schuften, v. 72
Schulden, n.pl. 264
Schuppen, n. 367
Schutz, n. 238
schützen vor, v. 159
schwach, adj. 251
Schwäche, n. 234
schwächer, adj. 222
Schwachsinn, n. 222
Schwachstelle, n. 245
schwammig, adj. 229
schwärmen von, v. 159
schwarze Zahlen, n. 180
schwenken, v. 222
schwer sein, adj. 154
Schwergewicht (legen auf), v. 80
Schwerpunkt, n. 72
schwören, v. 222
scientific, adj. 44
scope of circumstances, n. 17
scope, n. 312

scores of, adj. 279
scrutinise, v. 271
search (for), v. 58
Sechstel, n. 387
sechstgrößter, adj. 154
second to none, adj. 361
secure, v. 312
securities, n.pl. 300
security, n. 108, 114
See, n. 222
seek, v. 88, 98, 108
seemingly, adv. 22
seinerzeit, adv. 170
seit einiger Zeit, adv. 195
seit langem, adv. 264
seit, conj. 238
Seite (auf seine ~ ziehen), n. 222
selbständig, adj. 381
Selbstauflösungsklausel, n. 212
selbstkritisch, adj. 213
selection, n. 98, 295
selfsufficiency, n. 318
senken, v. 166
Senkung, n. 154, 222
separate, adj. 114
serve, v. 143
service, n. 58, 285
Serviceangebot, n. 381
Servicegeschäft, n. 251
Servicelinie, n. 180
services, in the ~ of, n. 108
services, n.pl. 17, 88
set goals, v. 98
set of rules, n. 126

set, n. 108
set, v. 108
settle, v. 271
setzen auf, v. 166, 222
severe, adj. 33
share, n. 384
share, v. 58, 88
shareholder, n. 51
shelter, n. 295
shift, v. 290, 352
shirk, v. 271
shop, v. 279
shopper, n. 44, 279
short-term, adj. 312
show off, v. 361
show, n. 361
shrewd, adj. 143
sich entschließen, v. 154
sich handeln um, v. 188
sich sichern, v. 188
sich zurückhalten, v. 188
sicher, adj. 159
Sicherheit, n. 381
Sieg, n. 188
Siegeszug, n. 367
sight, in ~, n. 335
signatory, n. 126
significant, adj. 174
similarly, adv. 290
simple, adj. 98
simulation, n. 45
since then, prep./conj. 108
since, conj. 45
Singapur, n. 195
single market, n. 58

sinken, v. 80, 181, 213, 238
sinkende Moral, n. 63
sinnvoll, adv. 367
site, n. 279
Sitz, n. 257
sitzen (auf), v. 63
sitzen, v. 367
Skandal, n. 63
skating rink, n. 279
skilful, adj. 306
skill, n. 88, 285
skillful, adj. 174
skills test, n. 99
sklavenähnlich, adj. 72
slated to open, v. 279
slave labor, n. 88
slick, adj. 279
slight, adj. 174
slightly, adv. 33, 352
Slowakia, n. 279
slowakisch, adj. 159
Slow-down, n. 188
sluggish, adj. 139
slump, n. 323
smoke, n. 358
so-called, adj. 131
socialize, v. 174
society, n. 88, 285
sogar, adv. 72, 188, 234, 340
sogenannt, adj. 163
solide, adj. 222
soll... betragen, v. 195
sollen, v. 72
solution, n. 45, 108
solve, v. 38

some individuals, n.pl. 33
some, adj. 88
some, adv. 17
somehow, adv. 58
Sonderangebot, n. 346
sonntags, adv. 149
sorgen für, v. 251
sound, adj. 88
source, n. 51
South Africa, n. 374
sowie, conj. 257
sowohl als auch, conj. 181
sozial, adj. 188
Sozialgesetz, n. 222
Sozialpolitik, n. 245
space, n. 279
Sparbuchfan, n. 213
spark, v. 108
Sparpaket, n. 234
Sparte, n. 251
spätestens, adv. 222
special administrative region, n. 271
specific, adj. 88, 136
specify, v. 136
Spediteur, n. 181
Spekulant, n. 213
Spekulation, n. 63
spekulativ, adj. 213, 245
spend time, v. 117
sperren, v. 229
Spiel (im ~ sein), n. 203
Spitzensatz, n. 222
splendid, adj. 352
split, v. 58

spot rate, n. 136
spot, adj. 136
spot, n. 306
spöttisch, adv. 222
spread over, adj. 33
spread, v. 323
sprechen für, v. 189
Sprecher, n. 149
spur, v. 279
Staat, n. 181
Staatsverschuldung, n. 166
Staatszuschuß, n. 364
Stabilität, n. 238
stabilize, v. 279
staffing, n. 99
stage, n. 300
Stagnation, n. 234
ständig, adv. 181
Standort, n. 181, 203, 257, 371
Standortpolitik, n. 367
stark, adj. 189
Stärke, n. 189
stärken, v. 72
startling, adj. 306
state, adj. 343
Statistik, n. 245
statistisch, adj. 72
stecken in, v. 222, 257, 264
stehen (an Stelle), v. 340
stehen (in den Büchern ~), v. 238
stehen (unter der Leitung von), v. 80
stehen, v. 163
steigen (auf), v. 63

steigen, v. 170, 189, 213, 222, 245, 387
steigern, v. 213, 371
steil, adj. 371
Stelle, n. 67, 364
stellen, v. 204
Stellenabbau, n. 364
step, n. 99
stets, adv. 80
Steuerbelastung, n. 264
Steuergeschenk, n. 222
Steuergutschrift, n. 166
steuerlich, adj. 204
Steuern, nach ~, n.pl. 251
Steuersenkung, n. 166
Stimme, n. 149, 381
stimmen für, v. 149
Stimmung, n. 222
stimulate, v. 329
stock exchange, n. 300
stocks, n.pl. 17, 300, 335
store, n. 312
store, v. 312, 335
Stoß, n. 159
straight-forward, adj. 144
Straßenbau, n. 189
strategisch, adj. 181
strategy, n. 45, 358
street-car, n. 306
Streik, n. 80
Streit, n. 222
strength, n. 108
strenuous, adj. 295
Strich (unter dem ~), n. 213
Strompreis, n. 204

strongbox, n. 312
Struktur, n. 189
Strukturproblem, n. 245
Stück, n. 189, 257
Stückpreis, n. 257
Stückzahl, n. 251
Studie, n. 67, 72, 264
stuffer, n. 306
stunning, adj. 271
style, n. 335
sub-ceiling, n. 377
subject to, v. 28
subject, be~ to, v. 271
subject, n. 120
subordinate, n. 108
subsidy, n. 126
substantial, adj. 33
Subventionssegen, n. 204
Subventionswettlauf, n. 204
succeed in, v. 329
success, n. 99
suchen (nach), v. 72
suchen nach, v. 213
suchen, v. 204, 355, 381
Südostasien, n. 72, 195, 245
suffer, v. 122, 271
suit, v. 343
suitable, adj. 99
suited, adj. 99
sulphur, n. 358
Summe, n. 163, 204
sunspot, n. 323
superior, n. 108
Supermarkt, n. 163

supervision, n. 114
supervisor, n. 117
supplant, v. 88
supply, n. 285
supply, v. 144
support, v. 279
supposing, conj. 144
surge, n. 126
surplus, n. 300
surrender, v. 144
survey, n. 174

T

Tabuthema, n. 80
täglich, adj. 181
take a view, v. 108
take care not to, v. 4
take place on the spot, v. 136
take place, v. 343
talent, n. 89
Tankstellenbetreiber, n. 387
tariff question, n. 33
tariff, n. 126, 318
task, n. 89
taste of s.th., n. 279
taste, n. 295, 361
tätig sein, v. 72, 238
tatsächlich, adj. 170, 264
tax, n. 28
Taxifahrerin, n. 264
tedious, adj. 45
Teil (zum Teil), adv. 72
Teilnahme, n. 229
teilnehmen, v. 229
Teilzeitarbeit, n. 72

telegenic, adj. 271
teller, n. 174
temporär, adj. 189
temporary, adj. 312
tend to, v. 33, 89, 174
Terminfond, n. 213
Terminkontrakt, n. 213
terms (in ~ of), adv. 174
terms, in ~ of, phr. 108
terms, n.pl. 271
test, v. 45
testimony, n. 271
Teufelskreis, n. 72
Textilfirma, n. 264
Textilgeschäft, n. 346
theft, n. 349
Theke, n. 222
Thema, n. 222
Themenpark, n. 229
theory, n. 28
Third World Country, n. 89
though, conj. 89
threaten, v. 108, 126
Tiergeschäft, n. 264
Tiger, n. 189
Tiger-Staaten, n.pl. 245
timidity, n. 323
tippen (auf), v. 80
title, n. 144
Tochter (=Firma), n. 80
Ton, n. 80
tool, n. 28, 45
top-level, adj. 108
trace, n. 271
trade policy, n. 126
trade union, n. 17, 89

trade, n. 300
trade, v. 120, 318
tradesman, n. 89, 300
tragen, v. 170, 245
tragend, adj. 229
train card, n. 306
training, formal..., n. 51
transaction, n. 131
Transaktion, n. 63
Transferrisiko, n. 159
translate into, v. 295
translation, n. 300
transmit, v. 131, 335
Transparenz, n. 189
träumen, v. 264
traurig, adj. 234
treatment, n. 38
treaty port, n. 271
treaty, n. 144, 271
treffen, v. 238, 264
Trendmodell, n. 213
Trendwende, n. 222
Trennung, n. 154
Triebwerk, n. 257
Triebwerksfamilie, n. 257
Triest, n. 368
Trio, n. 80
Trost, n. 213
trotz, adv. 181
trotz, prep. 80, 222
truck, n. 45
truly, adv. 131, 361
trustee, n. 312
Tschechien, n. 245
twice as many, phr. 58
type, n. 306

typist, n. 99

U

UAW, acr. 80
überall in, adv. 368
überall, adv. 195
überarbeiten, v. 213
überfällig, adj. 355
überfordern, v. 213
Überhitzung, n. 170
Überkapazität, n. 181, 355
überlassen, v. 213
überleben, v. 195
Überlegung, n. 222
Übernahme, n. 355, 372
übernehmen, v. 229
überprüfen, v. 163
überraschend, adj. 364
Überstunden, n.pl. 80
übertragen, v. 80
überweisen, v. 154
überwinden, v. 264
überzeugen, v. 222
überzeugend, adj. 166
überzeugt sein (von), v. 181
Überzeugung (zu der ~ gelangen), n. 222
üblich, adj. 80
umbrella, n. 126
Umbruch, n. 72
umdenken, v. 340
Umfang, n. 340
umfangreich, adj. 257, 264
Umfrage, n. 222, 234
umgarnen, v. 204

umgehen mit, v. 189
umrechnen, v. 163, 222
Umsatz, n. 80, 154, 170, 251, 347
Umsatzausfall, n. 80
Umsatzplus, n. 234, 251
Umsatzwachstum, n. 251
umschlagen in, v. 159, 222
Umständen, unter ~, phr. 251
unaufhörlich, adv. 368
unbedingt, adv. 340
unberücksichtigt bleiben, v. 251
uncertainty, n. 38
undercut, v. 58
underling, n. 174
underlying, adj. 136
undertaking, n. 323
unduly, adv. 89
unerträglich, adj. 204
ungebildet, adj. 72
ungefähr, adj. 222
ungelesen, adj. 160
Ungereimtheit, n. 160
unit, n. 300
unload, v. 45
unsicher, adj. 264
unter anderem, conj. 355
unter anderem, prep. 257
untere, adj. 257
unterliegen, v. 257
Unternehmen, n. 80, 234, 251, 347
Unterschrift leisten, v. 164
Unterschrift, n. 164

unterstützen, v. 189
Untertan, n. 222
unusual, adj. 38, 271
unzureichend, adj. 340
Urlaubstag, n. 80
use, v. 358
useless, adj. 23
user, n. 51
utilize, v. 108

V

entwickeln, sich ~ 262
fallen, Entscheidung soll ~ 256
lancieren 153
vacancies, n.pl. 99
valuable, adj. 34, 51, 89
valuables, n.pl. 312
value, n. 122
vanity, n. 306
Variante, n. 257
varied, adj. 300, 306
variety, n. 306
variieren, v. 381
vary, v. 89, 285
vegetables, n.pl. 300
venture, n. 89
verändern, (sich ~) v. 181
verantwortlich machen, v. 364
Verband, n. 234
verbessern, v. 222, 239, 372
verbilligt, adj. 204
verbinden mit, v. 181
verbleiben, v. 204
Verbrauch, n. 245

Verbraucher, n. 170
verbreitet (am weitesten ~), adj. 72
verfügen über, v. 189, 372
verfügen, v. 239
Verfügung (zur Verfügung stehen), phr. 72
Vergabe (Vertrag), n. 80
vergeblich, adv. 347
vergleichbar, adj. 368
Verhältnis, im ~ von, n. 251
verhandelbar, adj. 80
Verhandlung, n. 80
Verhängnis (zum ~ werden), n. 160
verharren auf, v. 245
verhindern, v. 234
Verkauf, n. 251, 257
verkaufen an, v. 347
verkriechen, v. 264
verkünden, v. 229
Verlängerung, n. 149
verlangsamen, v. 170
verlassen, v. 195, 222, 257
verlaufen, v. 170
verlieren, v. 154, 340
verloren, adj. 204
Verlust, n. 63, 181, 213, 239, 347
verlustreich, adj. 213
vermehrt, adj. 72
vermeiden, v. 347
vermerken, v. 222
vermissen, v. 229
vermitteln, v. 204

Vermögen, n. 195
Vermögende, n.pl. 213
verpassen, v. 189
verraten (nicht ~), v. 204
verringern, v. 81, 222
versorgen mit, v. 204
versprechen, v. 166, 239
verstärken, v. 213
verstehen (sich von selbst ~), v. 204
versuchen, v. 81, 347
verteilen, v. 154
vertraut, adj. 81
vertreten, v. 381
verunsichern, v. 189
verursachen, v. 81
vervierfachen, v. 264
Verwaltungsebene, n. 204
Verwendung finden, v. 257
verwirrt sein, v. 160
verzeichnen, v. 189, 234
verzetteln (sich ~), v. 229
verzögern, v. 245
verzweifelt, adj. 229
via, prep. 144
vibrant, adj. 271
vielfach, adj. 239
vielfältig, adj. 204
vielmehr, conj./adv. 229
Vielzahl, n. 160
Viertel, n. 245
Viertelpunkt, n. 222
view, n. 353
viewpoint, n. 271
violate, v. 271

violation, n. 271
virtually, adv. 58
visitor, n. 361
vital, adj. 34, 195, 384
vitally, adv. 300
vocational field, n. 89
volatility, n. 139
Volkswirt, n. 170
Volkswirtschaft, n. 166
volume, n. 131
vor allem dann, phr. 347
vor allem, adv. 189
vor, adv. 189
vorangehen mit, v. 204
voraussichtlich, adj. 81
vorbei sind die Zeiten, phr. 368
vorbeilaufen, v. 245
Vorbild, n. 204
Vorgabe, n. 251
vorgeben, v. 189
vorher, adv. 154
Vorjahr, n. 251
vorkommen, v. 195
vorlegen, v. 160
Vorleistung, n. 257
vorliegen, v. 204
Vormonat, n. 170
Vorort, n. 204
Vorrang, n. 189
vorschreiben, v. 160
Vorsitzender der Geschäftsführung, n. 257
Vorstand, n. 154
Vorstandsvorsitzender, n. 251
Vorteil, n. 196, 204

vorweisen, v. 166
Vorzeichen, n. 234
vorzeitig, adj. 364
vote, n. 34

W

wachsen, v. 189
Wachstum, n. 67, 189, 245
Wachstumsrate, n. 234
Wachstumsreserve, n. 166
Wachstumssparte, n. 251
wachstumsstark, adj. 251
wage cut, n. 290
wage, n. 17, 89
wages, n.pl. 4, 51, 279
Wahl, n. 204, 222
wählen (zu), v. 81
wählen, v. 166
Wähler, n. 222
Wählergunst, n. 222
Wahljahr, n. 189
Wahlkampf, n. 166
Wahlsieg (zum ~ kommen), n. 223
Wahlsieg, n. 223
Wahlvolk, n. 223
währen, v. . 81
während, conj. 154
wahrscheinlich, adj. 234
wahrscheinlich, adv. 223
Währung, n. 223
Währungsmarkt, n. 213
Währungsrisiko, n. 160
Währungsverlust, n. 181
wait in line, v. 279

walk of life, n. 353
wants, n.pl. 296
war game, n. 335
warnen, v. 166, 213, 245
Warschau, n. 245
was soll geschehen, phr. 155
wasteland, n. 271
weakness, n. 108
wealth, n. 51
weapon, n. 290
wechseln, v. 213
Weg (auf dem ~ zu), n. 245
Weg einschlagen, v. 164
wegen, prep. 223
weigh, v. 58
weil, conj. 63
Weise (auf solche ~), adv. 81
weit, adj. 234, 264
weiten (sich ~), v. 204
weiter schrumpfen, v. 264
weiter, adv. 213
weiterarbeiten, v. 239
weiterer, n. 189
weitergehen, v. 234
weitreichend, adj. 368
weitverbreitet, adj. 245
welfare, n. 290
Welle, n. 189, 355
well-tried, adj. 144
Welt (rund um die ~), n. 229
Weltmarkt, n. 257
Weltmarktanteil, n. 181
weltweit, adj. 72

weltweit, adv. 181
wenig, adj. 213
wenig, adv. 234
wenige, adj. 264
weniger als, adj./adv. 81
weniger als, adv. 164
weniger als, pron. 213
weniger, adj. 372
Werbung, n. 204
werden, v. 196
Werk, n. 204
Werkshalle, n. 204
werktags, adv. 149
Wert, dem ~ nach, n. 251
Wert, im ~ von, phr. 189
Wert, n. 170, 213
wesentlich, adj. 204
Wettbewerb, n. 257
Wettbewerber, n. 368, 387
Wettbewerber, n.(pl). 368
Wette schließen auf, v. 213
whatever, adj. 34
wholesale, n. 131
wholesaler, n. 300
wichtig, adj. 155, 189
wichtiger, adj. 189
widely, adv. 45, 279
widerlegen, v. 264
Widerstand, n. 264
Widerwille, n. 223
wie das Unternehmen bekannt gab, phr. 364
wiederentdecken, v. 166
Wien, n. 368

Wille, n. 251
willing (be...to), v. 51
Wind bekommen (von), v. 81
window card, n. 306
wir würden gerne, phr. 189
Wirtschaft, n. 67, 170, 223, 229
wirtschaftlich, adj. 196
wirtschaftliche Aktivitäten, n.pl. 368
Wirtschaftsbündnis, n. 189
Wirtschaftsmacht, n. 189
Wirtschaftswachstum, n. 166
wise, adj. 296
wissen müssen, v. 189
wissen, v. 223
with joy, phr. 296
with the aid of, phr. 45
withdraw, v. 312
Woche (diese...), adv. 81
Wochenarbeitszeit, n. 223
Wochenende, n. 189
Woge, n. 229
wohl aber, phr. 372
Wohl und Wehe, phr. 368
wollen, v. 181, 196
wonder, n. 271
word of mouth, n. 99
words, in other ~, phr. 271
work task, n. 114
workforce, n. 343
workplace, n. 108, 117

world trade, n. 318
worry about, v. 23
wrangling, n. 377
Wunderwaffe, n. 166
Wunsch, n. 204

Y

yet, adv. 58
yield, v. 285, 312

Z

z.B. etwa, adv. 72
Zahl, n. 189
zählen zu, v. 239
Zahlen, n.pl. 245
zahlreich, adj. 155
Zeichen, n. 239
zeigen, v. 155, 189
Zeit des Wachstums, n. 347
Zeit, in jüngster ~, adv. 372
Zeitraum, n. 63
zentral, adj. 81
Zentrale, n. 239
Zentralstaat, n. 204
Zentrum, n. 264
zerstören, v. 72
ziehen (in die Wahl ~), n. 223
ziehen (Karte ~), n. 223
Ziel, n. 245
Zinsen, n.pl. 164, 245
Zinserhöhung, n. 223
Zinsmarkt, n. 213
Zinsrisiko, n. 160
Zinssatz, n. 204

zivil, adj. 257
zögern, v. 229
Zoll, n. 245
zu tun haben mit, v. 160
zudem, adv. 181, 264
zufällig, adv. 264
zufolge, prep. 72, 234
Zug (in diesem ~), n. 355
zugeben, v. 160
zügig, adj. 229
zugunsten von, prep. 223
zuhause sein, v. 72
Zukunft (was die ~ bringt), phr. 347
zulegen, v. 264
zuletzt, adv. 155
Zulieferant, n. 204
Zulieferer, n. 81
zumal, adv. 372
zumindest, adv. 213
zunächst, adv. 251
Zunahme, n. 72
zunehmend, adv. 81
zur Kasse bitten, v. 164
zur Zeit, adv. 181, 251
zurückbleiben hinter, v. 245
zurückfallen (auf), v. 81
zurückstellen, v. 347
zurückweisen, v. 355
zusagen, v. 229
zusammen mit, adv. 181
Zusammenarbeit, n. 189
zusammenarbeiten, v. 189
zusammenschließen, v. 381

zusammenschmelzen, v. 213
zusätzlich, adj. 72, 81
zuschauen, v. 204
Zuschuß, n. 204
zuspitzen (sich ~), v. 239
zuständig für, adj. 155

zuständig, adj. 81
zustimmen, v. 149
Zustrom, n. 245
zuvor, adv. 170
Zuwachs, n. 170
zwangsweise, adj. 223

zwar, adv. 223
Zweifel wecken, v. 239
zweifeln an, v. 155
zweimal, adv. 213, 355
zweistellig, adj. 170
zweiter, zweite, zweites, adj. 72